高职教育城市轨道交通车辆检修专业教材

城市轨道交通车辆维修与故障处理

主　编　张宝林
副主编　黎新华　邱伟明
主　审　陈　笃　李　苇

西南交通大学出版社
·成　都·

内容提要

本书对城市轨道交通车辆主要设备和电气部件进行了全面、系统的介绍，以项目展开为主线设计教学内容，将本专业各项活动分解成若干典型的工作项目，按照项目要求编写相应的教学内容。书中内容基本涵盖了城市轨道交通车辆主要构造和电气设备相关知识，并在每个设备知识介绍完毕后附有该设备的常见故障处理。

图书在版编目（CIP）数据

城市轨道交通车辆维修与故障处理 / 张宝林主编.
成都 ：西南交通大学出版社，2024. 11. -- ISBN 978-7-5774-0217-8

Ⅰ．U279.3

中国国家版本馆 CIP 数据核字第 202495JX26 号

Chengshi Guidao Jiaotong Cheliang Weixiu yu Guzhang Chuli
城市轨道交通车辆维修与故障处理

主　编／张宝林	策划编辑／臧玉兰
	责任编辑／何明飞
	封面设计／墨创文化

西南交通大学出版社出版发行
（四川省成都市金牛区二环路北一段 111 号西南交通大学创新大厦 21 楼　610031）
营销部电话：028-87600564　　028-87600533
网址：http://www.xnjdcbs.com
印刷：成都中永印务有限责任公司

成品尺寸　185 mm×260 mm
印张　20　　字数　484 千
版次　2024 年 11 月第 1 版　　印次　2024 年 11 月第 1 次

书号　ISBN 978-7-5774-0217-8
定价　63.00 元

课件咨询电话：028-81435775
图书如有印装质量问题　本社负责退换
版权所有　盗版必究　举报电话：028-87600562

编委会

主　编　张宝林

副主编　黎新华　邱伟明

编　委　杨　涛　杨洪滨　张俊兴　陶　艳　陈　东
　　　　白继平　丁荔芳　龙雄辉　李瑞荣　陆　超
　　　　罗意平　李夏苗　梅雪清　马进火　马婉妮
　　　　范庆轩　刘仲铭　雷　鸣　曹向平　刘开勇
　　　　候文卿　许伟长　吴　刚　马晓光　王宗明
　　　　吴　亮　贺世忠　夏耀天　杜　强　周秀民
　　　　丁金玲　黄玉辉　江冀海　南玉才　温志强
　　　　谢志平　谢小星　王　局　宋伟杰　邓　锋
　　　　黎裕菊　明　洪　宋以华　郑　锂　麦建星
　　　　熊　律　江　伟　陈子良　张　浩　林瑞光
　　　　李文慧　贺文锦　陈　波　李亚华

主　审　陈　笃　李　苇

前 言

随着中国经济和城市的快速发展,城市轨道交通以其快捷、舒适、运输量大等特点,已经成为城市交通发展的重点。截至 2024 年 4 月,全国已经有 54 座城市开通运营了 310 条轨道交通线,总里程合计 10 273.7 km。未来五年,国内将有六座城市地铁规划超过 1 000 km,分别是北京、天津、上海、武汉、广州和南京。预计到 2025 年全国将有近 60 多座城市拥有地铁和轻轨城市轨道交通,总里程将突破 1.2 万千米。

随着城市轨道交通行业的快速发展,除了需要大量的管理人员外,与之相适应的运营和车辆检修专业人员也日益增加,特别是具有理论和实践经验的复合型人才深受企业欢迎。

为适应城市轨道交通车辆检修与故障处理,结合地铁车辆构造特点,我们编写了这本城市轨道交通车辆维修与故障处理一书。

本书考虑各城市轨道交通中使用的车辆种类和型号不同,注重故障通用性的检查和处理。同时针对电气故障现象和原因及故障处所的多样性等,从四个方面探索了地铁车辆在查找故障和处理故障时的简便手段和方法,具体的论述为故障现象、故障原因、故障处理以及注意事项。在处理地铁车辆各类故障中探讨性地对各类故障现象和内在的引发原因进行了广泛说明,而且在处理故障后提出了许多建设性建议,供地铁管理人员、检修人员和技术人员在处理车辆故障时参考。

同时我们在积极总结车辆检修现场和运营过程中查找和排除故障方面的经验,探索性地提出了一系列人工查找和排除车辆故障的方式和方法,供读者在实践中参考。

本书共分为四部分:

第一部分为城市轨道交通车辆机械设备及其故障处理,主要阐述车辆车体、转向架、车钩、车门构造基本知识和常见故障应急处理。

第二部分城市轨道交通车辆电气设备及其故障处理,主要阐述车辆电机电器、空调系统、逆变器系统、受电弓、制动系统、列车广播系统等内容和常见故障处理。

第三部分为城市轨道交通车辆故障人工查找方法,主要是弥补现有车载自动故障诊断系统的缺陷,涉及现场故障简单查找方法及现场检查、判断故障的一些经验总结和探讨。

第四部分为城市轨道交通车辆日检、月检、半年检、年检等相关内容。

本书编写的特点：

1. 采用校企结合模式编写内容，紧扣城市交通车辆检修与维护标准，突出城市轨道交通车辆检修工作者实际操作的应该掌握的基本技能。

2. 突出轨道交通职业培训的特点，较好地融合了教育教学和技能人才培训知识点和发展方向，将知识、技能与现场操作经验有机结合，注重培训学生掌握现场作业方法和基本技能。

3. 根据现场检查和故障判断引入了新的必备知识，并系统地阐述了各部件的故障查找方法，从故障现象追踪到故障原因，故障处理到故障处理和注意事项都做了详细论述，其中大部分为实践经验总结。

4. 根据电气故障的多样性和复杂性以及车载自动故障诊断系统的缺陷，详细论述了人工查找故障的经验和方法，可以帮助现场工作人员和技术人员查找故障、处理故障并追踪故障源头的技能。

5. 注重培训学生的实践技能，学生通过学习本教材的相关内容，后期将制作结合教材制作地铁车辆检修常见和典型故障 VR、AR 视频来辅助教学，该视频内含作者多年现场查找和处理故障经验和方法。让学生通过与现场实际检修和故障排除的实践动手和现场操作，对地铁车辆检修、故障处理能力和掌握检查、检修过程中的工艺标准和注意事项能力将会有质的提高。

6. 附录记录了城市轨道交通车辆检修现场作业范围和技术要求，对学生了解地铁车辆现场作业有一定借鉴意义。

本书可作为城市轨道交通有关院校相关专业的培训用书，也可以作为城市轨道交通车辆维修人员和技术人员参考用书。

本书在编写过程中得到了常州中车戚墅堰机车车辆工艺研究所股份有限公司、广州地铁集团有限公司和东莞市轨道交通有限公司的大力支持，在此致以诚挚的谢意。

由于编者水平和能力有限，本书内容和编排上有疏漏和不当之处，敬请读者批评指正。

编　者

2024 年 5 月

数字资源目录

序号	项目	二维码名称	资源类型	页码
1	第一部分	第一部分项目一数字资源	视频	013
2		第一部分项目二数字资源	视频	038
3		第一部分项目三数字资源	视频	057
4		第一部分项目四数字资源	视频	075
5		第一部分项目五数字资源	视频	097
6	第二部分	第二部分项目一数字资源	视频	123
7		第二部分项目二数字资源	视频	135
8		第二部分项目三数字资源	视频	139
9		第二部分项目四数字资源	视频	156
10		第二部分项目五数字资源	视频	162
11		第二部分项目六数字资源	视频	177
12		第二部分项目七数字资源	视频	181
13		第二部分项目八数字资源	视频	185
14		第二部分项目九数字资源	视频	194
15		第二部分项目十数字资源	视频	208
16		第二部分项目十一数字资源	视频	257
17		第二部分项目十二数字资源	视频	266
18		第二部分项目十三数字资源	视频	271

目　录

第一部分　城市轨道交通车辆机械设备及其故障处理

项目一　车辆车体及其故障处理 …………………………………………………………002
　　任务一　车辆车体结构及相关知识 ……………………………………………………002
　　任务二　车辆车体一般故障处理 ………………………………………………………010
　　任务三　车辆车体典型故障案例 ………………………………………………………013

项目二　车辆转向架及其故障处理 ………………………………………………………014
　　任务一　车辆转向架结构及相关知识 …………………………………………………014
　　任务二　车辆转向架故障处理 …………………………………………………………026
　　任务三　车辆转向架典型故障案例 ……………………………………………………037

项目三　车辆减振系统及其故障处理 ……………………………………………………039
　　任务一　车辆一系和二系弹簧结构及相关知识 ………………………………………039
　　任务二　地铁车辆减振系统故障处理 …………………………………………………052
　　任务三　车辆减振装置故障案例 ………………………………………………………057

项目四　车辆车钩缓冲系统及其故障处理 ………………………………………………058
　　任务一　车辆连接缓冲装置相关知识 …………………………………………………058
　　任务二　地铁车辆车钩故障处理 ………………………………………………………071

项目五　车辆车门及其故障处理 …………………………………………………………076
　　任务一　车辆车门结构相关知识 ………………………………………………………076
　　任务二　地铁车辆车门故障处理 ………………………………………………………086
　　任务三　地铁车辆车门故障案例 ………………………………………………………097
　　任务四　地铁车辆车门切除方法 ………………………………………………………097

第二部分　城市轨道交通车辆电气设备及其故障处理

项目一　车辆空调系统及其故障处理 ························· 100
  任务一　车辆空调系统结构及相关知识 ······················· 100
  任务二　车辆空调系统故障应急处理 ························· 112
  任务三　车辆空调机故障案例 ····························· 123

项目二　车辆受电弓及其故障处理 ··························· 124
  任务一　车辆受电弓结构及相关知识 ························· 124
  任务二　车辆受电弓故障处理 ····························· 129
  任务三　地铁车辆受电弓故障案例分析 ······················· 135

项目三　车辆高速断路器及其故障处理 ························· 136
  任务一　车辆高速断路器结构及相关知识 ····················· 136
  任务二　车辆高速断路器故障处理 ··························· 137

项目四　地铁车辆辅助逆变器和牵引逆变器及其故障处理 ············· 140
  任务一　车辆辅助逆变器和牵引逆变器结构及相关知识 ············· 140
  任务二　车辆辅助逆变器和牵引逆变器故障处理 ················· 148

项目五　地铁车辆主接触器及其故障处理 ······················· 157
  任务一　地铁车辆主接触器结构及相关知识 ····················· 157
  任务二　车辆主接触器故障处理 ····························· 159

项目六　车辆牵引电机及其故障处理 ·························· 163
  任务一　车辆牵引电机结构及相关知识 ······················· 163
  任务二　地铁车辆牵引系统故障处理 ························· 171
  任务三　地铁车辆牵引电机典型故障案例 ····················· 177

项目七　车辆接地装置及其故障处理 ·························· 178
  任务一　车辆接地装置主要结构及相关知识 ··················· 178
  任务二　车辆接地装置故障处理 ··························· 179

项目八　速度传感器及其故障处理 ·· 182
　　任务一　速度传感器 ·· 182
　　任务二　速度传感器常见故障处理 ·· 183
项目九　车辆驾驶控制器及其故障处理 ·· 186
　　任务一　车辆驾驶控制器相关知识 ·· 186
　　任务二　车辆驾驶控制器故障处理 ·· 191
项目十　车辆制动供气系统及其故障处理 ·· 195
　　任务一　车辆制动供气系统主要结构及相关知识 ····························· 195
　　任务二　车辆制动供气系统故障处理 ··· 202
　　任务三　地铁车辆供风系统维修案例 ··· 207
项目十一　车辆制动系统及其故障处理 ·· 209
　　任务一　车辆制动机系统基础知识 ·· 209
　　任务二　车辆制动系统故障处理 ·· 249
　　任务三　地铁制动系统典型故障处理 ··· 257
项目十二　车辆辅助电源系统及其故障处理 ····································· 258
　　任务一　车辆辅助电源系统结构及相关知识 ··································· 258
　　任务二　车辆辅助电源系统故障处理 ··· 262
项目十三　列车广播及乘客信息系统及其故障处理 ·························· 267
　　任务一　列车广播及乘客信息系统知识 ··· 267
　　任务二　列车广播及乘客信息系统故障处理 ··································· 268

第三部分　城市轨道交通车辆故障人工查找方法

项目一　车辆常见故障检测和诊断方法 ·· 274
项目二　车辆常见故障判断人工查找方法 ·· 276
项目三　地铁车辆常见故障逆向思维查找方法 ····································· 285

第四部分　城市轨道交通车辆日检、月检、半年检、年检

参考文献 ··· 308

01

第一部分

城市轨道交通车辆机械设备及其故障处理

项目一

车辆车体及其故障处理

任务一 车辆车体结构及相关知识

> **学习要求**
> （1）了解城市轨道交通的发展历程。
> （2）了解车辆的基本构造。
> （3）掌握车辆车体常见故障检查与处理方法。

城市新交通系统是新开发的具有高速、准点、舒适和污染小的交通方式及其运行服务系统的总称，一般泛指以无人驾驶的车厢在专用路权及自动化控制条件下运行的新型运输系统。

城市新交通系统按行走方式分为：① 自动化导轨交通系统，是导入计算机和全自动控制系统的双轨铁路、独轨铁路；属中量轻轨输送方式，适用于承担的运输范围介于公共汽车和市郊铁路间。② 新型无轨交通系统或复合交通系统，是以自动控制的新型无轨电车在导向槽中行驶的系统。③ 步行者援助系统，由高速人行道、自动扶梯和小座舱组成，用于运送上下飞机的旅客和邮件。④ 公共汽车运营自动控制系统。

为适应城市大量的乘客需求，通过计算机系统收集信息，采用计算机控制技术满足大、中型城市人们无阻碍出行，开行城市轨道交通运输具有重要意义。城市轨道交通车辆如图1-1-1所示。城市轨道交通地铁车站如图1-1-2所示。

图 1-1-1 城市轨道交通车辆

图 1-1-2　城市轨道交通地铁车站

20 世纪 60 年代，我国北京、天津开始修建地铁，数量不多。北京地铁一期工程长 23.6 km，于 1969 年 10 月 1 日建成通车。随着中国经济和城市快速发展，城市轨道交通以其快捷、舒适、运输量大等特点，已经成为城市交通发展的重点。当前，我国的城市轨道交通正处在大发展、大建设时期。截至 2024 年 4 月，全国已经有 54 座城市开通运营了 310 条轨道交通线，总里程合计 10 273.7 km。

城市轨道交通车辆运行速度由 80 km/h 发展到现在的 160 km/h，随着科技进步，今后地铁运行速度将会更高，从而方便人们快速出行。

改革开放后，我国的城市轨道交通得到了快速发展，特别是进入 21 世纪后城市轨道交通得到了更快发展。未来五年，珠三角、长三角经济区各县市将建成以轨道交通为主的城市轨道交通网络，更加方便人们出行。

一、车体的作用与分类

（1）车体是容纳乘客和司机驾驶的部分，又是安装和连接其他设备及组件的基础。

（2）车体按其所使用的材料可分为碳素钢车体、铝合金车体和不锈钢车体三种，目前主要使用铝合金和不锈钢。

（3）车体按其结构有无司机室可分为带司机室车体和无司机室车体两种。

（4）车体按其尺寸分为 A 型车车体、B 型车车体、C 型车车体、D 型车车体、L 型车车体（直线电机牵引）和 APM 列车。

地铁车辆车型、尺寸、编组和载客量见表 1-1-1。

表 1-1-1　地铁车辆车型、编组、载客量

地铁车型	长度/m	宽度/m	编组/节	单节车厢最大载客量/人	每节车厢车门数/对
A	21~24/有效长度 22.1	3	6 或 8	310	5
B	19~21/有效长度 19.8	2.8	常见 6	240	4
C	15~19	2.6	2~4	210	4

（5）车体按其结构工艺不同可分为一体化结构和模块化结构，如图1-1-3所示。

图1-1-3 地铁车辆结构

（6）车体的内部设施主要有地板、顶板、客室侧墙、端墙、车窗、座椅、立柱、扶手、贯通道、位于客室座椅下面的空气弹簧储风缸、Mp车受电弓升弓脚踏泵、灭火器和风笛等。

（7）目前，世界各地城市轨道交通车型没有统一的标准，往往是取决于各地客流量与建设传统，依据标准定制。

A型车：地铁A型车是地铁列车中型号中，宽度最大，载客量最大的车型。A型车中，A1型为第三轨供电；A2型为接触网供电。A型车适用于市区较大客流运输。A型车一节车定员310人。

A型车又可分为地铁A型车、市域A型列车、地铁Ah型列车、地铁As型列车、地铁LA型列车。

B型车：地铁B型车是应用最广泛车型。B型车分为B1型和B型两种。B1型为第三轨供电；B2型为接触网供电。B型车又可以分为地铁B型列车、市域B型列车、地铁LB型列车。B型车一节车定员230~250人。

C型车：C型列车属于城市轻型轨道列车。C型车多见编组为三节或四节车，单线运输量不太大的客运量运营。C型车分为轻轨C-Ⅰ型、C-Ⅱ、C-Ⅲ型、长春C型列车。C型车一节车定员200人。

L型车：L型车主要是利用直线电机牵引的列车，采用第三轨供电。分为LA、LB、LC三种。

二、车体的基本特征

（1）城市轨道交通车辆一般为电动车组，有单节、双节（A-B）、三节（A-B-C）、四节式等（A-B-C-D）；有头车和中间车，以及动车与拖车之分，车体结构多样。一般城市轨道交通车辆运营连接方式有 A-B-C-C-B-A 六节和 A-B-C-D-D-C-B-A 八节，今后会发展多节车辆连接方式，提高城市人员的输送能力。

（2）座位少，车门数量多、开度大，内部服务设备较简单。

（3）车重的限制较严格，轴重小，以降低线路工程投资。

（4）为使车体轻量化，对车体承载结构一般采用大型中空截面挤压铝型材、高强度复合材料或不锈钢。

（5）对车体防火性能要求高，采用防火设计和阻燃处理。

（6）对车辆隔音和减噪有严格要求，降低噪声对乘客和沿线居民的影响。

（7）车辆外观造型和色彩具有美化及与城市景观相协调的要求。

三、车体的结构形式

按照车体结构承受载荷的方式不同，车体可分为底架承载结构、侧墙和底架共同承载结构和整体承载结构三类。

四、车体的基本结构

车体是由若干纵向、横向梁和立柱组成的钢骨架，再安装内饰板、外蒙皮、地板、顶板及隔热、隔音材料、车窗、车门及采光设施等。车体一般包括底架、端墙、侧墙、车顶、车窗、车门、贯通道和车内设施等部分。

车辆内部如图 1-1-4 所示，车辆外部如图 1-1-5 所示。

图 1-1-4　车辆内部

图 1-1-5　车辆外部

（一）贯通道

在车辆与车辆之间设有贯通道。贯通道可以自动调节车厢内的客流密度。贯通道主要由波纹折棚、框架、活动侧墙、连接顶板及渡板装置组成，如图 1-1-6 和图 1-1-7 所示。

图 1-1-6　贯通道侧向断面

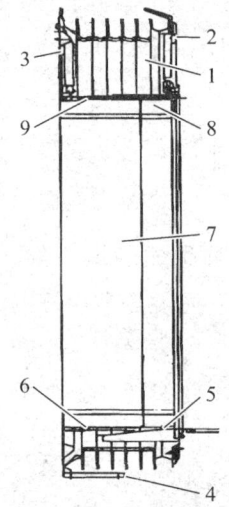

1—波纹折棚；2—紧固框架；3—连接框架；4—滑动支架；5—渡板组成（1）；
6—渡板组成（2）；7—内侧板；8—单层顶板；9—顶板。

图 1-1-7　贯通道结构

（二）侧护板组成

侧护板的通道表面为镶有凯德板的罩板，内有铝型材与弧面橡胶条镶嵌而成的边护板，可实现拉伸和压缩，如图 1-1-8 所示。护板内表面设有连杆支承机构，使护板有足够的刚度，旅客可倚靠。护板的两端与车体端部连接，可使用专用钥匙快速打开、拆卸护板。

（三）顶板组成

每个通道顶板由两个边护板和一个中间护板组成，如图 1-1-9 所示。顶板内侧设有连杆机构，使车辆运行时中间护板始终保持在中间位置，不会偏移。顶板组成通过边框用螺钉固定在车体端墙上。

图 1-1-8　车辆贯通道侧护板

图 1-1-9　车辆车厢贯通道顶板

（四）渡板装置组成

在紧固框架和连接框架侧各有一组渡板：在紧固框架一侧的渡板组成（1）靠托架支撑；而在连接框架一侧的渡板（2）一端通过安全支撑座与支撑金属板相连接，另一端支撑在渡板组成（1）上。

渡板装置能够保证追随与适应连挂车辆运行过程中的各种复杂运动，具有足够的强度与刚度，能够确保乘客安全通过，并为站立的旅客提供安全的地方，表面无凸起物及障碍物。

（五）车　顶

车外顶板两侧小圆弧部分采用中空截面挤压铝型材，中部大圆弧部分为带有纵向加强杆件的挤压成型的车顶板。

客室内顶板由三部分组成，中间为平板，平板两侧为多孔的通风口板。

（六）侧墙、端墙

车体的侧墙左右各有 5 扇车门和 4 扇车窗，被分隔成 6 块带窗框、窗下间壁、左右窗间壁或门间壁的分部件，各分部件也为整体的挤压铝型材。

客室内的侧墙、端墙都是阻燃的密胺树脂胶合板，具有隔热保暖的功能。

（七）地　板

直流传动车的地板先在底板上纵向布置 4 mm 厚的橡胶条，再铺设 16 mm 厚的多层夹板，用螺钉将多层夹板固定在底架上，然后在多层夹板上黏接 2.5 mm 厚的灰色 PVC 材料地板。

交流传动车将多层夹板改换成表面很平坦的铝合金轻型型材，然后在铝型材表面直接粘贴 PVC 塑料地板，这就避免了塑料地板起泡和脱落的弊病。

五、铝合金车体结构

（1）铝合金车体是一种轻型整体承载结构，主体材料是铝合金型材，通常采用模块化结构或全焊接组装，是一种新型的车体结构。

（2）铝合金材料特性：质轻且柔软，强度好，耐蚀性能好，加工性能好，易于再生。

（3）能大幅度降低车辆自重，碳素钢车体、不锈钢车体、铝合金车体的重量之比约为10：8：6。

（4）具有较小的密度及杨氏模量，铝合金对冲击载荷有较高的能量吸收能力，可降低振动和噪声。

（5）可运用大型中空挤压型材进行气密性设计，从而提高车辆的密封性能和乘坐舒适性。

（6）采用大型中空挤压型材制造的板块式结构，可减少连接件的数量和质量。

（7）减少维修费用，延长使用寿命。

六、车辆基本技术参数

地铁车辆技术参数是从总体上表征车辆性能及结构的一些参数，一般可分为性能参数与主要尺寸两大类。

（一）车辆性能参数

（1）自重、载重：自重指车辆整备状态下的本身结构及设备组成的全部质量；载重指正常情况下车辆允许的最大装载质量。它们均以吨（t）为单位。

（2）最高运行速度：车辆设计时按照安全及结构强度等条件所决定的车辆最高行驶速度，并要求连续以该速度运行时车辆具有足够良好的运行性能。

（3）轴重：按车轴形式及在某个运行速度范围内，车轴允许负担（包括轮对自身的质量）的最大质量。轴重的选择与线路、桥梁及车辆走行部设计有关。

（4）通过最小曲线半径：配用某种形式转向架的车辆在站场或厂、段内调车时所能安全通过的最小曲线半径。当车辆在此曲线区段上行驶时，不得出现脱轨、倾覆等危及行车安全的事故，也不允许转向架与车体底架或车下其他悬挂物相碰撞。

（5）轴配置或轴列式：用数字或字母表示车辆走行部结构特点的方式。例如，4 轴动车，两台动力转向架，则轴配置记为 B—B；6 轴单铰轻轨车辆的两端为动力转向架，中间为非动力铰接转向架，其轴配置记为 B—2—B。

（6）制动形式：车辆获得制动力的方式，有摩擦制动、再生制动、电阻制动及磁轨制动等多种形式。

（7）起动平均加速度：在平直线路上，列车载荷为额定定员，自牵引电动机取得电流开始，至起动过程结束（即转入其自然特性时），该速度值被全过程经历的时间所除的商。

（8）制动平均减速度：在平直线路上，列车载荷为额定定员，自制动指令发出至列车完全停止的全过程，相应的制动初始速度（一般取最高运行速度）被全过程经历的时间所除得的商。

（9）冲击率：由于工况改变引起的列车中各车辆所受到的纵向冲击。在城轨车辆中，主要用于说明车辆本身电气及制动控制系统所应达到的冲动限制。

（10）列车平稳性指标：评定旅客舒适程度的主要依据，反映车辆振动对人体感受的影响。因此，评定平稳性的方法主要以人的感觉疲劳程度为依据，通常以平稳性指标表示。

（二）车辆的主要尺寸

（1）车辆长度：车辆处于自由状态，车钩呈锁闭状态时，两端车钩连接面之间的距离。区别于车体长度的概念，车体长度指不包含牵引缓冲装置或折棚的车体结构的长度。

（2）车辆最大宽度：车体横断面上最宽部分的尺寸。

（3）最大高度：车辆顶部最高点与钢轨顶面之间的距离。通常须说明与最高点相关的结构，如有无空调、受电弓的状态等。

（4）车辆定距：同一车辆的两转向架回转中心之间的距离。

（5）固定轴距：同一转向架的两车轴中心线之间的距离。

（6）车钩中心线距离钢轨面高度：简称车钩高，它是指车钩连接面中点至轨面的高度，取新造或修竣后空车的数值。列车中各车辆的车钩高基本一致，是保证车辆正确连挂、列车运行中正常传递牵引力及不会发生脱钩事故所必需的。广州、上海地铁车辆车钩高均为 720 mm，天津轻轨车辆和北京地铁车辆车钩高均为 660 mm。

（7）地板面高度：车辆地板面与钢轨顶面之间的距离。地板面高度与车钩高一样，指新造或修竣后空车的数值。它将受到两方面的制约，一是车辆本身某些结构高度的限制，如车钩高及转向架下心盘面的高度；另一方面又与站台高度的标准有关，规定车辆地板面应与站台高度相协调。

（三）车辆基本设计参数

车辆的总体设计寿命：　　　　　　30 年
每辆车的平均轴重：　　　　　　　≤16 t
牵引电机额定功率：　　　　　　　190 kW
列车平稳性指标：　　　　　　　　2.7；
最高运行速度：　　　　　　　　　80 km/h（100 km/h、120 km/h、160 km/h）
设计/结构速度：　　　　　　　　　90 km/h
列车载客容量见表 1-1-2。

表 1-1-2　列车载客容量

定义	乘客载荷/t			车辆重量/t			列车重量/t
	A	B	C	A	B	C	
空载 AW0	0	0	0	33	36	36	220
座客载荷 AW1	3.36	3.36	3.36	37.36	41.36	41.36	240.16
定员载荷 AW2	18.60	18.60	18.60	52.60	56.60	56.60	331.60
超员载荷 AW3	25.92	25.92	25.92	59.92	63.92	63.92	375.53

广州地铁一号线车辆主要尺寸：
车辆长度：A 车　24.4 m；　　　　B、C 车　22.8 m

列车长度：	140 m
车辆宽度：	3.0 m
车辆高度：	3.8 m
车辆最高点（含排气口）：	3 860 mm
受电弓工作范围：	175～1 600 mm
受电弓最大升起高度：	1 700 mm
轨道至地板面高度（AW0）：	$1\,130_{-5}^{+15}$ mm
转向架中心距：	15.7 m
转向架固定轴距：	2 500 mm
车门全开宽度：	1 400 mm
开、关门时间：	（3±0.5）s
开、关门调整范围：	1.5～4 s
贯通通道宽：	1 500 mm
窗宽度：	1 300 mm
车钩中心线距轨面距离：	（720+8）mm
新轮直径：	840 mm
半磨耗轮直径：	805 mm
磨耗轮直径：	770 mm
轮对内侧距（AW0）：	（1 353+3）mm
轮缘厚度：	32 mm

上海地铁1、2号线车辆主要参数：

两端车钩连接中心线长度：	
有司机室	24 140 mm
无司机室	22 800 mm
车体最大宽度：	3 000 mm
车顶中心线距轨面高度：	3 800 mm
客室地板面距轨面高度：	1 130 mm（1 500 mm）
车门高：	1 800 mm（1 860 mm）
车门宽：	1 300 mm（1 400 mm）
两转向架中心距（定距）：	15 700 mm

任务二　车辆车体一般故障处理

地铁车辆车体故障现象一般主要集中在车厢内部，如客室立柱和扶手杆松动、拉手吊环磨损或松动、车窗玻璃龟裂、车辆局部地板破损、贯通道渡板脱落等。处理这些故障都需要日常加强车辆客室巡查和仔细检查，不放过任何一处故障隐患，避免因设备松动或脱落引发乘客伤及事件发生。地铁车辆在进入车辆段进行联调联试和运行一段时间后主要会出现以下三种类型的损伤或故障。

（1）车体的损伤。

车体结构常见的故障是车体的变形。因为目前的车体大多由大型铝合金挤压型材焊接制造而成，焊接加热过程使铝合金车体的强度损失为 40%～60%，所以运营时的受力将使车体产生变形。

（2）车体的变形。

车体的变形有两种形式：① 无碍车体外形或设备功能的车体永久变形；② 妨碍车体外形或设备功能的车体永久变形。

（3）车辆零件断裂

车辆零件断裂按所受载荷的性质可分为冲击断裂、静载断裂、疲劳断裂和高频振动断裂；按零件断口的形态可分为延性断裂（韧性断裂或塑性断裂）和脆性断裂。

车辆采购进入地铁公司投入运营前必须进行高密度，高强度的车辆运行联调联试，在这种情况下车辆生产、设计或工艺存在的问题就会集中暴露出来，特别是车辆贯通道和渡板、侧板等容易出现变形，脱落等故障现象，所以在车辆联调联试过程中认真把握好车体各种故障信息，及时处理后对将来车辆运营有重要的作用。

国内的多家地铁公司在引进地铁车辆联调联试过程中就发生了多起贯通道侧墙板脱落故障。

一、车体断裂故障

1. 故障现象

地铁车辆回段例行检查发现车辆车体局部断裂，表现在车体局部油漆开裂或油漆层鼓包明显，金属严重变形。

2. 故障原因

（1）车辆运行时间较长引起的疲劳断裂或车辆受冲击造成断裂。

（2）因车辆减振装置出现问题导致车辆加快磨损、疲劳引发断裂或破损。

（3）因车体铸造时材质或选用材质不符合技术要求等问题留下的缺陷。

（4）车辆和线路运营时间较长由于高频振动产生谐振导致车体断裂。

3. 故障处理

针对上述故障现象和原因，对车辆车体做如下故障检查与处理。

（1）出现此类故障时应检查车体各部位及探伤，针对断裂程度进行车辆运行安全评估，如果在车辆运行技术和安全范围内，对断裂部位进行焊接处理。

（2）如果属于铸造材质留下的质量问题需返厂进行处理。

（3）处理这类故障应判定到底问题出在哪个环节上，是使用不当造成的，还是设计缺陷；使用造成的又分为是设备本身问题还是司机操作不当造成的，如连挂冲撞过大等现象发生过几次等。

（4）在发现焊接部分断裂时一定要仔细检查焊接部分的结构、断裂深度和长度。如果车辆使用中没有出现较大的冲撞现象，应该是生产厂焊接质量问题。基层单位如果技术力量和检修条件以及焊接技术工人水平能达到修复技术要求，可以进行焊接修复，满足不了上述要求建议返厂维修，以避免引发更大故障和事故的发生。

（5）如果车辆类似故障发生较多，应反馈工务部门对线路进行全面检查。

（6）如果车辆车体断裂是由于车辆遭遇高频振动造成的，应对车辆减振系统进行检查，查看有没有断裂或失效部件，发现后应进行处理。

4. 注意事项

在处理这类故障时：

① 应仔细检查车辆其他部位有没有互相干涉和磨损和断裂现象，焊接不能保证车辆运行安全技术要求时应该做出停运处理。

② 出现这类故障有可能是车辆减振装置出现问题后造成的，检查过程中不要放过可疑减振部件，检查过程中发现问题应及时进行处理。

③ 如果车辆车体由于高频振动产生了断裂，除了检查车辆本身问题外还应请求工务部门对线路质量进行检测，发现问题后进行处理。

二、车辆内部玻璃破裂或其他易损件断裂

1. 故障现象

车辆回段例行检查发现个别车窗玻璃破裂、立柱和拉环破裂或断裂。

2. 故障原因

受车辆运行振动或自然环境影响、物件材质老化和乘客损坏玻璃、立柱、拉环等。

3. 故障处理

针对上述故障现象和原因，对车辆内部做如下故障检查与处理：

（1）这类故障容易被发现，而且处理手段一般是更换、黏接、紧固、更换、打磨、焊接等。

（2）有些车辆车窗玻璃是由于外部力量冲击造成的，遇到这种情况就一定要查明具体原因，确保运营安全。

（3）更换车窗玻璃一定要严格按照工艺要求进行，彻底清除玻璃残渣并保证安装框内清洁度。

4. 注意事项

凡处理车体断裂或焊接裂纹后一定要进行探伤检查，确认车体修复正常后方可投入运营。对损坏的部位进行尺寸检查，是否因损坏造成变形，如有应及时处理。玻璃损坏一定要查明损坏原因，是自然损坏还是人为损坏。自然损坏是玻璃老化还是外部其他物件冲击造成损坏；人为损坏也应查明损坏原因。

三、车辆贯通道侧墙板脱落

1. 故障现象

滑板变形导致侧墙板脱落。

2. 故障原因

（1）车辆长期高速通过曲线半径较小的轨道对贯通道过度滑板挤压，因滑动板强度不

够和滑杆机构卡滞导致滑板严重变形，使侧墙板脱落。

（2）车辆振动频率变化较大导致安装螺栓松动脱落使侧墙板脱落。

（3）滑板润滑不良。

3. 故障处理

针对上述故障现象和原因，对车辆贯通道做如下故障检查与处理：

（1）发现滑板变形应及时更换变形滑板，并对变形量进行检测，如发现变形量较大应检查相关设备和安装工艺及标准是否有误差。

（2）对滑板内部滑杆机构进行检查，查看有没有变形和损坏现象，对各部件润滑情况进行检查，保证各联动部件润滑减少卡滞现象发生。

（3）检查车辆减振系统看有没有出现破损或失效的减振装置，发现问题应及时处理。

（4）对贯通道润滑部件加强润滑保养。

4. 注意事项

（1）贯通道滑板变形导致侧墙脱落是一项车辆比较严重的故障，原因较多，关键还是滑板和侧墙的材质强度问题。同时，应该注意对贯通道滑动部分的部件应进行日常润滑保养。处理后应检查相关部件和找出引发滑板变形的原因，避免故障重复出现影响人身安全。

（2）对变形的部件进行加工处理时不能改变部件的机械性能。

任务三　车辆车体典型故障案例

某地铁公司开通，进行联调联试阶段就发生几起车辆贯通道滑板变形导致侧墙板脱落故障，经技术人员反复核实确认了导致车辆贯通道滑板变形引发侧墙板脱落的主要原因：一是引进车辆在运输过程中反复装卸作业冲撞；二是车辆各配件在车辆段进行组装过程中因装配工艺、装配工人技术水平存在一定差距，导致在安装过程中紧固尺度不够。同时，现场环境与车辆厂试验环境和条件差距较大，而且试验强度不一样，因此对车辆的要求也不一样。在联调联试高强度、高密度的运行中会导致车辆车体出现一些问题，通过及时处理消除了故障和安装缺陷。当然这类故障在车辆长时间运行、振动过程中会重复出现，只要及时发现，及时处理就不会对运营造成影响。

车辆进入地铁运营公司投入使用前，对车辆进行严格的运营前联调联试是检验车辆性能和质量以及发现设备故障的关键时期。在车辆联调联试过程中因车辆运营密度大、速度快，加上车辆进入新线的不同状态下的环境和条件，致使车辆会暴露很多在设计、装配中的质量和故障信息，只要对发现的问题和故障进行及时处理，就能保证车辆在今后运营中的安全和质量。

第一部分项目一数字资源

项目二

车辆转向架及其故障处理

学习要求

（1）了解车辆转向架的基本结构。
（2）掌握车辆车轴的构造。
（3）掌握车辆轴箱的构造。
（4）掌握车辆转向架各常见故障检查与处理方法、处理过程。

任务一　车辆转向架结构及相关知识

城轨车辆的转向架一般采用二轴构架式转向架，并普遍采用无摇枕结构。其主要特点是：一系悬挂主要有金属螺旋弹簧、人字形（或称八字形）和锥形金属橡胶弹簧三种结构；二系悬挂主要由空气囊和橡胶金属叠层弹簧构成。

一、车辆转向架分类

（1）按转向架结构形式分，有构架式、侧架式和弓形转向架。
（2）按二系悬挂结构分，有摇动台、无摇动台及无摇枕结构转向架等。
（3）按二系悬挂弹簧形式分，有椭圆弹簧、圆弹簧及空气弹簧悬挂转向架等。
（4）按车轴的数目分，有2轴、3轴和多轴转向架。
（5）按车轴的轴型分，有B、C、D、E、F五种轴型转向架。
（6）按轴箱定位结构分，有导柱式、拉板式、拉杆式、转臂式和橡胶弹簧式轴箱定位转向架等。

二、车辆转向架的基本组成

转向架主要由构架、轮对轴箱装置、弹性悬挂装置、基础制动装置、中央牵引装置、驱动系统（牵引电机与齿轮变速传动装置）等组成。地铁车辆转向架基本组成结构如图1-2-1所示。

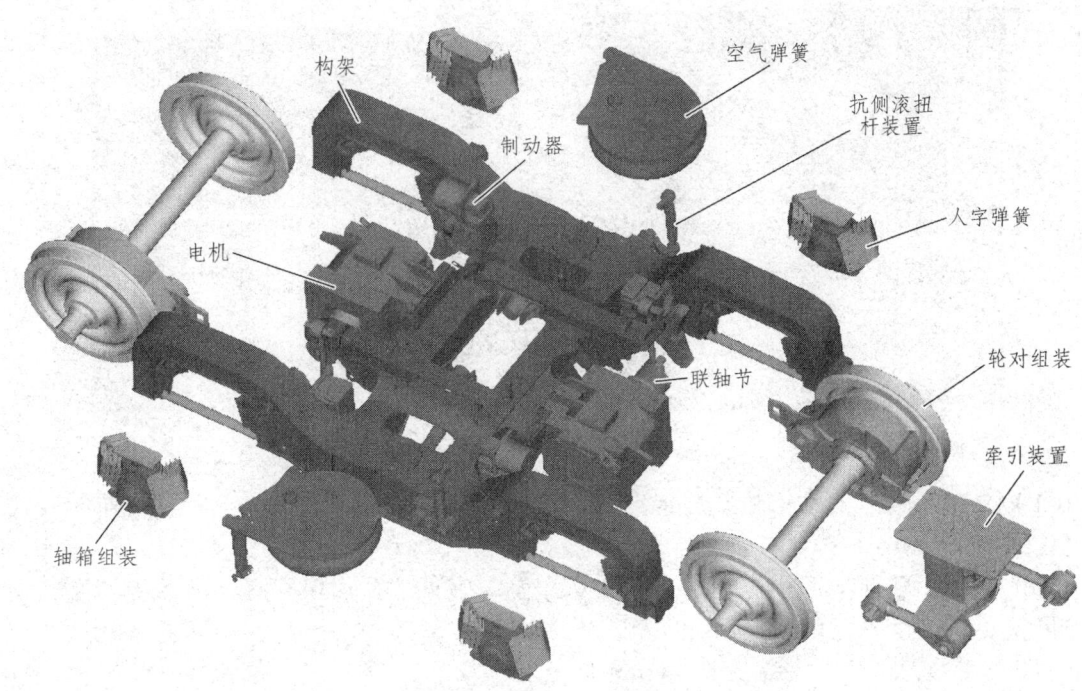

图 1-2-1　地铁车辆转向架基本组成结构

（1）构架是转向架的基础，它把转向架的零、部件组成一个整体。故它不仅承受、传递载荷及作用力，而且它的结构、形状和尺寸都应满足零、部件组装的要求。

（2）轴箱与轴承装置是连接构架和轮对的活动关节，使轮对的滚动转化为车体沿着轨道的直线运动。轮对沿钢轨的滚动同时，除承受车辆的重量外，还传递轮轨之间的其他作用力，包括牵引力和制动力。

（3）为了保证轮对与构架、转向架与车体之间连接，同时减少线路不平顺和轮对运动对车体的影响（如垂直振动、横向振动等），在轮对与构架、转向架与车体之间装设有弹性悬挂装置，前者称为轴箱悬挂装置，后者称为中央悬挂装置，也可称一系悬挂装置和二系悬挂装置。弹性悬挂装置包括弹簧、减振器及定位装置等。

（4）为对运行中的列车进行调速或使其在规定的距离内停车，必须安装制动装置，其基础制动装置吊挂于构架上，它的作用是使制动缸的空气压力转化为闸瓦压向车轮的力，从而产生制动作用。

（5）动力转向架安装有牵引传动装置，非动力转向架没有此装置，动力转向架通过它使牵引电机的扭矩转化为轮对或车轮上的转矩，利用轮轨之间的黏着作用，驱动车辆沿着轨道运行。

地铁车辆转向架如图 1-2-2 所示。

（一）DK 型转向架

DK 型转向架是我国设计制造的用于地铁车辆的无摇动台转向架，属于 DK 系列的有 DK1、DK2、DK3、DK6 及 DK7 等型号。

图 1-2-2　地铁车辆转向架

（1）DK3 型转向架轴箱装置的特点是轴箱弹簧呈水平放置，采用金属橡胶弹性铰式轴箱定位结构。

（2）DK3 型转向架采用非标准滚动轴承车轴，中央部分加粗并有专门的传动齿轮安装座，供安装牵引设备之用。采用 42724T 和 152724T 型滚动轴承。为了降低车辆重心，并充分利用地铁车辆限界，采用了 840 mm 直径的车轮。

（3）金属橡胶弹性铰式轴箱定位装置的结构比较独特，这种结构允许绕金属橡胶弹性铰的中心做弹性转动，同时也允许轴箱相对于构架在前后方向有少量位移。轴箱的一侧有一角形弯臂，轴箱弹簧水平地安装在构架和轴箱弯臂之间。当构架的载荷增加时，构架下降，金属硫化橡胶轴套连同心轴也随着下降，于是轴箱绕车轴中心转动，弯臂开始压缩轴箱弹簧。根据几何关系，构架下降量与轴箱弹簧压缩量之比等于车轴中心至硫化橡胶套中心水平距离与车轴中心至弹簧中心线垂直距离之比。

（4）DK3 型转向架的摇枕弹簧装置采用无摇动台的空气弹簧形式。

（5）由钢板焊成空心鱼腹形等强度梁，摇枕兼作空气弹簧的附加空气室，因此，做成密封结构。摇枕支承在空气弹簧上，由节流孔与空气弹簧相连通。

（6）DK3 型转向架采用自由膜式空气弹簧。它由上盖板、下盖板、碗形橡胶垫和橡胶囊等组成。

（7）城市轨道交通车辆所采用的转向架，有动力转向架和非动力转向架两种，分别用于动车和拖车。

（8）随着科技进步和新型轻质、高强度的材料运用，最新弓形转向架已经研制成功并推广运用。2022 年 9 月，中车集团在德国柏林举办的国际车辆装备展中，宣布成功研制并将在高速铁路和地铁车辆推广使用新型弓形转向架。该转向架采用全组装无焊接结构的碳纤维柔性构架，在承载车辆重量的同时，通过"弓"的减振特性，缓和车辆与铁路的相互作用。与现有的转向架相比，其质量减少 25%（非动力型减重 35%），车辆运行能耗减少 15%，轮轨磨耗减少 30%，噪声降低 2~3 dB，全生命周期成本降低 15%。同时引入了光纤传感器技术和电控智能装置，使"弓"系列转向架具备监测自身健康状态，感知线路和车辆之间状态的功能，使列车运行更加智能、安全、可靠。新型弓形转向架实物如图 1-2-3 所示。

（二）车辆转向架的主要功能

1. 支撑车体、传递载荷（驱动功能）

（1）转向架承受车辆自重和载荷，并使这些质量均匀分布给各个车轮，传递给钢轨。轮对作用于钢轨的作用力不应过大，否则容易破坏钢轨，影响车轮运行品质。城市轨道车辆轴重一般小于 160 kN。

（2）轮对、一系弹簧、构架、二系弹簧系统是转向架的主要承载部件，车体质量经过二系弹簧传给转向架构架，然后经过一系弹簧均匀地分配到各个轴箱上，最后经轮对作用于钢轨。若转向架有摇枕，车体质量由摇枕承载，摇枕将车体载荷传递给二系弹簧。

（3）牵引电机扭矩的传递路线为：电机→联轴节→齿轮箱→轮对，车辆动车转向架如图 1-2-4 所示。

图 1-2-3　新型弓形转向架　　　　　图 1-2-4　车辆动车转向架

2. 使车辆顺利通过曲线

车辆通过曲线时，转向架可以围绕其中心相对于车体回转，能灵活地沿着直线线路运行或顺利地通过一定半径的曲线，减少运行阻力和噪声，提高运行速度，保证车辆安全运行。

3. 传递牵引力和制动力

（1）列车处于牵引状态时，牵引电机产生转矩通过齿轮传动装置使轮对沿钢轨滚动，轮对与钢轨之间的黏着作用使滚动力矩转化为向前的轮周牵引力。牵引力由轴箱经构架传递给牵引拉杆、中心销座、中心销、车体，使车辆沿轨道平动。

（2）列车处于制动状态时，电机或制动器给轮对作用一与轮对转动方向相反的力矩，轮对与钢轨之间的黏着作用使该力矩转化为向后的制动力。制动力与牵引力传递过程相同、方向相反，它使列车具有良好的制动效果，以保证列车能在规定的距离内停车。

4. 缓和振动和冲击，提高乘坐舒适度

（1）车辆在轨道上运行由于受到轨道存在各种不平、道床位移和道岔及曲线等影响，车辆运行的轨迹与蛇行运动轨迹相似，其运动包络线远大于车体本身。产生这一现象最主要的原因就是车辆在运行中产生各种方向的振动。这种振动可能导致转向架部件开裂，也会导致车辆走行部件损坏，严重时导致车辆出轨，造成重大事故。此外，振动通过转向架传给车体，降低了乘客乘坐的舒适度，同时容易损坏车辆和线路。

（2）为了缓和车辆与轨道冲击和振动，一方面，要保证钢轨和车辆的技术状态，保持轮轨匹配良好；另一方面，要通过弹簧或空气弹簧装置缓和各种冲击，衰减各种振动。

（三）转向架的基本作用

（1）采用转向架可以增加车辆的载重、长度和容积，提高列车的运行速度。

（2）保证在正常运行的条件下，车体都能可靠地坐落在转向架上。并通过轴承装置使车轮沿着钢轨的滚动转化为车体沿线路运动的平动。

（3）支撑车体，承受并传递来自车体与轮对之间或钢轨与车体之间的各种载荷及作用力，并使轴重均匀分配。

（4）适应轮轨接触状态的变化，充分利用轮轨之间的黏着，传递牵引力和制动力。

（5）保证车辆安全运行，能灵活地沿线路运行及顺利地通过曲线。

（四）对转向架的要求

（1）要求悬挂装置可以根据客流的变化调整其刚度，以保证车辆客室地板面与站台面的高度相协调，方便旅客的乘降，这对城轨车辆尤为重要。

（2）转向架的结构便于弹簧减振装置的安装，以使其具有良好的减振特性，缓和车辆和线路之间的相互作用，减小振动和冲击，提高车辆运行的平稳性和安全性。

（3）对动力转向架来说，还要便于安装牵引电机及传动装置，以提供驱动车辆的动力。

（4）转向架是车辆的一个独立部件。转向架与车体之间的连接件要少，结构简单，装拆方便，便于转向架独立制造和维修。

地铁车辆主要转向架如图 1-2-5 所示。

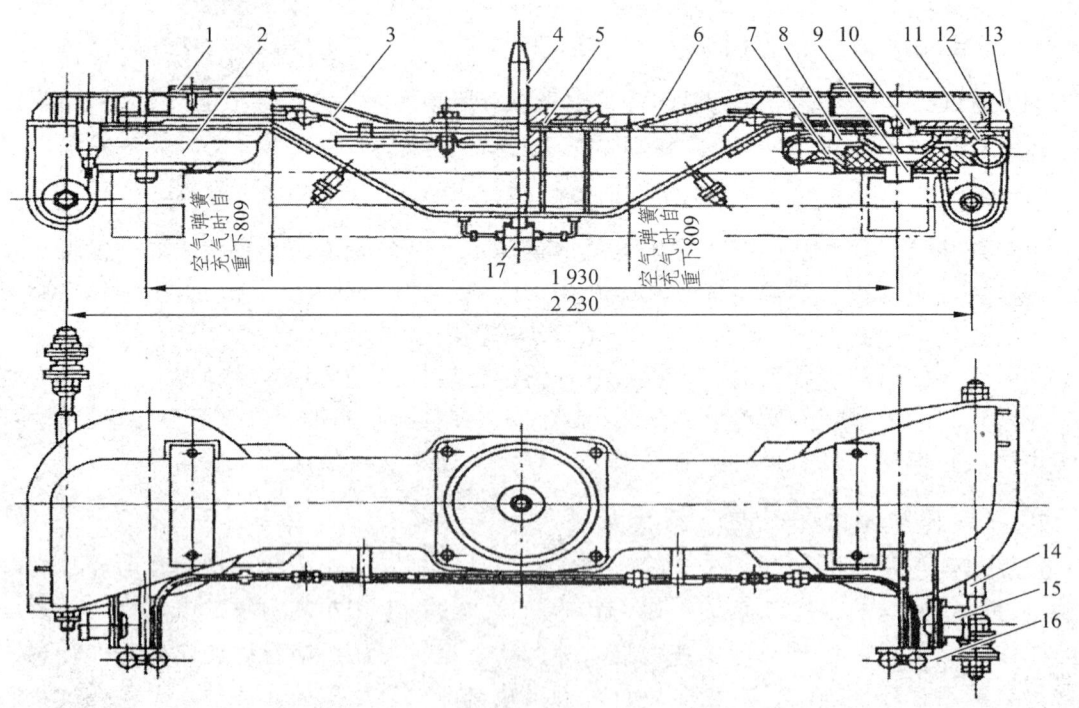

1—下旁承及垫板；2—空气弹簧；3—空气管路；4—中心销；5—下心盘及垫板；6—摇枕；7—空气弹簧下座；8—碗形橡胶垫；9—定位堵；10—节流孔；11—橡胶囊；12—橡胶垫；13—弹簧上盖；14—纵向拉杆；15—高度控制阀；16—电磁阀及止回阀；17—差压阀。

图 1-2-5 地铁车辆转向架

地铁车辆动力转向架实物如图 1-2-6 所示。

图 1-2-6　地铁车辆动力转向架

（五）部分转向架主要技术参数

（1）广州地铁 2 号线 ET423 系列转向架主要技术参数。

最大设计速度：　　　　　　　90 km/h
最大运行速度：　　　　　　　80 km/h
转向架中心距：　　　　　　　15 700 mm
转向架轴距：　　　　　　　　2 500 mm
空气弹簧跨距：　　　　　　　1 500 mm
轮对内侧距：　　　　　　　　（1 353 ± 2）mm
车轮直径（新轮）：　　　　　840 mm
最大轴重：　　　　　　　　　16 t
牵引电机输出功率：　　　　　220 kW × 2
齿轮箱传动比：　　　　　　　6.69∶1
动车转向架质量（动车）：　　7 800 kg

（2）广州地铁 4 号线直线牵引电机车辆 BM3000 柔性转向架技术参数。

最大设计速度：　　　　　　　100 km/h
最大运行速度：　　　　　　　90 km/h
转向架中心距：　　　　　　　11 140 mm
轮对内测距：　　　　　　　　（1 353 ± 2）mm
转向架轴距：　　　　　　　　2 000 mm
车轮直径（新轮）：　　　　　730 mm
两个一系弹簧跨距：　　　　　1 150 mm
两个空气弹簧跨距：　　　　　1 150 mm
最大轴重：　　　　　　　　　13 t
直线牵引电机小时功率：　　　155 kW/h
最小曲线通过能力：　　　　　$R \approx 60$ m

三、转向架构架

（1）构架是转向架各组成部分的安装基础，通过构架把转向架的组成部件组合成一个整体，构架也是转向架承载的主要部件。

（2）构架主要由左、右侧梁，一根或几根横梁及前后端梁组焊而成。没有端梁的构架，称为开口式构架；有端梁的构架，称为封闭式构架。

（3）侧梁是构架的主要承载梁，是传递垂向力、纵向力和横向力的主要构件，侧梁还用来确定轮对位置。

（4）侧梁上设有踏面单元制动器、一系簧、二系簧等部件的安装座。各部件安装座的安装孔都经过精确定位，从而保证了所有部件组装后的转向架运行性能。

（5）构架两边是侧梁，中间用两根横梁连接，横梁上焊有齿轮箱吊座、电机安装座以及牵引杆安装座。这种结构可提供适当的强度，提高构架强度，可以减少车辆簧下质量，提高车辆运行品质（运行平稳性和安全性）。

（6）横梁和端梁用来保证构架在水平面内的刚度，使两轴平行并承托牵引电机等。

（7）构架上还设有中心座安装座、轴箱吊框、制动吊座、高度控制阀座、抗侧滚扭杆座、减振器座和止挡等，用于安装相关设备。

（8）构架上两侧设有4个挂架，即每个侧梁弯臂上有一个，用于起吊。

（9）构架的强度和刚度对转向架的性能很重要，其主要破坏形式是裂纹和变形。

地铁车辆转向架构架如图1-2-7所示。

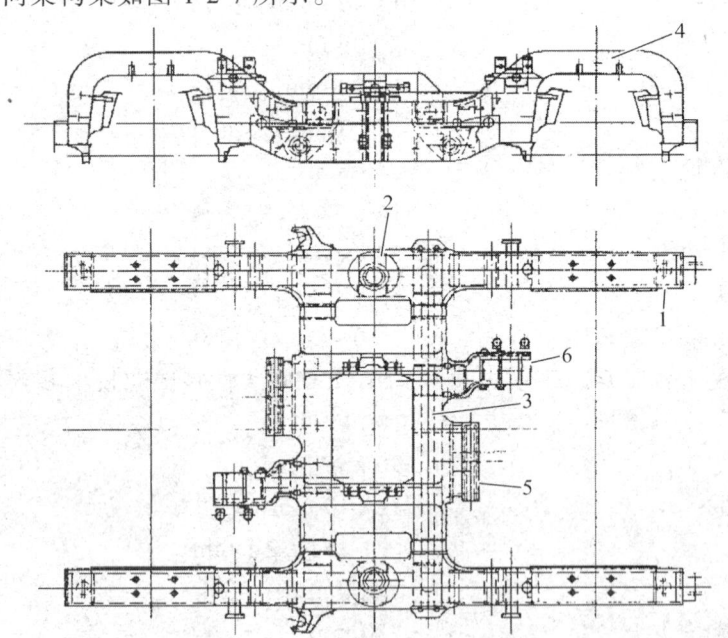

1—侧梁；2—空气弹簧座；3—横梁；4—轴箱吊框；5—电机安装座；6—齿轮箱吊座。

图1-2-7 地铁车辆转向架构架

四、车辆轮对

轮对由一根车轴和两个同型号车轮通过过盈配合组装而成。轮对通常采用冷压或热套的工艺组装，使车轮与车轴牢固地结合在一起，使用过程中也不允许有松脱现象。

车辆轮对如图1-2-8所示。

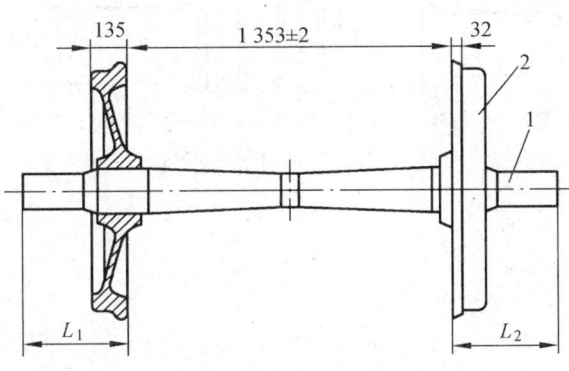

1—车轴；2—车轮。

图1-2-8　车辆轮对

（1）轮对的内侧距是保证车辆运行安全的一个重要参数。轮对在钢轨上滚动时，轮对内侧距应保证在最不利的条件下，车轮踏面在钢轨上仍有足够的安全搭接量，不致造成掉道。同时，还应保证车辆在线路上运行时轮缘与钢轨之间有一定的游隙。轮缘与钢轨之间的游隙太小，可能造成轮缘与钢轨的严重磨耗；轮缘与钢轨之间的游隙太大，会使轮对蛇行运动的振幅增大，影响车辆的运行品质。轮对内侧距有严格的规定，我国地铁车辆轮对内侧距为（1 353±2）mm。

（2）轮对的作用是引导车辆沿钢轨运动，同时还承受着车辆与钢轨之间的载荷。

（3）轮对性能的好坏直接影响到车辆的运行品质。对车辆轮对的要求：在保证足够强度和一定使用寿命的前提下，使其质量最小，并具有一定弹性，以减少轮轨之间的作用力；应具备运行阻力小、耐磨性好的优点；应能适应车辆直线运行，又能顺利通过曲线，还应具备必要的抵抗脱轨的能力。

（4）我国城市轨道交通车辆使用的车轮主要为整体钢轮冷压至车轴上。整体车轮包括踏面、轮缘、轮辋、辐板、轮毂、轮毂孔。

（一）车　轴

（1）车轴的作用：连接车轮和转向架构架；支撑转向架和车体；传递牵引力；传递制动力；承受车体质量。

（2）轴颈：用以安装滚动轴承，承担着车辆重量，并传递各方向的静动载荷。

（3）轮座：车轴与车轮配合的部位。轮座直径向外侧逐渐减少，成为锥体，广州地铁1、2号线车轴轮座锥度为1∶300。同时，为了便于压装，减少应力集中，轮座最外侧还有一小段锥度较大的锥面。轮座是车轴受力最大的部位。

（4）防尘挡板座：为车轴与防尘板的配合部位，其直径比轴颈直径大，比轮座直径小，位置介于两者之间，是轴颈与轮座的过渡部分，以减少应力集中。

（5）轴身：车轴中央部分，该部位受力最小。为了减少簧下质量，有些轮对采用空心车轴。

地铁车辆车轴如图 1-2-9 所示。

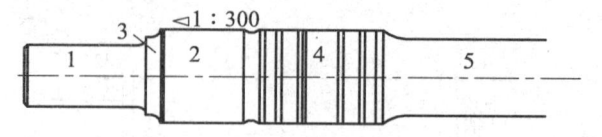

1—轴颈；2—轮座；3—防尘挡板座；4—轮座后肩；5—轴身。

图 1-2-9　地铁车辆车轴

（二）车　轮

1. 车轮的分类

车轮的结构、形状、尺寸、材质多种多样，按其结构分为整体轮和轮箍轮两种。整体车轮按其材质可分为辗钢轮和铸钢轮等。轮箍轮又可分铸钢辐板轮心、辗钢辐板轮心以及铸钢辐条轮心的车轮。

车轮结构如图 1-2-10 所示。

2. 车轮的结构

目前，我国城轨车辆普遍采用整体辗钢轮。整体辗钢轮由踏面、轮缘、轮辋、辐板和轮毂组成。车轮与钢轨的接触面称为踏面；踏面一侧突出的圆弧部分称为轮缘；轮缘是保持车辆沿钢轨运行，防止脱轨的重要部分；轮辋是踏面下车轮最外的一圈；轮毂是轮与轴相互配合的部分；辐板是连接轮辋和轮毂的部分，辐板上有两个圆孔，便于轮对在切削加工时与机床固定和搬运轮对之用。

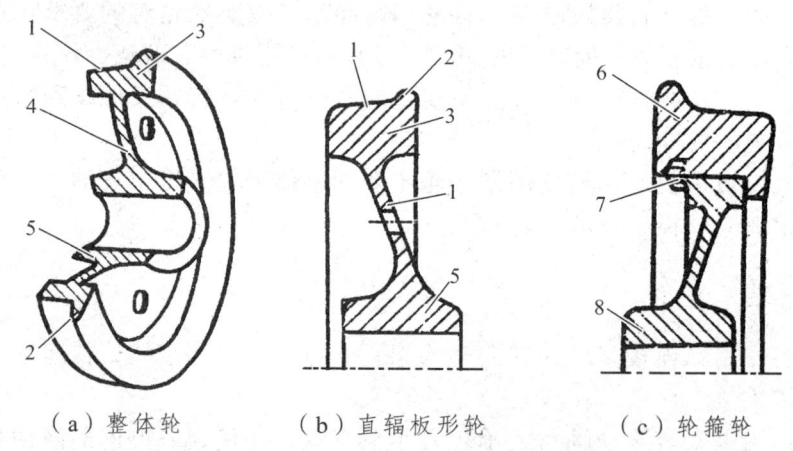

（a）整体轮　　　（b）直辐板形轮　　　（c）轮箍轮

1—踏面；2—轮缘；3—轮辋；4—辐板；5—轮毂；6—轮箍；7—扣环；8—轮心。

图 1-2-10　车辆车轮结构

车轮踏面需要做成一定的斜度，踏面呈锥形，其作用是：

（1）便于通过曲线。车辆在曲线上运行，由于离心力作用，轮对偏向外轨，由于踏面锥形的存在，外轨上滚动的车轮滚动圆直径较大，而沿内轨滚动的车轮滚动圆直径较小，这正好和曲线区间线路外轨长，内轨短相适应，使轮对顺利通过曲线，减少车轮在钢轨上的滑行。车轮通过轨道曲线如图 1-2-11 所示。

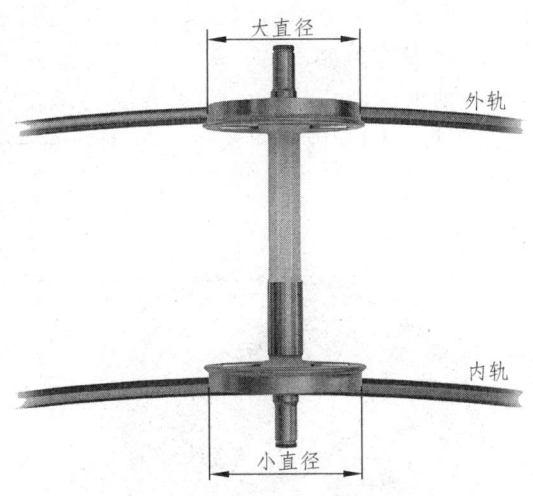

图 1-2-11　车轮通过轨道曲线示意

（2）在直线上运行时轮对能自动调中。车轮在直线线路上运行时，如果车辆中心线与轨道中心线不一致，轮对在滚动过程中能自动纠正偏离位置。

（3）使磨耗踏面更为均匀。由于踏面与钢轨接触面的滚动直径在不断变化，致使轮轨的接触点也在不断地变换位置，从而使踏面磨耗沿宽度方向比较均匀。

（4）由于车轮踏面有斜度，踏面各处直径不相同，按有关规定，离车轮内侧 70 mm 处所测得的圆的直径作为车轮直径，简称轮径，该圆称为车轮滚动圆。

车轮标准直径为 840 mm，轮径限度为 770 mm。轮径差必须满足：同一轴 ≤ 1 mm，同一转向架 ≤ 3 mm，同一辆车 ≤ 6 mm。

直线牵引电机转向架车轮标准直径为 730 mm，轮径限度为 650 mm。车轮轮缘厚度一般为 32 mm，下限为 22 mm。

（三）车辆转向架轴承

车辆用轴承主要有滑动轴承和滚动轴承两种，它们的轴箱结构也有所不同。与滑动轴承相比，采用滚动轴承在提高承载能力的同时，降低了轴箱摩擦系数，可显著降低车辆的起动阻力和运行阻力，改善车辆走行部分的工作条件，减少燃轴（轴箱轴承烧损）事故，并大量地减少了轴承的维护和检修工作量，降低运营成本。

（1）滚动轴承按滚动体形状主要分为圆柱滚动轴承、圆锥滚动轴承、球面滚动轴承等几种。一般城轨车辆都采用了圆柱滚动轴承或圆锥滚动轴承。例如，广州地铁 1 号线车辆采用双列圆柱滚动轴承，2 号线车辆采用双列圆锥滚动轴承。

（2）车辆轴承有以下作用：连接轮对与转向架构架，支撑人字弹簧的底部、支撑转向架构架；承受和传递轮对与转向架之间的各种载荷，承受车体重力传递牵引力、制动力；给轴承内外圈定位，保持轴颈和轴承的正常位置，从而保证车轴正常安装位置；使轮对沿钢轨的滚动转化为车体沿线路的平动；保持轴承油脂，保证轴承良好的润滑性能，并具有良好密封性，防止尘土、雨水等物侵入或油脂甩出，从而防止油脂润滑作用破坏，避免燃轴事故。

（3）轴承由外圈、内圈、滚子、保持架组成，如图1-2-12所示。轴箱装置横向力传递顺序（假设相对于车体轮对向右偏移）如下：

右端：车轴→防尘挡圈→轴承内圈→滚子→轴承外圈→轴箱→转向架→车体。

左端：车轴→螺栓→内圈压板→轴承内圈→滚子→轴承外圈→轴箱后盖→螺栓→轴箱→转向架→车体。

1—内圈；2—保持架；3—滚子；4—外圈。

图1-2-12　圆柱滚动轴承

车辆圆柱、圆锥滚动轴承轴箱装置如图1-2-13所示。

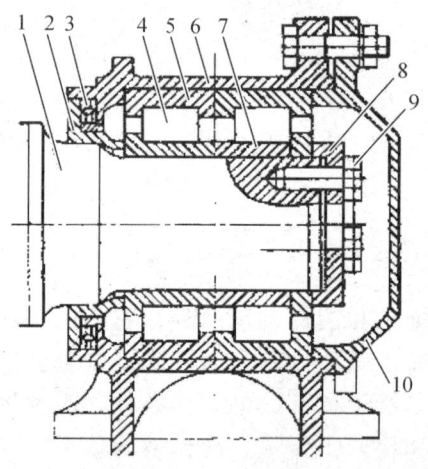

1—车轴；2—防尘挡圈；3—密封；4—圆柱滚子；5—轴承外圈；6—轴箱；
7—轴承内圈；8—内圈压板；9—螺栓；10—轴箱盖。

图1-2-13　车辆圆柱滚动轴承轴箱装置

轴承径向游隙对轴承工作性能有着重要的影响，每一种轴承在一定的作用条件下，都有最佳的径向游隙，使轴承寿命高、摩擦阻力小、磨损小。

径向游隙分为原始游隙、配合游隙、工作游隙。游隙过小，会使轴承工作温度升高，不利于润滑，影响力的正常传递，甚至会使滚子卡死；游隙过大，使轴承压力面积减少，压强增大，使轴承寿命减少，振动与噪声增大。所以，选择合适的径向游隙是重要的。

(四)轴 箱

轴箱与轴承装置是连接构架和轮对的活动关节,使轮对的滚动转化为车体沿着轨道的直线运动。轮对沿钢轨的滚动同时,除承受车辆的质量外,还传递轮轨之间的其他作用力,包括牵引力和制动力。

为了保证轮对与构架、转向架与车体之间连接,同时减少线路不平顺和轮对运动对车体的影响(如垂直振动、横向振动等),在轮对与构架、转向架与车体之间装设有弹性悬挂装置,前者称为轴箱悬挂装置,后者称中央悬挂装置,也可称一系悬挂装置和二系悬挂装置。弹性悬挂装置包括弹簧、减振器及定位装置等。

在允许条件下,轴承轴向游隙越小,转向架性能越佳。

地铁车辆轴箱如图 1-2-14 所示。

图 1-2-14 地铁车辆轴箱

(五)车辆齿轮箱

地铁车辆齿轮箱是安装在电动机与轮对之间的减速装置,用来传递牵引力和制动力。齿轮箱及悬挂装置主要包括齿轮箱体、主齿轮、从动齿轮、大小轴承、密封件、紧固件、油位观察窗等组成,如图 1-2-15 所示。

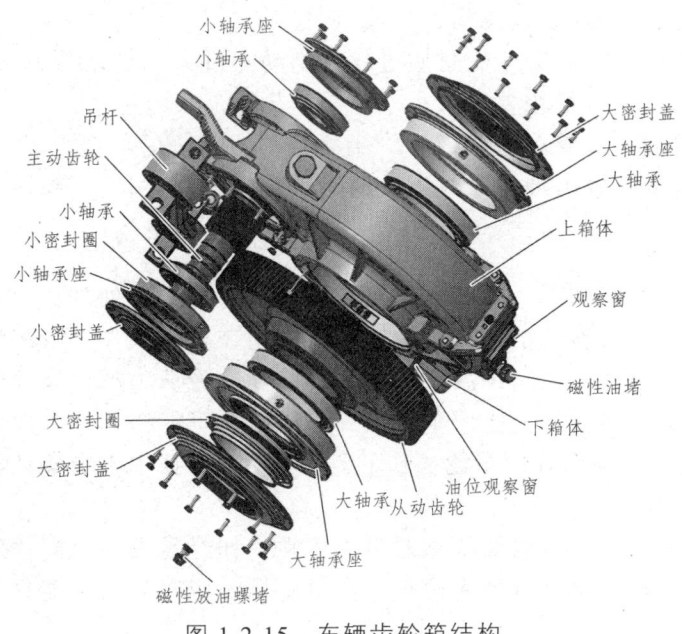

图 1-2-15 车辆齿轮箱结构

任务二　车辆转向架故障处理

一、车轮故障处理

（一）车辆车轮踏面擦伤

1. 故障现象

车辆运行完毕回段日常走行部检查发现个别车轮踏面有擦伤痕迹或深度损伤。车轮踏面擦伤如图 1-2-16 所示。

图 1-2-16　车轮踏面擦伤（刻痕与凹槽）

2. 故障原因

造成车辆车轮踏面擦伤的主要原因有以下几个方面：

① 由于车辆在运行中制动力过大，抱闸过紧，车轮在钢轨上滑行，而且滑行距离过长，使车轮踏面温度超过了钢材软化温度（700～800 ℃），由于"犁沟效应"而把圆锥形踏面磨耗成一块或数块平面的现象或拉伤；

② 造成踏面擦伤的原因有车轮材质过软，制动力过大，制动缓解不良；

③ 同一轮对两车轮直径相差过大；

④ 地铁轨面有油污造成车轮滑行；

⑤ 车辆车轮防滑装置出现故障或设计缺陷（响应时间过长）等。

3. 故障处理

针对上述故障现象和原因，对车辆车轮做如下故障检查与处理：

（1）根据车轮不同的损伤情况对车轮擦伤或损伤在技术人员在场的情况下进行外观尺度确认和超声波探伤确认（在超声波探伤探头不能到达或认为超声波探伤准确性不能确定时，建议用人工磁粉探伤确认，以便采取下一步措施；不能探伤确定损伤的部位建议拆卸轮对进行）。根据超声波探伤确定车轮擦伤的具体尺寸，由技术人员确认得出车轮需要镟轮尺度再进行镟轮处理。

（2）检查车辆车轮防滑装置及传感器是否正常。如经常发现是同一对轮对出现踏面擦伤或损伤，就应该对防滑器进行彻底检查，调整防滑响应时间，不能只是去镟轮对，加快车轮报废时间。

（3）检查过程中没有发现本车辆存在的故障或操作失误，建议及时与工务部门联系对线路轨面进行检查。

（4）如果某对转向架车轮总是擦伤技术部门应彻底检查该转向架速度传感器和防滑系统是否存在问题，特别是防滑系统响应时间在软件进行调节或与车辆生产厂进行联系，改进设计等措施，防止类似故障继续发生，影响行车安全。

（5）是否是车辆新进段联调联试制动距离过短，又要满足定位停车需求，导致车辆计算机必须输出足够大的制动力来满足停车制动需求。这样很可能在高速度、短时间内制动力过大抱死车轮，产生滑行，等车辆检测滑行装置确认后启动防滑系统，但车轮由于滑行距离过长，导致车轮踏面温度瞬间升高，在满足"犁沟效应"的条件下，车轮也会瞬间拉伤、擦伤了。从摩擦学和金属材料受热分子变化导致损伤角度来讲，不应一味追求短距离制动来提高运输效率。

（6）日常检查注意车轮踏面的颜色变化，如果车轮踏面颜色变得很深与其他不一样就要进行仔细检查和分析，变色地方可能车轮踏面已经拉伤了。

4．注意事项

（1）镟轮后再次对车轮进行探伤，确认车轮无损伤符合车辆运营技术要求后方可投入运营。

（2）检查踏面圆周的凹槽或波动（外形像波状凹进），如果深度超过 5 mm，必须镟修或更换轮对。

（3）如果发现多个车辆车轮出现踏面擦伤，司机查询行车记录正常，应反馈给工务部门检查地铁轨面是否有导致车轮滑行的因素。

（4）查看车辆在拉伤和擦伤过程中有没有实行过列车紧急制动或紧急制动是否频繁使用，针对列车运行情况做出准确判断，找出车轮损伤具体原因，再制定相应防范措施。

（二）车辆车轮踏面剥离

1．故障现象

车辆运营完毕回段走行部检查中，发现个别车轮踏面表面金属成片状剥落而形成小凹坑或片状翘起的现象，如图 1-2-17 所示。

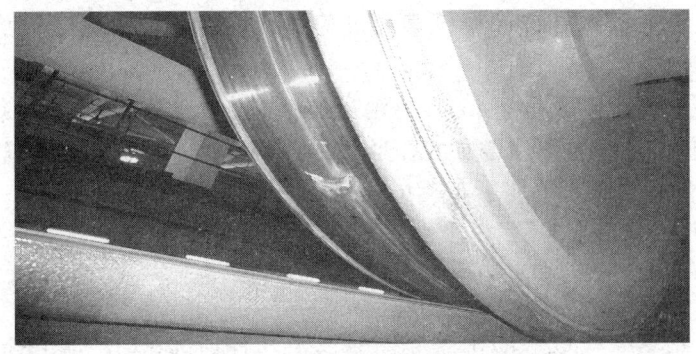

图 1-2-17　车轮踏面剥离

2. 故障原因

造成车轮踏面剥离的主要原因有以下几种：① 车轮材质不良，在车轮与钢轨多次强力挤压作用下发生疲劳破坏；② 车轮在钢轨上滑行时，长时间摩擦发生高温使踏面局部金属组织发生变化而发生的金属脱落；③ 车轮局部材质过软，在运行中与钢轨挤压造成的；④ 车辆防滑系统出现了问题；⑤ 空气制动系统个别闸瓦有抱死车轮现象发生。

3. 故障处理

针对上述故障现象和原因，对车辆车轮做如下故障检查与处理。车轮踏面剥落应仔细检查车轮损伤程度，测量损伤尺度并进行超声波探伤确认。检查车轮踏面剥离，利用钢皮尺沿踏面圆周方向测量。车轮剥离必须符合以下要求：

剥离长度：1 处≤30 mm；2 处（每处）≤20 mm。

剥离深度：≤1 mm。踏面磨耗深度（包括沟槽）：≤4 mm。

凡任一处超过标准需进行镟轮处理，剥离严重时应更换车轮。

如车轮踏面剥离严重应仔细检查该车辆的防滑系统，特别对传感器、防滑时间设置、DCU 等都应该进行检查和测试。原则上造成车轮踏面严重剥离的原因可能是防滑设置或防滑器出现问题，导致车轮长时间磨耗产生高温引发车轮踏面剥离。

仔细检查该车轮转向架各个制动闸瓦及调整间隙，检查闸瓦自动调整器是否正常等，发现问题及时处理。

检查轮缘踏面圆周边缘的尖锐卷边和凹槽，深度超过 2 mm，车轮必须镟修或更换轮对。

4. 注意事项

如果经常发现同一对轮对出现上述问题应及时对车轮防滑装置进行彻底检查，技术人员应进行分析找到发生故障的真正原因，必要时调整防护装置响应时间。同时通知工务部门对线路进行检查，防止轨道也因车轮冲击出现同类现象，影响行车安全。此类故障发生较多时应及时与车轮供应商联系，对车轮生产厂生产工艺及质量进行核查。车轮踏面剥离故障处理后建议对该车辆进行跟踪检测一段时间看有没有车轮发生剥离现象，具体跟踪时间根据线路和车辆运营情况确定。

（三）车轮轮缘磨耗过快

1. 故障现象

车辆检修段技术人员在月统计车轮磨耗过程中，发现个别车辆走行部车轮检测时轮缘磨耗超过正常磨耗值。

车轮磨耗过快主要有以下危害：① 车轮过道岔时，轮缘顶部会压伤尖轨或爬上尖轨而造成脱轨；② 使轮轨间横向游隙增加，在通过曲线时，减小了车轮在内轨上的搭载量，容易脱轨；③ 在通过曲线时，增加了车辆的横动量，使运行平稳性变差；④ 降低了轮缘的强度，容易造成轮缘裂纹。

2. 故障原因

造成车辆车轮轮缘磨耗过快的主要原因有以下几种情况：① 车辆经常高速通过曲线或

线路曲线半径较小加快了车辆轮缘磨损；② 轮缘润滑装置出现了问题；③ 轮缘润滑设备或设置不合理；④ 线路曲线轨道线路质量出现了问题。

3．故障处理

针对上述故障现象和原因，对车辆车轮轮缘做如下故障检查与处理：

（1）车辆检查发现车辆轮缘裂纹后应及时进行超声波探伤确认，根据裂纹长度和深度判断是打磨修复还是报废退出运行处理。

（2）轮缘磨耗过快可以在车辆轮缘加装轮缘润滑器，在通过曲线半径较小的弯道时提前对轨道内侧进行润滑，以减少曲线对轮缘的过快磨损。如同一对车轮经常出现类似现象就说明轮缘润滑装置或润滑油脂喷射时间和位置出现了问题，应及时处理或更换，检修完成后必须进行试验。也可以考虑更换如减缓金属表面含碳系列摩擦块等来减缓车轮与轨边的摩擦。

（3）选择一种从线路缓和曲线开始进行润滑轮缘的设备对车轮进行有效润滑，可以减少车轮轮缘的磨耗。

4．注意事项

发现车辆轮缘磨损较快而且是普遍现象时，应检查相应一系弹簧和二系弹簧是否正常；检查横向、纵向减振器是否正常，找出车辆车轮偏磨的原因，防止因轮缘磨损造成车辆脱轨事故发生；检查轮缘润滑装置时对润滑油脂的质量、牌号应进行核对是否符合技术要求；对使用的轮缘润滑碳块等质量进行检测，杜绝不合格产品。

（四）车轮踏面磨耗严重

1．故障现象

车辆运营回段，技术人员在对车辆走行部检查时发现个别车轮踏面磨损严重。

2．故障原因

车轮踏面磨耗严重发生的原因主要有如下几种：① 车辆在自动化操作转为人工操作时空气制动机使用不当，多次使用快速制动；② 车辆防滑系统出现问题；③ 空气制动闸瓦与车轮踏面调整器故障，没有自动调节好闸瓦间隙，闸瓦间隙过小（闸瓦间隙调整器调节螺丝松动）；④ 再生制动时防滑系统没有响应。

3．故障处理

针对上述故障现象和原因，对车辆车轮做如下故障检查与处理。

（1）发现车轮非正常磨耗时应检查列车操作记录，检查车轮防滑装置的传感器是否正常，检查闸瓦是否到限或闸瓦与车轮踏面调整间隙过小。

（2）仔细检查制动闸瓦的状况，检查闸瓦与踏面之间的金属包含物或踏面金属残骸并进行清除。

（3）车轮踏面磨耗超过限度或因其他故障要镟修车轮，车轮轮辋厚度随之变薄。轮辋过薄时，其强度减弱容易发生裂纹，车轮直径也变小，影响转向架各部分配合关系。轮辋过薄超过限度，应更换车轮。

（4）检查车辆再生制动时，防滑系统是否正常。

4. 注意事项

对磨耗车轮进行镟轮处理并进行探伤确认无其他问题。仔细检查车轮防滑装置是否良好，包括防滑器的传感器等。日常检查要主要观察闸瓦状态，发现磨损到限及时更换；发现闸瓦缺损也应及时更换。

车轮踏面磨耗严重时轮对过道岔挤压基本轨如图1-2-18所示。

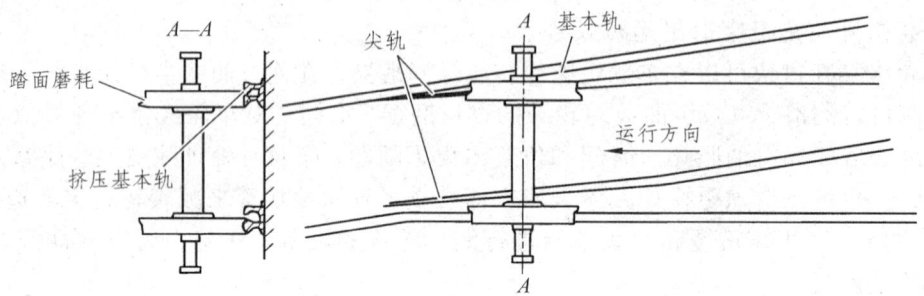

图 1-2-18　车轮踏面磨耗严重时轮对过道岔挤压基本轨示意

（五）车轮裂纹

1. 故障现象

车辆运营回段后技术人员对车辆走行部检查中发现个别车轮出现裂纹。

2. 故障原因

造成车辆车轮裂纹的主要原因有以下几种情况：

（1）车轮裂纹多发生使用时间过久，轮辋较薄的车轮。裂纹的部位多在辐板与轮辋交界处、轮辋外侧、踏面及轮缘根部。

（2）车辆转向架减振装置或液压减振器出现了问题或故障。

3. 故障处理

针对上述故障现象和原因，对车辆车轮做如下故障检查与处理：

（1）发现车轮裂纹应及时对裂纹处所进行超声波探伤确认深度和尺寸，属于能修复范围进行修复处理，超过运营标准进行更换处理。

（2）对车辆转向架减振系统进行仔细检查，发现故障或断裂等及时处理。

4. 注意事项

根据车轮裂纹判别是否能通过技术处理恢复车轮安全使用，如果裂纹超过安全使用范围必须进行更换。探伤过程一定要反复确认，特别是自动化探伤结果不明显时，建议用采用人工探伤确认，再采取相应的处理方法。

（六）车轮轮毂松弛

1. 故障现象

车辆走行部检查时发现紧固销标记串动或移位说明该轮毂已经松弛（采用整体铸造车轮无此类故障）。

2. 故障原因

车轮轮毂孔和车轴轮座组装前，机械加工精度不够及粗糙度不合要求，组装压力不合标准等，在使用中由于车轮与车轴的相互作用力，车轮和车轴会发生松弛。

3. 故障处理

针对上述故障现象和原因，对车辆车轮做如下故障检查与处理：

（1）检查发现车辆车轮轮毂松弛后需进行重新组装，确认紧固一定要符合车轮轮毂技术要求。

（2）检查如发现车辆车轮轮毂松弛如不能保证加固达到工艺标准的，建议更换车轮处理。

4. 注意事项

凡新更换组装的轮毂要进行技术论证，在车轮轮毂设置防松标志，便于日常检查。

（七）车轮踏面金属鼓起

1. 故障现象

车辆运行回段后走行部检查发现个别车轮局部踏面金属鼓起，如图 1-2-19 所示。

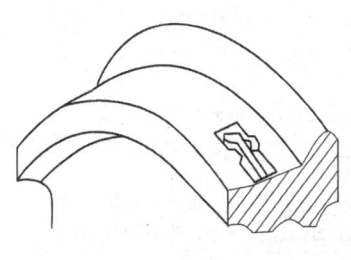
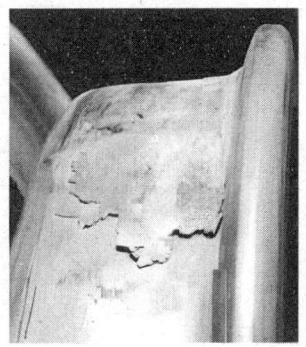

图 1-2-19　车轮踏面金属鼓起

2. 故障原因

造成车辆车轮踏面金属鼓起的主要原因有以下几种：

（1）车辆在运行中车轮在较短时间内受到了强烈冲击或高速空转。

（2）一系弹簧断裂、二系弹簧空气气囊爆裂造成冲击。

（3）车辆纵向减振器故障。

（4）撒砂装置故障。

3. 故障处理

针对上述故障现象和原因，对车辆车轮做如下检查与处理：

（1）发现车轮踏面金属鼓起厚度超过 1 mm 或长度超过 60 mm，则须对车轮进行镟修处理（根据车辆车轮运用技术标准确定）；超过运用技术标准应及时更换轮对。

（2）检查该转向架一系弹簧是否有断裂现象，发现有断裂现象及时更换。分别检查二系弹簧查看是否符合技术要求，发现不符合技术要求及时调整。

（3）检查车辆纵向减振器是否正常，如有故障进行及时处理或更换。

（4）检查撒砂装置是否正常，不正常进行维修处理。

4. 注意事项

（1）凡是经过镟轮处理后一定要对车轮进行超声波探伤确定能达到车辆运营技术要求方可投入运营。处理后一定要找出造成此类故障的原因和相关导致此类故障的原因，是操作导致还是设备本身缺陷导致。导致运行中的车辆车轮空转原因很多（外界影响因素较多，如雨雪、大雾等），有车辆本身工况差造成的，也有线路质量差导致的。

（2）严格筛选用于撒砂装置的河砂，砂中不应含有硬度超过钢铁的颗粒，否则会导致车轮踏面擦伤等。

（八）车轴裂纹或车轴断裂

1. 故障现象

车辆车轴检查或探伤检查时发现裂纹和车轴断裂，如图1-2-20所示。

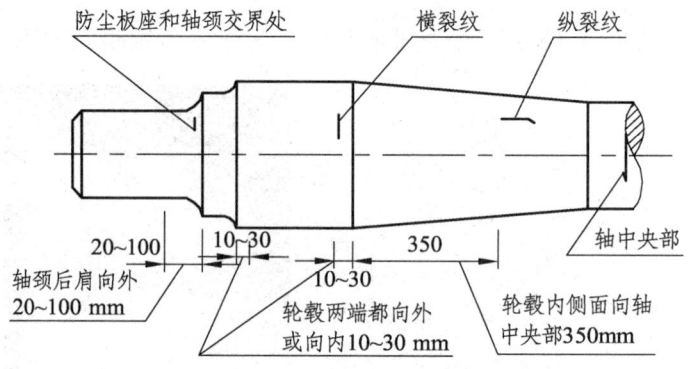

图1-2-20 车轴常发生横裂纹的部位

2. 故障原因

车轴裂纹分为横裂纹和纵裂纹。造成车辆车轮车轴裂纹和断裂的主要原因有以下几种：

（1）裂纹与车轴中心线夹角大于45°时称为横裂纹，小于45°时称为纵裂纹。

（2）车轴断裂的原因主要是疲劳断裂。轴颈、防尘板座上的纵、横向划痕、凹痕、擦伤、锈蚀、磨伤等。轴身的磨伤、磕碰伤。

（3）由于转向架上零部件安装不当与车轴接触造成磨伤与磕碰伤。磨伤及磕碰伤处容易引起应力集中，造成车轴裂纹。

（4）属于车轴材质方面的问题应及时反馈给生产厂家。

（5）车辆车轴燃轴引发车轴断裂。

3. 故障处理

针对上述故障现象和原因，对车辆车轴做如下检查与处理：

（1）检查发现车轴裂纹时，应将裂纹镟去，再镟去一定深度的影响层，如果剩余直径符合限度可以继续使用（是否可以继续使用一定要经过专业技术人员确认后才能放行）。

（2）检查发现不符合技术要求应及时更换，防止因车轴强度达不到技术要求在车辆运行时发生截轴导致列车颠覆重大事故发生。

（3）属于燃轴引发的断轴应分析事故原因，对责任人进行处理，杜绝这类事故再次发生。

4. 注意事项

（1）在车轴轴身上小于 1 mm 深度的凹痕可以用粗砂纸（120 目或更高）打磨去除，按纵向方向（沿着车轴中心线）打磨。打磨后用磁粉对相关区域进行探伤检测，不允许有裂纹产生。

（2）如果发现在车轴轴身上的磕碰印痕超过 1 mm 深则更换轮对。

（3）在过渡圆弧 R 处不允许出现磕碰或裂纹。如果在这个区域发现磕碰或裂纹则更换轮对。

（4）车轴内部的缺陷（如内部的裂纹、气孔、夹渣等），须用超声波探伤仪进行探伤检查，如有缺陷则需更换轮对。

（5）车轴轮座若有拉毛或损伤，应进行打磨。

（6）其他轴身如有必要则进行表面修复。

二、车辆转向架故障处理

（一）车辆转向架裂纹

1. 故障现象

车辆运营回段后技术人员对车辆转向架在检查时发现裂纹。

2. 故障原因

车辆长时间运营由于线路和车辆减振系统等原因会导致车辆主要部件因振动和疲劳导致车辆部件发生变形和出现断裂等情况。一般车辆转向架裂纹主要出现在以下几个方面：

（1）一般车辆转向架发生裂纹主要集中在焊接处，由于车辆载重量变化、振动、频繁起动、制动、牵引等造成转向架焊接处易发生裂纹。

（2）焊接时没有严格按照工艺标准进行或铸造时产生缺陷或材质方面问题。

（3）车辆减振系统出现了问题。

3. 故障处理

针对上述故障现象和原因，对车辆转向架做如下检查与处理：

（1）仔细检查裂纹及相关部位，利用超声波探伤确定裂纹深度和尺寸，超过车辆运营标准建议更换。如果裂纹在运营标准范围内，清除干净后对裂纹焊接补修处理。

（2）全面检查车辆减振系统，在检查液压减振器时应仔细检查液压减振器液压杆有没有运动痕迹，没有说明该减振器已经坏了；仔细检查液压杆密封处或体外有没有油渍出现，有说明液压减振器内润滑油已经泄漏，其减振效果已经基本丧失或局部丧失，发现问题及时处理。

4. 注意事项

焊接补修后应重新对补修处所进行超声波探伤，确定修复后并符合技术标准方可投入运营。凡是涉及车辆运行安全的专项设备，出现故障后都应该进行技术分析和技术论证，特别是车辆转向架出现裂纹等有可能涉及今后车辆运行安全的主要装置更应该慎重处理。因为转向架直接承担着车辆重量和其他运行设备，如果怀疑裂纹会导致转向架断裂建议更换处理。经修补技术确认可以继续运营的车辆转向架应建立设备安全运行跟踪措施，并做好日常跟踪检查和记录。

（二）车辆进库运行中发现车辆轴箱有异音

1. 故障现象

车辆回段检查时发现车辆运行时车轴轴箱有异音。

2. 故障原因

造成车辆轴箱有异音的主要原因有以下几种情况：
（1）车辆车轴润滑不良导致。
（2）车辆车轴润滑轴瓦偏磨使轴与轴瓦润滑接触面达不到要求导致。
（3）车轴滚动润滑柱或滚子保持架破裂导致。

3. 故障处理

针对上述故障现象和原因，对车辆轴箱做如下检查与处理：
（1）处理这类故障最重要的是一定要判断准确是否是轴箱还是齿轮箱发出的异音，这样才能确定检查排除故障方向和处所。现场工作人员或技术人员最好让车辆慢速从自己身边经过，仔细判别车辆轴箱异音是从什么部位发出来的。
（2）如果是在轴箱盖附近发出的就基本判定是轴箱内润滑轴出现问题，车轴润滑轴瓦偏磨，对车轴轴瓦进行检查处理。
（3）如滚动润滑柱破裂造成车辆运行时发出异音。拆卸检查车轴滚动润滑柱等，如发现破裂进行更换。

4. 注意事项

（1）轴箱装置日常检查时，需要检查外盖螺栓及油脂渗漏情况，应无松动、无渗漏；检查轴箱止挡是否正常；轴箱拉杆、端部螺栓及开口销是否、松动、丢失。
（2）架、大修检查时，需要分解轴箱，对所有零部件进行清洗、检测。

（三）车辆进库运行中发现齿轮箱有异音

1. 故障现象

车辆回段检查时发现车辆运行时齿轮箱有异音。

2. 故障原因

处理这类故障最重要的是一定要准确判断是轴箱还是齿轮箱发出的异音，这样才能确定检查排除故障方向和处所。现场工作人员或技术人员最好让车辆低速从自己身边经过，仔细判别车辆轴箱异音是从什么部位发出来的。

（1）车辆齿轮润滑不良导致异音。

（2）车轴滚动齿轮破裂导致车辆齿轮箱运行时发出异音。

（3）齿轮箱轴承破裂导致异音。

3. 故障处理

针对上述故障现象和原因，对车辆齿轮箱做如下检查与处理：

（1）检查车轴齿轮润滑情况和润滑油脂是否变质。如果是缺少润滑油脂补充油脂；如果是润滑油脂老化变质将轴箱清洗干净后重新补充润滑油脂。如发现齿轮磨耗严重或破裂应进行更换。

（2）如果发现是齿轮箱出现裂纹或破损，应利用超声波探伤进行确认尺寸及深度，符合修复范围的进行修复，不符合运营标准的进行更换处理。

（3）如果检查发现是齿轮箱轴承发出的异音，拆检齿轮箱轴承进行确认更换，并对轴承进行探伤查看是否损伤及损伤程度，再做轴承检修处理。

4. 注意事项

齿轮箱装置日常检查时，需要检查外盖螺栓及油脂渗漏情况。修复后的齿轮箱应加密检查周期，待该齿轮箱各种情况恢复正常后再按照车辆齿轮箱检修规程执行。

（四）车辆轴箱体裂纹或破损

1. 故障现象

车辆运营结束或其他规定检查周期检查时发现车辆轴箱体有裂纹，有漏油脂痕迹及局部有破损现象。

2. 故障原因

造成车辆轴箱体裂纹或破损的主要原因有以下几种：

（1）车辆长期运动和振动导致金属疲劳，或人工驾驶冲动较大导致车辆轴箱箱体出现裂纹和局部破损。

（2）轴箱安装螺栓松动导致出现裂纹。

（3）外部物体冲撞造成裂纹。

（4）车辆在运行中高频振动产生的谐振导致轴箱裂纹或破损。

3. 故障处理

针对上述故障现象和原因，对车辆轴箱做如下检查与处理：

（1）发现车辆轴箱有裂纹或局部破损后，一定要利用超声波探伤仪对裂纹和破损部位进行探伤，确认裂纹深度和尺寸；确认破损部位无其他裂纹或影响车辆行车安全处所。如果裂纹可以通过焊接或其他方法补修，进行补修。如果裂纹超过车辆运营标准建议更换。破损部位也相同处理。仔细检查车辆轴箱各安装螺栓查看有没有松动或折断的现象，发现问题及时处理或加固。

（2）轴箱前盖不得有凹陷、变形。有锈蚀、尖角或毛刺时，须消除。裂纹、腐蚀超过限度时更换。所有橡胶件更新。

（3）防尘挡圈沟槽上不得有裂纹、凹陷、变形，有锈蚀、尖角、毛刺须消除。

（4）如果检查发现属于外部物体冲撞造成的裂纹或破损应查明并做出相应处理。

（5）车辆高频振动导致轴箱裂纹或损坏（仅在运行时间较长的线路或车辆在某一点产生这种现象）检查减振系统有没有问题进行整治。

4．注意事项

（1）轴箱体有破损、裂纹时应更换，轴箱体内径表面擦伤、划痕不超过规定深度磨除后允许继续使用。金属密封沟槽上不得有凹陷、变形，有锈蚀、尖角及毛刺时须磨除，密封沟槽局部轻微变形，应将突出部位磨除处理，经检测合格后使用，尺寸超限时更换新品。

（2）维修后的轴箱体需更换新润滑油前应仔细检查箱内有没有维修残留物，并清理干净；更换润滑油时用新油清洗两次后注入新润滑油。

（五）车辆车轴齿轮箱漏油

1．故障现象

车辆检查时发现车辆车轴齿轮箱漏油或有泄漏痕迹。

2．故障原因

造成车辆车轴齿轮箱漏油的主要原因有以下几种：

（1）齿轮箱因长期运行、振动、金属疲劳导致齿轮箱产生裂纹漏油。

（2）齿轮箱端口密封件破损或安装过程中没有安装工艺标准进行导致泄漏油脂。

（3）油脂本身质量问题。

（4）齿轮箱密封设计缺陷。

3．故障处理

针对上述故障现象和原因，对车辆齿轮箱做如下检查与处理：

（1）属于第一种情况发现车辆齿轮箱有裂纹后，一定要利用超声波探伤仪对裂纹部位进行探伤，确认裂纹深度和尺寸；确认破损部位无其他裂纹或影响车辆行车安全。如果裂纹可以通过焊接或其他方法补修，进行补修。如果裂纹超过车辆运营标准建议更换。

（2）属于第二种情况，密封件破损进行更换；属于安装工艺问题从新安装工艺标准进行组装。

（3）属于第三种问题应及时对油脂进行理化检测，只有在合适的理化指标下油脂才具备良好的密封性能。

（4）检查发现车辆齿轮箱普遍属于密封原因造成泄漏，这种原因应该是生产厂设计缺陷造成的，应及时与生产厂联系进行处理。

4．注意事项

（1）处理完毕后一定要再次对处理裂纹处所进行超声波探伤，确认处理效果符合车辆运营标准。经技术人员确认不符合要求的，建议更换。

（2）凡因裂纹对齿轮箱进行焊接处理需要更换新齿轮油均需用新油对齿轮箱进行清洗至少两次，防止因焊接金属杂质进入润滑油造成齿轮损伤。

（六）车辆运行时轴温经常偏高，引发高温报警

1. 故障现象

车辆在运行中车轴轴温偏高，引发高温报警。

2. 故障原因

（1）轴承润滑油变质造成车轴润滑效果不良引发高温。

（2）润滑油加得过多。

（3）润滑油过少。

（4）轴承温度传感器故障。

3. 故障处理

针对上述故障现象和原因，对车辆齿轮箱做如下检查与处理：

（1）检查车轴油查看是否变色，变成深黑色或乳化变成乳白色，必要时取样送专业部门检测。

（2）检查如果发现润滑油添加过多，立即放出多余润滑油。润滑油添加过多会挤占轴箱的散热空间，在车轴高速运转、挤压润滑油会产生高温触发温度传感器报警。

（3）检查发现润滑油不到规定刻度量应进行及时补充。

（4）检查如果发现轴温传感器故障进行更换。

4. 注意事项

地铁车辆车轴润滑和齿轮箱是同一润滑系统，新车使用前或年度更换新润滑油一定要严格按照技术要求进行，不要自作主张，认为添加后要运行一年或达到规定修程才更换润滑油，润滑油会消耗一部分就多加一点，这违背了润滑油的散热技术要求。

任务三　车辆转向架典型故障案例

一、案例一

某地铁公司车辆段在车辆运营结束晚上回段进行常规车辆状态检查时，轮对检修人员使用照明设备发现前部 B 车第一转向架左边车轮踏面局部摩擦颜色不均匀，但不能确定有没有问题。后经车轮技术人员进行进一步鉴定，初步确认断定车轮踏面局部有裂纹或内部有剥离发生，后经超声波探伤检查发现车轮踏面颜色不均匀处内部已经有1（深度）×3（长度）毫米纵向裂纹。经扣车对该轮对进行镟轮处理恢复正常。

车辆走行部的好坏直接关系到地铁车辆运营安全，一旦出现重大故障会导致车辆颠覆等特别重大事故发生。所以工作人员和技术人员在车辆运营回段后对车辆走行部的检查一定要认真、仔细，不要放过任何怀疑有问题或故障点的客观信息，一旦发现必须找出原因，这样才能保证车辆安全运行。

二、案例二

某地铁公司车辆段在车辆运营回段对车辆走行部进行常规安全检查时,技术人员在车辆经过时听见 C 车第二转向架右侧第二轴箱附近有异音,经反复检查后技术人员确定存在故障。经调度协商进行扣车检查,发现轴箱齿轮破损,车辆在运行时发出异音。技术人员对破损原因进行了论证,发现是因为材质和长期疲劳挤压导致车轮轴箱轴承齿轮局部破损,更换新轴箱轴承齿轮,加入新润滑脂后重新检测该车辆第二转向架第二轴异音消失。

检查和处理这类故障时要求现场工作人员在车辆进入车辆段的过程中,就要集中从车辆运行声音中判断走行部是否存在故障现象,车辆装载的自动诊断系统没有办法发现类似的故障,这种做法也是保障地铁车辆运营安全的关键手段。走行部在铁路和地铁是关系到是否出现重大列车脱轨和列车颠覆事故的关键,必须强化日常保养和日常检测手段。安装有车辆走行部故障自动声呐探测装置的检修段,发现走行部异常声音后也需进一步判定是轴承或齿轮箱发出的异音,进行有针对性的故障处理。

在车辆检修段进段前线路两边安装声纳走行部故障判别系统,车辆经过该系统时可以初步判断车辆走行部是否有异音出现,从而可以判定车辆走行部有没有故障。如有再安排检修人员和技术人员对发现的车辆具体车轴和齿轮箱做进一步详细检查和处理。

第一部分项目二数字资源

项目三

车辆减振系统及其故障处理

学习要求

（1）了解车辆减振系统基本结构。
（2）掌握车辆一系弹簧的构造。
（3）掌握车辆二系弹簧的构造和作用原理。
（4）掌握车辆液压减振系统构造和作用原理。
（5）掌握车辆一系、二系弹簧、液压减振器等各常见故障检查与处理方法、处理过程。

任务一　车辆一系和二系弹簧结构及相关知识

一、一系弹簧

（一）一系弹簧的结构

车辆的悬挂方式可分为一系悬挂和两系悬挂两种，其中两系悬挂有轴箱悬挂装置（或一系悬挂装置）和中央悬挂装置（或二系悬挂装置），轴箱悬挂装置设置在转向架构架与轴箱之间，中央悬挂装置设置在车体底架与转向架构架之间。

采用两系悬挂可以减小整个车辆悬挂装置的总刚度，增大静挠度，改善车辆垂向运动平稳性，减小车辆与线路之间的动作用力。地铁、轻轨车辆都采用两系悬挂装置，即一系悬挂和二系悬挂。

一系悬挂采用具有适当的垂向和横向刚度的锥形金属橡胶弹簧，它一方面可以缓和来自轨道的各种冲击和振动，提高列车的乘坐舒适度；另一方面可以对轴箱进行弹性定位，既能保证列车在直线上运行的稳定性，又能使转向架更加顺利地通过曲线，减少轮缘磨耗，防止脱轨。与广州地铁 1 号线车辆转向架所使用的人字金属橡胶一系簧相比，锥形金属橡胶弹簧更便于通过加垫片来调整轮重或构架高度。一系弹簧（盘形弹簧）结构如图 1-3-1 所示。

地铁车辆减振系统的一系弹簧主要采用人字形和盘形弹簧。人字形弹簧主要在老式地铁车辆采用，如广州地铁 1 号线车辆。

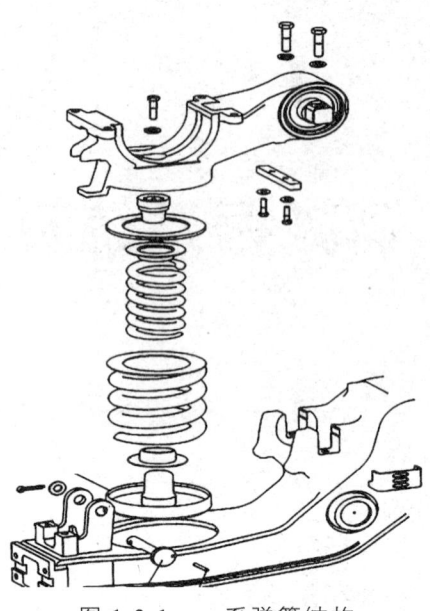

图 1-3-1　一系弹簧结构

弹簧减振装置的作用主要体现在两方面：一是使载荷比较均衡地传递给各轮对，并使车辆在静载状况下（包括空、重车），两端车钩距离轨面高度应满足规定的要求，以保证车辆的正常连挂；二是缓和及减少因线路的不平顺、轨缝、道岔、钢轨的磨耗和不均匀下沉，以及因车轮擦伤、车轮不圆、轴径偏心等原因引起的车辆振动和冲击。

车辆采用的弹簧减振装置按其作用的不同，大体可分为三类：第一类是主要起缓冲作用的弹簧装置，如中央弹簧、轴箱弹簧和橡胶垫等；第二类是主要起衰减振动（消耗振动能量）作用的减振装置，如垂向、横向液压减振器等；第三类是主要起弹性约束作用的定位装置，如轴箱定位装置、心盘与构架之间的纵、横向缓冲止挡等。

一系弹簧盘形弹簧实物如图 1-3-2 所示。

图 1-3-2　盘形弹簧实物

一系弹簧主要由内、外弹簧、上簧座、内簧座、缓冲垫、一系止挡及紧固螺栓等组成。

新造转向架和更换一系簧后的转向架都需要在转向架试验台上测量轮重并在必要时用垫片调整轮重。因为无论是构架还是一系簧的制造都会有一定的误差，造成承载状态下一系弹簧压缩量和受力不均匀，影响转向架安全运行。车辆人字形弹簧和圆盘形弹簧如图 1-3-3 和图 1-3-4 所示。

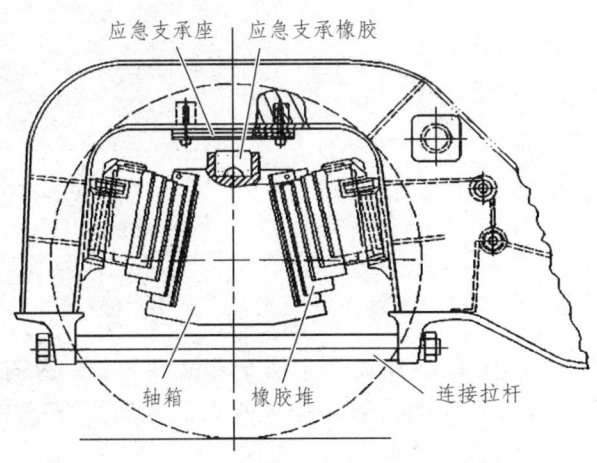

1—调整垫片；2—弹簧座；3—构架；4—人字形弹簧；5—应急弹簧。

图 1-3-3　车辆人字形弹簧（层叠式橡胶弹簧定位装置结构组成）

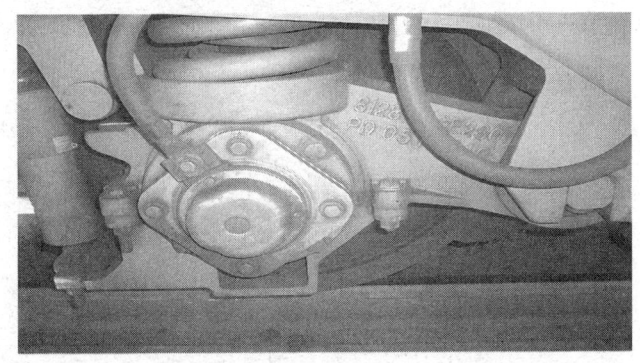

图 1-3-4　车辆圆盘形弹簧（层叠式橡胶弹簧定位装置）

（二）弹簧的特性

弹簧变形有以下两种形式存在：

（1）弹性变形：金属零件在作用应力小于材料屈服极限时产生的变形称为弹性变形。当外力去除后，零件变形消除，恢复原状。

（2）塑性变形：塑性变形又称永久变形，是指机械零件在外加载荷去除后留下来的一部分不可恢复的变形。塑性变形导致机械零件各部分尺寸和外形的变化，将引起一系列不良后果。

弹簧的主要特性以挠度（f）、刚度（K）或柔度（i）来衡量。挠度是指弹簧在外力作用之下产生的弹性变形的大小或弹性位移量，而使弹簧产生单位挠度所需的力的大小，称为该弹簧的刚度，反之在单位载荷作用下产生的挠度称为该弹簧的柔度。

弹簧的特性可用弹簧挠力图表示，纵坐标表示弹簧承受的载荷 P，横坐标表示其挠度 f。不同种类的弹簧刚度特性不一样，其挠力图也不一样，如特性弹簧挠力图 1-3-5、分段线性弹簧挠力图 1-3-6 所示。

图 1-3-5 表示力与挠度呈线性关系（不考虑内部阻力的情况），即弹簧刚度为常量。螺旋圆弹簧的特性就属此例。

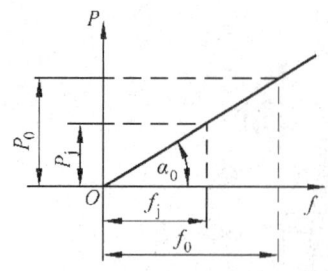
图 1-3-5 线性特性弹簧挠力图

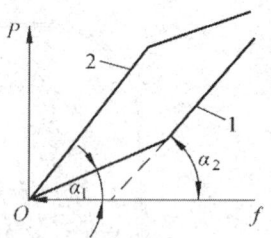
图 1-3-6 分段线性弹簧挠力图

图 1-3-6 表示力与挠度呈分段线性关系，属于非线性弹簧，又称准线性。曲线 1 刚度特性为"先软后硬"，某些货车转向架一般采用大刚度的螺旋钢弹簧中间放置较高的小刚度弹簧（二级刚度弹簧）来达到这种性能。

图 1-3-7 表示力与挠度呈曲线关系，即刚度随着载荷的变化而变化，为非线性特性。曲线 1 的刚度随载荷增加而逐渐增大，如车辆上采用的一些橡胶弹簧、横向缓冲器就属于这种特性。显而易见，在车辆悬挂系统中，为了减小振动，控制振动位移在一定范围内，不能使用图中曲线 2 的特性。

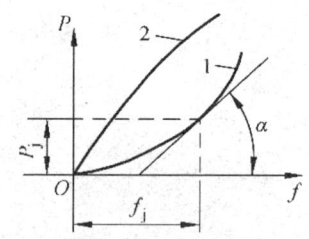
图 1-3-7 非线性弹簧挠力图

二、二系悬挂空气弹簧

地铁车辆二系悬挂采用大柔度空气弹簧。空气弹簧直接支撑车体，并允许转向架相对车体产生回转或横向运动。它主要由空气囊和锥形金属橡胶紧急弹簧组成，如图 1-3-8 所示。

图 1-3-8 车辆空气弹簧

地铁车辆空气弹簧的工作原理如图 1-3-9 所示。

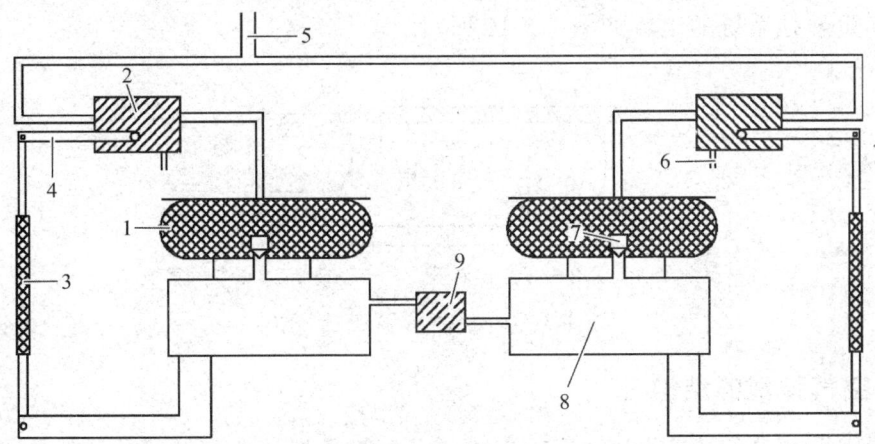

1—空气弹簧；2—高度控制阀；3—高度调整连杆；4—高度调整杠杆；5—供风管；
6—排气口；7—节流孔（阀）；8—附加空气室；9—差压阀。

图 1-3-9　车辆空气弹簧工作原理

（一）铁道车辆上采用橡胶元件的优点

（1）可以自由确定形状，使各个方向的刚度根据设计要求确定。利用橡胶的三维特性，可使弹簧能同时承受多个方向载荷，以便简化结构。

（2）可避免金属件之间的磨耗，安装、拆卸简便，并不需润滑，故有利于维修，降低成本。

（3）橡胶比重小，可减轻自重。

（4）具有较高内阻，对高频振动的减振以及隔音性有良好效果。

（5）弹性模量比金属小得多，可以得到较大的弹性变形，容易实现预想的良好的非线性特性。

（二）橡胶件的主要缺点

（1）不耐高温，不耐低温，耐油性差；使用时间长容易老化；性能离散度大，同批产品性能差别可达 10%。

（2）橡胶具有特殊的蠕变特性。即压缩橡胶元件时，载荷加大到一定载荷后，虽不再增载，但其变形仍在继续，且卸去载荷后，橡胶元件也不能恢复原状。这种特性通常称为时效蠕变或弹性滞后现象。因此，橡胶的动刚度比静刚度大。

（3）橡胶元件的性能（弹性、强度）受温度影响较大，当温度变化后这些性能也随之改变。大多数橡胶元件随着温度升高，刚度和强度有明显降低，随着温度降低，刚度和强度都有提高，一般先变硬，后变脆。

（4）橡胶具有体积基本不变的特性，即几乎是不可压缩的，它的弹性变形是由于形状的变化所致。因此，在设计制造中，应保证橡胶元件形状改变的可能性。

（5）橡胶元件的散热性不好，故不能把橡胶元件制成很大的整块，需要时应做成多层片状，中间夹以金属板，以增强散热。

（三）空气弹簧悬挂系统组成

空气弹簧悬挂系统的组成如图 1-3-10 所示。

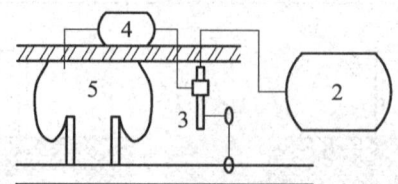

1—附加空气室；2—高度控制阀；3—差压阀；4—空气弹簧。

图 1-3-10　空气弹簧悬挂系统

（四）空气弹簧的结构

空气弹簧分膜式和囊式两类。目前应用较普遍的为膜式空气弹簧，它有两种结构形式，即约束膜式和自由膜式。

（1）约束膜式空气弹簧的结构由内筒、外筒及将两者连接在一起的橡胶囊等组成。这种形式的空气弹簧刚度小，振动频率低，其弹性特性曲线容易通过约束裙（内、外筒）的形状来控制，但橡胶囊工作状况复杂，耐久性较差。

（2）自由膜式空气弹簧的结构由于没有约束橡胶囊的内、外筒，可以减轻橡胶囊的磨耗，提高使用寿命。它本身安装高度比较低，可以明显地减少车辆地板面距轨面的高度。重量轻，并且其弹性特性可以通过改变上盖边缘的包角加以适当调整，使弹簧具有良好的负载特性。因此，在无摇动台装置的空气弹簧转向架上应用较多，如图 1-3-11 所示。

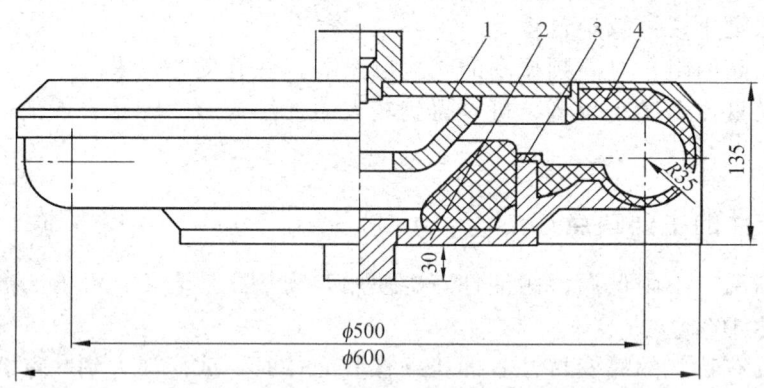

1—上盖板；2—紧急叠层弹簧；3—下盖板；4—橡胶囊。

图 1-3-11　自由式空气弹簧结构

空气弹簧的密封要求高，以保证弹簧性能稳定和节省压缩空气。一般采用压力自封式和螺钉紧封式两种密封形式。压力自封式，是利用空气囊内部空气压力将橡胶囊的端面与盖板（或内、外筒）卡紧加以密封；螺钉紧封式，是利用金属卡板与螺钉夹紧加以密封。压力自封式的结构简单，组装检修方便，应用较多。

空气弹簧橡胶囊由内、外橡胶层、帘线层和成型钢丝圈组成。

内层橡胶主要是用以密封，需采用气密性和耐油性较好的橡胶材质；外层橡胶除了密封外，还起保护作用。因此，外层橡胶应采用能抗太阳辐射和臭氧侵蚀并耐老化的橡胶材质，还应满足环境温度的要求，一般使用氯丁橡胶。

帘线的层数为偶数，一般为两层或四层，层层帘线相交叉，并与空气囊的经线方向成一角度布置。由于空气弹簧上的载荷主要由帘线承受，而帘线的材质对空气弹簧的耐压性和耐久性起着决定性的作用，故采用高强度的人造丝、维尼龙或卡普隆作为帘线。

（五）空气弹簧的优缺点

空气弹簧相对于钢弹簧，在改善车辆的动力性能和运行品质上具有显著的优点，所以在地铁、轻轨和高速铁路动车组获得广泛运用。

1. 轨道车辆悬挂装置采用空气弹簧的主要优点

（1）空气弹簧可选择较低的刚度值，从而降低车辆的自振频率。

（2）空气弹簧具有非线性特性，可以根据车辆动力学性能的需要设计成具有比较理想的弹性特性曲线。在平衡位置振动幅度较小时（正常运行时的振幅），刚度较低，若位移过大，刚度显著增加，以限制车辆的振幅。空气弹簧的刚度随载荷而改变，从而保持空、重车辆不同载荷时车体的自振频率几乎相等。使空、重车辆不同状态的运行平稳几乎相同。

（3）空气弹簧用高度调整阀控制时，可使车体在不同静载荷下，保持车辆地板距轨道平面的高度不变。这一性能在地铁和轻轨上则可保持车辆地板与站台面的高差始终不变。

（4）同一弹簧可以同时承受三维方向的载荷，可以简化转向架结构及减轻重量。

（5）若空气弹簧本体与附加空气室之间设有适当的节流孔，则可以代替垂向油压减振器。

（6）空气弹簧具有良好的吸收高频振动和吸音性能。

2. 空气弹簧的主要特点

（1）空气弹簧不足之处是它的附件较多，成本较高，相对于弹簧减振来说维护与维修工作量大。

（2）为了改善弹簧的特性，适应安装位置及空间大小的需要，在车辆上常采用组合弹簧，即并联、串联或串并联，一般城轨车辆采用的两系弹簧减振装置（即空气弹簧装置和轴箱弹簧减振装置）就是彼此相互串联。

（3）在车辆静载荷作用下的挠度称为静挠度，弹簧装置刚度小，静挠度大，使得车辆自振频率低，这对车辆运行平稳有利。所以，在结构空间位置、车钩高偏差等条件允许的情况下，应尽量增大弹簧总静挠度，使车体浮沉振动的自振频率控制在 1 Hz 左右。城轨车辆，特别是地铁车辆，由于受到转向架净空和隧道轮廓的限制，或者考虑到空重车地板面高度与站台高度相配合，对空重车之间的弹簧高度差有限制，弹簧配置必定要硬些，其浮沉振动的自振频率可能要增大至 2 Hz。

三、高度控制阀

高度控制阀是空气弹簧悬挂系统中一个重要组成部件。可以在每个转向架中间与车体连接处安装一个高度控制阀，也可以在构架两侧安装两个高度控制阀。

（一）主要作用及要求

高度控制阀根据载荷的变化自动调整空气弹簧内部压力使车体保持一定高度。车辆在直线上运动时，正常的振动和轨道冲击作用不使高度控制阀发生进、排气作用；当车辆（装有两个高度控制阀）通过曲线时，由于车体的倾斜使得转向架左右两侧的高度控制阀分别产生进气和排气，从而减少车辆的倾斜。高度控制阀结构如图 1-3-12 所示。

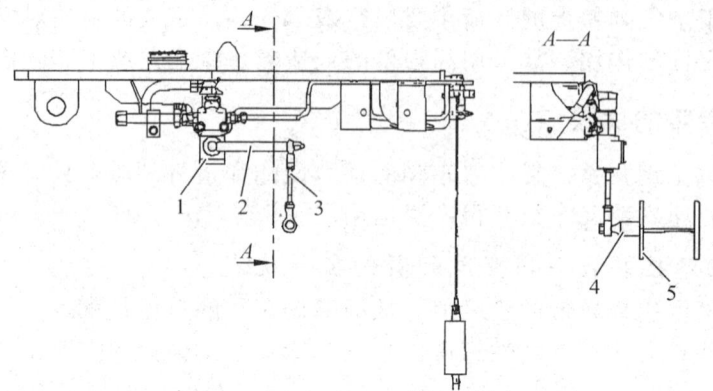

1—高度调节阀；2—操纵杆；3—杆；4—支座；5—构架。

图 1-3-12　车辆高度控制阀结构

高度控制阀通过驱动杆来带动阀内的转盘及其偏心小销，拨动高度控制阀的心阀。心阀的上下运动即可控制各相关阀口的开闭，连通主风管与空气弹簧的气路或连通空气弹簧与大气的气路，控制空气弹簧充气或排气。驱动杆的运动是根据车辆载荷变化，受车体高度变化驱动的。

（二）高度控制阀工作原理

（1）正常载荷，车体与转向架距离等于 H，如图 1-3-13（a）所示：高度阀关闭各通路 L、V、E，气囊保压，维持车体高度不变。

（2）载重加大到一定程度，车体与转向架距离小于 H，高度控制阀导通主风管道空气弹簧气囊通路，V→L，气囊充气，直至车体升高到标准位置，如图 1-3-13（b）所示。

（3）载重减少到一定程度时，车体与转向架距离大于 H，高度控制阀导通空气弹簧气囊与大气通路，L→E，气囊排气，直至车体降低到标准位置，如图 1-3-13（c）所示。

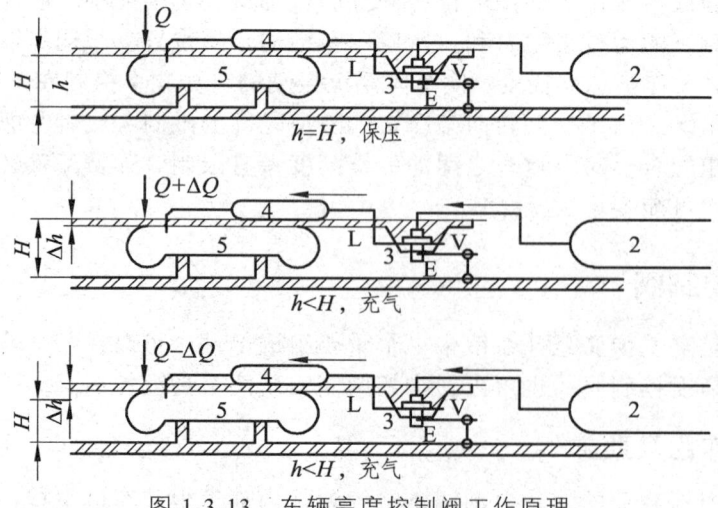

图 1-3-13　车辆高度控制阀工作原理

四、空气弹簧压差阀

压差阀是保证一个转向架两侧空气弹簧的压力之差，不能超过为保证行车安全规定的某一定值的装置。当左右空气弹簧出现超过规定的压力差时，使压力高的一端空气流向较低的一端，以防止车体异常倾斜。在转向架一侧空气囊破裂时，另一侧空气囊的空气也能泄出，保证车辆仍能在低速下继续安全运行。

压差阀结构原理如图 1-3-14 所示。

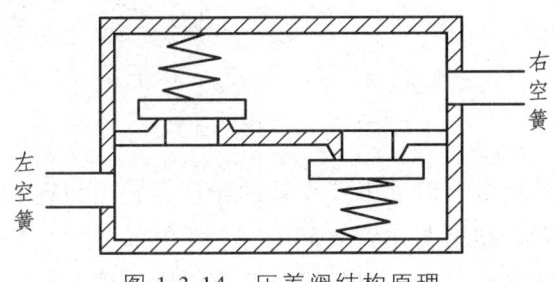

图 1-3-14　压差阀结构原理

五、车辆排放阀

排放阀系统作为一个空气弹簧配套安全装置，与高度控制阀连接在一起。其功能是在高度控制阀排放能力超限时加速气囊排放。比如，当车辆突然充气而高度调节阀出现故障时可以尽快重新建立车体的正常高度，排放阀也会防止车辆因充气而出现过度升高，因此避免了在气囊上的过度牵引。排放阀结构如图 1-3-15 所示。

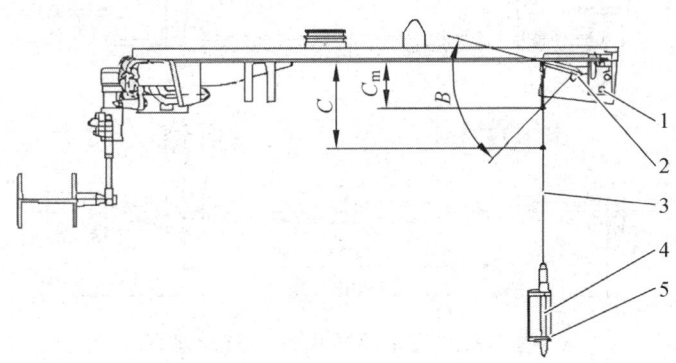

1—排放阀；2—操纵杆；3—钢索；4—弹簧；5—安全装置。

图 1-3-15　排放阀结构

六、扭杆弹簧

扭杆弹簧不同于螺旋弹簧，它只承受扭转变形，在载荷相同的情况下，扭杆弹簧比螺旋弹簧质量轻。如图 1-3-16 所示，扭杆弹簧的主体为一根直杆 2，它的一端固装在支座 1

上，它的另一端与杠杆 4 刚性连接，杆 2 的转动支点为轴承 3，杠杆 4 受力 P 而转动引起杆 2 的扭转变形；力 P 撤除时杠杆 4 回转，杆 2 的扭转变形消失。

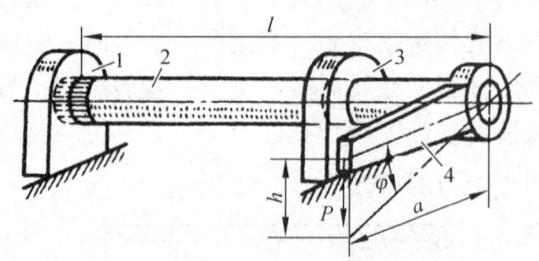

1—支座；2—杆；3—轴承；4—杠杆。

图 1-3-16　扭杆弹簧

车辆抗侧滚扭杆装置就是利用了扭杆弹簧的原理，它由扭臂、扭杆、固定杆、支承座等组成，如图 1-3-17 所示。扭杆与扭臂之间的连接为圆锥花键，易于组装和检修。扭杆两端支承在装有关节轴承的支承座内，避免扭杆两端偏磨。固定杆与扭臂，扭杆吊座之间的连接处均装有关节轴承，以免固定杆别劲。固定杆两端装有橡胶密封圈和防尘盖，支承座与扭杆连接处也装有橡胶油封，防止水侵入以免连接销及扭杆锈死，便于检修。抗侧滚扭杆装置可以控制车体的侧滚振动，提高车辆运行的平稳性和舒适性。

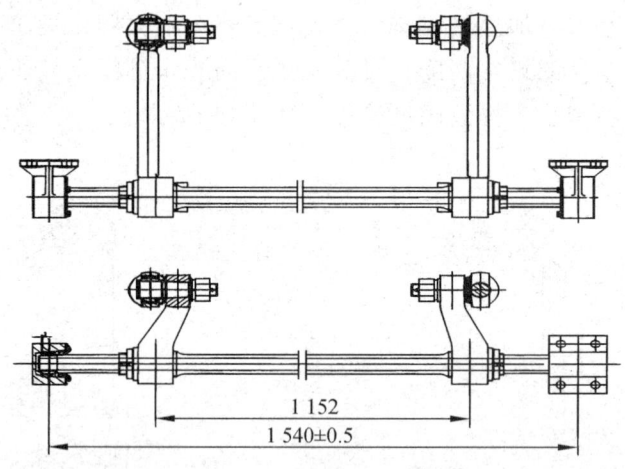

图 1-3-17　车辆抗侧滚扭臂及吊杆

扭力杆采用横贯横梁方式，安装座采用具有纤维衬垫的球面滑动轴承，一侧是可活动轴承而另一侧为固定轴承，可以允许扭力杆一定的弯曲变形，还具有一定的防振作用。2 号线扭力杆外置于构架横梁下方，结构相对简洁，安装座采用橡胶衬套，同样允许扭力杆一定的弯曲变形，并防止来自轨道的振动传到车体，如图 1-3-18 所示。

扭力杆安装注意事项：

（1）具有适宜的抗侧滚扭杆刚度，同时能适应空气弹簧上下支撑两个部分之间相对运动的随动性。

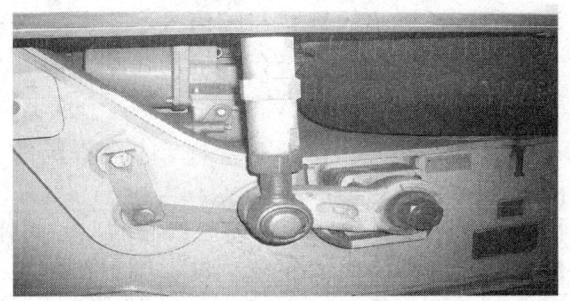

图 1-3-18　转向架抗侧滚扭杆

（2）在垂向、横向及纵向的三个方向上，均应尽量减小对中央悬挂装置刚度的影响。
（3）扭杆与转臂之间应有足够大的刚度。
（4）应注意防止车辆高频振动的传递。

七、车辆油压减振器

（一）减振元件的作用

车辆上采用的减振器与弹簧一起构成弹簧减振装置。弹簧主要起缓冲作用，缓和来自轨道的冲击和振动的激扰力，而减振器的作用是减小振动，它的作用力总是与运动的方向相反，起着阻止振动、消耗振动能量的作用。通常减振器有使机械能转换为热能的功能，减振阻力的方式和数值的不同，直接影响振动性能。

（二）减振元件的分类

车辆上减振器按阻力特性可分为常阻力和变阻力两种减振器；按安装位置可分轴箱减振器和中央减振器；按减振方向可分垂向、横向和纵向减振器；按结构特点又可分摩擦减振器和液压（又称油压）减振器。城轨车辆一般都使用液压减振器，如图 1-3-19 所示。

液压减振器

图 1-3-19　车辆油压减振器

液压减振器的结构及工作原理：
液压减振器主要是利用液体粘滞阻力所做的负功来吸收振动能量，它的优点在于它的阻力是振动速度的函数，其特点是振幅的衰减与幅值大小有关，振幅大时衰减量也大，反之亦然。这种"自动调节"减振的性能，正符合车辆的需求。但它具有结构复杂、维护比较困难、成本较高及受外界温度影响等缺点。

一般液压减振器主要由活塞、进油阀、缸端密封、上下连接环、油缸、贮油筒及防尘罩等部分组成，减振器内部还充有专用油液。

活塞部分是产生减振阻力的主要部分，由活塞杆、心阀、心阀弹簧、套阀和阀座组成。在心阀侧面下部开有节流孔，减振器的阻的底部，设有调整垫。在活塞杆的头部，设有涨圈，它的主要作用是提高活塞的密封性，防止活塞磨耗后造成过大的阻力变化。

进油阀部分装在油缸的下端，它是补充或排出油液的通道。在进油阀体上装有阀瓣和锁环，在阀瓣和阀体座上的阀口之间，以及在进油阀体和油缸筒之间都要求接触严密，防止泄漏。油缸端部设有比较复杂的密封结构，它一方面使活塞杆上下运动时起导向作用，使活塞杆中心和油缸中心线保持一致；另一方面是防止油液流出和灰尘进入减振器内，影响减振器正常工作。

上下连接部分由两部分组成，液压减振器上端与转向架构架上的安装座相连接，下端与转向架弹簧托盘上的安装座相连接。

油液对减振器的阻力和使用耐久性起着重要作用。为保证减振器在不同温度下正常工作，且在长期使用中性能不变，选择的油液应满足如下要求：具有防冻性；油液的黏度不应有很大变化；油液工作时不应混入空气或产生气泡；油液无腐蚀性，以免损伤减振器零件；油液应具有良好的润滑性能，不夹杂沥青、灰渣等杂质；油液性质应能保持稳定，经过长期工作不改变其物理性能；油液的化学性能应稳定，在使用过程中不氧化，无渣滓，不变质；油液中不应有水分，价格要便宜。

油压减振器工作原理如图 1-3-20 所示。活塞把油缸分成上下两个部分，当车体振动时，活塞杆随车体运动，与油缸之间产生上下方向的相对位移。当活塞杆向上运动时（即减振器为拉伸状态），油缸上部油液的压力增大，上下两部分油液的压差迫使上部部分油液经过心阀的节流孔流入缸下部。油液通过节流孔时产生阻力，该阻力的大小与油液的流速、节流孔的形状和孔径的大小有关。当活塞杆向下运动时（即减振器为压缩状态），受到活塞压力的下部油液通过心阀的节流孔流入油缸上部，也产生阻力。因此，在车辆振动时液压减振器起了减振作用。油压减振器内部结构如图 1-3-21 所示。

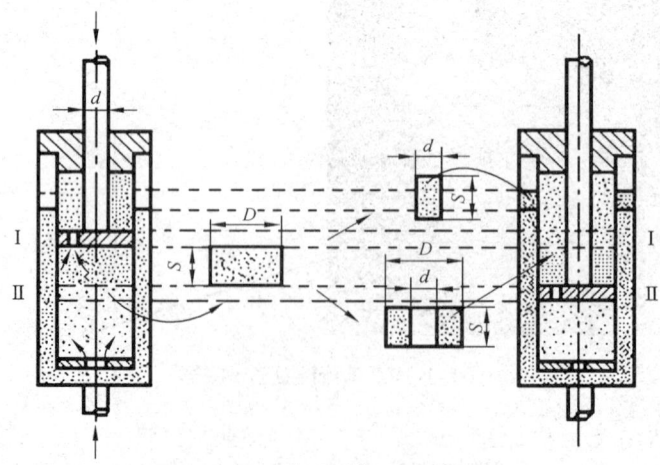

图 1-3-20　油压减振器工作原理

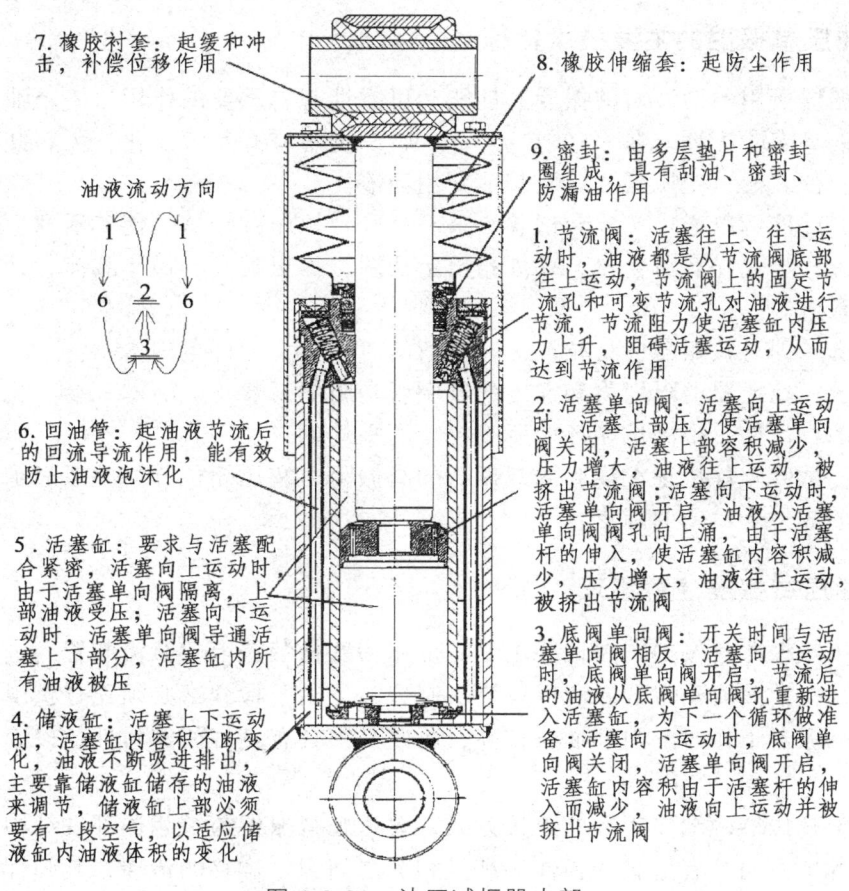

图 1-3-21　油压减振器内部

(三) 横向减振器和垂向减振器的工作原理

横向减振器和垂向减振器的工作原理差别不大,不同的是横向减振器蓄油缸下部有个空气包,当减振器被水平安置时,该空气包要朝上,空气包内蓄的空气体积在减振器工作时改变,由此来补偿减振器内腔容积的变化。

减振器由于压缩和拉伸时都是在一组节流阀上的同一个方向上进行节流,所以,只要活塞杆截面积和压力缸腔体截面积相等,让活塞拉伸时流过节流阀的油量和压缩时流过节流阀的油量相等,就可以让减振器在拉伸和压缩时的阻尼对称。

油压减振器的特点。

(1) 油液单向循环的流动:在拉伸和压缩行程中,油液都是从工作缸经阻尼调整阀和导油管向蓄油缸作单向流动,导油管可使缸中偶尔出现的气泡消失,也能避免油缸中油液和空气混合而生成的乳化现象,从而保证减振器工作时具有稳定的液压特性。

(2) 可以实现不同的阻力特性:减振器中设有几个具有不同参数的阻尼调整阀,通过阀的组合使用,可形成各种不同的阻力特性。在试验时,可表现出不同的示功图。

(3) 减振阻力可调性:减振器在生产组装后检验其阻力数值时,如阻力不符合要求,可通过调整阻尼调整阀使其阻力符合规定值。减振器在长期使用后,如发现减振阻力由于零件磨损而有所下降,也可进行打开防尘盖进行调节。

（四）油压减振器的主要技术指标

液压减振器所用的油液对减振器的性能和可靠性起着重要的作用。要求油液物理、化学性能稳定，具有防冻性，在 -40 ℃ ~ +40 ℃ 黏度不应有很大变化，无腐蚀性等。可以使用锭子油、仪表油、变压器油以及其他专用油液。

减振器的性能可以通过实验台试验出来。试验台拉压减振器，使其活塞运动，测量拉压过程中的位移变化和载荷变化，软件绘出示功图，得出最大、最小载荷，计算载荷不对称率、阻力系数。

不对称率：即对减振器进行拉、压时载荷的对称性，允许范围15%。

阻力系数：减振器的阻尼力和速度的比例就是阻尼系数（C），$C = F/V$。

吸收功率：试件一个测试循环中所吸收功的平均值。

示功图：试验软件把正在试验的减振器的减振阻力和压缩位移的关系显示出来，试验曲线近似地形成一个封闭的圆形。

（五）油压减振器注意事项

（1）油压减振器良好的减振性能主要是依靠活塞杆装置上的节流装置、进油阀装置和选择适宜的减振油液而确定的，所以设计、制造、运用及检修都必须充分重视上述因素。

（2）当减振器工作时，内部油压较高，所以必须具有良好的密封性，以确保减振特性和使用寿命。

（3）对于减振器两端连接部的连接方式，要考虑减振器与被相连部件结构之间运动的随动性。在各个方向具有适宜的弹性，满足相互之间力、位移的传递，其弹性变形又可减少活塞与油缸，活塞杆与导向套之间的偏心，使活动顺滑，减少偏磨。

（4）为保证油压减振器正常工作，应安全合理地选择在转向架上安装的空间位置，并兼顾方便拆卸与检修。

任务二　地铁车辆减振系统故障处理

一、一系弹簧裂纹或断裂

1. 故障现象

车辆运行中振动频率加大，乘客反映振动较大。

2. 故障原因

造成车辆一系弹簧裂纹或断裂的主要原因有以下几种：

（1）车辆长时间运行金属疲劳或车辆冲动过大造成一系弹簧出现裂纹和断裂发生。

（2）由于弹簧金属材质问题导致裂纹和弹簧断裂。

（3）车辆发生过载冲击事件。

（4）车辆运行过程中振动频率不均衡导致一系弹簧疲劳引发裂纹或断裂。

（5）弹簧紧固装置松动导致弹簧断裂（人字形弹簧）。车辆运行时与线路、隧道产生了共谐振动导致弹簧断裂，车辆和线路使用时间较长容易出现类似情况发生。

3. 故障处理

针对上述故障现象和原因，对车辆一系弹簧系统做如下检查与处理：

（1）在处理人字形一系弹簧时应仔细检查弹簧片之间的安装紧密度，发现有簧片错位、折断或裂纹应卸下弹簧，成组进行更换。在对人字形弹簧检查时一定要仔细判断弹簧片有没有错位情况发生，这点对判断人字弹簧有没有断裂很关键。

（2）对于盘型弹簧发现簧距变化基本上可以判定弹簧已经出现裂纹或断裂了，建议更换成组新弹簧。判断弹簧断裂也可以通过敲声音来进行判断，正常的弹簧声音是清脆的，断裂的弹簧声音是闷声的。中间弹簧也应想法用长扁锤敲打判别声音。

（3）对行车记录进行调阅查看有没有发生过载冲击事件发生，如有需进一步检查车辆其他缓冲装置是否正常。

（4）应对车辆振动频率不均衡导致弹簧疲劳裂纹或断裂应选用弹簧强度和质量好的弹簧。

4. 注意事项

一系弹簧的更换后要检查相应的橡胶塞变形弹簧是否变形或损坏，如有及时更换处理。更换新的一系弹簧后车辆轴箱间隙会发生变化，如果超过标准应对新弹簧刚度进行检测，并更换适合车辆运营的一系弹簧。弹簧一般成对更换。弹簧的断裂与很多因素相关联，如果发现大量车辆一系弹簧断裂那么应该及时反馈给工务部门对线路进行检查，是否有些区段线路质量出现了问题。

二、车辆一系弹簧橡胶垫、橡胶塞脱胶及变形

1. 故障现象

检查一系弹簧时发现人字形橡胶垫或橡胶塞有脱胶和永久变形现象，车辆冲动和振动较大。

2. 故障原因

造成车辆一系弹簧橡胶垫、橡胶塞脱胶或变形的主要原因有以下几种：

（1）橡胶垫长期受力或受挤压超过橡胶本身极限；橡胶垫使用时间较长导致本身老化。

（2）检修过程中橡胶垫被人为油污染导致橡胶老化加快，人字弹簧片松弛，严重时会使人字弹簧片断裂。

（3）安装紧固螺栓松动造成断裂。

3. 故障处理

针对上述故障现象和原因，对车辆一系弹簧系统做如下检查与处理：

（1）检查测量变形的橡胶垫或块，做好记录。更换相应变形或老化的橡胶垫或橡胶塞。更换弹簧最好成对和成组更换，这样可以平衡弹簧力，使车辆振动均衡。

（2）发现橡胶垫老化过快或有油污染情况发生，更换前应对相应部位做好清洗工作，防止油污染再次引发橡胶垫老化过快故障发生。

（3）如果发现橡胶弹簧变形严重而且周期较短应对橡胶弹簧质量取样检测，查看是否是正规生产厂产品，如不是应反馈材料进货部门进行处理。

（4）检查如果是紧固螺栓松动造成的，更换断裂弹簧片后应重新紧固螺栓并检查螺栓是否还能紧固，不能则更换螺栓。

4. 注意事项

更换完橡胶垫或橡胶塞后，应仔细检查人字弹簧片有没有因此造成损伤或断裂。发现大量部位橡胶堆或垫片变形或提前老化应查明原因，检查其他缓冲器或缓冲装置看是否正常。

三、车辆二系空气弹簧裂纹或鼓泡

1. 故障现象

车辆检查时发现二系空气弹簧局部有裂纹或气囊局部有鼓泡现象，如图 1-3-22 所示。

图 1-3-22　二系弹簧故障

2. 故障原因

造成车辆二系空气弹簧裂纹或鼓泡的主要原因有以下几种：

（1）橡胶气囊长时间运用老化造成局部出现裂纹，或受外界其他物质碰撞造成局部气囊裂纹。

（2）鼓泡是由于气囊局部材质老化或车辆振动过快造成。

3. 故障处理

针对上述故障现象和原因，对车辆二系弹簧系统做如下检查与处理：

（1）仔细检查和测量尺寸气囊局部裂纹，观察有无损伤内壁纺织层，如裂纹在运营容许范围内可以继续使用，超过标准应进行更换。

（2）凡是发现二系空气弹簧有鼓泡现象建议更换橡胶气囊。

（3）查明造成弹簧故障的真正原因，是正常老化还是机械冲击摩擦造成的，从故障源头处理。

（4）检查车辆地板平衡度情况，如误差较大应分别检查两边控制二系弹簧的高度调节阀杆有没有变形，如果不在同一尺寸上可进行适当调整，满足车辆二系弹簧均衡压力需求。

4．注意事项

气囊发现裂纹原则上应进行技术确认，必须在保证绝对安全的前提下继续使用。更换前应仔细检查安装气囊周围环境有没有引发橡胶气囊干扰和污染的状态和物件等，发现有则及时清除。一旦二系弹簧爆裂故障发生，除了列车进入故障模式低速回段外，重点还要对缓冲器受到的瞬间冲击损伤情况进行检查，特别是压溃管的尺寸必须检测，发现问题及时处理。

四、车辆振动过大，地板调整不到位

1．故障现象

车辆进站后个别车厢地板与车站站台差距较大，车辆运行中乘客反映地板振动较大。

2．故障原因

造成车辆车厢地板与车站站台差距较大的主要原因有以下几种：

（1）可能是高度调整阀故障。

（2）二系弹簧充放气阀故障。

（3）纵向减振器故障。

3．故障处理

针对上述故障现象和原因，对地板调节系统做如下检查与处理：

（1）检查车辆高度调节杆及相关装置否正常，有没有弯曲或折断情况，发现有进行修复或更换处理。修复后进行测试车辆地板与站台高度匹配情况，符合技术要求方可投入运营。

（2）检查车辆二系弹簧是否正常，特别是充排气阀是否正常。并进行充排气试验，测量二系弹簧充放气高度值是否符合技术要求，如有问题及时更换。

（3）检查纵向减振器是否正常，主要是看有没有漏油现象，一旦漏油减振器就基本失去减振效应了。发现问题及时进行处理，处理达不到技术要求则进行更换。

4．注意事项

处理这类故障应排除判断进行，如果是高度阀出现问题对高度阀进行调整或更换；如果是二系弹簧的充气和排气阀问题应对阀体进行严格检验和试验，合格后方能投入使用。如果发现是纵向减振器出现问题应及时更换或处理恢复。

五、车辆油压减振器衬套损坏或漏油

1．故障现象

车辆检查时发现油压减振器有漏油现象。

2. 故障原因

造成车辆油压减振器衬套损坏或漏油的主要原因有以下几种：

（1）油压减振器衬套损坏。

（2）减振器缸体裂纹。

（3）减振器密封垫老化变形或损坏。

3. 故障处理

针对上述故障现象和原因，对车辆油压减振器做如下检查与处理：

（1）如果检查时发现属于减振器密封衬套损坏导致泄漏，卸下油压减振器更换密封衬套。

（2）如发现是缸体裂纹则进行焊补，如果焊补强度达不到技术要求建议更换。

（3）发现油压减振器密封垫老化或损坏更换新的密封垫。

4. 注意事项

更换新的密封衬套后需要进行密封压力测试合格后方可装车使用。焊补修复的建议进行超声波伤探伤裂纹修复情况，并进行工艺压力试验合格后方可投入使用。

六、车辆高度调整杆弯曲或断裂

1. 故障现象

车辆地板高度有时不与车站地面在同一平面上，运行中车辆振动过大。

2. 故障原因

造成车辆高度调整杆弯曲或断裂的主要原因有以下几种：

（1）车辆高度调整杆弯曲或断裂。

（2）调整杆安装螺栓松动造成。

（3）车辆冲动过大。

3. 故障处理

针对上述故障现象和原因，对车辆高度调整系统做如下检查与处理：

（1）车辆回段后检修和技术人员首先应确定车辆地板误差高度值，并核实运行记录，根据误差数字大小来确定检查和检修范围。

（2）属于高度调整杆弯曲进行工艺恢复。

（3）发现高度调整杆断裂建议更换。

（4）发现高度调整杆因运行振动导致安装螺栓松动进行加固。

（5）找到造成车辆高度调整杆变形和弯曲的导致处，仔细检查、测量杜绝重新安装后再次干涉变形故障发生。

4. 注意事项

对经工艺处理弯曲的高度调整杆恢复后，应进行超声波探伤检测，符合车辆运营标准方可投入运营，不符合则建议更换新杆。

任务三　车辆减振装置故障案例

一、案例一

某地铁公司运行车辆在运行结束前 1 h 左右司机发现车载空气压缩机双机同时启动才能维持总风缸压力，制动系统正常，司机立即向行车调度员进行了汇报，在确认设备对运营安全无直接导致故障后，建议维持回段进行检查处理。

经技术人员根据司机及运行监控 LKJ 设备提供的记录信车辆故障信息，建议重点检查车辆制动系统气路部分，特别是管路接头等处。检修人员在逐车仔细排查过程中发现后连挂 B 车前部空气弹簧接连空气管路接头泄漏比较严重，检修人员听见了空气泄漏声。拆卸后检查属于密封橡胶圈老化导致泄漏，更换密封圈测试正常。同时，检修技术人员对换下来的密封垫进行了质量和变形检查，经检查发现密封垫变形不一致，有高低不平现象，这说明在上次更换密封垫时，作业者没有按照密封垫安装工艺进行压紧、压平处理导致密封垫偏离。在高压和车辆振动条件下，密封垫变形加剧导致接头泄漏故障发生。查询检修记录后对上次安装工作者进行了教育和培训处理。处理这类故障一定要仔细检查密封垫和密封口表面情况，从密封垫的变形可以查找到很多信息，如质量信息、工艺执行信息、进货信息等。这些信息对于防止类似故障发生有重要的作用，只有这样才能将故障维修到源头。

二、案例二

某地铁公司在 3 号线运行最后一趟进站列车停稳后，车站值班员发现离司机驾驶室车辆后第三节车辆地板比站台低大约 50 mm，立即报告车站站长并告知司机和列车调度员。列车调度员将信息反馈给车辆段及检修人员。司机和车站值班员根据列车调度员的指示安排列车退出运行。车辆回段后，车辆段组织了相关检修和技术人员对该车辆减振系统、车辆高度调整系统进行了彻底检查，结果发现是由于高度阀出现了密封垫损坏泄漏，引发了该车辆高度调整杆弯曲造成车辆地板与车站站台出现了较大的差距。更换车辆高度调整阀密封垫、车辆高度调整杆后，测试车辆地板与地面高度差符合地铁车辆运营技术要求。

第一部分项目三数字资源

项目四

车辆车钩缓冲系统及其故障处理

学习要求

（1）了解车辆自动车钩、半自动车钩、半永久牵引杆基本结构。
（2）掌握车辆自动车钩的构造和作用原理。
（3）了解车辆缓冲装置构造。
（4）掌握车辆车钩各常见故障检查与处理方法、处理过程。

任务一　车辆连接缓冲装置相关知识

高速城际间铁路运输和城市轨道交通的快速发展为机车车辆的车钩缓冲器系统提出了很高的要求：① 车钩连接间隙应尽量小；② 车辆应方便连接，快速实现车辆之间的机械、空气和电气连接；③ 车钩缓冲器系统应具有较大缓冲容量，能缓和车辆正常运行和连挂时出现的纵向冲击；④ 车钩缓冲器系统应具有吸收能量保护装置，在列车发生超过允许连挂速度的冲撞时，能有效地保护车辆车体不受到严重损坏，车内乘客不受伤。

密接式车钩能很好地满足上述要求，所以在国内大多数高速铁路动车组和城市轨道交通车辆上得到了广泛的运用，主要有国产式密接车钩和 Scharfenberg 式自动车钩两种。

车辆连接装置包括车钩缓冲装置和贯通道装置，通过它们使列车中车辆相互连接，实现相邻车辆之间纵向力的传递和通道的连接。车钩缓冲装置如图 1-4-1 所示。车辆缓冲装置如图 1-4-2 所示。

图 1-4-1　车钩缓冲装置实物

车钩缓冲装置是用来连接列车中各车辆使之彼此保持一定的距离，并且传递和缓和列车在运行中或在调车时所产生的纵向力或冲击力。

图 1-4-2　车辆缓冲装置

一、车钩缓冲装置的分类

车钩缓冲装置大体可分为非刚性车钩和刚性车钩。

非刚性车钩允许两个相连接的车钩钩体在垂直方向上有相对位移。当两个车钩的纵轴线存在高度差时，两个车钩呈阶梯形状，并且各自保持水平位置。由于钩体的尾端相当于销接，这就保证了车钩在水平面内的位移。因此，这种类型的车钩是一种非密接式连接，车钩间隙都会远大于 3 mm。

刚性车钩与非刚性车钩相比有以下优点：

（1）减小了两个车钩连接表面之间的间隙，从而也降低了列车中的纵向力，提高了列车运行的平稳性。

（2）由于车钩零件的位移减小了，并且在这些零件上作用的力也减小了，因此改善了自动车钩内部零件的工作条件。

（3）减小了车钩连接表面的磨耗。

（4）减小了由于两连挂车钩相互冲击而产生的噪声，这对于城市轨道车辆和客车尤为重要。

（5）避免了在意外撞车事故时，发生一节车辆爬到另一节车辆上的危险。

非刚性车钩与刚性车钩相比有以下优点：

（1）简化了两车钩纵向中心线高度偏差较大的车辆相互连挂的条件（如不同类型的车辆，车轮及其他部件磨耗程度不同的车辆，以及空车和重车）。

（2）车钩强度大。

（3）不需要复杂的钩尾销连接结构和复杂的对心装置。

（4）车钩钩体的结构和铸造工艺较为简单。

刚性车钩主要用于城轨车辆以及高速动车组上，我国地铁车辆普遍采用了密接式车钩。

二、地铁车辆车钩

城轨车辆用车钩基本上可分为自动车钩、半自动车钩和半永久性牵引杆三种。

自动车钩可以实现机械、气路和电路的完全自动连挂和解钩,或人工解钩。

半自动车钩的机械和气路的连接机构与作用原理基本上与全自动车钩相同,可以实现自动连挂和解钩,或人工解钩,但电路必须靠人工连挂和解钩,以方便检修作业。

半永久性牵引杆的机械、气路和电路的连接和解钩都需要人工操作,但一般只有在架修以上的作业时才进行分解。

我国城轨车辆用自动车钩主要有两种:一种是国产密接式车钩,采用半圆形钩舌;一种是Scharfenberg式自动车钩,采用拉杆式连接结构。

(一)国产地铁车辆密接式车钩

国产地铁车辆密接式车钩主要由车钩钩头、橡胶式缓冲器、风管连接器和电器连接器等组成,缓冲器位于钩头的后部。车辆连挂时依靠两车钩相邻钩头上的凸锥和凹锥孔的相互插入,实现两车钩紧密连接;同时自动将两车之间电路和空气通路接通。两车分解时,也可自动解钩,自动切断两车之间电路和空气通路。

在车钩下面有车钩托梁,在缓冲器尾部通过十字头连接器与车体上的冲击座相连,可以实现水平和垂直方向的摆动。国产地铁车辆密接式车钩结构如图1-4-3所示,实物如图1-4-4所示。

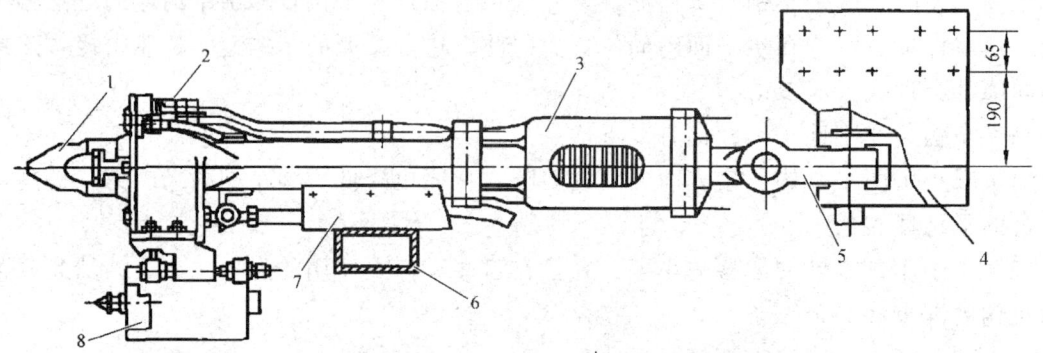

1—车钩钩头;2—风管连接器;3—橡胶缓冲器;4—冲击座;5—十字头;
6—托梁;7—磨耗板;8—电气连接器。

图1-4-3 国产地铁车辆密接式车钩结构

图1-4-4 国产密接式全自动车钩实物

1. 钩头结构

车钩前端为钩头，有一个凸锥和凹锥孔，内部还有钩舌、解钩杆、解钩杆弹簧和解钩风缸。

2. 作用原理

该车钩有待挂、连接和解钩三种状态。

1）待挂状态

待挂状态为连接前的准备状态，此时钩舌定位杆被固定在待挂位置，解钩风缸活塞杆处于回缩状态，半圆形钩舌的连接面与水平面呈40°，如图1-4-5所示。

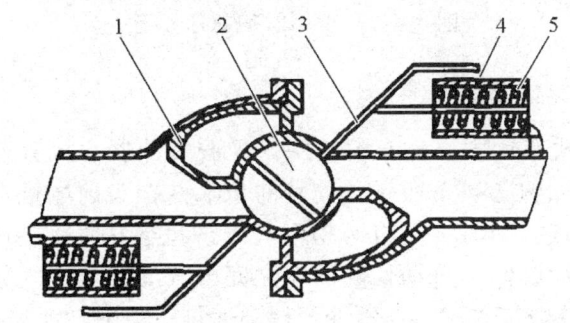

1—钩头；2—钩舌；3—解钩杆；4—弹簧；5—解钩风缸。

图1-4-5 车钩待挂状态示意

2）连挂状态

两钩连挂时，凸锥插进对方车钩相应凹锥孔中。这时凸锥的内侧面在前进中压迫对方的钩舌转动，使解钩气缸的弹簧受压，钩舌沿逆时针方向旋转40°。当两钩连接面相接触后，凸锥内侧面不再压迫对方的钩舌。此时，由于弹簧的作用，使钩舌恢复到原来的状态，即处于闭锁位置，如图1-4-6所示。

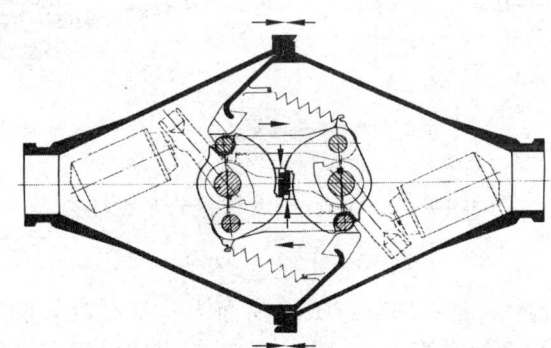

图1-4-6 车钩连挂状态示意

3）解钩状态

司机操纵解钩阀，压缩空气由总风管进入解钩气缸，经解钩风管连接器送入相连挂的解钩气缸，活塞杆向前推并带动解钩杆，使钩舌转动至开锁位置，此时两钩即可解开。两钩分解后，解钩气缸的压缩空气迅速排出，解钩弹簧复原，带动钩舌顺时针转动40°恢复到原始状态，为下次连挂作好准备，如图1-4-7所示。

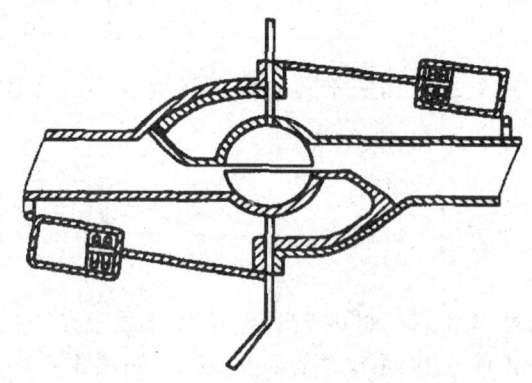

图 1-4-7 车钩解钩状态示意

（二）Scharfenberg 密接式车钩

Scharfenberg 密接式车钩主要由车钩钩头、橡胶缓冲器、风管连接器、电器连接器和风动解钩系统等组成，如图 1-4-8 所示。连挂时依靠两钩头前端锥形喇叭口引导彼此精确对中，实现车钩紧密连接；同时自动将两车电气线路和空气通路接通。在两车分解时，由司机控制解钩电磁阀自动解钩，自动切断两车之间电气线路和空气通路。

车钩下面有车钩支撑弹簧支撑，在缓冲器尾部通过转动中心轴与车体上冲击座相连，并可通过橡胶弹簧弹性变形及缓冲器与转动中心轴的相对转动实现垂直和水平方向的摆动。

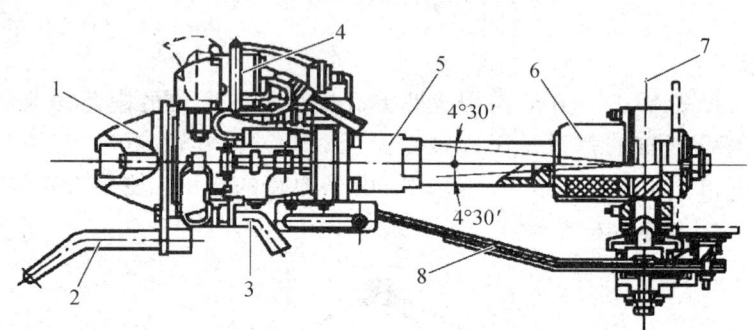

1—密接式车钩；2—引导对准爪把；3—风管连接器；4—电气连接器；5—钩身；
6—橡胶弹簧；7—转动中心；8—支撑弹簧。

图 1-4-8 Scharfenberg 密接式车钩结构

钩头结构：

（1）钩头壳体为焊接件，由两部分组成，前面为一带有锥体和喇叭口的突出件，后面为连接法兰，将钩头与牵引缓冲装置连成一体。在钩头壳体中配有车钩锁闭零件和解钩风缸。

（2）车钩的闭锁机构由钩舌和钩锁杆组成，两者通过销彼此可摆动地相连接。

（3）弹簧用来保持车钩处于闭锁位。弹簧一端钩在壳体的锥体上，另一端钩在钩锁杆上。

当两钩连接时，前面的锥体和喇叭口作为引导对准之用，伸出在前面的爪把用来扩展车钩的连接范围。前端圆孔用来安置空气管路连接器，手动解钩装置设在钩头侧面，它由横杆通过两解钩杆与钩舌相连接。在该横杆的端部连有一钢丝绳并与手柄连接，手柄挂在钩头体的一侧。

（三）半自动车钩

半自动车钩用于两编组单元之间的车辆连挂。半自动车钩的钩头连接形式与自动车钩相同，连挂方式和锁闭方式也相同。可以自动实现列车单元之间的机械连接和风管连接，电气连接只能手动。解钩时机械和气路部分可自动，也可手动，但不能在司机室集中控制。

在半自动车钩上设有贯通道支撑座，用于车辆运行过程和解钩之后支撑贯通道，支撑座可以承受贯通道及所承受的载荷，如图1-4-9所示。

图1-4-9 半自动车钩

（四）半永久性牵引杆

半永久性牵引杆用于同一单元内车辆之间的编组，使之编组成单元。单元在运行过程中一般不需要分解，通常只在维修时才分解。每个半永久牵引杆上均有贯通道支撑座，用于车辆运行过程和解钩之后支撑贯通道。支撑座承受车辆正常运行时超员情况下贯通道所承受的载荷。

半永久牵引杆只是将两车车钩连接改为牵引杆连接，取消了风路和电路的连接。风路和电路连接只能依靠手动连接。

上海地铁车辆半永久牵引杆的主要特征是将两相邻车钩中的一个车钩钩体和另一车钩钩体、缓冲器总成分别由两个牵引杆代替，两牵引杆的端部各有一个锥孔和锥柱，在连挂时起定位作用，通过套筒式联轴器将两个牵引杆刚性相连，其电气、气路通过机械紧固获得永久连接，如图1-4-10所示。

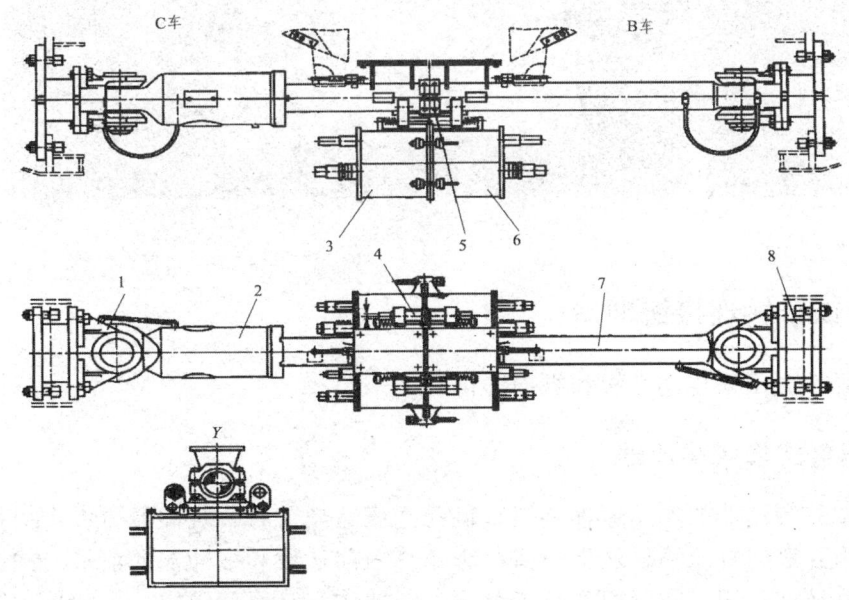

1—支撑座；2—具有双作用环弹簧的牵引杆；3，6—电气连接盒；4—风管；
5—套筒式联轴器；7—牵引杆；8—过渡板。

图1-4-10 半永久性牵引杆结构示意

深圳地铁车辆半永久性牵引杆的连接方式与上海相似，主要特征是在两个半永久牵引杆中设有一个能量吸收装置，如图1-4-11和图1-4-12所示。

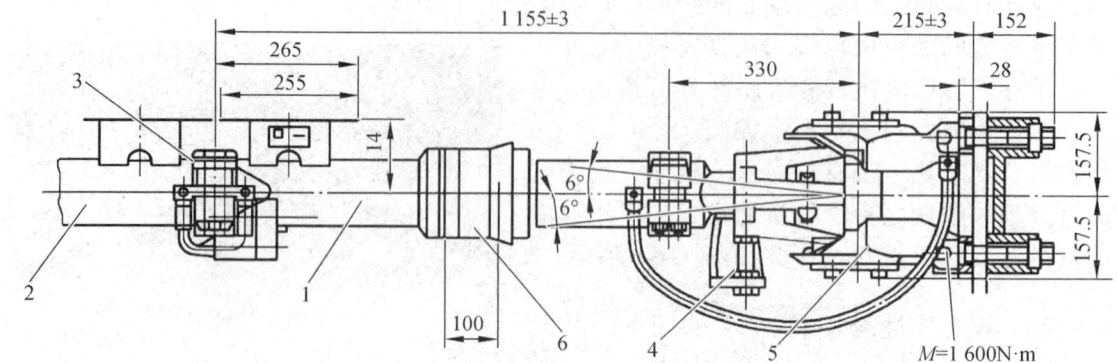

1—牵引杆（1）；2—牵引杆（2）；3—套筒式联轴器；4—垂直支撑装置；
5—橡胶缓冲装置；6—能量吸收装置。

图1-4-11　深圳地铁半永久牵引杆结构示意

图1-4-12　半永久性牵引杆

三、地铁车辆连接缓冲器

缓冲装置主要用来传递和缓和纵向冲击力。

（一）层叠式橡胶缓冲器

层叠式橡胶缓冲器的作用原理是当车辆受到压缩载荷时，缓冲器体和牵引杆受压，力的传递方向为：牵引杆压缩后从板→橡胶金属片→前从板和缓冲器的前端。橡胶金属片受到压缩，起到缓冲作用。在牵引载荷工况下，缓冲体和牵引杆受拉，力的传递方向为：牵引杆上的滑套压缩前从板→橡胶金属片→后从板和缓冲体后盖，同样起到缓冲作用。层叠式橡胶缓冲器结构如图1-4-13所示。

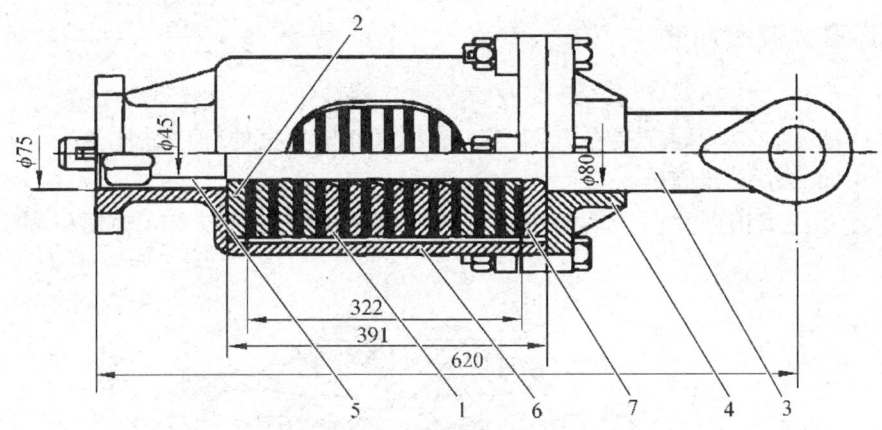

1—橡胶金属片；2—前从板；3—牵引杆；4—缓冲器后盖；5—滑套；6—缓冲器体；7—后从板。

图 1-4-13　层叠式橡胶缓冲器结构

（二）环弹簧缓冲器

环弹簧缓冲器由弹簧盒、弹簧前后座板、外环弹簧（共 7 片）、内环弹簧 5 片（内环弹簧由 1 片开口环弹簧和 2 片半环弹簧组成）、端盖、球形支座、牵引杆等组成，如图 1-4-14 所示。其作用原理：当车钩受冲击时，牵引杆推动弹簧前从板向后挤压环弹簧；当车钩受牵拉时，拧紧在牵引杆后端的预紧螺母带动弹簧后从板向前挤压环弹簧。所以不论车钩受冲击或牵拉环弹簧均受压缩作用。

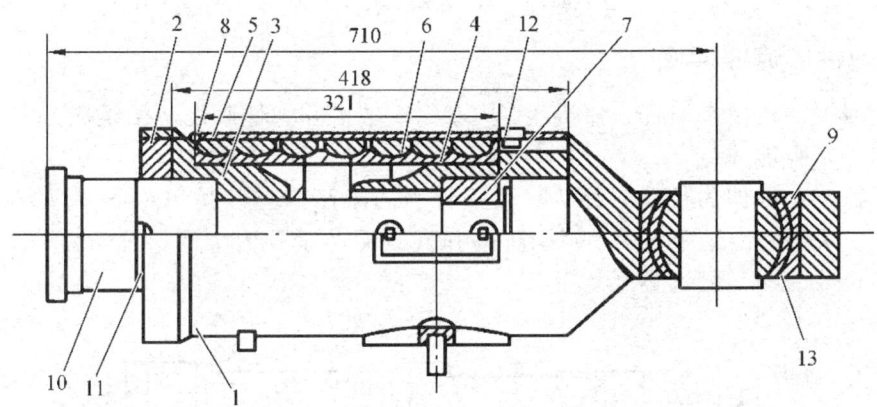

1—弹簧盒；2—端盖；3—弹簧前从板；4—弹簧后从板；5—外环弹簧；6—内环弹簧；7—开口弹簧；
8—半环弹簧；9—球形支座；10—牵引杆；11—标记环；12—预紧螺母；13—橡胶嵌块。

图 1-4-14　环弹簧缓冲器结构

由于内、外环弹簧相互接触的接触面均做成 V 形锥面，受压缩相互挤压时，外环扩张，内环压缩，这样就产生了轴向变形，起到缓冲的作用。同时内、外环弹簧接触面产生相对滑动，摩擦力做功消耗了部分冲击能。

环弹簧缓冲器前端通过一组对开连接套筒与钩头连接，后端的球形支座通过销轴与车钩支撑座相连接。整个车钩缓冲装置在水平面内可绕销轴左右摆动 40°，在垂直面内借助于球形轴套嵌有橡胶件可上下摆动 5°，以满足车辆运行于水平曲线和竖曲线的要求。上海地铁 1 号线车辆采用了这种缓冲装置。

(三)环形橡胶缓冲器

主要由牵引杆、缓冲器体、环形橡胶弹簧等几部分组成,如图 1-4-15 所示。属于免维护的橡胶缓冲装置,缓冲器安装在车钩安装座上,可吸收拉伸和压缩能量。半自动车钩和牵引杆均用相同方法安装固定。

缓冲装置允许车钩做垂向摆动和扭转运动。缓冲装置支撑座用 4 颗螺栓固定在车体底架上。

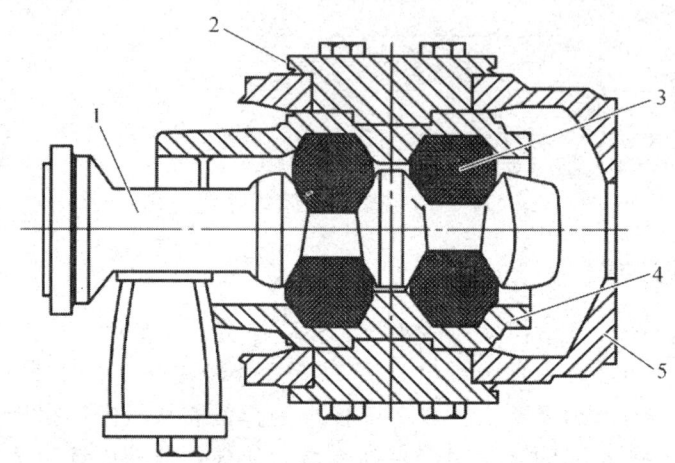

1—牵引杆;2—安装座;3—环形橡胶;4—缓冲器体;5—支撑座。

图 1-4-15 环形橡胶缓冲器结构

(四)弹性胶泥缓冲器

弹性胶泥缓冲器由牵引杆、弹簧盒、内半筒、端盖和弹性胶泥芯子组成(见图 1-4-16),弹性胶泥芯子是吸能元件。

车钩受拉时,纵向力传递顺序为:牵引杆→内半筒→弹性胶泥芯子→弹簧盒→车体;车钩受压时,纵向力传递顺序为:牵引杆→弹性胶泥芯子→内半筒→弹簧盒→车体。可见,无论车钩受拉或受压,缓冲器始终受压。

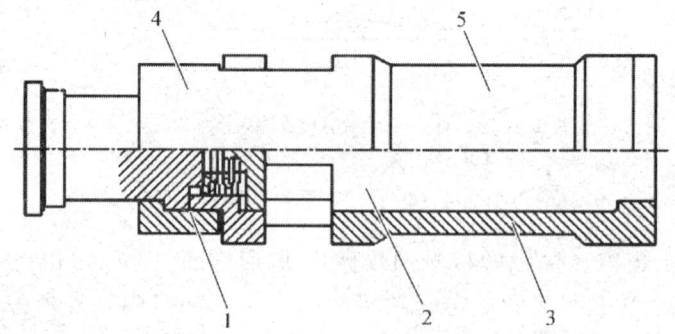

1—牵引杆;2—弹性胶泥芯子;3—内半筒组成。

图 1-4-16 弹性胶泥缓冲器结构

(五)带变形管的橡胶缓冲器

带变形管的橡胶缓冲器由拉杆、轴套、锥形环圈、法兰、垫圈、橡胶弹簧和变形管组成,如图1-4-17所示。轴套与钩头壳体用螺纹连接,由法兰紧固使之不致松动,轴套用来作为拉杆、锥形环圈和变形管支承和导向,拉杆穿过两个弹簧6和7,其端部通过蝶形螺母将弹簧压紧。

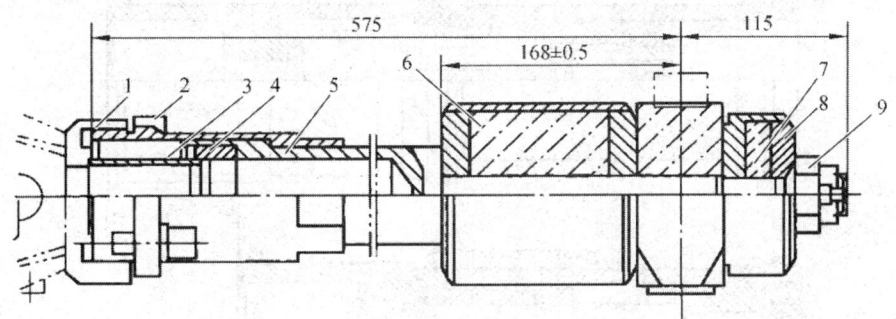

1—轴套;2—法兰;3—变形管;4—锥形环圈;5—拉杆;6,7—橡胶弹簧;8—垫圈;9—螺母。

图1-4-17 带变形管的橡胶缓冲器结构

在正常运行时,车辆之间所产生的牵引和压缩力主要由两橡胶弹簧来承担。

当车辆在事故冲击时,车辆的碰撞速度超过5~8 km/h,这时车钩所受到的冲击压缩力超过橡胶弹簧的承载能力,靠近钩头的冲击吸收装置起作用。变形管与锥形环圈彼此相互挤压,把冲击能转变为变形管和锥形环圈的变形功和摩擦功,变形管产生永久变形,吸收冲击功可达16.1 kJ,从而达到对乘客和车辆的事故附加防护作用。橡胶缓冲器冲击衰减力-行程如图1-4-18所示。

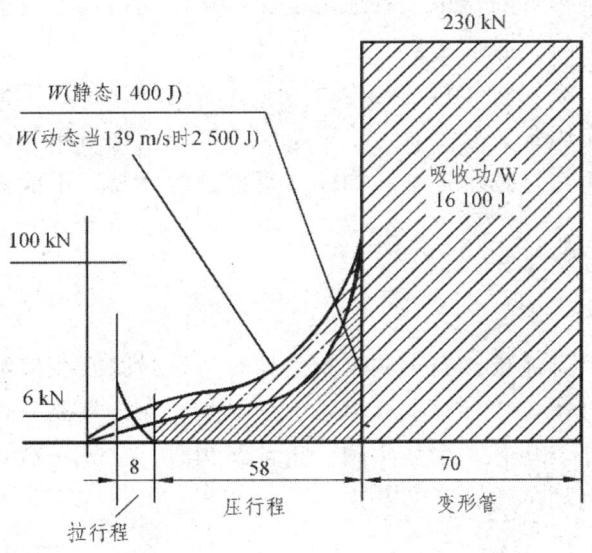

图1-4-18 橡胶缓冲器冲击衰减力-行程

(六)可压溃变形管

车钩缓冲装置是车辆冲击能量吸收系统的一部分,可压溃变形管(见图1-4-19)可作为车钩缓冲装置的重要部件,用来吸收车辆冲击能量。当两列车相撞时,将会产生可恢复的和不可恢复的变形。

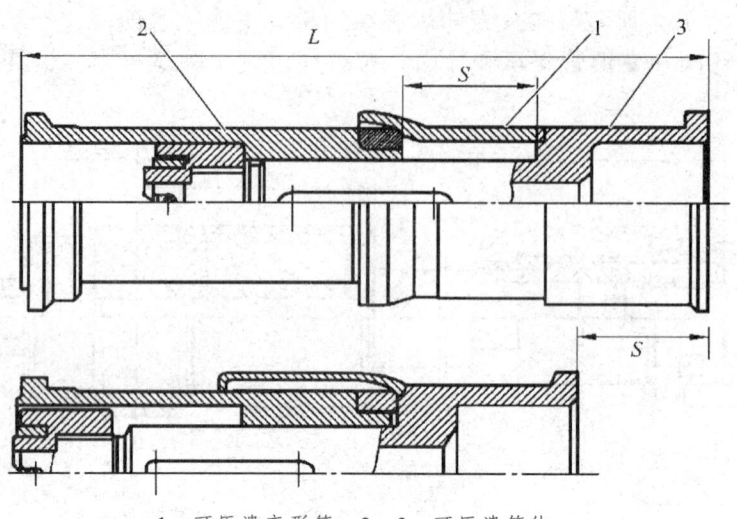

1—可压溃变形管；2，3—可压溃筒体。

图 1-4-19　可压溃变形管结构

可压溃管能量吸收可分为三级：第一级，速度最大为 8 km/h 时，车钩内的缓冲、吸收装置吸收全部能量，产生的变形可以恢复；第二级，速度为 8～15 km/h 时，可压溃变形管产生的变形不可恢复；第三级，速度超过 15 km/h 时，自动车钩的过载保护系统产生不可恢复的变形，车辆前端将参与能量吸收以保护乘客。

同时通过可压溃变形管的能量吸收还可以保护车体钢结构免受破坏。冲击速度过大，导致可压溃变形管变形时，必须更换。

撞车事故发生后，必须对车辆进行检查，尤其是电气连接和机械连接部分。

一天之内如果列车因各种原因发生了紧急制动，也应该对车辆缓冲装置做技术检查，特别是压溃管间隙是否超过技术标准，如能修复则进行修复，不能修复应更换缓冲装置。

（七）附属装置

1. 风管连接器

不带自闭装置的风管连接器当车钩互相连挂时，密封圈互相接触受压，借助滑套、橡胶套和前弹簧（见图 1-4-20）使压力达到 70～160 N，保证气路开通时不会泄漏。在制动主管连接器后端的管路上装有一个截止阀。正常解钩时，首先将截止阀关闭，以防止制动主管排风而产生紧急制动。

2. 电气连接器

通过悬吊装置使钩体与电气连接器（见图 1-4-21）成弹性连接。两车钩连挂时，箱体可退缩 3～4 mm。触头上焊有银片，以减小电阻，它与箱体弹性连接，靠弹簧压力保证触头处于可伸缩状态，相互接触良好，保证电流畅通。箱体的一侧设有一个定位销，对称侧设有定位孔，连挂时定位销插入对应定位孔，保证触头准确连接；密封条可防雨水和灰尘。

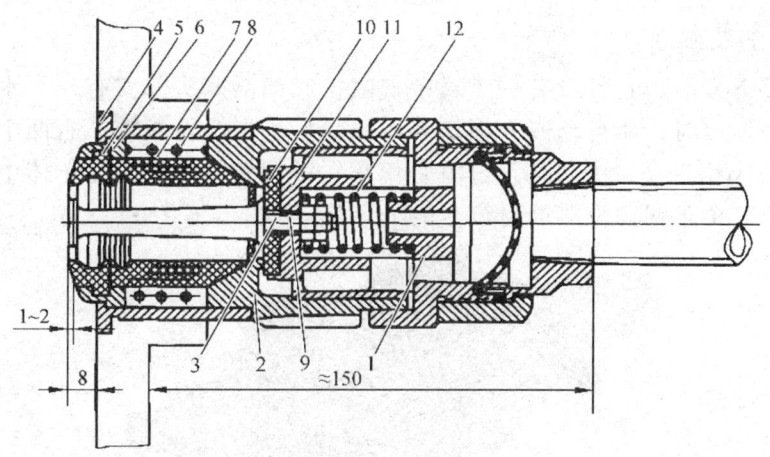

1—后接头；2—阀体；3—顶杆；4—阀壳；5—密封圈；6—滑套；7—橡胶套；8—前弹簧；
9—调整垫片；10—阀垫；11—滑阀；12—顶杆弹簧。

图 1-4-20　制动主管连接器结构

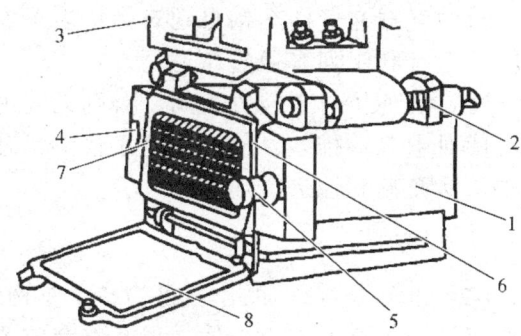

1—后接头；2—阀体；3—顶杆；4—阀壳；5—密封圈；6—滑套；7—橡胶套；8—前弹簧；
9—调整垫片；10—阀垫；11—滑阀；12—顶杆弹簧。

图 1-4-21　自动开闭式风管连接器结构

解钩时，将盖盖好，防止触头损坏。箱体内还设有接线板，使触头的引线和从车上来的引入线对应相连；在它后部有电线孔，并用塑料套防止电线磨损。

电气箱外装有保护罩（见图 1-4-22），当两钩连接时，电气箱可推出使其端面高于车钩端面，此时保护罩自动开启；当解钩后，电气箱退回至原位置，保护罩自动关闭。电气箱内的触点分别为固定触点和弹性触点，保证电气连接时密接可靠，主要应用于自动车钩上。

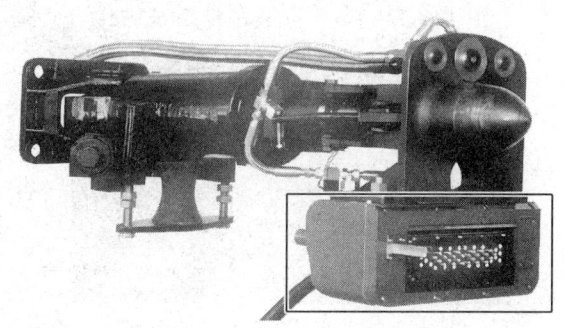

图 1-4-22　车钩电气保护罩

3. 车钩对中装置

缓冲器尾部下方左、右各设有一个对中气缸,它的活塞头部安有一个水平滚轮,当气缸充气活塞向外伸出时,能自动嵌入固定在一块呈桃子形凸轮板左、右两个缺口内(见图1-4-23),达到使车钩自动对中目的。也就是使车钩缓冲装置中心线与车体中心线在一个垂直平面内,以便一个车钩钩头对准对方车钩的钩坑。

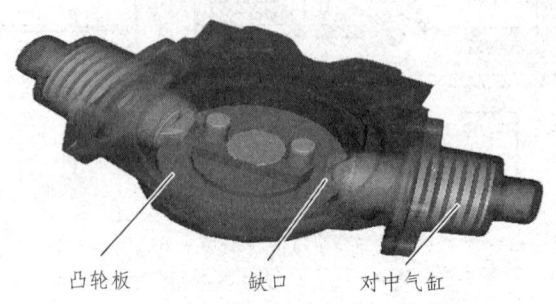

图 1-4-23 车钩对中装置结构

当车钩处于待挂状态,对中气缸充气使车钩自动对中;当车钩处于连接状态时,对中气缸排气,车钩则可自由转动,有利于列车通过弯道。

当车辆在弯道进行连挂时,必须将对中装置关闭,否则无法进行连挂。这时只须将车钩下方的进气阀门关闭即可使对中气缸排气,使车钩处于自由状态。而在进行连挂时可利用钩头前的导向杆进行对中,从而顺利地进行连挂。

4. 安装吊挂系统

安装吊挂系统(见图1-4-24和图1-4-25)的作用是为整个车钩缓装置提供安装和支撑,保证列车通过所有平竖曲线所需的各个方向自由度,保证整套装置在不连挂状态时保持水平,车钩中心线与车辆中心线重合,以便于连挂。中心线的高度。

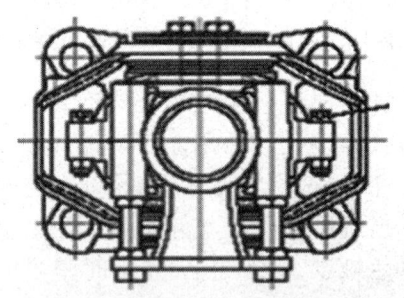

图 1-4-24 车钩安装吊挂系统结构

图 1-4-25 车钩安装吊挂系统

任务二　地铁车辆车钩故障处理

一、车辆半永久性牵引杆连接螺栓松动

1. 故障现象

车辆回段检查发现 B 车与 C 车之间半永久性牵引杆固定螺栓出现个别松动现象（防松标志有位移现象）。

2. 故障原因

造成车辆半永久性牵引杆连接螺栓松动的主要原因有以下几种：
（1）可能是车辆长时间运行振动导致牵引杆松动。
（2）牵引杆在安装过程中紧固螺栓没有严格按照工艺要求执行。
（3）牵引杆本身材质等问题。

3. 处理方法

针对上述故障现象和原因，对车辆半永久性牵引杆装置做如下检查与处理：
（1）逐一检查编组车辆各半永久性牵引杆连接螺栓是否有类似故障现象，彻底排除因安装和紧固不当造成的连接螺栓松动问题，仔细检查螺栓螺纹和螺母内螺纹有没有损伤，必要时进行加固或更换放松螺栓。
（2）检查相关电气连接情况看有没有损伤等情况，并进行及时处理。
（3）检查橡胶缓冲部分查看是否有变形，并进行更换处理。

4. 注意事项

发现半永久性牵引杆连接螺栓松动，说明车辆运行振动或车辆在通过较小曲线线路转向架功能出现了问题，或是一系或二系弹簧出现了问题。要彻底解决上述故障，建议对相应影响部件进行逐一检查，发现问题及时处理可以避免类似故障重复出现。

二、车辆车钩缓冲器压溃管变形

1. 故障现象

车辆运行回段例行安全检查时发现一车辆车钩缓冲器压溃管变形超过标准。

2. 故障原因

造成车辆车钩缓冲器压溃管变形的主要原因有以下几种：
（1）车辆在运行过程中由于过载冲击导致缓冲器压溃管变形。
（2）一系弹簧断裂造成或液压缓冲器失效，导致冲动过大造成缓冲器压溃管受力过大变形。
（3）车辆制动系统出现了故障，导致车辆没有同步制动使车辆冲动过大引发缓冲器压溃管变形。
（4）车辆二系弹簧爆裂引发剧烈冲动造成压溃管变形。

3. 故障处理

针对上述故障现象和原因,对车辆一系弹簧做如下检查与处理:

(1)检查列车运行记录有没有上述情况发生。

(2)检查一系弹簧和液压减振器是否正常。

(3)检查车辆制动机使用过程和制动情况查看是否同步制动,不同步说明某车辆制动电磁阀出现故障进行及时处理或更换。

(4)检查测量压溃管具体变形数据看是否还符合车辆运营技术要求,如发现不符合建议维持回段更换处理。

(5)如果是车辆发生了二系弹簧爆裂故障,回段检查应扩大检查范围,包括转向架中心销有必要都应做探伤检查。

4. 注意事项

发现这类故障现象后一定要对车辆包括构架,转向架和相邻车辆的缓冲装置进行仔细检查,查看是否有故障波及现象发生。同时对处理后的车辆缓冲器其他部件也要仔细检查看有没有其他损坏,发现问题及时处理。如有必要应对相关部件进行超声波探伤排除走行部部件损伤造成事故发生。

三、车辆调车自动解车钩时,一端车钩不能自动解钩

1. 故障现象

两列车连挂正常,在操作两列解钩时,一端车辆车钩解钩正常,另一端车辆机械装置和电气不能断开。

2. 故障原因

自动车钩在司机室操作端按下解钩按钮后,正常情况下两车辆自动车钩都能自动断开。如一端车辆自动车钩断开正常,另一端车辆车钩机械装置和电气装置不能断开,一般有以下主要原因导致。

(1)解钩电磁阀故障。如一列车自动车钩解钩电磁阀故障,则本列车解钩管路无风压,解钩风缸不能正常工作,机械钩头钩板不动作,导致车钩机械部分不能自动解钩,车钩也不能实现电气自动解钩。

(2)解钩风管泄漏。解钩风管泄漏导致两列车解钩风管压力下降,通向双风阀的压力也随之下降,控制电子钩头的风缸仍处于连挂状态,电子钩头不能动作。

(3)止回阀故障。两列车如其中一辆止回阀故障也会造成车辆电气设备不能自动断开。

3. 故障处理

针对上述故障现象和原因,对车辆半自动车钩和自动车钩做如下检查与处理:

(1)地铁车辆自动车钩故障一般情况下应进行故障排除检查,如检查发现是解钩电磁阀故障导致,则更换电磁阀进行试验查看是否能正常电气断开。

(2)如检查发现属于解钩风管泄漏,更换风管密封垫。

(3)如检查发现属于车钩止回阀故障,更换止回阀。

4. 注意事项

地铁车辆自动车钩故障出现上述故障在处理后一定要在车辆两端操作台进行自动解钩操作,如果能正常解钩,说明故障处理正确。如换室操作不能正常解钩,应对车钩做进一步仔细检查,找出故障原因再处理。更换风管密封垫应进行风管耐压试验,合格后方能投入运营。

四、车辆半自动车钩自动解钩失败

1. 故障现象

车辆在自动解钩时不能解开。

2. 故障原因

造成车辆半自动车钩自动解钩失败的主要原因有以下几种:
（1）主风缸压力值不够。
（2）作用在车钩上的牵引力过大。
（3）车钩润滑较差。
（4）按键动作错误。
（5）气动解构活塞杆卡滞。

3. 故障处理

针对上述故障现象和原因,对车辆半自动车钩做如下检查与处理:
（1）检查主风缸压力是否符合要求,如果不符合要求处理后再试验自动解构。
（2）检查车钩是否被牵引力拉得过紧,如果过紧建议适当松钩后再进行解构作业,一般故障会自动消失。
（3）按键操作错误应重新按键试验,如能自动解构故障排除。
（4）由于车钩润滑效果差造成的解钩困难,使用手动解钩后检查车钩锁有无损坏,加入合格的润滑剂对车钩进行润滑。
（5）如果发现故障是由于车钩解钩活塞杆卡滞造成的,清洁活塞杆并对活塞杆及相关部件进行润滑。

4. 注意事项

车辆半自动和全自动车钩不能自动解开故障出现检查过程中建议回段解体车钩认真进行全面检查。除了上述处理能解决问题外影响自动和半自动车钩不能自动解构的其他干扰原因也存在,处理后应做反复试验,确认车钩解开自如后方可投入运营。

五、制动风管、主风管接头和解钩风管接头泄漏

1. 故障现象

在检查和车钩连接时发现车钩相关部分接头有泄漏现象,司机室显示制动风管压力不均衡。

2. 故障原因

造成车辆制动风管和风压不正常的主要原因有以下几种：
（1）接头密封垫圈受损或变形。
（2）内部密封圈损坏。
（3）压簧断裂。
（4）橡胶管破裂。
（5）连接风管接头泄漏。
（6）密封圈质量问题。

3. 故障处理

这类故障应采用逐级检查跟进步骤，首先要确定故障的主要问题是什么原因造成，检查时候多看，多听泄漏声音从什么地方发出来的，对处理故障有积极效果。针对上述故障现象和原因，对车辆制动风管和主风管系统做如下检查与处理：

（1）如发现主动风管或主风管或解钩风管接头泄漏确认是密封垫圈损坏更换密封垫；在更换密封垫时，应仔细检查造成管路泄漏的密封垫是正常到期变形导致的泄漏还是非正常变形导致管路泄漏。是否使用非标产品导致管路泄漏，应及时反馈材料部门进行查核。如确实进了一批非标密封垫，那么必须在尽快的时间内更换全部车辆相关管道接头密封垫。

（2）检查发现橡胶管破裂更换橡胶管，更换时应尽量避免油污染橡胶制品，因为油污染橡胶制品会加快橡胶的老化变形。

（3）检查发现如连接风管接头泄漏更换密封圈后紧固螺栓和加密封胶处理。

4. 注意事项

（1）凡是经故障处理更换密封垫或破裂的橡胶风管后都应按照技术要求和规定进行压力气密性试验，试验合格后才能重新投入车辆运营。

（2）凡是发现车辆制动系统、风源系统、受电弓风源系统接头泄漏都应仔细检查密封垫破损原因，是材质问题还是上次检修工艺不到位，还是密封垫被污染特别是被油污染、不干净有泥沙或其他污染物。

（3）更换密封垫一定要注意对准两个管中心（同心度）；在更换前一定要清理干净管内损坏或残留物，避免密封垫安装不平造成泄漏。

（4）安装密封垫一定要垫平，除了用眼观察外，最好用干净的工具顶一圈检查垫平后，再紧固螺母。

六、车辆连挂对中不准导致连挂失败

1. 故障现象

车辆连挂时由于对中不准导致车辆无法连接。

2. 故障原因

（1）车辆连挂对中装置气缸泄漏导致无法将伸出的凸轮进入对中槽内。
（2）车辆连接曲线超过了对中容许技术条件。

3．故障处理

针对上述故障现象和原因，对车辆制动风管和主风管系统做如下检查与处理：

（1）检查对中装置是否有泄漏现象，如有检查是对中气缸裂引发的泄漏还是密封条件破坏引发的泄漏，进行处理或更换。

（2）检查如果对中装置无故障，查询线路曲线情况，如果超出，关闭对中装置利用人工检测进行车辆连挂。

4．注意事项

（1）对中装置不准导致连挂失败一定不能强行连挂，否则会导致电气连接失败和导致连接器件损坏。

（2）在曲线半径超过车辆对中装置技术要求时，利用人工对准连挂一定要测量准确并严格控制连挂速度；连挂成功后应打开连挂对中装置。

第一部分项目四数字资源

项目五

车辆车门及其故障处理

> **学习要求**
> （1）了解车辆车门基本结构。
> （2）掌握车辆车门的作用原理。
> （3）掌握车辆车门常见故障检查与处理方法、处理过程。

任务一　车辆车门结构相关知识

一般城市轨道交通车辆共有四种车门，即客室车门、司机室车门、紧急疏散门、司机室通道门。

一、车辆车门开启方式

（一）内藏嵌入式车门

内藏式车门多采用气动式。内藏对开式滑门（见图1-5-1）又称内藏门，主要由门叶、导轨、传动组件、门机械锁闭机构、紧急解锁机构、气动控制系统以及电气控制系统组成。车门上方设置有一套气动机构，由解锁气缸、定滑轮、导轨、钢丝绳组成。

开关车门时门翼在车辆侧墙的外墙与内护板之间的夹层内移动。传动装置设于车厢内侧车门的顶部。装有导轮的门翼可在导轨上移动并与传动装置的钢丝绳或皮带相连接，借助气缸或电动机驱动传动机构，从而使钢丝绳或皮带带动门翼动作。开关门的速度及压力可以通过调节节流阀来实现。气缸内设有大小两种活塞，开始关门时大活塞起作用，压力大、速度高，接近关闭时，小活塞起作用、压力小、速度慢。

车门上方还设置一套紧急解锁装置，以便在紧急情况下，能从客室内直接打开车门。

车门关闭时，压缩空气动力推动气缸活塞，通过钢丝绳、转轮和驱动支架等组成的机械传动机构，使门叶在车辆侧墙的外墙板与内饰板之间的夹层内移动，完成车门的开关动作。车门关闭后，锁闭系统动作，保证车门安全可靠地锁闭。

图 1-5-1 内藏嵌入式对开侧移门

北京老式地铁车辆采用了该种形式的车门，司机可操纵按钮通过电气控制系统实现对列车所有车门的同步动作，也可对没关好的车门单独进行再关门控制。它由机械传动系统和电气控制系统组成。机械传动系统包括传动气缸、传动系统和电磁阀等；电气控制系统包括控制电路、信号监视电路等。气动门的风源由总风缸通过总风管供给，总风管压缩空气压力经减压阀减压，通过支管截断塞门、电磁阀充至传动气缸内，推动活塞运动，再经钢丝绳、导轮、滚轮、导轨组成的机械传动部分使门动作。双向对开拉门开门时间为 2~3 s，关门时间为 3~4 s。门移动有快慢两挡速度，通过双重活塞双向作用式传动气缸来实现，门翼快速运动时挤夹力为 740 N，慢速运动时挤夹力为 320 N。

（二）外挂式车门

外挂式车门属于电动门系列。电动门由电动机、传动装置、控制器、锁闭装置和紧急开门装置组成。目前，我国城市交通车辆使用电动车门主要有外挂式车门和塞拉门两种。

目前，国内地铁车辆仅广州地铁 2 号线采用外挂式车门，如图 1-5-2 所示。该型车辆的车门与内藏式车门基本相似，传动机构也设置在车门内门上方，与内藏嵌入式车门的主要区别仅在于开、关车门时，门页和悬挂机构始终处于侧墙的外侧，车门驱动机构的工作原理与内藏嵌入式车门相同，如图 1-5-3 所示。

图 1-5-2 地铁车辆外挂式车门

此外，车门还装有车门关闭行程开关 S2、锁闭行程开关 S1、切除开关 S3 以及紧急解锁开关 S4，用于控制、显示车门状态。如车门关闭后，触发限位开关 S2 和锁闭开关 S1，给出"门锁闭"信号。如果车门出现故障，可以通过方孔钥匙作用于行程开关 S3 将该车门切除。当紧急手柄动作后，触发限位开关 S4，门被紧急解锁。当列车静止或输出零速信号时，车门才可以手动打开。

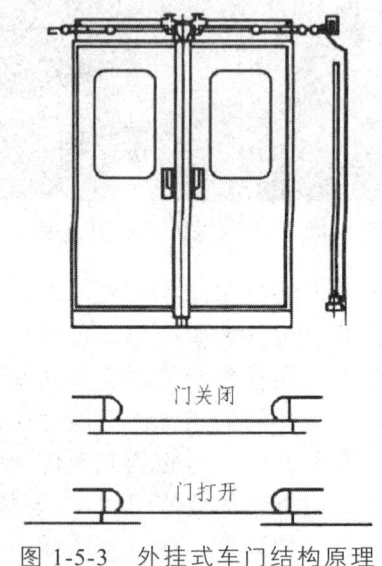

图 1-5-3　外挂式车门结构原理

（三）气动式车门

早期城市轨道交通车辆一般采用以压缩空气为动力的气动门。

1. 气动式车门结构

气动式车门由压缩空气驱动传动气缸，再通过机械传动系统和电气控制系统完成车门的开关动作，如图 1-5-4 所示。机械传动系统的作用是将传动气缸活塞杆的运动传递至车门，使车门动作。电气控制系统的作用是为了保证车门动作可靠和行车安全。

图 1-5-4　风动式车门

车门的电气控制系统一般采用电子控制技术，可根据乘客和司机的不同要求编制程序修改操作过程，自动监控装置具有全方位监控车门的系统、自动故障报警和记录等功能。

为了防止车门夹伤乘客,现代自动车门还具有防夹功能,根据欧洲标准规定在关门时的最大挤夹力应小于 250 N。

2. 气动式门工作原理

电控气动门由压缩空气驱动车门的驱动气缸,通过机械传动系统和电气控制系统完成车门的开关动作,控制系统采用直流 110 V 电源,通过整车、单节车、单个门各级继电器控制车门的中央控制阀内的三个电磁阀的动作,实现对驱动气缸的供气、排气控制,从而使车门按要求开关。同时,依靠每个门上的行程开关检测车门状态,并将信息返回诊断系统及控制系统,实现对车门的检测。

当开门时,压缩空气经中央控制阀进入解锁气缸,使之动作将锁钩顶开,同时驱动气缸活塞向左运动,打开车门。当车门关闭时,锁钩下落至水平位置,钩住两门叶上的锁钩,实现机械锁闭,使车门可靠地实现在关门位置上锁闭。车门在锁闭位置时,两叶门之间的关紧力靠进入驱动气缸右腔的压缩空气来保持。电气控制系统控制中央控制阀来实现车门的开关和解锁,调节中央控制阀上的调节旋钮可调整开关速度及缓冲速度。当紧急情况下需要打开客室车门时,可以拉下紧急解锁手柄,这时驱动气缸内的空气排出大气,用人工可以轻易将两门叶推开。

以广州地铁一号线列车为例,车门通过中央控制阀来控制、以压缩空气为动力驱动双向作用的气缸活塞前进和后退,再通过钢丝绳等组成的机械传动机构完成门的开关动作,机械锁闭机构可以使车门可靠地固定在关闭位置。

地铁车辆气动式车门控制系统结构如图 1-5-5 所示。

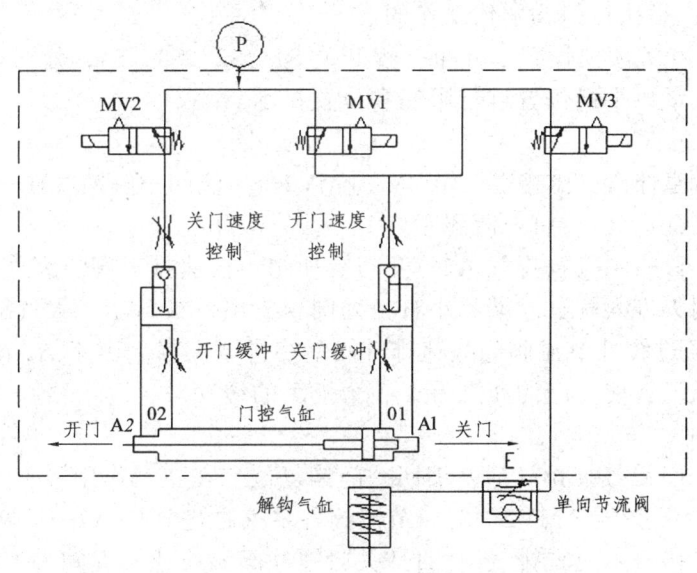

图 1-5-5　地铁车辆气动式车门控制系统结构

(1)电磁阀:MV1、MV2、MV3 均为二位三通电磁阀,分别为开门、关门、解锁电磁阀。调节中央控制阀上的调节旋钮可调整开、关门速度及缓冲速度。司机在司机室操纵按钮可以实现列车所有门的同步动作,也可对没关好的车门单独进行重开门控制。车门气动控制系统电磁阀结构如图 1-5-6 所示。

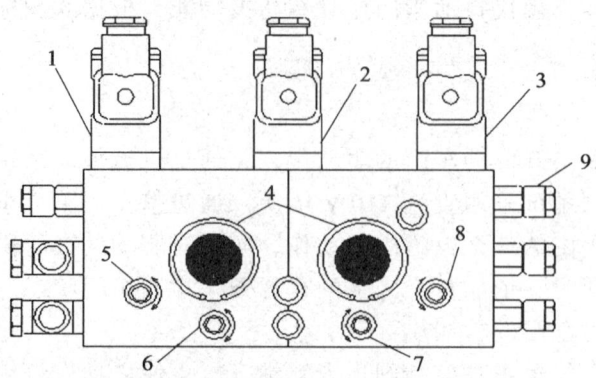

1—关门电磁阀 MV2；2—解锁电磁阀 MV3；3—开门电磁阀 MV1；4—排气孔消音片；5—关门速度节流阀；
6—开门缓冲节流阀；7—关门缓冲节流阀；8—开门速度节流阀；9—气路连接头。

图 1-5-6　车辆气动式车门电磁阀结构

（2）节流阀：4 个节流阀，分别用于调节开门速度、关门速度、开门缓冲、关门缓冲。

（3）快速排气阀：共有 2 个。主气缸两端排气管是通过快速排气阀排向大气的，它相当于一个双向选择阀，它的排气口是常开的，当主气缸通过它充气时，其阀芯将排气口关闭。

（4）气缸。

① 门控气缸：是开关门动作的执行元件，其中活塞是一个对称的带有台阶的非等直径的活塞，其气缸的内径也是非等直径的，这样构可使活塞变速运动。

② 解钩气缸：是执行门钩解钩动作的。

（5）车门打开和关闭还设置了 4 个行程开关 S1、S2、S3、S4，分别对门钩位置、开门行程、门控切除及紧急手柄位置进行限制和位置显示。

① 开门。

进气：得电活塞伸出。压缩空气→MV1→MV3→节流阀→解锁气缸→顶开门钩 MV1→开门节流阀→主气缸进气口 A1→活塞左移。

排气：活塞左移→主气缸排气 A2→开门缓冲阀→快速排气阀→大气。

当活塞的左端头进入气缸左端的小直径处则 A2 出口被封堵，大气缸内的气体只能从 02 一个出气口并经过缓冲节流阀到快速排气阀最终排至大气。由于 A2 出口的被堵整个排气速度就大大降低，就使开门的速度有了一个极大的缓冲。

② 关门。

进气：MV3→门锁气缸排气活塞缩回→门钩复位（在扭簧作用下）。

进气：MV1 压缩空气→MV2→关门节流阀→主气缸进气口 A2→活塞右移。

排气：活塞右移→主气缸排气口 A1→关门缓冲阀→快速排气阀→大气。

关门缓冲的原理与开门缓冲的原理相同。由于活塞杆的端头与一扇门叶及钢丝绳的一边相连接，而另一扇门叶与钢丝绳的另一边相连接，则使门叶在活塞杆运动时，能同步反向移动。而运动的速度则由快速至突然变缓，最后使门叶完全关闭或打开。

广州、上海地铁车辆的车门既可在 ATO（列车自动驾驶系统）模式下自动打开也可以由司机进行开关。无论是哪种方式，都要求符合以下三种情况：当列车速度大于 5 km/h 时，列车上任何与外界联系的车门都不允许被正常打开,一旦被强行打开,列车将紧急制动;当列车上任意与外界联系的车门处于开启或非正常关闭状态,列车将不能启动;列车开门侧与站台侧要求严格对应。

(四)外摆式车门

外摆式车门开门时通过转轴和摆杆使车门向外摆出并贴靠在车体外墙板上,门关闭后门翼外表面与车体外墙成一平面。这种车门的结构特点为开门时具有较大的门翼摆动空间,如图 1-5-7 所示。

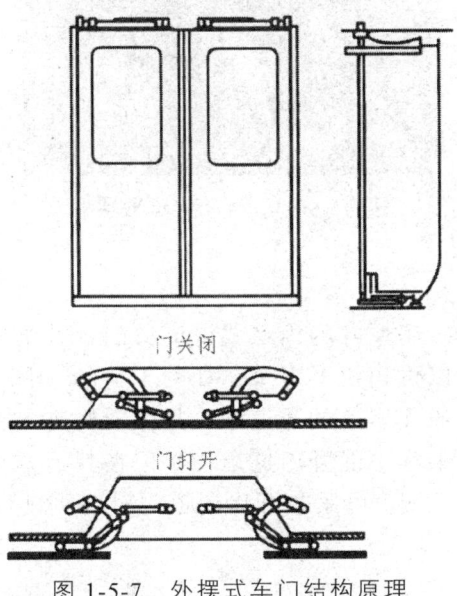

图 1-5-7 外摆式车门结构原理

(五)紧急疏散门

紧急疏散门为可伸缩的套节式踏板,两侧设有扶手栏杆,中间铝合金踏板上涂有防滑漆,故乘客在上面行走时不会滑跌,如图 1-5-8 和图 1-5-9 所示。其门锁在驾驶室内或室外都可开启,一旦门锁开启车门能自动倒向路基,并且还有缓冲器,使倒下的加速度不致过大,从而损坏疏散门装置。

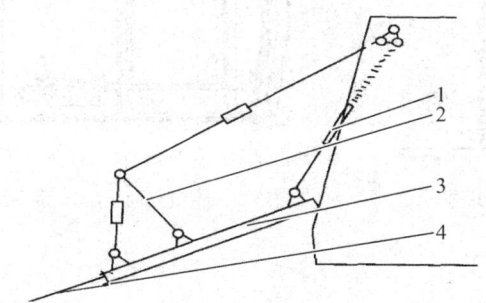

1—弹簧杆;2—连杆;3—安全疏散梯;4—伸缩杆。

图 1-5-8 紧急疏散门结构

图 1-5-9 车辆紧急疏散实物

(六)司机室车门

在司机室两侧墙上各有一扇单叶的内藏式滑动移门,其结构与客室车门类似,只是没有气动装置,由人工开关,以供司机上下车,如图 1-5-10 和图 1-5-11 所示。

在司机室背墙中间有一通往客室的通道门,是供司机进入客室的通道。它在客室一侧没有开门把手,正常情况下乘客不能开启这扇门。但在其上方有一红色紧急拉手,其用途是当乘客发现司机因突发急病时,可紧急开启通道门对司机进行抢救,如图 1-5-10、1-5-11 所示。

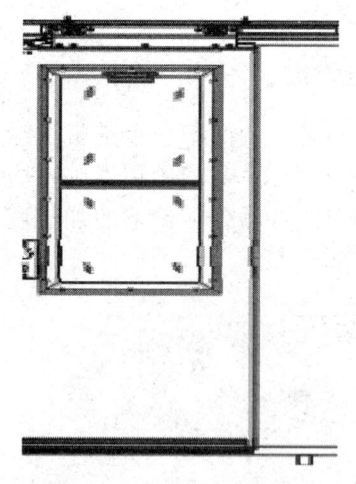

图 1-5-10 车辆司机室门

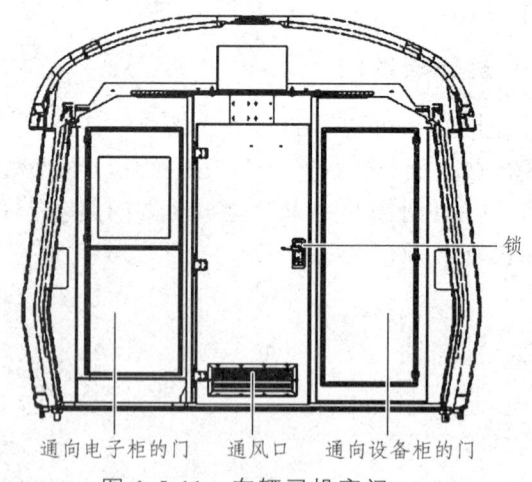

图 1-5-11 车辆司机室门

(七)地铁车辆塞拉门

塞拉门主要由驱动机构、机械执行机构、门叶、垂直协调杆、制动组件、紧急解锁机构、车门旁路系统以及电子门控单元(EDCU)等组成。

借助于车门上端的传动机构和导轨，车门开启状态时门翼贴靠在侧墙的外侧；车门在关闭状态时，门翼外表面与车体外墙成一平面，如图 1-5-12 和图 1-5-13 所示。这不仅使外表美观，而且也有利于在高速行驶时减少空气阻力，车门不会因空气产生涡流产生噪声，也便于自动洗车装置对车体的清洗。现在国内地铁车辆普遍采用塞拉门。

塞拉门技术参数见表 1-5-1 所示。

表 1-5-1　塞拉门技术参数

门宽/mm	1 400	关闭时间/s	3.5±0.5
门高/mm	1 860	供给电压/V	DC 110
开启时间/s	3.5±0.5	关闭和锁紧力/N	200

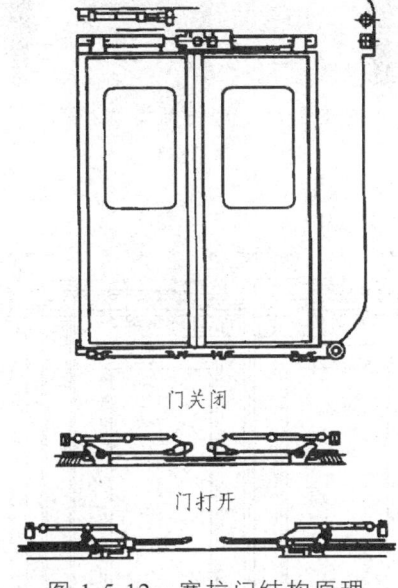

图 1-5-12　塞拉门结构原理

图 1-5-13　塞拉门实物

地铁新型塞拉门如图 1-5-14 所示，其结构如图 1-5-15 所示。

图 1-5-14　地铁新型塞拉门

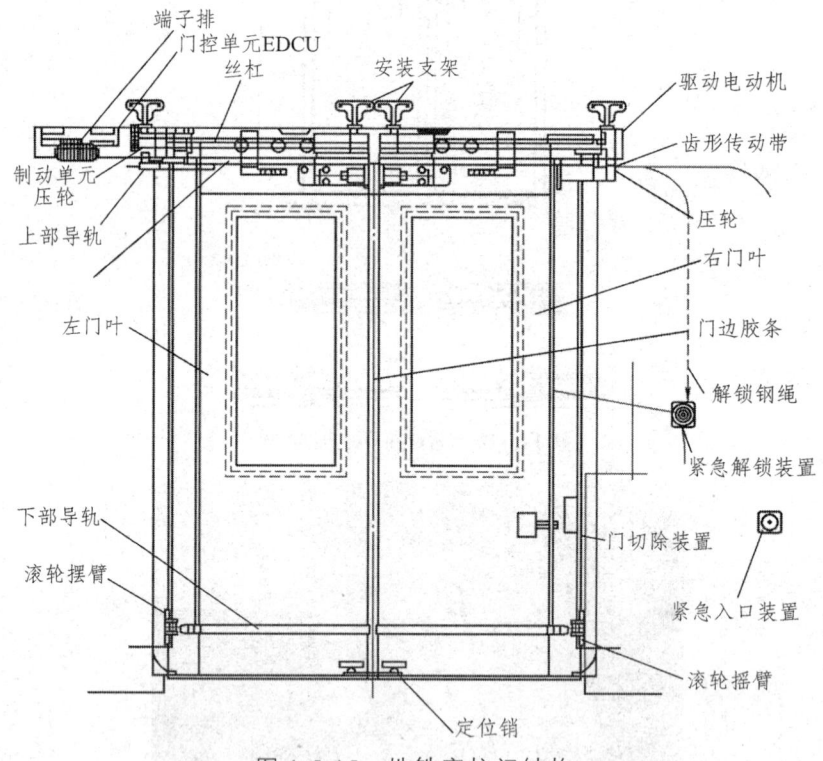

图 1-5-15　地铁塞拉门结构

1. 驱动装置

驱动装置设在门的上方，门两边设有可旋转的垂直协调杆，它们共同完成塞紧、外推和平移直线运动，保证关门后车门外表齐平，由门控器对驱动装置进行控制，每扇门的两个门叶使用一套驱动装置，使左、右门叶成反方向运动。驱动装置主要由电动机、驱动带轮、解锁滑轮、关门控制开关和锁闭开关等组成。驱动装置如图 1-5-16 所示。

图 1-5-16　驱动装置

2. 机械执行机构

机械执行机构由可伸缩导轨、横轴、滑轮箱三个部件组成。伸缩导轨使门叶能够平行移动，它通过两个横向的滚轮箱连接到车体做塞拉运动。两个滚轮箱各由一组滚轮导向。

3. 固定横梁

固定横梁是电动机驱动装置、机械执行机构以及门控器安装座，也是门驱动执行装置与车体的连接件。车门电动机驱动装置如图 1-5-17 所示。

图 1-5-17　车门电动机驱动装置

4. 车门锁闭装置

在车门关闭后连接处的下部安装防止车门外移的定位装置。

5. 门控器（EDCU）

门控器安装在客室车门上方，其功能是控制车门开与关，调整车门开关速度、调整车门关门压力、确定车门位置。与列车诊断、控制系统联网。

6. 紧急解锁装置

每个客室侧门门口内侧的红色盒子内设有一个紧急解锁装置。一旦列车已经启动运行，若列车关门夹到乘客而驾驶员有没有察觉，或者遇到紧急情况等，工作人员或乘客可拉下紧急解锁装置的红色手柄，并向驾驶员报警，可手动打开客室门。紧急解锁装置有自保作用，一旦使用完后，必须用钥匙将手柄推回原来的工作位置。在采用机械方式打开锁闭装置时，列车控制回路中将显示开门信息。

7. 门切除装置

门的切除锁设置在车门的上方，为机械式。门切除时，车门被锁闭，并脱离控制系统。

8. 车门行程开关（DCS）

通过电动机转动，关闭触块被激活，EDCU 接收到塞入运动信号，电动机电流增大，车门开始做塞拉运动控制车门的关闭状态。车门锁闭行程开关（DLS）：当车门完全关闭到位时，转动中的电动机体触块将碰到 DLS，DLS 触块被激活，电动机断电，车门被锁闭。LOS 是车门锁闭到位开关。DCS、DLS、LOS 和 EDCU 复位开关 S4 配合实现对车门的电气控制。

9. 塞拉门的工作原理

塞拉门的工作有开门和关闭两种情况，驾驶员发出开关门指令，控制系统将指令传递给 EDCU，EDCU 得到指令后，接通驱动电机的电源，电动机带动车门驱动装置工作，完成车门开关门运动，塞拉门的机械工作原理分为三个步骤：

（1）平移运动。电动机轴转动驱动齿轮转动，齿轮带动同步带运动，同步带的运动通过连接同步带和门叶的连接件驱动门叶做平移运动。

（2）塞拉运动。杆件系统连续驱动共同的伸缩导轨两端，转动电动机机体来驱动车门门叶做塞拉运动。

（3）门的锁闭。控制杆件塞拉运动达到驱动机构的死点，杆件获得锁定。

任务二　地铁车辆车门故障处理

地铁自运营以来，车门系统的故障率一直居首位，基本上占地铁车辆故障 50% 左右。造成车门故障频发的主要原因是车门系统集电控、气动及机械传动于一体，系统设有列车不动安全保护，有一个车门发生故障，列车就无法正常牵引。车门数量多，开关频繁，一旦车门发生故障，会给地铁运营带来较大影响。车门的故障既有车门气动系统、机械传动方面的问题，也有电气控制及信息检测系统的故障。

车门机械故障一种是零部件损坏故障；一种是调整不到位故障。

零部件损坏通常可以通过更换新件解决，但如果同一类零部件损坏率较大，则应当检查是否存在系统设计问题或调整上的失误。

车门电路故障主要有继电器卡滞、烧损，行程开关内部弹簧老化造成触头接触不到位等，可通过车门电路分析查出并处理。

车门容易出现故障的主要是行程开关，如 S1/S2 行程开关接触不到位：S1/S2 各有一对常开触点，并联在一起检测单个门的关闭和锁闭状态，一对常闭触点串联在一起用于整节车的车门状态检测。车门关闭并锁好后，单个门检测都正常，即 S1/S2 常开触点都已断开。如果整节车侧墙黄色指示灯不灭，说明至少有一扇门的 S1/S2 常闭触点没有闭合。在这种情况下，由于单扇门指示灯都已熄灭，无法直接判断是哪个门的故障，可以通过逐个切除，即 S3 旁路 S1 和 S2 的串联电路，找到故障的车门。

一、车门开启困难

1. 故障现象

车辆进站停车后发现有的车门开启困难。

2. 故障原因

车门出现故障原因很多,特别是单扇车门开启困难故障发生后,在排除电气故障后,基本上应该属于① 机械尺寸变化引起的故障,在客流量大且集中时,由于车体挠度等因素影响,造成车门相关部件与车体等部位干涉从而引起车门故障。② 零部件损坏,零部件损坏通常可以通过更换新部件解决。③ 齿条中有异物卡滞。

3. 故障处理

针对上述故障现象和原因,对该车门做如下检查与处理(出现此类故障时首先应该排除属于电气方面引发的车门故障,如测量电压等):

(1)检查故障车门的尺寸,看车门调整是否在规定的范围内,如 V 形尺寸,车门对中央尺寸等。

(2)检查车门的各部件是否存在相互干涉等情况。

(3)对传动齿条进行检查发现异物及时进行清理。

4. 注意事项

在处理这类故障时,应仔细检查车门机械传动其他部件是否完整,有没有互相干涉和磨损、摩擦现象,齿条有没有异物卡滞现象等。如果同一类零部件损坏率较大,则应当检查是否存在系统设计问题或调整上的失误造成的。如果是设计方面的缺陷应向供应厂商反馈意见,进行设计改进。

二、车门紧急解锁

1. 故障现象

运行中车门紧急解锁。

2. 故障原因

自动和人工驾驶切除系统出现控制故障导致车门紧急解锁。

3. 故障处理

非 NRM 模式时:

(1)若同时伴有紧急制动,通过复位对应车门紧急解锁装置并确认门关好后切除车门,继续运营。

(2)若无紧急制动,则运行到下一个站,检查并复位对应车门紧急解锁装置并确认门关好切除车门,继续运营。

NRM 模式时:在区间发生车门紧急解锁时,需停车复位并切除车门。

4. 注意事项

如果出现多个车门紧急解锁，建议清客退出运营，回段检查处理。

三、车辆个别车门开闭不正常（不到位），有卡滞现象

1. 故障现象

车辆运行停止后，个别车门开闭车门有不正常和卡滞现象。

2. 故障原因

造成车辆个别车门开闭不正常的主要原因有以下几种：

（1）车门调整不到位，通常表现在尺寸超差和锁钩间隙过小或左右不均匀，导致锁钩无法下落，S1 行程开关检测认为车门没有锁好，列车无法起动。

（2）车门定位行程开关位置松动。

3. 故障处理

针对上述故障现象和原因，对车辆该车门做如下检查与处理：

（1）确认车门故障是否是开闭不到位的问题，在调整过程中一定要确保锁钩左右间隙满足（1±0.5）mm，如不满足须重新调整。

（2）在无电状态下，松开连在左门页上与驱动气缸活塞杆的连接以及钢丝绳夹，使左门叶可以自由运动。

（3）调整关门止挡位置，使左门叶锁销与锁钩间隙达 1 mm，同时要保证左门叶与门框中心线之间的距离上部比下部大 1 mm。

（4）左门叶位置确定后，固定关门止挡位置，把右门叶推至关闭位，检查左右门叶锁销与锁钩间隙基本均匀，拧紧左门叶的钢丝绳夹，连接驱动气缸活塞杆。

（5）有电状态下进行微调。

（6）属于车门行程开关定位松动导致车门开闭不正常，检测行程开关定位与车门关闭情况，发现问题及时进行调整，车门应该恢复正常开闭状态。

4. 注意事项

处理过程中车门钩锁和门叶调整应严格按照工艺要求进行，调整后应由技术人员确认，调整完毕后应进行反复试验确认符合车门开闭技术要求和运营要求后方可放行。

四、车辆车门开关安装位置不准确，使 S2 检测有误

1. 故障现象

车辆运营进站后个别车辆车门开闭不到位。

2. 故障原因

可能是车门行程开关安装不到位或松动位移。

3. 处理方法

针对上述故障现象和原因,对车辆该车门做如下检查与处理:

仔细检查车门各安装螺丝和行程开关是否正常和松动,发现问题及时处理。① 拧松 S2 摆臂的螺钉,拉下摆臂使之于摆臂座之间的啮合脱离;② 调整 S2 摆臂的角度;③ 拉下紧急解锁手柄,用手合上两门叶,当锁钩尖对准锁销中心时,S2 必须动作;④ 调整好以后拧紧摆臂螺钉,有电时检查 S2 的功能。

4. 注意事项

调整螺钉后一定要仔细检查确认螺钉是否紧固,是否满足行程开关的技术要求,不满足应重新调整。回段后再次确认调整螺钉是否紧固并做好放松标记。

五、车门气路故障气动元件调节功能失效、漏气

1. 故障现象

车辆进站后个别车辆的气动式车门开启和关闭困难。

2. 故障原因

可能是车门的驱动气缸漏气或中央控制阀漏气。这两个部件若发生漏气,一般都表现为门关闭或完全开启时,中央控制阀排气口一直有空气排出。

3. 故障处理

针对上述故障现象和原因,对车辆该车门做如下检查与处理:

地铁车辆气动式车门的这类故障一般是因压力气体泄漏造成的。由于气动式车门管路连接的接头或驱动气缸等都比较容易出现密封垫或密封圈老化,或因安装、振动等导致高压气体泄漏影响车门的正常开闭。

(1) 通常情况下,驱动气缸漏气情况较为普遍,可采取先更换驱动气缸的处理方法进行检查。

(2) 解锁气缸动作不灵活,导致锁钩无法复位,车门无法锁闭。通常情况下,可对解锁气缸的活塞进行清洁并喷涂橡胶保护剂润滑其密封件;若试验多次仍无法恢复正常,可判断解锁气缸内部存在故障,一般为内部排气孔堵塞造成,需更换解锁气缸。

(3) 中央控制阀速度调节功能失效:旋转各调整针阀,可将针阀拧至"+"或"-"的极限位置,若开关门速度或缓冲速度没有明显的变化,说明针阀的调节作用已失效,需更换中央控制阀整件。

(4) 单向节流阀调节功能失效,导致锁钩下落速度不可调,通常情况下关门逻辑为锁钩先落下,门叶上的锁销撞击锁钩后把门锁上,需要更换节流阀。

4. 注意事项

该类故障处理完毕后一定要进行气密性检验,确认符合技术要求后方可投入使用。

六、列车车辆有单扇车门不能打开

1. 故障现象

车辆停车后列车车辆有单扇车门不能打开。

2. 故障原因

造成车辆单扇车门不能打开的主要原因有以下几种：
（1）该车辆故障门槽内有异物。
（2）故障检测程序出现问题。

3. 故障处理

针对上述故障现象和原因，对车辆该车门做如下检查与处理：（1）单扇/多扇车门故障检测处理程序列车在站开门时发现关门指示灯不亮，在确认屏蔽门与列车之间的空隙无人后等待 20 s 后，重新开关门一次，观察能否恢复正常，恢复正常则确认站台安全、进路正确，可以开车。

（2）若不能恢复正常，则通知站台在岗工作人员，要求其确认好故障车门的位置和准备好"此门故障暂停使用"的字条，通过车辆显示屏确认故障车门的位置并记录在运行日志上。同时，做好乘客广播，将情况报告行调，重新打开屏蔽门、车门，司机带上方孔 T 形钥匙到达故障车门处进行处理。

（3）司机进入客室把故障车门切除。司机到达故障车门时第一时间先检查故障车门的门槽内无异物。开门情况下切除车门，司机必须用力将车门推至关闭状态，两扇车门之间无缝隙，用力反方向推门，车门打不开，切除指示灯红灯亮。

4. 注意事项

司机和车站值班员共同见证下对故障车门进行处理。
（1）切除完毕，要求车站在故障车门张贴"此门故障暂停使用"的告示，从其他车门下车，回到驾驶室后关屏蔽门、车门。
（2）确认站台安全，站台岗给了信号、进路正确，动车后报告行调。

七、列车在站停车开门时发现某一节车门有一扇或多扇车门不能打开或关闭，相应车门显示屏显示黑色闪烁

1. 故障现象

列车停车后发现一扇或多扇车门不能打开或关闭。

2. 故障原因

可能是车门断路器跳闸或自动开关跳闸。

3. 故障处理

针对上述故障现象和原因，对车辆该车门做如下检查与处理：

（1）报告行调，同时做好乘客广播安抚乘客。

（2）到故障车检查车门微型断路器是否跳闸，跳闸则复位，继续维持运营。

（3）若自动开关无跳闸或复位不成功，则报告行调，建议切除故障车门，按行调的指示执行。

（4）找到故障车门除了查找电气故障外，检查看是否有异物堵塞或传动装置卡滞现象。如有予以清除，看是否恢复正常。

4. 注意事项

处理这类故障一定要判别清楚是否是电路短路导致的，还是其他原因导致的，这对查找故障有帮助。

八、列车所有左侧车门或右侧门不能打开

1. 故障现象

车辆单节车整边门不能打开。

2. 故障原因

可能是开门继电器故障导致开关跳闸。

3. 故障处理

针对上述故障现象和原因，对车辆故障车门做如下检查与处理：

（1）若出现关门按钮失效、关门冗余按钮有效（向左旋为关左侧门，向右旋为关右侧门）的情况，后续 车站使用关门冗余按钮关闭车门，无须重复第1、第2条操作。

（2）查看DDU显示屏上车门的显示关闭状态。

（3）观察"所有车门关闭"指示灯亮灯。

（4）列车区间限速60 km/h，站台限速25 km/h。

（5）重新按压开门、关门按钮，若故障消失，则继续运。

（6）查看操作端断路器（DCTCB_L、DCTCB_R），若跳闸则复位，如能关门，则继续运营（断路器复位后再次跳闸则退出服务）。

（7）操作司机台上的关门冗余旋钮，若车门可正常关闭，则继续运营至终点站，使用关门按钮关闭车门，若恢复正常则继续运营，否则退出服务（在终点站的前一站使用关门按钮关闭车门）。

（8）若仍不能关门，本站或下一站，将车门监控旁路开关（DBPS）打到旁路位，退出服务。检查相应车左/右边门解锁、开门继电器及开关门控制电路、检查电路是否跳闸。如果是电路跳闸，则复位；如果不是或复位不了，报告OCC，请求运营到前方终点站退出服务。

4. 注意事项

原则上司机利用车载电子计算机进行大复位不得超过三次，因为如果三次复位仍然不能消除故障现象，那么该故障应该真实存在，需要认真进行检查处理。

九、所有门关好灯不亮（试灯正常），DDU 显示所有门关好

1. 故障现象

车辆准备运行前，DDU 显示所有门已经关好，但关门指示灯不亮。

2. 故障原因

（1）关门指示灯继电器故障。
（2）有一扇车门故障不能关闭。

3. 故障处理

（1）重新按压开门、关门按钮，若故障消失，则继续运营。
（2）若故障未消失，点击 DDU 屏幕上对应的该条故障信息，查看详细故障原因，若有显示故障车门号，将该门切除后继续运营；若未显示故障车门号，能动车则运营到终点站退出服务；若不能动车，报告行车调度，打车门监控旁路开关（DBPS），本站或下一站退出服务。
（3）在区间发生紧急制动后出现此类故障：报告行车调度，打车门监控旁路开关（DBPS）运行至下一站。点击 DDU 屏幕上对应的该条故障信息，查看详细故障原因，若有显示故障车门号，将该门切除后恢复车门旁路继续运营；若未显示故障车门号，则退出服务。

4. 注意事项

处理这类故障一定要在行车调度指导下进行。回段检查除了门控系统外，还应对输入电流、电压进行检查。

十、列车在运行过程中，DDU 突然显示某个车门状态打开

1. 故障现象

运行中 MMI 显示某扇车门状态打开，但列车没有发生紧急制动。

2. 故障原因

（1）可能是开门继电器开关跳开。
（2）列车网络控制车门系统中的传输电气故障。

3. 故障处理

（1）如列车未发生紧急制动，继续运行到下一站（可通过客室 CCTV 监控该车门运行状态），操作开关门，若能正常开关门且 DDU 显示状态正常则继续运营；若关门后该车门仍然显示打开状态或红色，切除该故障车门后继续运营。
（2）如列车发生紧急制动，司机切除故障车门后继续运行。

4. 注意事项

出现这类故障如果发生紧急制动，回段应重点检查车辆车轮踏面查看有没有擦伤、拉伤等现象。

十一、车辆停车后单节车整边门不能关闭

1. 故障现象

车辆单节车整边门不能关闭。

2. 故障原因

造成车辆停车后单节车整个边门不能关闭的主要原因有以下几种：
（1）可能是车门开关控制电路出现故障。
（2）车门 EDCU 故障。

3. 故障处理

针对上述故障现象和原因，对车辆该车门做如下检查与处理：
（1）检查相应车的左/右边门开关门控制电路。
（2）检测电路是否跳闸。如果是，则复位；如果不是或复位不了，报告 OCC，请求清客退出服务。
（3）如果是 DCU 故障更换 DCU 再测试，更换后设备恢复正常可继续运营。

4. 注意事项

原则上利用车载计算机间隔时间（10~15 s）重启进行故障排除复位不得超过三次。因为司机或机械师复位三次仍然不能排除故障说明该故障真实存在，应认真进行检查和处理。

十二、司机室侧门无法关闭

1. 故障现象

司机室侧门无法关闭。

2. 故障原因

（1）侧门机构上部 L 形止挡断裂。
（2）下摆臂断裂或脱槽（门页外推时与门槛间隙小于脚面宽，则未脱槽，反之，则脱槽）。
（3）异物堵塞。

3. 故障处理

针对上述故障现象和原因，对车辆该车门做如下检查与处理。
（1）尝试不少于 3 次关门，若侧门可以关闭且反锁、反拉正常（无论图标是否显示正常），继续运行。
（2）若侧门无法关闭，用脚顶门页下方确认下摆臂是否脱槽，本站清客完毕后，使用绑带对门锁进行绑扎（1 条绑带）、使用绑带对门页下导轨进行绑扎，扎紧固牢。锁闭二级锁（若能上锁），限速就近退出服务。
（3）若发现车门有异物堵塞清除恢复正常。

4. 注意事项

司机室门无法关闭，司机在操作列车运行或退出运行回段维修过程中一定要注意自身安全。

十三、司机室通过门不能打开

1. 故障现象

列车运行停站后司机需进行后室检查，但通道门无法打开。

2. 故障原因

（1）钥匙或锁卡滞。

（2）通过门有异物卡滞。

3. 故障处理

针对上述故障现象和原因，对车辆该车门做如下检查与处理：

（1）如在客室侧无法打开，用左手拉门挖手，右手旋转 钥匙开门，尝试3次无效通过司机室侧门进入司机室。

（2）如在司机室侧无法开门，确认反锁装置处于水平位置，多次尝试无效后通过司机室侧门离开司机室。

（3）如发现有异物卡滞清除后恢复正常。

4. 注意事项：司机室通过门不能打开不能反复用力用钥匙扭或用力转动拉手，防止钥匙扭断卡死锁。

十四、司机室通过门不能关闭

1. 故障现象

列车运行时司机需进行后室检查，打开通道门后无法关闭。

2. 故障原因

（1）钥匙或锁卡滞。

（2）通过门有异物卡滞。

3. 故障处理

针对上述故障现象和原因，对车辆该车门做如下检查与处理：

（1）在通道门打开位置转动把手，查看锁舌能否正常动作，如不能，确认反锁装置位于水平位置，再次尝试关门，无法关闭则退出服务。

（2）如果可以正常动作，再次尝试关门，如仍无效则退出服务。

4. 注意事项

司机室通过门不能打开不能反复用力用钥匙扭或用力转动拉手，防止钥匙扭断卡死锁。

十五、关门位置检测开关故障

1. 故障现象

车辆停站后车门司机按下关门按钮后,单位车门无法关门。车辆显示该车门故障。

2. 故障原因

主要原因是关门行程开关 DCS 在车门打开过程中出现故障或误动作。在关门过程中,EDCU 收不到"关门好"的信息,EDCU 将向列车诊断系统发出"车门故障"的信息。

3. 故障处理

针对上述故障现象和原因,对车辆该车门做如下检查与处理:

(1) 检查该车门行程开关是否故障,若有故障,将其更换。

(2) 检查该行程开关的安装是否过紧,并检查其调整是否满足要求,不符合要求应重新调整。

4. 注意事项

更换或调整车门行程开关后都应该进行开关门试验,确认符合标准后方可投入运营。

十六、EDCU 电子门控单元故障

1. 故障现象

车辆车门控制单元失灵。

2. 故障原因

造成车辆车门控制单元失灵的主要原因有以下几种:

(1) 电子控制单元 EDCU 硬件故障。

(2) 计算机突然死机。

3. 故障处理

针对上述故障现象和原因,对车辆车门 EDCU 做如下检查与处理:

(1) 检查 EDCU 中软件是否为最新版本,若不是,则应更换新软件后重新开关车门试验,检查是否正常。

(2) 检查 EDCU 的接线端子等是否正常,若不正常则需重新安装接线端子。

(3) 若 EDCU 本身故障,则应更换该 EDCU。

4. 注意事项

处理完该类故障后应确认连接端子是否正常,测试门控 EDCU 是否正常。

十七、车门动力电机故障

1. 故障现象

按下打开车门按钮,车门不动作或车门动作一段距离后停止运动等,再试开门按钮车门仍然不动作。

2. 故障原因

造成车辆车门动力电机故障的主要原因有以下几种：

（1）车门动力电动机烧损。

（2）电源部分相关部件出现问题。

3. 故障处理

针对上述故障现象和原因，对车辆该车门电动机做如下检查与处理：

（1）检查车门电动机各接线是否有松动或断裂、烧损等情况，若发现接线松动加以紧固；若发现断裂、烧损等应更换相应的部件。

（2）检查车门电动机的连接件，包括电动机转动部分、联轴器等是否正常。若皮带出现断裂应更换。以上故障都排除后，仍然不能解决故障问题，则可能是车门电动机本身故障，可考虑更换该车门电动机（更换电动机前应确认电动机绝缘值超标或已经烧损）。

4. 注意事项

处理完毕应对电机等电气设备进行绝缘值检测，排除其他故障。同时检查电机输入电源是否正常，查看有没有缺相输入情况，及时检查处理。

十八、车门行程开关损坏导致车门显示故障

1. 故障现象

车辆运行中车门指示灯全部熄灭，司机室显示器显示车门门控故障，司机重复多次关门，故障仍然不消失。司机进入车厢检查发现某扇车门故障。将其切除后故障消失。

2. 故障原因

（1）车门控制 EDCU 故障。

（2）车门监控短路保护继电器跳闸。

（3）车门行程开关错位或损坏。

3. 故障处理

针对上述故障现象和原因，对车辆该车门电动机做如下检查与处理：

（1）检查车门控制 EDCU 或其他电子控制装置工作是否正常，输入、输出控制信号是否正常，不正常进行更换处理。

（2）检查车门监控短路保护器是否跳闸，合闸检查是否恢复正常，如跳闸应该找出短路原因进行处理。

（3）检查车门行程开关定位及测试行程开关有没有故障，发现错位或损坏及时更正或更换。如果损坏对损坏原因进行分析，是电流过大烧损还是机械损坏，找到故障源头进行处理，杜绝类似故障发生。

4. 注意事项

出现这类故障原则上应到车站停车后进行处理，在车站值班员配合下进行，尽快确认故障车门具体位置，予以隔离回段检查处理。

地铁车辆车门其他故障如：车门电路故障主要有继电器卡滞、烧损，行程开关内部弹簧老化造成触头接触不到位等，可通过车门电路分析查出并处理。

任务三　地铁车辆车门故障案例

某地铁公司运营车辆在车站停车时候发现前部 C 车左侧第三车门开启不到位，司机再试又发现关门也不能到位。在确认该车门故障后，司机征得列车调度员同意后，对该车门用钥匙手动关闭。经司机和车站值班员确认后车门锁闭后，请示列车调度员同意运营回段再做进一步检查处理。

该列车运营回段后，技术人员听取司机讲述故障现象和处理过程，调取了车载故障记录数据进行核实。经反复试验，确认该故障是该车门开闭行程开关松动位移造成的。分析具体原因可能是由于车辆长时间运行，振动和频繁车门开关冲击造成车门定位行程开关松动，位移后车门虽然关闭到位但因为控制电路没有接到定位信号所以司机室显示开闭均不到位。

紧固和调节该车门的关闭行程位置后重新开闭车门，该车门关闭恢复正常。

任务四　地铁车辆车门切除方法

一般车辆中发生车门故障后在运行到站后，检查和切除车门的程序如下：

（1）从 DDU 上查找故障车门，记录车门号。

（2）到对应故障车门处，确认故障车门编号。

（3）确认车门紧急解锁装置在复位位置，车门门槛无异物。

（4）若门页存在空隙或处于打开状态，先解锁后再恢复解锁，车门将自动关闭如未自动关闭则手动关闭该车门并反推确认车门关好；若门页处于关闭状态，执行下一步骤。

（5）确认故障车门黄灯灭，将隔离开关打到隔离位，确认红灯亮，若红灯不亮，恢复门隔离装置重新解锁车门再恢复解锁，车门将自动关闭如未自动关闭则手动关闭该车门并反推确认车门关好，再将隔离开关打到隔离位，无论红灯亮不亮，执行下一步骤。

（6）返回司机室观察 DDU 车门切除图标或所有车门关闭指示灯亮。EDCU 在车门上方或车门旁柱内，检查处理后注意关闭锁好。

第一部分项目五数字资源

02

第二部分

城市轨道交通车辆电气设备及其故障处理

项目一

车辆空调系统及其故障处理

> **学习要求**
> （1）了解车辆空调基本结构。
> （2）掌握车辆空调制冷原理。
> （3）掌握车辆空调保护系统和空调的日常维护保养。
> （4）掌握车辆空调各常见故障检查与处理方法、处理过程。

任务一　车辆空调系统结构及相关知识

一、空调装置的组成

车辆空调系统的作用就是使客室内的温度、相对湿度、空气流动速度及洁净度（主要指尘埃及二氧化碳含量）保持在规定的范围内，为乘客创造舒适的乘车环境。

城轨车辆每车车顶都安装两个车顶一体式空调单元。位于1位端的空调单元称作空调单元Ⅰ，位于2位端的空调单元称作空调单元Ⅱ。具体安装位置如图2-1-1所示。

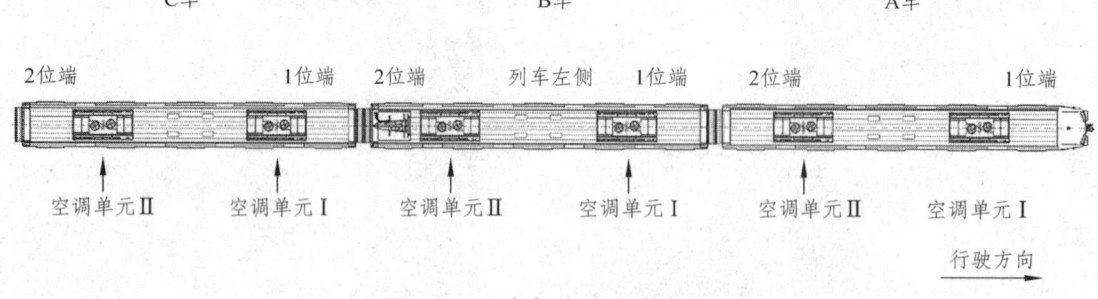

图 2-1-1　车辆空调安装位置

车辆空调系统主要由通风系统、制冷系统、加热系统、加湿系统以及自动控制系统五大系统组成。考虑到实际运行区域的气候条件，有些车辆可不设专门的加热及加湿系统。

（1）通风系统的作用是将车外新鲜空气吸入并与车内再循环空气混合，在滤清灰尘和杂质后,再输送和分配到车内各处,使车内获得合理的气流组织。同时将车内污浊的空气排放车外,使车内的空气参数满足设计要求。

地铁车辆空调系统在通风机作用下,新风从吸风口吸入,与从客室来的回风混合,再经过过滤和冷却后,在风道里按整车长度均匀分配,并通过安装在车顶上的空气隔栅吹入客室。带司机室车辆,除了有客室通风系统,还安装了单独的司机室通风单元,它与风道系统相连,通过人工控制。

通风系统有机械强迫通风和自然通风两种方式。一般城轨车辆采用机械强迫通风方式,依靠通风机所造成的空气压力差,通过车内送风道输送经过处理后的空气,从而达到通风换气的目的。机械强迫通风系统是车辆空调装置中唯一不分季节而长期运转的系统,因此它的质量状态直接影响到旅客的舒适性和空调装置的经济性。

(2) 空气制冷系统的作用是在夏季对进入车内的空气进行降温、减湿处理,使车内空气的温度与相对湿度维持在规定的范围内。

(3) 空气加热系统的作用是在冬季对进入车内的空气进行预热和对车内的空气进行加热,以保证冬季车内空气的温度在规定的范围内。

(4) 空气加湿系统的作用是在冬季车内空气相对湿度较低时对空气进行加湿,以保证冬季车内空气的相对湿度在规定的范围内。

(5) 自动控制系统的作用是控制各系统按给定的方案协调地工作,将室内的空气参数控制在规定的范围内,并监控空调装置的运行状态。

二、空调制冷

制冷是用一定的方法使物体或空间的温度低于周围环境介质的温度,并且使其维持在某一范围内。制冷的方式有五种:① 蒸气压缩式制冷;② 半导体制冷;③ 吸收式制冷;④ 蒸气喷射式制冷;⑤ 涡流管制冷。

城轨车辆一般采用蒸气压缩式制冷,其空调机组结构如图2-1-2所示,实物如图2-1-3所示。

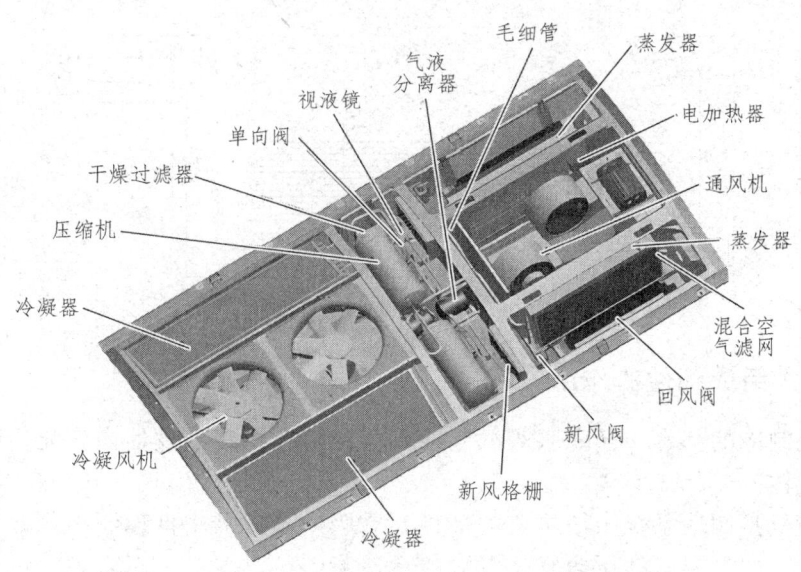

图 2-1-2 地铁车辆空调机组结构

图 2-1-3　地铁车辆空调实物

三、空调机制冷原理

在一定的压力下，液体温度达到沸点（即饱和温度）就会沸腾，在制冷技术中，常把这个饱和温度称为蒸发温度。沸腾的液体如果继续吸热，它就会因吸收了汽化潜热而相变成饱和蒸气。在同一压力下，不同的液体蒸发温度不同，所吸收的汽化潜热也不同。

在一个封闭的系统中，只消耗压缩机的功就能反复地实现制冷剂由液体变为蒸气，再由蒸气变为液体的相态变化，并通过这种相态变化将低温处的热量转移到高温处去，这就是蒸气压缩式制冷的工作原理。

（一）蒸气压缩制冷机组组成

蒸气压缩制冷机组主要是由压缩机、冷凝器、膨胀阀和蒸发器四个部件组成的，并用管道连接，形成一个封闭的循环系统，如图 2-1-4 所示。

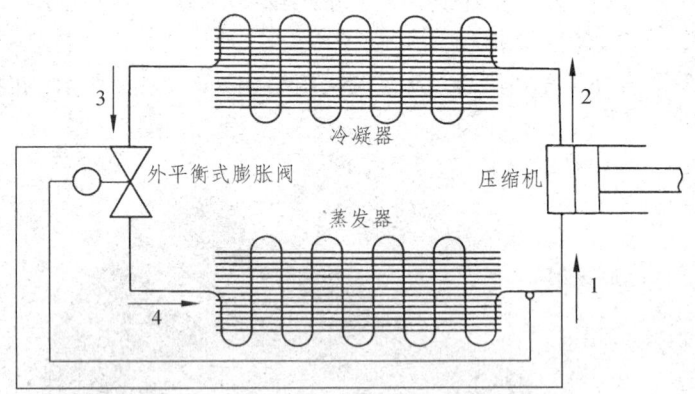

图 2-1-4　空气压缩机制冷机结构

（二）四大组成部件的作用

蒸发器是制冷的部件，经膨胀阀的制冷剂气液混合物在蒸发器内汽化，吸收被冷却物的热量变为气体。

制冷压缩机是制冷系统中最主要的部件，它吸入蒸发器中低压制冷剂蒸气，将其压缩成达到冷凝压力的高温、高压蒸气，然后排至冷凝器。

冷凝器是放热的部件,它的作用是将来自压缩机的高温高压的制冷剂蒸气冷凝成高压的液体。在冷凝的过程中,制冷剂蒸气放出热量,被水或空气带走。

膨胀阀中高压液体制冷剂经节流,压力从冷凝压力降至蒸发压力,一部分液体由于降压而变为蒸气,制冷剂成为气液两相混合物。

(三)蒸气压缩制冷机组工作过程

制冷剂液体在蒸发器中吸收被冷却物体(如室内的空气)的热量,而汽化成低压低温的蒸气后被压缩机吸入。

压缩机消耗一定的机械功将制冷蒸气压缩成压力、温度都较高的蒸气并将其输入冷凝器。

高温、高压的制冷剂蒸气在冷凝器内被环境空气(或水)冷却,制冷剂蒸气放出热量后被冷凝成液体,此时的制冷剂液体还处于高温、高压状态。

高温、高压的制冷剂液体经过膨胀阀节流降压、降温后进入蒸发器。此时的制冷剂液体已变为低温、低压状态。在蒸发器中,低温、低压的制冷剂又吸收被冷却物体的热量蒸发成相对的低温、低压的制冷剂蒸气,再被压缩机吸入。如此周而复始地循环,如图 2-1-5 所示。

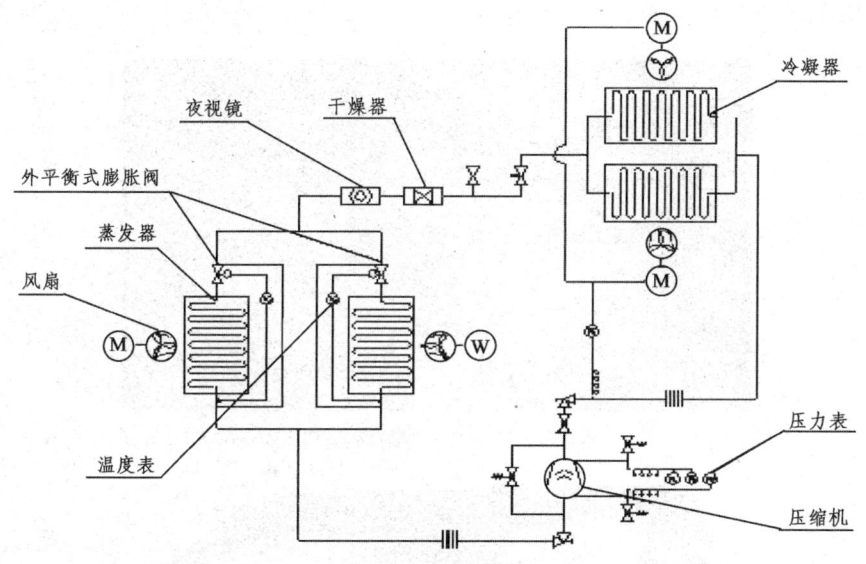

图 2-1-5 地铁车辆空调机组循环结构

在理论循环中认为从冷凝器中流出和进入节流装置的制冷剂都是饱和液体状态,而在实际制冷装置中,制冷剂在冷凝器中冷凝成液体后还在继续向外放热而变成过冷液体(未饱和液体)后才流出。特别是在车辆制冷装置中,冷凝器采用风冷,液体的冷凝温度总是高于环境气温,从冷凝器出来的制冷剂液体在储液器和管路中流动还要不断向外界放热而继续过冷。因此,冷凝器流至节流装置前总有一定的过冷度。饱和温度与过冷液体的温度的差值称为过冷度。过冷度越大,节流损失就越小,单位质量制冷量就越大,因此液体的过冷循环将提高制冷系数。

在理论循环中,假定由蒸发器流出和被压缩机吸入的制冷剂都是饱和蒸气,从蒸发器出口至压缩机吸入口之间的管路不存在热交换。实际上,制冷剂的蒸气温度总是低于被冷却介质的温度,从蒸发器流出的饱和制冷剂,在通过吸气管流进压缩机时,还将从冷却介质处或外界吸收部分热量而变成过热蒸气,因此压缩机实际吸入的是过热蒸气。如果制冷装置所采用的压缩机要求低温制冷剂蒸气冷却电机(如全封闭式和半封闭式压缩机),制冷剂蒸气在到达压缩机吸气腔时的过热度就会更大。

(1)若吸入蒸气的过热热量全部来自被制冷的室外,则会增加冷凝器的热负荷。这种过热度越大,制冷系数和单位容积制冷量降低越多,所以称为有害过热。为了减少管路的有害过热,吸气管路都必须用隔热材料包扎起来。

(2)若吸入蒸气的过热热量全部来自被制冷的室内,则制冷剂的单位质量制冷量就应该由蒸气制冷部分和过热阶段所吸收的热量两部分组成。这时制冷剂的制冷系数比理论循环提高了,这种过热对制冷循环是有益的。

四、空调设备的其他部件:

(一)冷凝风机

冷凝风机如图 2-1-6 及图 2-1-7 所示。

图 2-1-6　车辆空调冷凝风机

图 2-1-7　车辆空调通风机

（二）送风道、回风道和排风道

车顶的两台空调机组，通过与车体相连的两个吸振消音的连接风道，将处理后的空气送到车顶的主风道内。送风道的作用是将经过处理的空气输送到室内。车辆风道沿车辆方向分为三个，中间大的为主风道，两侧为副风道，主副风道由隔板分开，隔板上设有一系列调整风量的气孔。主风道的空气经隔板气孔进入副风道，使得两侧风道内的气流稳定地送入客室中。

回风道用来抽取室内再循环空气的。进入回风风道的空气，一部分通过车顶的 8 个静压排气孔排至车外，另一部分进入空调机组与吸入的新风混合后，经过冷却、过滤由离心风机将其送入主风道，在客室内形成空气循环，达到调节空气温度、湿度目的。

排风道用以排除车内污浊空气，即排风口与车顶静压排风器间的通道。

（三）新风口、送风口、回风口及排气口

1. 新风口

新风口即车外新鲜空气的吸入口。新风口一般装有新风格栅以防止杂物及雨雪进入车内，另外还设有新风滤网和新风调节装置，新风调节装置由一个 24 V 直流电机驱动新风调节门，调节进入客室的新鲜空气量。

2. 送风口

送风口是用来向客室内分配空气的。送风口大多装有送风器及风量调节机构，它不但使客室内送风均匀、温度均匀，达到气流组织分布合理的效果，还可以根据需要来调节送风量的大小。送风口处一般也装有送风滤网。

3. 回风口

回风口是室内再循环空气的吸入口。正常情况下，客室内一部分空气应作为回风，回风与新风混合前是在客室中被充分循环过的。与新风混合过滤后，通过蒸发器入口进入，应设置调节挡板，用于调节新风、回风的混合量（比例）。

4. 排风口

排风口是用来将客室内废气和多余的空气排出车外。从车内的长椅下，经内墙板后侧导向车顶，由车顶静压排风器排出车外

5. 应急通风系统

每辆车配有 1 台紧急逆变器，在交流辅助电源设备故障情况下，应急通风系统应立即自动投入工作，向客室、司机室输送新风，维持 45 min 紧急通风。应急供电由蓄电池供给，并经直流/交流逆变器。当交流辅助电源供电正常时，空调系统自动转入正常工作状态。

五、空调装置的自动化控制

城轨车辆空调装置以自动控制为主,在自动控制部分发生故障时,采用手动调节装置。城轨车辆空调系统的自动化包括:

(1)制冷剂供液量的自动调节。

(2)压缩机制冷量的自动调节。

(3)被冷却对象温度工况的自动控制。

(4)自动保护装置。

(一)制冷剂供液量自动调节

1. 热力膨胀阀

在制冷系统中,能够按一定需要向蒸发器中供应液体制冷剂的设备,称为流量控制设备。自动调节流量的设备很多,对蒸发器供液量的自动调节通常用热力膨胀阀。热力膨胀阀也被称为自动膨胀阀,它除了利用蒸发器出口处制冷剂蒸气的过热度来调节制冷剂流量外,还对高压液体制冷剂起节流降压作用,使制冷剂一出阀孔就沸腾膨胀为湿蒸气,故也称为节流阀。

2. 内平衡式热力膨胀阀

热力膨胀阀按平衡方式的不同,可分为内平衡式和外平衡式两种。内平衡式热力膨胀阀由感温包、毛细管、膜片、顶杆、阀座、阀针及调节机构等组成。膨胀阀接在蒸发器上,如图 2-1-8 所示。

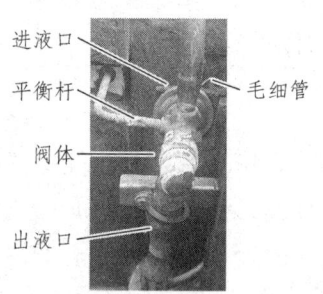

图 2-1-8 内平衡式热力膨胀阀

3. 供液量自动调节过程

感温包感受制冷剂离开蒸发器时的温度,与其温度相对应的饱和压力 p_1 经毛细管传至膨胀阀上部的膜片上,使膜片有一向下的推力 $F_1 = p_1 \cdot A$(A 为膜片受压面积),作用方向使阀门向开启方向移动。膜片下面所承受的力有两个:一个是经过阀门节流后制冷剂的压力 $F_0 = p_0 \cdot A$;另一个是弹簧力 F_2。这两个力的作用方向是使阀门朝关闭方向移动,这些力应当平衡,即 $F_1 = F_0 + F_2$。此时,膜片不动,阀针孔的开启度不变,如图 2-1-9 所示。当制冷剂温度变化后,F_1 随之改变,使阀门动作实现供液量自动调节。

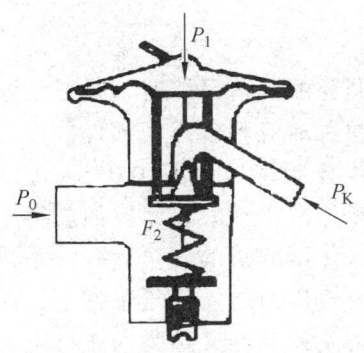

图 2-1-9 感温包结构

（二）压缩机制冷量自动调节

车辆空调装置经常应用的制冷量调节方法有压缩机启停控制，压缩机运行台数控制及采用变频调速几种方式。

1. 压缩机启停控制

压缩机启停控制是最简单的制冷量调节方法，用低压继电器直接控制压缩机的启停，这种调节方法适用于热负荷变化不太剧烈的场合。如果热负荷变化过大、过频，会造成压缩机频繁启动，电机过热和运动件过度磨损，引起温度的较大波动。

2. 压缩机运行台数控制

在单元式空调装置中，如果有两套空调机组，共有 4 台压缩机，可以根据热负荷的变化，改变投入运行压缩机的台数来实现制冷量的调节。

3. 变频调速控制

压缩机的制冷能力与其转速成比例，可以通过改变转速实现制冷量的调节。变频调速是采用变频器改变电机的输入电压，使转速平滑改变，是一种最方便和理想的变速能量调节方式。随着电子工业的发展，制冷及空调装置中已大量采用这种方式。

热力膨胀阀只能控制制冷剂的流量而不能保持蒸发温度和蒸发压力一定。要控制客室内的温度，就必须使用温度控制器。温度控制器又叫作温度继电器，采用热敏电阻、接触温度计或膨胀盒等感温元件，控制接通或切断空调设备电路，使车内保持规定温度。

六、空调机组的自动保护装置

（一）吸排气压力保护

若吸气压力过低，特别是低于大气压时，外界的空气和水分可能进入制冷系统，影响制冷装置的正常运行。全封闭式压缩机通常是用吸入蒸气来冷却电动机的，吸气压力过低造成制冷工质不足很可能烧毁电动机。排气压力过高，也会造成压缩机或高压侧部件的损坏。为了保证压缩机的安全运行，需在制冷系统中装设压力控制器实现压力保护功能。

（二）油压差的保护

当压缩机采用由油泵强迫循环的润滑系统时，是以油泵的出口压力与曲轴箱压力（吸气压力）之差作为动力，迫使润滑油流到各运动部件的摩擦面，以达到润滑要求。因此必须使油压表所指示的油压值至少比吸气压力高 0.075~0.15 MPa。若油泵润滑系统发生故障，使循环油的压力下降而不能正常供油时，摩擦面就得不到充分的润滑，很容易发生拉伤甚至抱轴事故。因此，为了保证压缩机的安全运行，采用压差控制器作为润滑系统的保护控制装置。一旦润滑压力与吸气压力之差低于正常值，压差控制器就会动作，切断主电机电源，使压缩机停止运行。压差控制器又称为油压继电器。

（三）配电电路保护

配电电器主要用于配电电路，用来对电路及设备进行保护以及进行电能分配、接通和分断线路等，主要有熔断器及自动开关。

1. 熔断器

熔断器主要作为短路保护用，当熔断器通过的电流大于规定值时，以它本身产生的热量使熔体熔化而切断电路。

2. 自动开关

自动开关又称为空气断路器，是一种自动切断电路故障用的保护电器。当电路内出现过载、短路或欠电压等情况时能自动切断电路。

（四）控制电路保护

控制电器主要用于控制受电设备，使其达到预期要求的工作状态。控制电器的种类有接触器、继电器。

1. 接触器

接触器是用来接通或断开主电路的一种控制电器，可以进行远距离控制。

工作原理：电磁系统把电能转变为机械能，使触头系统进行分断和闭合，从而切断或接通电路。由于负载经常频繁启动，车辆空调装置中大量采用的交流接触器，用作新风机、废气排风机开停控制，通风机电机开停控制，冷凝风机电机开停控制，压缩机开停控制，电加热器开停控制等。

2. 继电器

继电器是在输入信号作用下动作的自动控制电器。按输入量的物理性质划分，有电压继电器、电流继电器、功率继电器、时间继电器、温度继电器等。

（1）中间继电器：中间继电器是用来增加控制电路中的信号数量或将信号放大的继电器，通过它进行中间转换，增加控制回路或放大控制信号。

（2）时间继电器：在敏感元件获得信号后，执行元件要延迟一段时间才能动作的继电器叫作时间继电器。常用的晶体管时间继电器，主要作延时用，使压缩机与冷凝器、蒸发器风机分开启动，避免短时内启动电流突增，损坏机组。

（3）温度继电器：温度继电器可作为过热保护和恒温控制用。作为过热保护的温度继电器结构简单，作用原理与热继电器相似，装设在被保护发热设备附近。当设备温度超过规定值时，双金属触点动作，切断电路，用来对电热取暖作缺风过热保护及对压缩机作过热保护。

作为恒温控制用的温度继电器又称为温度控制器，用来进行制冷自动控制，压缩机排温控制及电加热温度控制。

（4）热继电器：热继电器是根据电流通过热元件产生的热效应（包括延时）而动作的继电器，主要用来对冷凝风机电机、通风机电机、压缩机电机、新风机、废排风电机进行过热保护。

（五）空调装置连锁控制保护

车辆空调的各种设备，除利用自动控制元件进行自动控制和自动保护外，还要进行如下的连锁，以便协调工作。

（1）通风机与压缩机连锁，通风机先开后关，压缩机后开先关。否则热负荷很小，车顶蒸发器会过冷结霜或导致压缩机吸入液态蒸气而发生液击现象，损坏压缩机。

（2）通风机与空气预热器连锁，通风机先开后关，空气预热器后开先关，以免空气预热器过热烧毁或引起火灾。

（3）压缩机与空气预热器、加热器连锁，不能同时开动。

（4）压缩机与冷凝器排风扇及电磁阀同时开闭。

（六）其他电器及部件

1. 电磁阀

电磁阀是一种开关式的常闭自动阀门，通常与液面控制器、压力控制器、温度控制器等配合使用。作为执行元件，它可以接受各种感应机构以及手动开关给出的信号，打开或关闭阀门。

电磁阀被普遍用在制冷系统的输液管上，作为供液电磁阀，与压缩机电动机的控制线路相连，配合压缩机的停开而自动接通或断开输液。当压缩机停车时，停止供液，避免大量制冷剂液体进入蒸发器，从而防止压缩机再次启动时产生液击。

2. 止回阀

止回阀又称单向阀，是根据阀前阀后制冷剂压力差而自动启闭的阀门。它的作用是使制冷剂只向一定方向流动，防止其逆向流动。当压缩机安装处温度低于冷凝器或贮液器安装处的温度时，为避免停车后制冷剂倒流回压缩机，应在排气管上装止回阀。

3. 安全阀

制冷系统中高压侧的冷凝器、贮液器上装有安全阀。当作用在阀门上的制冷剂压力超过弹簧的调定值时，安全阀被顶开，制冷剂向低压系统排出，避免超压引起的事故，起到安全保护作用。

4. 熔　塞

在小型制冷系统中，常用熔塞代替压缩机的高压安全阀。熔塞的中心钻有小孔，在小孔中浇灌了易熔合金。熔塞通常安装在冷凝器上，当由于某种原因使冷凝器的温度过高时，合金熔化，制冷剂经小孔排出。

5. 观察镜

观察镜又称液位指示器，它不直接起保护作用，但可以观察到制冷系统关键部位的内部情况，以便操作人员及时掌握系统工作是否正常。观察镜在制冷系统的某些部位（如蒸发器入口、油分离器出口、贮液器等）安装用以指示制冷系统管路中制冷剂液体流动情况及回油状况，贮液器的液位及曲轴箱的油位等。

七、空调装置的维护

（一）通风系统的日常维护保养

新风机每年进行一次清扫、涂装。检查外表是否涂装剥落及有锈斑，做除锈及补漆处理。另外，检查轴承是否有异常振动及杂音，否则需拆卸更换。通风机每年进行一次清扫，使用毛刷等工具清扫风扇叶片的漂垢。现场可根据隧道内粉尘污染情况酌情缩短清扫周期。

通风系统中的新风滤尘网、蒸发器滤尘网和回风滤尘网应定期用毛刷等工具清扫。

（二）空调机组箱的日常维护保养

（1）空调机组一年进行一次全面的检查与清洗。

（2）冷凝器翅片脏污，会降低换热效果，造成排气压力过高，影响制冷能力。蒸发器表面太脏，会增加通风机的阻隔力，降低风量，同样影响制冷能力，定期用压缩空气冲吹翅片表面，去除污垢。

（3）检查通风机，冷凝风机与压缩机的启动运转情况，定期对电机接线盒、轴承、炭刷进行检查保养。电机轴承应添加润滑脂，轴承不良者应更换。

（4）检查油压、油位与制冷剂液位是否正常，检查制冷剂管道接缝处表面是否有油污。发现油渍，制冷剂即有泄漏，需拆机检修。检查机组座下纵向梁的排水孔，如有异物堵塞，予以清除，避免箱内积水。检查空调机组与主风道连接的软风筒密封状态。检查空调机组箱内各种部件安装是否有松动的现象，制冷管路与箱体是否有摩擦现象。

（三）空调控制柜的日常维护保养

对电气回路每年进行一次绝缘测试。电力输送线插头、压缩机电机、通风机电机和其他电机使用摇表测试，绝缘电阻满足要求。

定期检查电线端子接线头是否松脱或断线，保持连接清洁及坚固。检查各接触器、继电器、指示灯、仪表等电器元件上的接线是否松动，触点、接线端子、引线有烧焦变色的地方进行检查、修理、更换。检查插头安装紧固，接线紧固，各电缆、电线无损坏、无毛刺、无虚接、无接错、无氧化变色现象对温度控制器、各保护电器整定值要合理、适当，检查时要一个一个地重新验证延时整定值。

八、车辆空调系统故障处理与检查基本步骤

（一）机组正常运行的特点

（1）空调机组启动后，通风机、冷凝风机、压缩机通过电气连锁按顺序启动。各台压缩机的启动时间也应相互错开。

（2）压缩机的启动应该平稳，无剧烈振动，没有敲击声或拉锯声。各电机在启动时应没有异常的振动及摩擦声响。机组工作后应运转平稳，无异常振动和噪声。

（3）启动时，电流表指针摆动正常；正常运行时，压力表指示不应偏差正常值太多，指针平稳且无剧烈摆动。

（4）客室内各送风口应有适量冷风吹出，凝结水不随风吹出或有泄漏滴水。

（5）客室内降温情况良好，温度下降均匀，并自动控制在各工况所规定的范围内。

（6）机组在"强冷"或"强暖"工况时，回风口和排风口温差在 8 ~ 9 ℃。

（二）检查故障的方法

总结现场工作经验可通过看、听、摸、测的方法对空调机组进行故障分析和检查。

"看"就是观察机组各部件有无损坏，制冷剂管路有无裂缝，连接部位是否松脱，电器接线有无断开，压力继电器、压差继电器、温度继电器的整定值是否合适，高低压力表及油压表所指示的压力是否在正常范围内，蒸发器、回气管和输液管上的结霜、凝露部位是否正常，油位与制冷剂液位高低是否适当等。

"听"就是听压缩机、送风机、冷却风扇、膨胀阀运转声音是否正常，风扇运转有无杂音，电机噪声是否过大等。

"摸"就是用手触摸压缩机外壳是否过热，振动是否异常，制冷剂管路的温度是否正常以及过滤器两端管路有无温差、有没有泄漏现象（冷凝油出现）等。但注意不要用手触摸带电部位。

"测"就是用万用表、兆欧表等测量电压、绝缘电阻以及运转电流是否符合要求，用压力表测量压缩机吸气压力与排气压力是否在正常范围内，用卤素灯、电子检漏仪等检查制冷剂有无泄漏。

（三）空调装置的故障

空调装置的故障主要为电气系统故障和制冷故障。电气系统的故障可归纳为"松""断""烧""虚接"四类。

（1）"松"是指电气接头松动、脱落，接触不良导致的电气故障。

（2）"断"包括电源断线、熔断器断开；压缩机吸入压力、排出压力、润滑压力不正常引起的压力或压差继电器的触点断开，及电流过大引起过热保护器动作而切断电路等电气故障。

（3）"烧"则包括电动机线圈、电磁阀线圈及其他各种继电器线圈的烧毁。另外，在检查单元式空调机组故障时，不可忽视插头的问题，特别是通风机电机或压缩机烧损，有可能因电流过大而损坏插头。

（4）"虚接"就是看见电源插头在插座上，好像是连接没有问题，但由于车辆运行的振动使插头与插座已经离开了原来紧密的接触；或电源连线由于螺栓松动已经离开了原来的紧固位置，造成电源时紧时松工作不稳定。

（四）故障检查的步骤

首先，应排除空调机组本身问题造成的故障。例如，温度控制器温度整定值设定不合适，夏季设定得过高，冬季设定得过低，空调机组中的制冷或加热系统当然不会运转。

其次，检查电气部分。电机通电后不运转，可以从电源主回路查到控制回路，也可以从控制回路查到主回路。最好能够先确认是否负载本身的故障。

如果电气回路本身没有问题，故障发生原因往往在于制冷系统，可以在掌握制冷循环系统的基本构造原理和典型故障事例的基础上，进行制冷系统的故障查找和分析。

任务二　车辆空调系统故障应急处理

地铁车辆的空气调节系统除了比家用空气调节系统结构复杂外，更重要的是车辆的空调长期处在环境条件比较恶劣的地下或地面运行，以及面临各种振动导致空调机组容易出现各类故障。地铁车辆空调系统故障原因比较复杂，除了机械方面的外还有空调制冷和电气控制等，为了便于车辆空调系统故障查找、分析和处理，其分为机械故障、空调制冷系统故障和空调电气故障三类。

一、车辆空调系统机械故障处理

（一）车辆空调空压机有异音

1. 故障现象

地铁车辆在运营完毕回段例行检查时发现个别车辆一端的空气压缩机异音并伴随振动颤音。

2. 故障原因

造成车辆空调空压机有异音的主要原因有以下几种：

（1）可能是空气压缩机安装螺栓松动。

（2）输入空调压缩机电源缺相造成异音。

（3）冷却风扇出现故障（叶片变形、堵塞等）。

（4）送风机故障。

（5）膨胀阀开启度不够。

3. 故障处理

针对上述故障现象和原因，对该车辆空调压缩机做如下检查与处理：

（1）在巡视检查每节车辆两端空调时，一定要留意空调安装处的运行声音，发现异音后要迅速确认，建议接触网停电后上车顶做进一步仔细检查。

（2）检查空气压缩机各安装螺栓紧固情况，发现螺栓松动进行紧固。如发现是输入电源缺相应及时检查输入电源接头是否松动或脱落。

（3）检查输入电源端是否为三相电源，如不是就应该逐级检查电源输入源级，发现问题及时处理。

（4）如果判断是送风机故障检查确认并及时处理。

（5）检查压缩机、电源、送风机都正常，异音仍然存在，及时判断异音发出点，如果是膨胀阀异音，测试空调制冷效果，发现问题及时调整膨胀阀开启度。

4. 注意事项

除了压缩机安装螺栓松动导致外，缺相也会导致压缩机运行异音出现。如果出现输入电源缺相就要对输入逆变器电源做进一步检查和处理。

（二）空调冷却风扇异音

1. 故障现象

车辆在运行或进库巡检时发现空调冷却风扇部分有异音，空气压缩机温度升高。

2. 故障原因

确认车辆在运行中发生了压缩机温度过高后，判断故障的范围相对单一，容易找到故障点。造成车辆空调冷却风扇有异音的主要原因有以下几种：

（1）冷却风扇被异物堵塞。

（2）延时继电器故障。

（3）轴弯曲变形等。

（4）冷却风扇轴承缺少润滑油脂。

3. 故障处理

针对上述故障现象和原因，对车辆该空调冷却风扇做如下检查与处理：

（1）要准确判断空调异音是否是冷却风扇发出来的，确认后检查冷却风扇上部是否有异物堵塞，叶片是否变形或损坏。转动风扇叶片（见图 2-1-10）看有没有阻力，如有，说明风扇轴承润滑不良或损坏了。

（2）检查风扇安装座螺栓有没有松动，如有紧固后异音应该消失。

（3）如车辆在运行中出现过压缩机温度过高，重点检查延时继电器是否故障，如果是更换延时继电器重新测试应符合技术要求。

（4）如果上述检查没有发现问题，则检查风扇是否在同心圆轴上旋转拆卸检查，发现不正常进行及时处理和更换。

图 2-1-10　空调冷却风扇叶片

4. 注意事项

在检查冷却风扇故障时，如果没有发现异物堵塞，又没有发现冷却风扇叶片变形，而开启冷却风扇时又有异音出现，说明可能是风机轴承（见图 2-1-11）故障，轴承安装偏差造成轴不在一个同心圆上。

图 2-1-11　空调冷却风扇

（三）车辆客室空调风量较少

1. 故障现象

车辆回段例行检查发现一个车辆空调端有异音，客室空调送风量微弱，达不到要求。

2. 故障原因

（1）地铁车辆空调故障异音来源于四个方面：压缩机、冷却风扇、送风机和膨胀阀。

（2）根据车辆客室送风量弱的特征判断应该是送风机故障，异音应该来源于送风机。

（3）空调进风口有异物堵塞或污染严重。

（4）送风机轴承润滑缺油或损坏。

（5）送风机叶片有异物卡滞或变形。

3. 故障处理

针对上述故障现象和原因，对车辆该空调制冷系统做如下检查与处理：

（1）检查确认空调异音是送风机发出的，用手拨动送风机叶片看是否旋转灵活，有没有卡滞现象，有说明送风机故障；进一步检查是否是由于润滑不良造成的，如果异音出现卡滞声应该是轴承的滚子破损，更换新轴承套异音应该消失。

（2）检查送风机叶片有没有变形的，如果有进行更换，更换后查看异音是否消失。

（3）检查空调进风口过滤器查看有没有异物堵塞或污染是否严重，及时清理。清理后查看异音是否存在，不存在说明是进风口过滤器堵塞造成异音。

4. 注意事项

车辆空调出现异音关键是如何判定是什么部件发出来的，检查判断首先要排除是安装螺栓松动造成的异音；然后根据故障现象去重点进行排查。更换损坏零部件后应再检测是否工作正常，有没有导致其他部件被干扰损坏现象，只有彻底查找到引发故障源头才能杜绝下一次故障发生。

二、车辆空调制冷系统故障应急处理

（一）制冷剂泄漏

1. 故障现象

车辆空调制冷效果差，发现有制冷剂泄漏。

2. 故障原因

车辆空调制冷系统中制冷剂泄漏是最常见的故障，造成制冷剂泄漏的主要原因有以下几种：

（1）其泄漏部位主要发生在管路的焊接处、压缩机吸排气口的连接处、压力开关的引接处等。

（2）由于管路焊接质量不良或车辆运行中的振动和冲击造成连接螺钉松动或连接部位在多次振动后出现裂纹等，引发制冷系统的泄漏。

（3）冷凝管破裂。

制冷剂的泄漏因原因不同，其泄漏程度也不相同。较轻微的泄漏可以引起制冷剂量不足、低压压力过低而压力开关保护动作、蒸发器吸热不足等现象，严重的泄漏可造成机组制冷不良。在制冷剂已经完全泄漏，系统中混入空气的状态下，若空气压缩机继续运行将最终导致压缩机过热烧损。

3. 故障处理

针对上述故障现象和原因，对车辆该空调制冷系统做如下检查与处理：

（1）外观检查。由于制冷剂泄漏会渗出冷冻油，一旦发现管路某处有油迹，可用白布擦拭或用手直接触摸检查，并做进一步确认。如果确认是有油，那么就可以确认空调制冷系统出现了泄漏点，找到泄漏点进行处理。

（2）泡沫检漏。这是一种简便的方法，用混有清洁剂的水涂抹在估计可能发生泄漏之处，若该处有泄漏，将会出现气泡，从而可以确定确切的泄漏发生位置。

（3）电子检漏仪。用电子检漏仪接近被检处，一旦检漏仪检测到有泄漏，将发出异常的声音提示，此时应擦净触头，在该处再次检查确认。

（4）对发现的泄漏接头或管路进行更换密封圈或焊接处理，并进行密封试验。

（5）如果检查发现空调冷凝管破裂进行修补处理或更换新的冷凝管线。

（6）制冷剂的补充。

当空调制冷回路存在泄漏时，在对泄漏位置完成修复后需对空调制冷回路加注制冷剂。制冷剂一般采用低压加注和静态加注法。

① 低压加注法。启动空调机组制冷运行（通过使用应用软件强行启动制冷运行），从压缩机低压处加注，观察加注后的压力达到正常工作范围值停止。再观察空调的制冷效果。如果空调制冷效果良好，测试高压压力，其工作压力不能超过高压范围值。

② 静态加注法。停止空调机组运行，从加注口处加注制冷剂。当系统压力达到相应要求时为合适；再让空调机组运行 30 min，然后做仔细检查。

4. 注意事项

给空调补充制冷剂一定要严格控制不能让制冷系统进入空气，以免导致空调其他故障发生。处理接头泄漏一定要查明是什么原因导致的，处理到故障源头。

（二）客室空调系统突发故障

1. 故障现象

客室空调冷凝机、压缩机、蒸发器图标显红或白。

2. 故障原因

（1）空调断路器跳开。

（2）空调控制电脑传输控制故障。

3. 故障处理

（1）若每节车冷凝机、压缩机、蒸发器有一组或两组图标显红或显白，报行调，继续运营。

（2）若单节车冷凝机、压缩机、蒸发器有三组或四组图标显红或显白，报行调，运行到终点站后，分合相应车空调控制盘断路器（SACCB），无论故障消失与否，继续运营。

（3）若相邻两节车出现上述第（2）种情况，分合相应车空调控制盘断路器（SACCB），若故障消除，继续运营否则终点站退出服务。

4. 注意事项

出现这种故障首先要确认故障存在，可以重新启动空调控制计算机查看故障能否消失，如不能消失如果要到车底电气柜排除故障一定要确认断电的条件下才能进行，送电前必须撤回安全地方。

（三）车辆空调低压故障

1. 故障现象

车辆运行中司机发现空调机低压开关动作。

2. 故障原因

造成空调低压故障的主要原因有以下几种：

（1）一般为车辆空调制冷剂出现比较严重的泄漏。

（2）因泄漏导致制冷剂量不足。

（3）空调系统中的膨胀阀低压处开启不足造成的。

3. 故障处理

针对上述故障现象和原因，对车辆该空调机组做如下检查与处理：

（1）用复合式压力表连接到系统中，检查系统停机的平衡压力，以及机组运行情况下的低压压力，低压压力不低于 50^{+30}_{-30} kPa。

（2）模拟机组运行，判断机组低压开关是否动作。

（3）检查制冷剂存储量是否符合要求；检查膨胀阀低压开启口是否开启不足；检查蒸发器入口有无异物堵塞等，发现问题及时处理。

4. 注意事项

车辆空调机低压保护动作故障处理完毕要进行开机运行试验，做好制冷剂存量的检查，完全正常后方可投入运营。

（四）车辆空调高压故障

1. 故障现象

车辆运行中司机发现空调机组高压保护开关突然动作。

2. 故障原因

（1）制冷系统中混入了空气会导致压力过高。

（2）外界温度过高。

（3）冷凝器入口或出口有异物堵塞。

（4）冷凝器污染。

（5）制冷剂过多。

（6）冷风机不工作或工作异常。

导致空气混入制冷系统的原因主要是空气在机组低压部分压力偏低时被压缩机吸入，或者是在维修中因操作不当而使空气混入系统中。由于气体是不凝性气体，它在系统中的存在将直接导致如下不良后果：① 压缩机负荷增大，且温度异常，电动机过热或烧损。② 冷凝压力上升，制冷量下降。③ 高压开关动作，系统无法正常工作。

3. 故障处理

针对上述故障现象和原因，对车辆该空调机组做如下检查与处理：

（1）检查系统是否混入空气，一旦发现必须立即处理。

（2）检查制冷剂量是否超过标准，通过检查车底 AB 箱无保护单元动作，检查车顶空调高压保护动作，停机测试高低压压差较大；整个制冷系统无泄漏，说明冷凝剂添加过多导致高压保护动作。抽出一部分冷凝剂后测试运行正常。

（3）检查冷凝器入口和出口查看是否有异物堵塞，要及时清理。

（4）检查冷却风扇工作是否正常，不正常进行处理。重新加入制冷剂时一定要严格控制混入新的空气，添加制冷剂严格按照技术要求进行。

4. 注意事项

处理这类故障一定要严格执行技术要求和检验标准，处理完毕进行机组运行试验，测试制冷效果，恢复正常后方可投入运营。车下和车顶检查一定要在断电或确认安全的条件下进行。

三、车辆空调系统电气故障处理

（一）车辆空调系统短路故障

1. 故障现象

车辆司机室控制板显示一节车辆的空调机组有短路故障。

2. 故障原因

（1）电气设备的绝缘层因老化、变质、剥离。

（2）电源线路被机械损坏导致电压击穿等，从而导致空调电路出现短路现象。

（3）空调环境湿度过大导致。

（4）空调机组受到过电压或过电流冲击导致线路过热，致使局部短路故障发生。

3. 故障处理

针对上述故障现象和原因，对车辆该空调机组做如下检查与处理：

（1）确认司机室显示和司机提供的故障信息的准确性，因为在电气设备中短暂出现短路可能是计算机系统出现的误报信息，经过重启计算机很多短暂故障会被及时消除。

（2）利用万用表或兆欧表等工具对该车辆空调输入和输出线路进行仔细检查，判断短路区域，检查线路接头和线路质量，发现上述问题及时更换。如环境湿度过大应加强对空调机组的绝缘保护和定期绝缘检测，防止因绝缘值达不到电气要求造成局部短路故障发生。检查插头安装紧固，接线紧固，各电缆电线无损坏、无毛刺、无虚接、无接错、无氧化变色现象。

4. 注意事项

处理这类故障应检查车载记录仪，查看是否有过电流、过电压发生，查明原因后，进行处理。

（二）空调机缺相故障

1. 故障现象

车辆启动后司机发现个别车辆空调压缩机启动困难，制冷效果差。

2. 故障原因

（1）地铁车辆空调压缩机均采用 380 V 交流电，缺相可能是接线柱一相电源接头松动或脱落，导致三相电源只有两相运行，使空气压缩机启动困难、转速低等。

（2）逆变器只输入了二相电压。

（3）空调机组制冷效果差，应检查制冷剂量和制冷系统有没有其他故障。

3. 故障处理

针对上述故障现象和原因，对车辆该空调机组做如下检查与处理：

（1）应确认是否是电源缺相造成的故障，如果是缺相应进一步仔细检查是什么原因导致的缺相，如果是输入缺相，那么就是逆变器输出端出现了问题；跟进检查逆变器隔离变压器输出是否正常，不正常进行处理。

（2）检查空调压缩机接线柱接头是否正常，有没有松动或虚接现象，如不正常进行及时处理。

（3）属于制冷系统出现的故障按照制冷故障检查处理。

4. 注意事项

如果发现是逆变器输出端电源缺相就需要进一步确认是什么原因导致的缺相，是否有电气元件损坏或输出模块损坏，进行更换处理。必须确认原因进行处理后再对空调机启动检查看是否恢复正常。同时，应对压缩机进行绝缘测试，看是否因为由于缺相长时间运行导致电机绝缘损坏。

（三）车辆空调反相故障

1. 故障现象

空调压缩机噪声较大、不制冷、送风机和冷凝风机反转。

2. 故障原因

造成空调上述故障的主要原因为车辆空调压缩机、送风机、冷凝风机的三相电源连接顺序错误导致反相。此时，压缩机、送风机、冷凝风机会反相运转，压缩机反相运转会出现噪声较大，且很快导致压缩机烧损。

3. 故障处理

针对上述故障现象和原因，对车辆该空调做如下检查与处理：要根据故障原因确认空调电机处于反转状态，及时关闭电源，检查各接线头（见图 2-1-12）是否按照送风机、冷凝风机和压缩机接线要求进行接线，发现反接，及时处理。

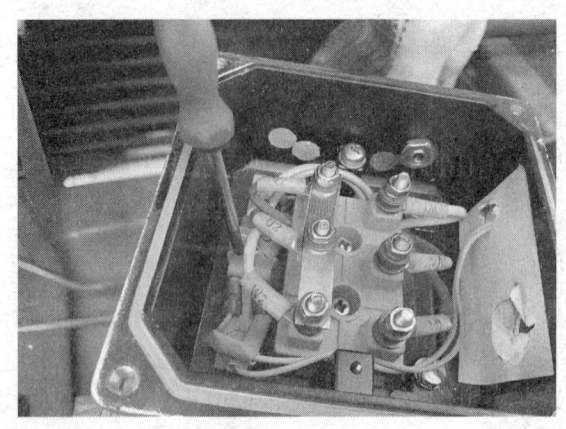

图 2-1-12 空调接线盒

4. 注意事项

接线正确后，应检查各线路有没有电气损坏现象，压缩机线圈有没有短路和绝缘值被击穿和绝缘值不符合规定值现象，如有需要进一步处理。

（四）车辆空调过电流故障

1. 故障现象

空调压缩机负载过大跳保护开关或电动机烧损。

2. 故障原因

造成空调过电流故障的主要原因有以下几种：
（1）主要是压缩机吸气压力过高。
（2）冰塞或蒸发、冷凝管路堵塞。
（3）空调机组的膨胀阀开启度达不到技术要求。

3. 故障处理

针对上述故障现象和原因，对车辆该空调做如下检查与处理：检查空气压缩机吸入口是否有异物堵塞、膨胀阀开启程度是否符合要求。检查蒸发器、冷凝器管路是否堵塞，发现问题进行处理。如果发现冰塞现象要进一步检查冷却风扇及延时继电器是否正常，测试冷却风扇开启和关闭时间，如不正常应更换延时继电器。

4. 注意事项

处理完毕这类故障后应对该空调机组进行制冷试验，如正常可以投入运用；如不正常应对输入电源进行排查，发现问题及时处理。

（五）车辆空调压缩机高/低压压力开关动作

1. 故障现象

空调压缩机保护开关动作，停止运行。

2. 故障原因

空调压缩机排气口压力过高或压缩机吸气口压力过低时，压缩机高压、低压压力保护开关均会动作，该信息会传送给空调控制板，控制板会控制空调机组停止运行。产生这种现象的主要原因是膨胀阀开度不够或管路有堵塞现象，或出现冰塞现象等。

3. 故障处理

针对上述故障现象和原因，对车辆该空调压缩机做如下检查与处理：

（1）检查膨胀阀开启度是否符合要求，如不符合进行调整恢复正常。

（2）检查冷却风扇是否运行正常。

（3）检查延时继电器是否正常，如不正常应进行处理。

4. 注意事项

处理完上述故障要进行开机试验，如正常可以投入运用。

（六）车辆空调温度传感器故障

1. 故障现象

车辆空调控制板无温度显示。

2. 故障原因

造成空调温度传感器故障的主要原因有以下几种：

（1）温度传感器使用时间较长老化或传感器本身损坏，导致无法显示空调温度值。

（2）线路老化、机械损坏接触不良导致无法传输温度信号。

3. 故障处理

针对上述故障现象和原因，对车辆该空调做如下检查与处理：

（1）检查温度传感器是否接触良好。

（2）检查传输线有没有老化和机械损坏现象，有没有脱落现象和老化，如有及时进行处理。

（3）检查稳定传感器是否损坏，如损坏更换新的温度传感器。

4. 注意事项

遇到这类故障除进行上述故障处理外，还应对温度传感器安装位置进行仔细检查，查看是否在原来工艺安装位置。任何传感器位移都会导致温度输出不准确，出现错误提报故障信息。

（七）车辆空调短路继电器故障

1. 故障现象

车辆司机室显示车辆空调无电，冷却风扇、送风机不运转。

2. 故障原因

造成空调短路继电器故障的主要原因有以下几种：

（1）控制空调机组各部件起停的短路继电器老化，引发不动作。
（2）继电器本身卡滞不能动作导致空调机组无电流、电压。
（3）电压过高或电流过大损坏继电器。

3. 故障处理

针对上述故障现象和原因，对车辆该空调做如下检查与处理：
（1）检查空调机组输送电源端有无电压、电流。
（2）检查空调机组各输入端断电器两端有无电流、电压。
（3）检查短路继电器各接线端有无松动、脱落现象；检查无电流、电压输出断电器是否烧损还是卡滞，并进行相应的处理或更换新的继电器。
（4）测量继电器电阻值查看是否超过标准，超过说明已经损坏。

4. 注意事项

继电器如带电检查一定要注意做好安全防护，严格按照技术和工艺要求进行。不得擅自短接空调机组电源线路进行测试，测试完毕应恢复正常状态。

（八）车辆空调压缩机有异音

1. 故障现象

车辆运行回段例行检查发现一台空调一端有异音，进一步判定是空调压缩机发出的异音。

2. 故障原因

（1）空调压缩机安装螺栓松动。
（2）空调压缩机缺相运行。
（3）空调压缩机润滑不良或轴承损坏。

3. 故障处理

针对上述车辆空调压缩机故障现象，对压缩机做如下检查处理：
（1）检查空调压缩机安装螺栓是否松动，查看防松刻线是否错位；如不能确定可以用手摸压缩机查看振动频率是否正常，如不正常可以判定螺栓松动。
（2）如果紧固螺栓后异音仍不消失检查输入源是否正常；检查接线是否有松动脱落现象。
（3）如果上述处理异音仍然没有消失建议解体压缩机查看轴承润滑和损坏情况进行处理，恢复正常后跟踪检查一周。
（4）如果检测发现空调压缩机缺相，先检查是否是空调压缩机接线中一相线接头松动或脱落，如没有应仔细检查空调输入线路各继电器或逆变器输出端有没有缺相现象，如有应进行处理。

4. 注意事项

测试和检查一定要注意自身安全，上车顶检查电网一定要断电，改用地面电源进行，用手摸之前一定要先检查压缩机外壳是否带电。

任务三　车辆空调机故障案例

某地铁公司车辆在运营中司机发现后部第二节车辆（B车）温控间隔预报几次温控设备有短路现象，该节车制冷效果差。经司机征得列车调度员同意后，维持运营结束回段再对该车辆空调系统进行检查处理。

车辆运营结束回段后，技术人员根据司机反馈信息和车载故障记录信息对故障现象进行分析。通过对相关电路和控制输入、输出点进行测试，确认导致故障发生的原因可能是线路老化或线路短路。经检查发现是空调系统电源线路老化剥离导致局部线路短路引发了上述故障预报。经更换新线后恢复正常。

第二部分项目一数字资源

项目二

车辆受电弓及其故障处理

学习要求

（1）了解车辆受电弓基本结构。
（2）掌握车辆受电弓的作用原理。
（3）掌握车辆受电弓常见故障检查与处理方法、处理过程。

城市轨道交通车辆电气供电回路结构原理如图 2-2-1 所示。

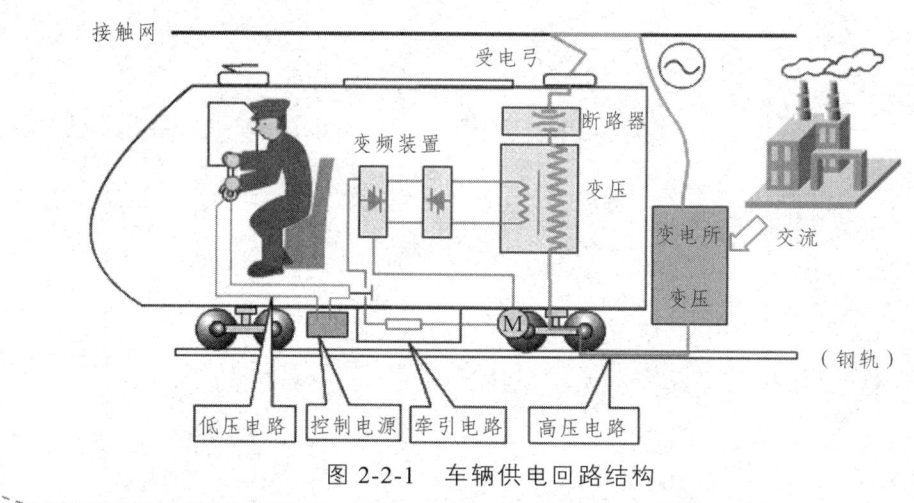

图 2-2-1　车辆供电回路结构

任务一　车辆受电弓结构及相关知识

受电弓是一种电力受流装置，主要是将接触网的电取下来供机车、动车或车辆使用。我国接触网一般为交流 25 kV 电源，地铁车辆接触网和第三轨经受电弓和接触靴取下来的电是经过变电所或降压所变换的直流 1 500 V 和 750 V 电源（第三轨）。速度值的不同决定了对受流装置技术要求不同，高速铁路要求最高。

受电弓与接触网之间的关系好坏也决定着输入和输出电力的质量好坏，同时还关系着车辆运行安全。因为在高速铁路电气化系统中，与列车速度直接相关的是弓网受流系统，即在高速动车组运行时，必须保持稳定的受流状态，受电弓与接触网之间有一定的接触压力，当接触压力过小时，易造成受电弓碳滑板离线情况发生，即受电弓脱离接触网产生电弧，电弧过大容易将接触网烧断裂，引发断电事故；当接触压力过大时，接触网线被受电弓抬高，使接触网局部弯曲，引起接触网线疲劳受损，同时接触网线磨耗增大，严重时会造成弓网事故发生。

如何防止弓网事故已经成为高速铁路运输的关键，据统计高速铁路晚点50%以上是由于弓网故障造成的。目前，我们在高速铁路动车组受电弓下安装了高速、高清晰摄像机和分析系统，以便在高速动车组运行时严密监控接触网和受电弓之间的接触状态，一旦发现有不正常的接触和拉弧，将及时通知司机采取必要的措施，保证行车安全。但这种检测和预防手段基本上属于事后处理，不能实现及时处置，仍然不能满足高速铁路或地铁车辆对弓网送电和防止弓网故障的迫切需求。

国内很多专业机构和专家在积极进行高速动车组受电弓与接触网压力值检测和在线检测方面的研究，努力提高受电弓与接触网之间的受流关系，为今后速度更高的高速铁路提供可靠的弓网技术支持。现阶段最重要就是要如何实现动车组或地铁车辆高速运行时对受电弓与接触网实时在线检测和计算机调控。

一、地铁车辆受电弓结构

车辆受电弓结构如图2-2-2所示。

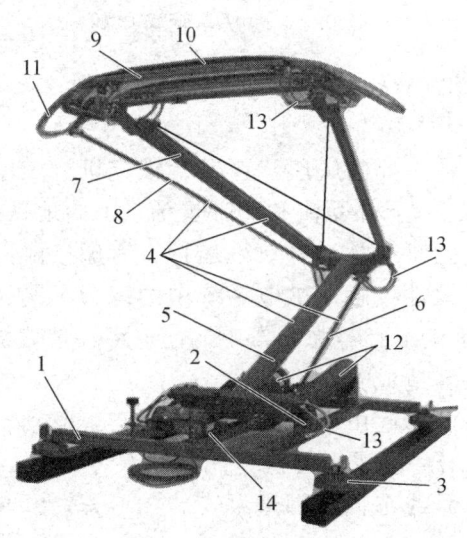

1—基础框架；2—高度止挡；3—绝缘体子；4—框架；5—下部支杆；6—下部导杆；
7—上部支杆；8—上部导杆；9—集流头；10—接触带；11—端角；
12—升高和降低装置；13—电流传送装置；14—吊钩闭锁器。

图2-2-2 地铁车辆受电弓

气囊式受电弓有两种形式：单气囊式和双气囊式。单气囊式受电弓如图2-2-3所示。

受电弓由基础框架、集流头和升降装置组成。其一般通过基础框架安装在车顶上，并尽量靠近转向架回转中心，以避免车辆通过曲线时引起受电弓偏离接触网导线。

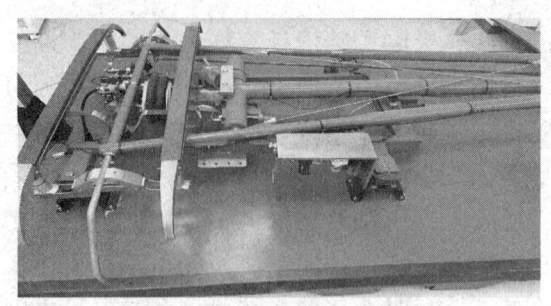

图 2-2-3　单气囊式受电弓

地铁供电方式分为接触网（受电弓）供电（DC 1 500 V）和接触轨（集电靴）供电（DC 750 V）两种。集电靴如图 2-2-4 所示。

图 2-2-4　地铁车辆集电靴

受电弓主要用于 DC 1 500 V 接触网供电区段；集电靴主要用于 DC 750 V 第三轨供电区段。

集电靴安装在转向架上，主要由底座、摆臂、锁定机构及电缆线四部分组成。集电靴受流分为三种形式：上部受流、下部受流和侧部受流。国内地铁一般采用上部或下部受流。

广州及上海地铁等城轨列车通常为升双弓运行，考虑接触网振动波的传播速度对后受电弓受流质量的影响，一般柔性接触网供电系统中的运营车辆受电弓布置在头车（可能是拖车）。而刚性接触网供电系统不必考虑此影响，受电弓一般安放在动车，以减少高压线路在车辆之间驳接和对拖车乘客造成安全隐患。

在正常情况下，受电弓的升起由主风缸内的压缩空气驱动，如果主风缸没有可用的压缩空气，或启动电压达不到升弓要求，司机可用脚踏泵（见图 2-2-5）连接专用升弓接口将受电弓升起来。广州地铁 2 号线车辆的脚踏泵安装在 B 车 2 位中间端的电气柜中。

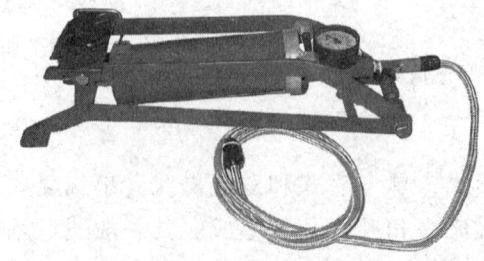

图 2-2-5　脚踏泵

地铁车辆受流及电路流程结构如图 2-2-6 所示。

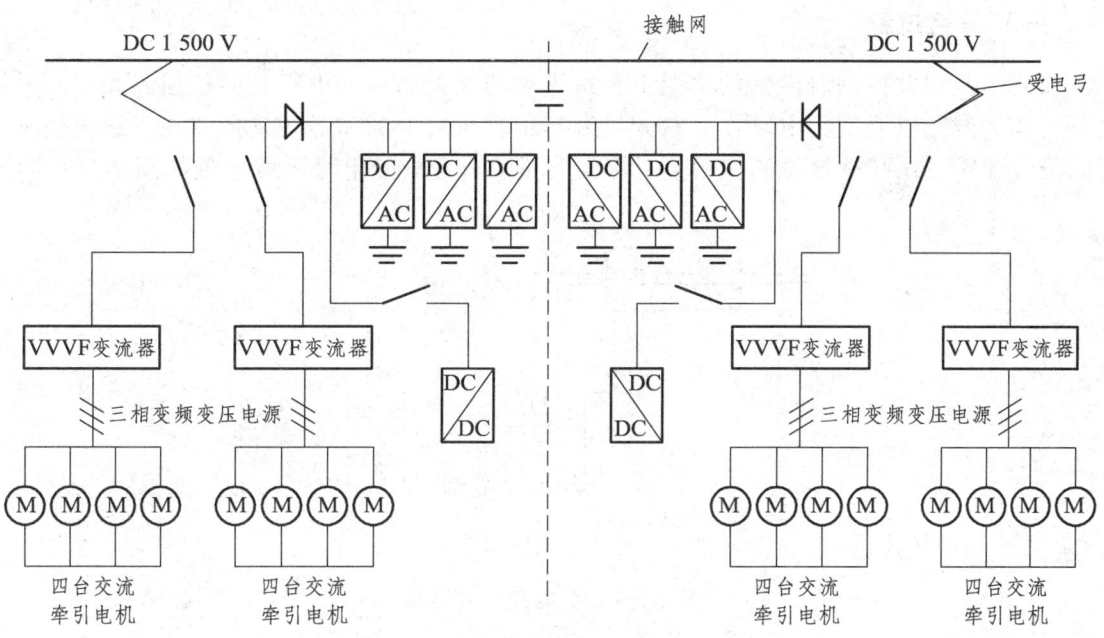

图 2-2-6　地铁车辆受流及电路流程结构

广州地铁 1 号线车辆的受电弓使 1 500 V 直流电源通过受电弓上的终端流向位于车底的高速断路器，再到 B 车、C 车的牵引逆变器 VVVF。而 A、B、C 车上的辅助逆变器 DC/AC 及 A 车上的 DC/DC 变换器直接从受电弓上得电，电流回路通过轴箱上的接地碳刷闭合。

每个受电弓旁安装有一个浪涌保护器（见图 2-2-7），是用来防止来自车辆外部的过电压（如雷击等）对车辆电气设备绝缘的破坏。其保护值范围应与变电所过电压保护协调。

图 2-2-7　车辆车顶浪涌保护器结构

日常检查主要是查看避雷器绝缘磁座有没有裂纹或炸裂；绝缘接地线有没有松动、断裂等。浪涌保护器的常见故障也都集中在绝缘瓷座炸裂、绝缘引出线受超高电压和电流冲击导致烧断；内部闪络等。

二、车辆受电弓升降过程

(一) 升弓过程

在列车及驾驶控制台激活的情况下，按下副驾驶控制台受电弓升弓按钮，相应的升弓电路工作，升弓电磁阀得电动作，打开风源至传动风缸的通路。传动风缸充气后压缩其内部的降弓弹簧，在升弓弹簧的作用下克服自身重力升起。受电弓升弓原理如图2-2-8所示。

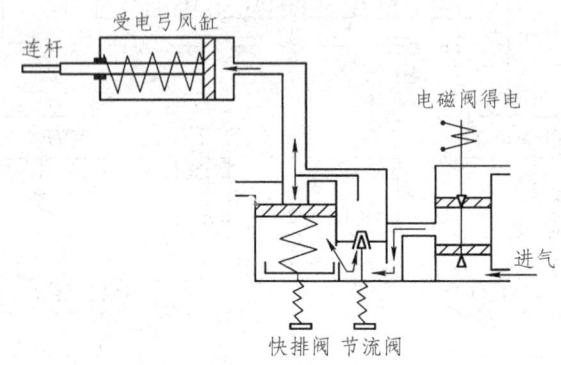

图 2-2-8　受电弓升弓原理

(二) 降弓过程

在列车及驾驶控制台激活的情况下，按下副驾驶控制台受电弓降弓按钮，电磁阀失电复位，风源停止向传动风缸供风。同时，将压缩空气排向大气，受电弓在降弓弹簧及自身重力的作用下降到最低位置。受电弓降弓原理如图2-2-9所示。

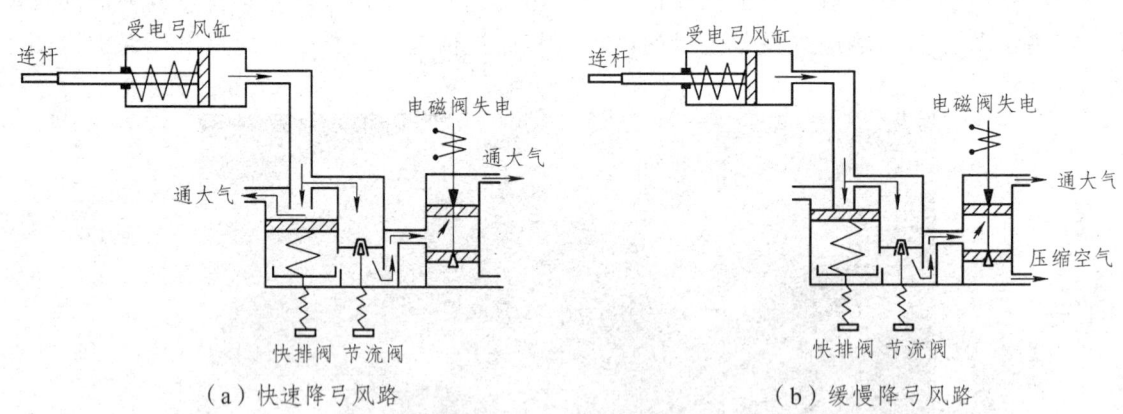

(a) 快速降弓风路　　　　　　　　(b) 缓慢降弓风路

图 2-2-9　受电弓降弓原理

调节节流阀和快排阀可以调节升弓和降弓时间。

(三) 有电无气程序升弓

(1) 操作列车激活开关（TAS）进行唤醒操作，主控钥匙打到 ON 位。

(2) 按压 B1 车 SEC2L 电气柜内的辅助压缩机启动按钮（ACMPB），辅助压缩机启动。

（3）确认辅助压缩机停止工作后，将 B1 车 SEC2R 电气柜内两位三通阀 U02.3 旋至"辅助升弓"位（和阀体垂直），受电弓升起，空压机启动。

（4）确认空压机停止工作后，将该两位三通阀 U02.3 旋至"正常升弓"位（和阀体平行），受电弓降下。

（5）关闭、锁好电气柜门，到司机台确认主风缸压力在 900 kPa 左右，按下升弓按钮。

（6）在 DDU 上确认受电弓处于正常升弓状态，且有高压。

任务二　车辆受电弓故障处理

车辆在运行中运行轨迹包络线是比较复杂的，车辆除了向前蛇形运动外，在上下方向、斜线方向都在运动且方向不确定，这样导致车辆受电弓运行受到各种因素的影响。由于受电弓在隧道里与接触网是刚性接触，有别于地面接触网是弹性接触，特别是速度越高受电弓的振动频率开始发生明显变化，这种变化直接影响受电的运行质量，从而导致受电弓传输电力稳定性和故障发生概率。同时，由于柔性到刚性的转换如果速度较快冲击力过大容易造成碳滑条断裂。

刚性接触也加快受电弓碳滑板的磨耗，严重时会导致碳滑板裂纹或断裂等，从而容易导致弓网故障发生。

一、受电弓升不了弓

1. 故障现象

司机按下升弓按钮后受电弓升不起来。全列受电弓无法升起，列车监控器显示屏显示无网压，逆变器无电压和频率输出。

2. 故障原因

造成车辆受电弓升不了弓故障的主要原因有以下几种：

（1）升弓电磁阀故障。

（2）受电弓升弓气缸（气囊）泄漏气压低达不到升弓压力需求。

（3）操作台未激活。

（4）升弓断路器跳闸。

（5）蓄电池亏电，达不到升弓电压需求。

（6）受电弓导流电缆与基座挂钩勾住。

3. 故障处理

针对上述故障现象和原因，对车辆该受电弓做如下检查与处理：

（1）检查受电弓电磁阀是否开启，如不能开启更换电磁阀；检查升弓气缸（气囊）压力是否正常，有无泄漏现象，气压不正常进行调整。

（2）如检查发现受电弓升弓气囊泄漏及时修复或更换处理。

（3）属于操作台未激活重新按照程序进行激活再试验受电弓能否正常升起。

（4）检查车下电气柜查看升弓断路器是否跳开，合闸后重试。

（5）检查发现蓄电池亏电，先采用脚踏泵连接升弓管路将受电弓升起来，车辆有电后充电机将会为蓄电池充电。

（6）检查导流电缆是否被基座挂钩勾住。

4. 注意事项

如确认故障在车顶部受电弓的设备问题需上列车顶部检查受电弓部件时，一定要通知供电部门进行停电，防止人员触电伤亡事故发生（严格按照供电停电时间进行修复，停电时间到前必须下车顶停止修理）。处理完毕恢复正常试验后方可投入运营。

二、受电弓降不了弓

1. 故障现象

司机按下降弓按钮后，受电弓降不下来。

2. 故障原因

造成车辆受电弓降不了弓故障的主要原因有以下几种：

（1）降弓时电磁阀未开启风缸排风口。

（2）高压气体无法排出，导致受电弓降不下来。

（3）排风口堵塞。

（4）降弓断路器跳闸。

3. 故障处理

针对上述故障现象和原因，对车辆该受电弓做如下检查与处理：

（1）电磁阀是否开启，风缸（气囊）气体是否排除。风缸（气囊）排风口是否被异物堵塞。检查电磁阀是否有问题，属于电磁阀机械问题及时修复电磁阀，不能修复应及时更换。如果是电源输入问题必须检查源头进行排除。

（2）如是排风口被异物堵塞，则进行清理，并对堵塞异物进行检查查看什么东西堵塞，是人为检修不清洁还是机械磨损，有针对性地进行处理。

（3）如果检查发现是降弓电磁阀跳闸引发的，下车检查电气柜并合闸查看受电弓能否降下来。

4. 注意事项

（1）上列车顶部检查受电弓故障时一定要通知供电部门进行停电。处理完毕要对受电弓进行试验正常后方可投入运营。

（2）现场下车底处理电气柜相应断路器也要先确认人身安全条件下进行。

三、受电弓升弓一段行程后停止升弓

1. 故障现象

司机按下升弓按钮后，受电弓上升一段距离后停止升弓，受电弓也落不下来。

2. 故障原因

造成车辆受电弓上述故障的主要原因有以下几种：

（1）升弓电磁阀故障。

（2）升弓风缸（气囊）泄漏严重，导致进入气缸（气囊）的一部分压缩空气进出都故障。

3. 故障处理

针对上述故障现象和原因，对车辆该受电弓做如下检查与处理：

（1）检查升弓电磁阀是否故障，如故障及时更换。

（2）如发现升弓风缸（气囊）管路或接头泄漏进行处理，如有裂纹及时更换。

4. 注意事项

上列车顶部检查作业一定要通知供电部门停电；更换电磁阀和更换风管和密封垫后均要进行试验，正常后方可投入运营。

四、地铁车辆受电弓降一段行程后停止降弓

1. 故障现象

司机按下降弓按钮后，受电弓离开接触网一段距离后停止，自重也不能使受电弓落下来。

2. 故障原因

造成车辆受电弓上述故障的主要原因有以下几种：

（1）降弓电磁阀故障引起不能完全排气，导致一部分压缩空气不能排出，使弓降一段行程后停止。

（2）恢复弹簧断裂导致受电弓不能降下来。

3. 故障处理

针对上述故障现象和原因，对车辆该受电弓做如下检查与处理：

（1）检查电磁阀是否正常，如故障进行修复，修复不了及时更换。

（2）发现受电弓恢复弹簧断裂及时进行更换。手动将受电弓拉下来到正常位置。

4. 注意事项

上列车顶部检查或作业一定要通知供电部门停电；处理故障后要进行试验，正常后方可投入运营。

五、地铁车辆单个受电弓突然故障

1. 故障现象

DDU显示单个受电弓降下且图标显红，受电弓降弓按钮红灯闪烁。

2. 故障原因

（1）升弓气囊泄漏严重。

（2）主风缸压力过低。

（3）受电弓断路器突然跳开。

3. 故障处理

（1）列车停稳后，按压受电弓升弓按钮，尝试重新升弓，若故障消除，则继续运营。

（2）若 DDU 未显示双弓绿色升起时，升单弓状态若可以正常牵引则继续本站或下一站退出服务。

（3）若无法正常牵引，按列车无法牵引步骤操作列车。

4. 注意事项

单个受电弓突发故障一定要及时判断和确定故障的性质，如果气囊泄漏严重可以通过空压机的送风需求判断出来，即双机同时启动。这时，要及时联系行车调度退出运营。如果是单弓断路器突然断开，由一个受电弓可以维持运营，根据行车调度安排到站或退出运营回段处理。

六、车辆两个受电弓无法升起

1. 故障现象

DDU 显示两个受电弓均未升起，列车无电压、电流，逆变器无脉冲信号输出。

2. 故障原因

（1）主风缸压力低。

（2）蓄电池亏电导致无法升起。

（3）受电弓断路器跳闸。

3. 故障处理

（1）检查主风缸压力是否大于 500 kPa。如低于 500 kPa 等空压机工作主风缸大于 500 kPa 再试升弓。

（2）检查两端紧急制动按钮是否被按下，若按下则复位。

（3）检查激活端受电弓回路断路器（PANTCB）是否跳闸。

（4）检查两单元 B 车受电弓回路断路器（PTCB）、刀开关断路器（KSCB）是否跳闸，若跳闸则复位。

4. 注意事项

处理这类故障第一要确认故障真实存在；第二要判断空气压缩机启动而且送风正常，而且总风缸管路无泄漏。如果受电弓断路器在司机室及时检查恢复；如果在车底电气柜处理时一定要注意自身安全，搞好防护后进行。

七、车辆运行中突发双弓故障

1. 故障现象

DDU 显示双弓灰色降下或红色故障,受电弓降弓红灯按钮常亮。

2. 故障原因

(1)受电弓回路断路器故障或跳开。
(2)主风缸泄漏严重压力低于 500 kPa。
(3)受电弓控制电路断路或故障。

3. 故障处理

(1)检查主风缸压力是否大于 500 kPa。
(2)检查 DDU 互锁界面检查两端紧急制动按钮是否被按下,若按下则复位。
(3)无论受电弓指示灯是否常亮,重新按压升弓按钮,若受电弓图标恢复正常,网压正常,则运营至终点站退出服务。
(4)若无法升弓,检查两 B 车刀开关断路器(KSCB)是否跳闸,若跳闸则复位,重新尝试升弓(若检查近端 B 车刀开关断路器无跳闸,则无须检查远端刀开关)。
(5)若以上处理无效则操作受电弓旁路按钮(RPTPASS),重新按压升弓按钮,若受电弓恢复升双弓状态,则运营至终点站退出服务。
(6)若以上处理无效则请求救援。

4. 注意事项

运行中双弓突发故障首先要及时确认故障存在,处理过程一定要慎重。特别是一旦发现空气压力低于 500 kPa 后,如果再发现空气压缩机供风不足应及时与列车调度员联系及时退出运营。如需进入车底作业时,必须确认断电的情况下方可进行。停电时间必须严格掌握,在送电时间到来前无论故障处理是否完成必须回到安全地点。

八、车辆受电弓集流头碳滑块断裂或缺损

1. 故障现象

列车在运行中受电压、电流波动较大,受流头拉弧比较严重。

2. 故障原因

造成车辆受电弓集流头上述故障的主要原因有以下几种:

(1)检查发现受电弓集流头碳滑块出现断裂或局部缺损,主要原因可能是受电弓偏磨或集流头本身材质或安装不平造成。
(2)速度过高导致刚性接触的碳滑板磨耗加快和振动频率过大导致碳滑板断裂等。
(3)车辆运行时受电弓柔性变刚性速度值过高导致受电弓碳滑板冲击力过大,容易造成碳滑板断裂或局部缺损。
(4)车辆减振系统出现问题导致受电弓起伏过大造成磨耗加快或损伤。

3. 故障处理

针对上述故障现象和原因，对车辆该受电弓集流头做如下检查与处理：

（1）及时更换集流头碳滑块，并认真紧固和按照技术要求调整好受电弓集流头水平度。

（2）适当调整地铁车辆柔性接触变刚性接触速度变化值，减少受电弓碳滑板瞬间冲击力以减少碳滑板破损。

（3）检查车辆减振系统有没有问题，发现问题及时处理。

4. 注意事项

处理完这类故障后一定要检查受电弓升弓和降弓时间和弓网压力接触值，不符合标准进行调整达到标准。同时，对受电弓安装平衡度进行测定，查看受电弓平衡度是否符合运用标准。

九、受电弓静态压力值变化较大

1. 故障现象

受电弓运行中静态压力值变化较快，或变大、或变小，弓网间有拉弧现象。

2. 故障原因

针对上述故障现象和原因，对车辆该受电弓做如下检查与处理：

（1）精密调压阀出现故障或管路泄漏。

（2）升弓气囊泄漏或接头有轻微泄漏。

（3）车辆减振系统故障。

（4）车辆和线路使用年限过长在运行中产生了爆振引发了受电弓压力值瞬间变化较大。

3. 故障处理

（1）检查精密调压阀（见图 2-2-10）及管路看有没有故障和泄漏现象，有进行处理。

（2）检查升弓气囊和接头有没有泄漏现象，有进行处理。

（3）检查车辆减振系统看有没有断裂，液压减振器有没有泄漏失效。

图 2-2-10　受电弓精密调整阀

4. 注意事项

更换新的调整阀或精密调压阀后应进行受电弓升弓压力值和上升和下降时间值测定，符合要求后投入使用。受电弓的压力调整应根据各个受电弓的润滑状态，平时运行时有没有拉弧现象来调节，因为这个压力值对受电弓的使用安全很重要，特别是速度值越高对受电弓压力值调节要求更加高。

目前，国内和全世界对受电弓的在线检测只停留对运行的受电弓进行高速摄像，后台分析，但即便判定受电弓或接触网有问题，也不能及时补救。因此，有针对性地调节好每一列车辆受电弓的压力值就是目前能做的最重要的事情。

受电弓的压力值测定和调节涉及很多因素，如本节车的运行工况、一系弹簧和二系弹簧、液压减振装置的工况，线路质量，车辆使用年限，接触网质量，柔性变刚性接触冲击力大小，受电弓的检修保养水平和质量，累计该受电弓碳滑板损伤次数和损伤情况等；这些都是调整受电弓压力值的参考条件。

任务三　地铁车辆受电弓故障案例分析

某地铁公司车辆在运行中发现主受电弓与接触网之间拉弧比较严重，电源输入不稳定。同时，高速断路器断开两次（可能是受电弓受流不稳定导致），经司机与列车调度员汇报故障现象后，认为该故障可能导致更大的事故发生，建议列车到站清客后，升另一受电弓维持回段检查处理。

车辆回段后，经检修和技术人员对该车故障受电弓进行检查时发现：受电弓集流器碳滑板有缺损现象；测试受电弓压力值低于运用标准，综合上述原因导致车辆在运行时受电弓与接触网之间接触出现了拉弧现象。拉弧如果严重会导致接触网瞬间烧损断裂。

更换新的碳滑板后，技术人员对受电弓升弓压力值进行了反复调整确定符合运营技术要求，校正了受电弓平衡度。同时，技术人员还扩大检查范围对一系弹簧和液压减振器等进行了检查，确认无损伤正常后放行该车辆继续投入运营。

第二部分项目二数字资源

项目三

车辆高速断路器及其故障处理

学习要求
（1）了解车辆高速断路器的基本结构。
（2）掌握车辆高速断路器的作用原理。
（3）掌握车辆高速断路器常见故障检查与处理方法、处理过程。

任务一　车辆高速断路器结构及相关知识

地铁车辆高速短路器主要是保护车辆关键电气设备不被高电压、大电流冲击车辆关键电气设备如逆变器等，同时也保护牵引设备引发的短路，防止因局部电气短路造成牵引电动机烧损等事故发生。

高速断路器的闭合分断可由司机操作控制，同时可在电流过大时自行分断或由列车控制系统或牵引系统控制单元控制分断。

一、高速断路器的结构

高速断路器主要结构由动、静触头、转换机构、灭弧罩等组成，如图 2-3-1 和图 2-3-2 所示。

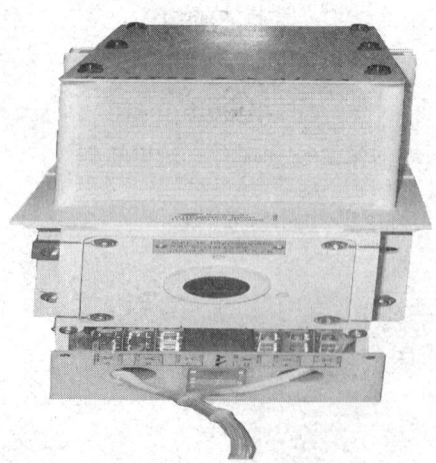

图 2-3-1　高速断路器

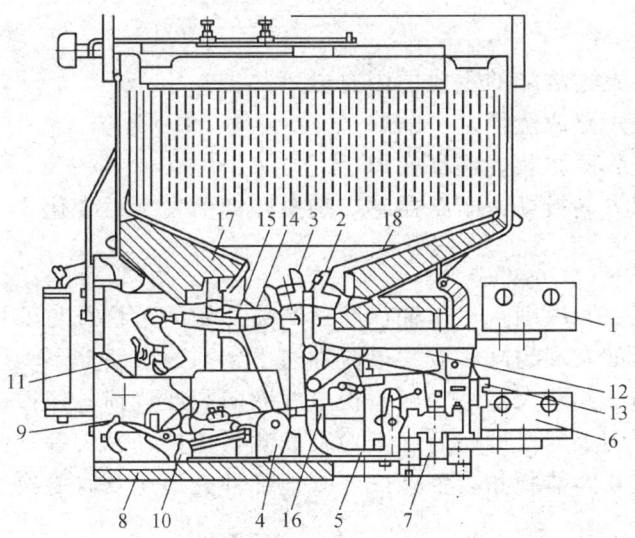

1—上接线端；2—静触头；3—动触头；4—动触头臂；5—弹性连接板；6—下界限端；7—过载跳闸（S）装置；8—拉杆；9—释放锁件；10—转换机构；11—转换轴；12—短路快速跳闸（KS）吸铁；13—撞击螺钉；14—转换杆；15—滚轴；16—短路快速跳闸拉杆；17，18—灭弧罩。

图 2-3-2　高速断路器结构

二、高速断路器特点

（1）对地有很高的绝缘等级。

（2）分断能力强，响应时间短。

（3）不受气候条件的影响。

（4）使用寿命长，一般要求几十万次分断无故障。

（5）易于维护。

三、高速断路器工作原理

（1）在驾驶室操作台合闸（复位）：按下按钮→线圈得电→机械锁位装置→置"合"位。

（2）在驾驶室操作台按下分断按钮，高度断路器分断时→线圈失电→脱扣装置→分断。

四、高速断路器主要功能

高速断路器主要是对牵引逆变器与高压电路进行隔离，同时对牵引系统进行保护，在出现过流时自动断开，也可以根据牵引系统的需要断开牵引系统与高压直流的连接。

任务二　车辆高速断路器故障处理

一、电网超高压时高速断路器不动作

1. 故障现象

接触网超高压造成逆变器部分元器件烧损，但高速断路器没有动作。

2. 故障原因

造成高速断路器上述故障的主要原因有以下几种：

（1）动触头线圈短路或烧损。

（2）动触头卡滞、脱扣装置连杆变形。

（3）高压值设置过高或高速断路器感应装置距离值发生了变化。

3. 故障处理

针对上述故障现象和原因，对车辆该高速断路器做如下检查与处理：

（1）一般情况下如发现超高压或大电流冲击下，高速断路器不动作，没有切断电源造成后续电气设备烧损，判断大多是动触头得电线圈断裂或烧损，使得动触头没有动作。现场处理比较困难，原则上回段拆卸后逐步检查，测量更换动触头等。

（2）如发现高速断路器脱扣装置连杆或其他部件变形应及时更换。

4. 注意事项

在发现电网超高压，超电流冲击而高速断路器又不动作造成后续电气部件烧损，原则上应与行车调度联系，列车退出运营，回段处理。不得在经处理（如逆变器恢复功能）后继续运营，以免容易造成更大的行车事故发生。

二、欠电压脱扣器不能使高速断路器立即断开

1. 故障现象

电网电压低于牵引电压时，高速断路器不能立即断开。

2. 故障原因

造成高速断路器上述故障的主要原因有以下几种：

（1）是脱扣装置脱扣力调整过小。

（2）高速断路器装置局部卡死。

3. 故障处理

针对上述故障现象和原因，对车辆该高速断路器做如下检查与处理：

（1）检查脱扣装置弹簧力是否减小。

（2）检查脱扣装置是否有变形。

（3）及时调整弹簧增加脱扣装置的脱扣力，对变形部件进行更换。

4. 注意事项

调整脱扣力后一定要进行手动断路试验和低压断路试验，合格后方可投入使用。

三、高速断路器温升过高

1. 故障现象

在司机驾驶室监控器显示高速断路器温升过高。

2. 故障原因

造成高速断路器上述故障的主要原因有以下几种：

（1）断路器触头压力值过小。

（2）高速断路器断开触头磨损、电弧烧损严重（可能为瞬间电弧温度过高引发）。

3. 故障处理

针对上述故障现象和原因，对车辆该高速断路器做如下检查与处理：

（1）检查触头接触压力是否过小，调整触头压力或更换触头弹簧。

（2）检查触头磨损和烧损情况，如发现磨损和烧损严重应及时更换。

（3）现场驾驶人员一定要严密监视温度上升速率及温度，在发现温升过快又有超过规定上限值的可能之前应断开该高速断路器，及时报告行车调度员，根据调度安排运行或退出运行。

4. 注意事项

调整动触头和辅助触头压力值后都应进行断路测试，合格后方可投入运用。触头磨损和烧损情况较小，可以修复或打磨后其接触面积不得低于60%。如果触头修复达不到工艺要求建议成对更换触头。

四、电动机启动时高速断路立即断开

1. 故障现象

牵引电动机启动时高速断路器动作，列车无法运行。

2. 故障原因

造成高速断路器上述故障的主要原因有以下几种：

（1）可能是高速断路器过流保护值设置过小。

（2）高速断路器脱扣器部件损坏、变形。

3. 故障处理

针对上述故障现象和原因，对车辆该高速断路器做如下检查与处理：

（1）检查高速断路器过流保护值是否符合牵引电动机电流值要求，如过低进行及时调整。

（2）检查高速断路器脱扣装置部件是否完整，如发现变形或损坏及时更换。

4. 注意事项

高速断路器过流值调整后应进行测试，合格后方可投入运用；脱扣器部件损坏更换后也应进行测试，合格后方可投入运用。

第二部分项目三数字资源

项目四

地铁车辆辅助逆变器和牵引逆变器及其故障处理

学习要求

（1）了解车辆逆变器基本结构。
（2）掌握车辆辅助逆变器作用原理。
（3）掌握车辆牵引逆变器作用原理
（4）了解逆变器主要晶体管、IGBT结构和作用原理。
（5）掌握车辆辅助、牵引逆变器常见故障检查与处理方法、处理过程。

任务一　车辆辅助逆变器和牵引逆变器结构及相关知识

一、辅助逆变器组成及原理

（一）逆变器基本组成

辅助逆变器主电路主要由线路滤波器、斩波器、中间电路（蓄能滤波部分）、三相逆变器四部分组成。其常见电气结构原理如图2-4-1所示。

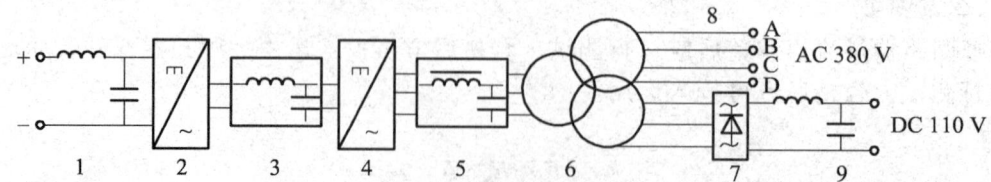

1—线路滤波器；2—升/降压斩波器；3—滤波器；4—逆变器；5—交流滤波器；6—隔离变压器；7—二极管整流桥；8—带中点的AC 380 V电源；9—输出滤波器。

图2-4-1　辅助逆变器电气原理

1. 变流器系统

变流器系统一般有两种形式：

（1）直接逆变：目前变流器系统一般都采用的方式。

（2）先斩波后逆变：先升压斩波后逆变，用于 DC 750 V 系统。先降压斩波后逆变，用于 DC 1 500 V 系统。

2. 单台逆变器

单台逆变器普遍采用的形式器件，网压 1 500 V，容量约 200 kV·A 的辅助逆变器，一般使用 3 300 V/400 A 的 IGBT 元件。

（1）优点：电路简单，使用器件少，可靠性高。PWM 调制，输出电压的谐波含量小。逆变器电压输出经交流滤波后输入隔离变压器。故输入变压器电压的谐波含量低，变压器中谐波损耗小，结构简单，不须特殊设计。

（2）缺点：开关频率较高，相对于双逆变器方案，开关损耗较大，逆变器效率较低。功率器件换流时过电压较大，特别是高电压情况下更严重。

3. 两台逆变器串联目前已基本不再采用

（1）优点：开关频率低 150 Hz，开关损耗小，逆变器效率高。输出电压为 12 阶梯波，电压最低次谐波为 11 次，对输出滤波器要求低。

（2）缺点：电路复杂，器件多。两台逆变器串联，动态均压要求高，故障率高。逆变器输出电压为 6 阶梯波，不论 DY、DZ、T 变压器，其一次侧绕组为曲折连接输入电压谐波含量高，谐波损耗大。变压器结构复杂，对电路叠加型的 DZ 变压器。对磁路叠加型的变压器，一次侧绕组由不同相位电压分别输入，需作特殊设计。

4. 辅助逆变器

辅助逆变器又称静止逆变器，是一种将直流电压变换为三相 50 Hz，380 V/220 V 交流电源的能量变换设备。地铁车辆辅助逆变器主要性能指标见表 2-4-1。

表 2-4-1　辅助逆变器主要性能指标

输出电压波动范围	±5%
输出电压波形畸变	奇变因素<10%
输出电压不均衡度	相间对称平衡时<1%
输出频率	50×(1+1%) Hz
输入电压范围	DC 1 500 V：1 000～1 800 V 范围输出额定功率；DC 750 V：500～900 V 范围输出额定功率
保护	IP 等级
效率	全负荷时>90%
噪声	相距一定距离的分贝，如相距时小于 70 dB
过载电力	瞬时过载能力强

GB/T 34575—2023 中规定：在额定输出电流下连续工作时，允许施加非周期性过载，对额定容量小于或等于 100KVA 的装置，过载能力 150%时为 1 min；对额定容量大于 100KVA 的装置，过载能力 130%时为 30 s。

辅助逆变器主要由 DCU/A 控制器、GDU 驱动板、直流滤波电器、IGBT、保护电器和散热器等组成如图 2-4-2 所示。

图 2-4-2　车辆辅助逆变器

（1）直流电源输入模块：直流输入模块是整个回路中的核心部分，主要负责将输入的直流电转换成逆变器需要的直流电源，并通过控制电路对直流电压进行控制，以确保逆变器输出的电压和电流符合技术要求。直流电源输入模块一般由输入电容、直流滤波电感器和 MOSFET 三个部分组成。

（2）滤波电容：滤波电容在逆变器中起到减小电源噪声和杂波的影响，平滑电源和电压，使逆变器的输出更加稳定。同时，它还能吸收逆变器输出电流中的尖峰电流，并通过改变电压来控制逆变器的输出电流，保证输出的电流稳定。

（3）逆变桥：逆变桥是逆变器的核心部件，主要由 4 个 MOSFET 管及驱动电路组成。逆变桥的作用是将直流电源转化为可控的交流电，通过不同的开关作用方式将电源电压反向输出，从而产生所需的交流电信号。逆变桥需要特别的控制电路，以便精准控制 MOSFET 的导电时间，从而控制逆变桥输出的交流电波形，保证输出电压及频率的稳定。

（4）输出变压器：输出变压器用于对逆变器的电信号进行变压、匹配和隔离。通过输出变压器的变压比和步进比来实现输出电压的调整和匹配。同时，输出变压器还需要具备一定的隔离功能，以保证输出电路和输入电路之间具有一定的电气隔离。

（二）辅助逆变器在城市地铁车辆中的应用

辅助逆变器在城市地铁车辆应用分为两种模式，即先逆变降压再逆变和直接逆变。

1. 第一种逆变器原理

逆变降压稳压后再逆变，如图 2-4-3 所示。上海地铁 2 号、4 号线采用这种逆变器方式。

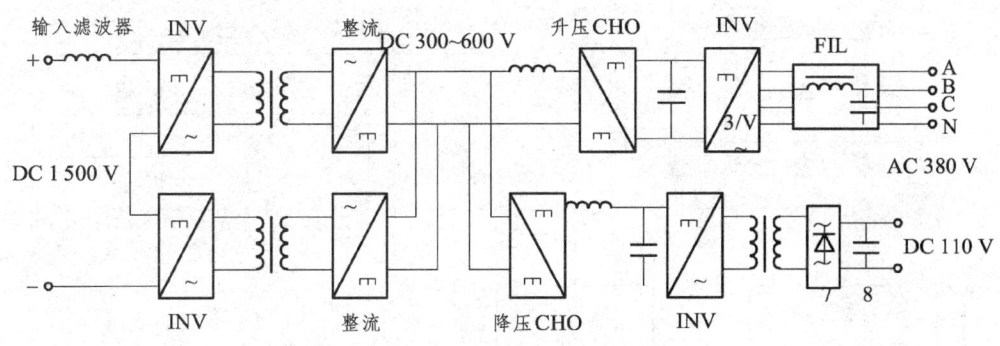

图 2-4-3 辅助逆变器间接逆变原理

2. 第二种逆变器原理

第二种方式为直接逆变,如图 2-4-4 所示。

开关器件:采用大功率 GTO、IGBT 或 IPM。

逆变器:按 V/f 常数控制方式,输出三相脉宽调制电压,变压器隔离。

电路特点:电路结构简单,器件数量少,控制方便。缺点逆变器输出电压易受电网波动影响,器件换流时承受的过电压较大。

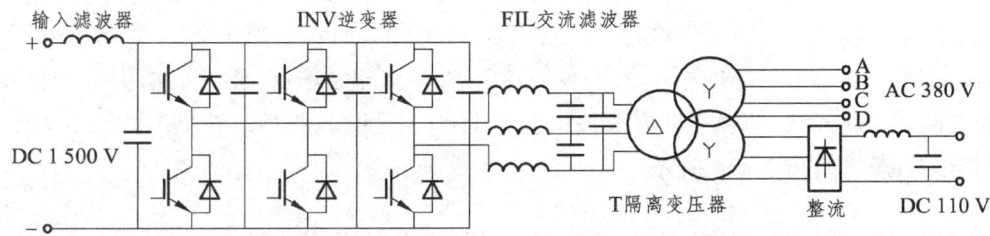

图 2-4-4 逆变器直接逆变原理图

3. 城市轨道交通车辆辅助逆变器电路构造分析

城市轨道交通车辆辅助逆变器电路构造分析如图 2-4-5 所示。

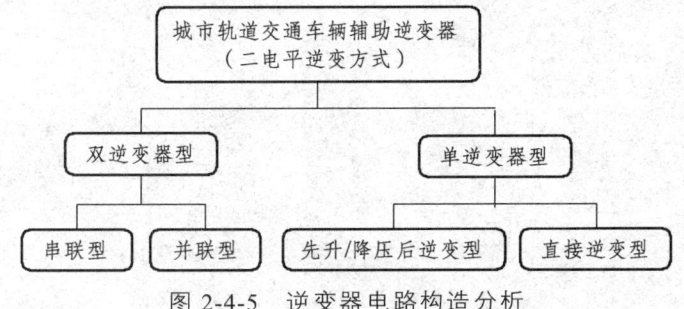

图 2-4-5 逆变器电路构造分析

(三)牵引逆变器组成及原理

牵引逆变器由整流器、中间直流电路和逆变器组成,其结构原理如图 2-4-6 所示。

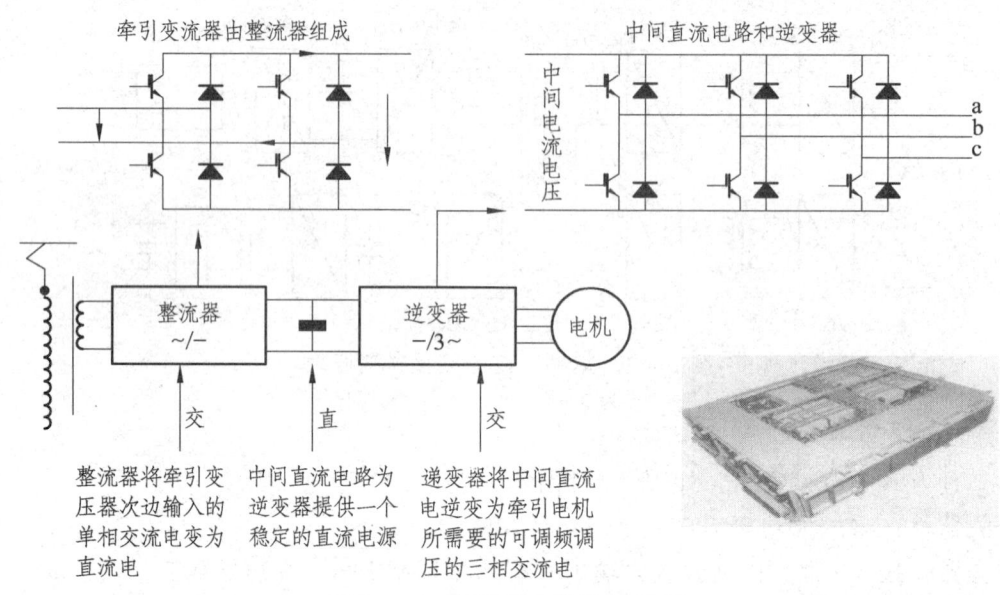

图 2-4-6　牵引逆变器结构原理

牵引逆变器把直流电源转换为变压变频的交流电供牵引电机使用。逆变器电路是牵引系统的主要组成部分，它采用脉宽调制技术的变压变频技术（VVVF）。

输入电路包括线路电抗器、线路电容器、充电电路。输入电路的设计考虑了以下因素：最大输入电流、最大可允许冲击电流、线路电压瞬间变化、EMC 要求。牵引逆变器主要由 DCU/M 控制器、GDU 驱动板、直流滤波电器、IGBT、保护电器和散热器等组成，如图 2-4-7 所示；其电气原理如图 2-4-8 所示。

图 2-4-7　牵引逆变器

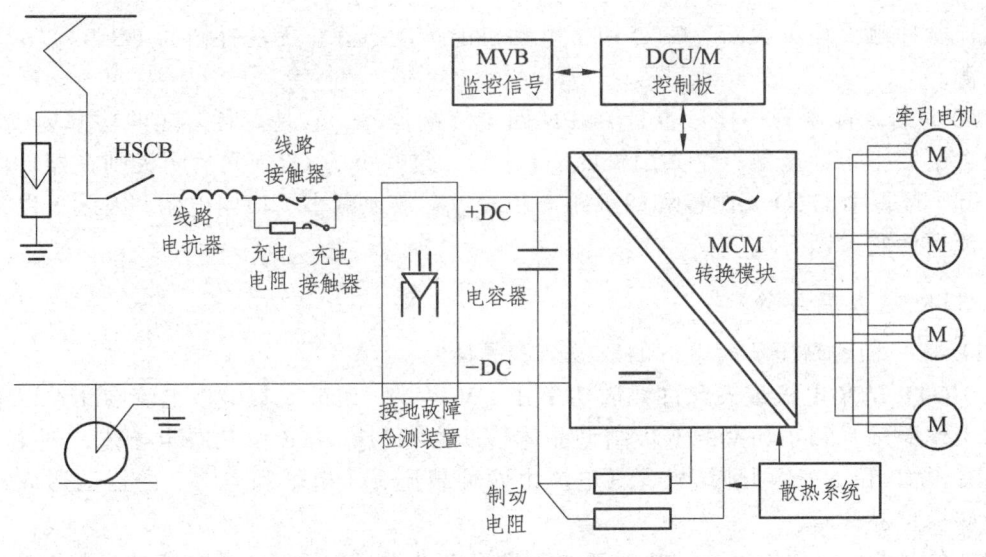

图 2-4-8 牵引逆变器电气原理

地铁车辆牵引逆变器主要性能指标见表 2-4-2。

表 2-4-2 牵引逆变器主要性能指标

线电压	$U_n = DC\ 1\ 000 \sim 1\ 800\ V$
输入线电流	$I_n = 480\ A$
最大线电流（牵引）	$InD_{max} = 692\ A$
最大线电流（制动）	$InD_{max} = 1\ 171\ A$
输出电流	$I_A = 720\ A$
最大输出电流	$I_{Amax} = 1\ 080\ A$
最大保护电流	$I_{max} = 2\ 900\ A$
输出电压	$U_n = 0 \sim 1\ 050\ V$
输出频率	$f_A = 0 \sim 112\ Hz$
GTO（IGBT）最大开关频率	$f_p = 450\ Hz$
制动斩波模块斩波频率	$f_B = 250\ Hz$
模块冷却方式	强迫风冷
模块冷却片风速	$V_L = 8\ m/s$

当牵引控制单元从列车控制单元中接收到一个充电命令时，DC 链接开始充电。充电开始时充电接触器闭合对电容进行充电，当电容电压达到 87%的网压时，线路接触器闭合；当电容电压稳定后，充电接触器断开，充电过程结束。

（四）车辆逆变器主要常用电子器件（晶体管）

1. GTO 门极关断晶闸管

GTO 晶闸管主要特点是，既可以用一个小的正门极电流脉冲触发使其导通，又能被负门极电流脉冲触发使其关断。GTO 用于电动机的传动、静止无功补偿器（SVC）和大功率交流电源。

GTO 与普通晶闸管一样，也是 PNPN 四层三端器件，它是一种多元的功率集成器件，内部包含了数十个甚至数百个共阳极的 GTO 元，这些小的 GTO 元的阴极则在器件内部并联在一起，且每个 GTO 元阴极和门极距离很短，有效地减小了横向电阻，因此可以从门极抽出电流而使它关断。

2. GTR 电力晶体管

GTR 是一种耐高压、大电流的双极结型晶体管。

（1）GTR 的集电极最大允许耗散功率在 1W 以上，或最大集电极电流在 1A 以上。其结构和工作原理都和小功率的双极结型晶体管非常相似。GTR 由三层半导体，两个 PN 结组成，有 PNP 和 NPN 两种结构，其电流由两种载流子（电子和空穴）的运动形成，所以又称为双极型晶体管。

（2）在电力电子技术中，GTR 主要工作在开关状态，晶体通常连接成共发射电路，NPN 型 GTR 通常工作在正偏（$I_b>0$）时的大电流导通，反偏（$I_b<0$）时处于截止的高压状态。因此，给 GTR 的基极施加幅度足够大的脉冲驱动信号，它将处于导通和截止的开关工作状态。

3. MOSFET 电力场效应晶体管

电力场效应晶体管是指绝缘栅型中的 MOS 型（Metal-Oxide Semiconductor）场效应晶体管（Field Effect Tranistor，FET），简称电力 MOSFET。电力 MOSFET 是一种单极型、多数载流子、"零结"、电压可控的电子器件。与 GTR 相比，电力 MOSFET 具有开关速度快、损耗低、驱动电流小，无二次击穿现象等优点。它的缺点是电压不能太高、电流也不能太大。在低压、小功率和高频（数百千赫）开关应用中比较多，如步进电动机的驱动电路运用等。

4. IGBT 绝缘栅双极型晶闸管

20 世纪 80 年代中期出现了将通、断机制相结合的新一代半导体电力开关器件——绝缘栅极双极型晶体管（Insulated Gate Bipo-Lar Transistor，IGBT）如图 2-4-9 所示。它是一种复合器件，其输入控制部分为 MOSFET，输出级为双级结型三极晶体管；因此兼有 MOSFET 和电力晶体管的优点，即高输入阻抗，电压控制，驱动功率小，开关速度快，工作频率可达到 10～40 kHz（比电力三极管高），饱和压降低（比 MOSFET 小得多，与电力三极管相当），电压、电流容量较大，安全工作区域宽。目前，最新 IGBT 产品已经可以达到耐压 30 000 V，2 000～3 000 A。

图 2-4-9　IGBT 实物

IGBT 是一种绝缘栅双极型晶体管，利用加在栅极和发射极之间的电场来进行控制。导通和关断集电极和发射极间的输出时，可根据栅极电压特性曲线来控制电流上升率和电压上升率。IGBT 不需要吸收电路，但电流和电压同时存在时，IGBT 必须承受开关损耗。大功率 IGBT 的开关动作时间为 1～2 μs。IGBT 在满电流时导通电压约为 4 V。虽然这比 GTO 的要高些，但开关频率较高时，IGBT 变流器从空载到满载时的损耗比 GTO 变流器小很多，因为没有与负载有关的线路损耗。过电流时，IGBT 脱离饱和，电压远大于 4 V，损耗功率过大，造成 IGBT 损坏。为防止过电流，门极驱动单元 GDU 监控集电极-发射极电压，在临界状态时立即接通关断电路。IGBT 与 GTO 技术采用的防止击穿方式不同，IGBT 技术采用保护关断电路来防止过电流。为防止中间直流环节的过电压，通过 IGBT 接入负荷电阻作为瞬间电压限制器或阻尼电阻。由于导通电压为正温度系数，IGBT 并联电路是热稳定性的，这也是大功率工作时所需要的基本性能。通过并联电路中的对称阻抗，力求电流尽可能均匀分布。

IGBT 的开关速度低于 MOSFET，却明显高于 GTR；IGBT 的通态压降同 GTR 相近，但比 MOSFET 低得多；IGBT 的电流、电压等级与 GTR 接近，而比 MOSFET 高，其开关损耗比两者低很多。

IGBT 的等效电路如图 2-4-10 所示。由图可知，若在 IGBT 的栅极和发射极之间加上驱动正电压，则 MOSFET 导通，这样 PNP 晶体管的集电极与基极之间呈低阻状态而使得晶体管导通；若 IGBT 的栅极和发射极之间电压为 0 V，则 MOSFET 截止，切断 PNP 晶体管基极电流的供给，使得晶体管截止。

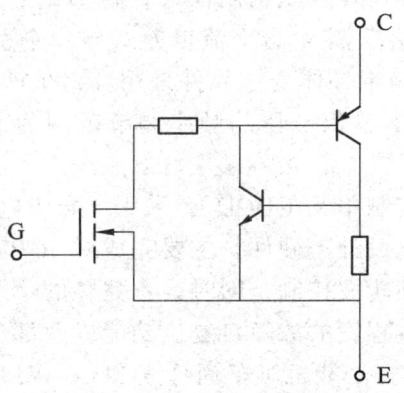

图 2-4-10　IGBT 工作原理

IGBT 的安全可靠与否主要由以下因素决定：
（1）IGBT 栅极与发射极之间的电压。
（2）IGBT 集电极与发射极之间的电压。
（3）流过 IGBT 集电极和发射极的电流。
（4）IGBT 的结温度。

如果 IGBT 栅极与发射极之间的电压，即驱动电压过低，则 IGBT 不能稳定正常地工作，如果超过栅极发射极之间的耐压则 IGBT 可能被永久性损坏。同样，如果加在 IGBT

集电极与发射极允许的电压超过集电极、发射极之间的耐压，流过 IGBT 集电极、发射极的电流超过集电极发射极允许的最大电流，IGBT 的结温超过其结温的允许值，IGBT 都可能会被永久性损坏。

通过多年的发展和材料科技的进步，IGBT 从无抗短路功能发展到具有抗短路能力，从存在被"二次击穿"发展到无"二次击穿"现象发生，从存在电流擎住现象到无擎住现象，并实现了导通压降的降低、栅极电荷减小、开关速度提高和拖尾电流减小的优良性能。IGBT 目前耐压最高已经达到 6 500 V，最大额定电流达到 2 400 A。

地铁车辆逆变器采用的 IGBT 耐压为 3 300 V 左右，额定电流一般为 1 200 A 左右就能基本满足地铁车辆牵引供电整流需求了。

二、牵引控制单元在地铁车辆上的运用

随着技术的发展和牵引控制理论的不断发展，早期在牵引控制单元完成的部分功能已经在列车控制单元中实现。牵引控制单元不但通过列车线与其他系统相连，同时在有多功能列车总线（MVB）的列车上，牵引系统与车辆控制系统的通信也由牵引控制单元来完成。

每套牵引系统配备一个牵引控制单元。车辆整个牵引电路由一次电路和控制电路控制，控制电路由牵引控制单元 DCU 构成（含 VVVF）。整个系统由受电弓、高速断路器 HSCB、VVVF 牵引逆变器、DCU/UNAS（牵引控制单元）、牵引电机、制动电阻等组成，列车受电弓从接触网受流，通过高速断路器后，将 1 500 VDC 送入 VVVF 牵引逆变器。

VVVF 牵引逆变器采用 PWM 脉宽调制模式，将 DC 1 500 V 电源逆变成频率、电压可调的三相交流电，平行供给车辆 4 台交流鼠笼式异步牵引电机，对电机进行调速，实现列车的牵引、制动功能，其半导体变流元件采用 4 500 V/3 000 A 的 GTO（IGBT），最大斩波频率为 450 Hz。VVVF 输出电压的频率调节范围为 0 ~ 112 Hz，幅值调节范围为 AC 0 ~ 1 147 V。

逆变器控制装置即传动控制单元（DCU），采用"异步电动机直接转矩控制""黏着控制"软件和"交流传动模块化设计"硬件，主要完成对 IGBT 逆变器和交流异步牵引电机的实时控制、黏着控制、制动斩波控制，同时具备完整的牵引变流系统故障保护功能、模块级的故障自诊断功能和一定程度的故障自复位功能以及部分车辆级控制功能。DCU 是组成列车通信网络的一部分，与多功能机车车辆总线 MVB 接口及通信。DCU 集成在一个 7U 的标准机箱内，安装在逆变器箱（VVVF 箱）中。

任务二　车辆辅助逆变器和牵引逆变器故障处理

一、辅助逆变器温度过高，逆变器工作不稳定

1. 故障现象

辅助逆变器由于内部温度高导致工作不稳定。

2. 故障原因

造成辅助逆变器上述故障的主要原因有以下几种：

（1）逆变器电气冷却风扇进风口和排风口被异物堵塞。

（2）风扇损坏或冷却风扇电机烧损。

3. 故障处理

针对上述故障现象和原因，对车辆该逆变器做如下检查与处理：

（1）除了辅助逆变器温度过高引发的故障信息，首先应该确定提供温度过高信息的准确性，然后确认逆变器温度过高是否引发了逆变器工作不稳定，针对上述情况进行不同的检查方法和检修措施。

（2）检查如果没有引发逆变器工作不稳定，列车回段后主要检查冷却风扇进风口和排风口有无异物堵塞，有则及时清理。属于风扇损坏的要及时更换。

（3）如果逆变器温度过高且导致了逆变器工作不稳定，就要对逆变器进行检查看是否因为温度过高导致设备器件或线路烧损或老化短路等，发现问题及时处理。检查冷却风扇润滑状态，如缺润滑剂进行补充。

（4）对各功能模块进行测试，看有没有功能模块因温度过高烧损情况。

（5）运行中，如果温度继续升高超过技术规定值，建议立即切除该辅助逆变器，回段检查处理。

4. 注意事项

辅助逆变器如果是冷却风扇原因引发发温度过高导致工作不稳定故障处理比较简单，如果不是冷却风扇引起的就需要对相关部件进行全面检查，检查与之相关的其他部件有没有机械损伤包括连接线路等是否正常，特别是直流电源输入模块和逆变桥部分。

二、辅助逆变器的 GTO 无法关断，连接线路短路

1. 故障现象

辅助逆变器脉冲达不到规定指标值。

2. 故障原因

造成逆变器上述故障的主要原因有以下几种：

连接线路电流超过最大值（接触网瞬间电压或电流值过大），由辅助逆变器主电路电流互感器检测到并记录。一是三相逆变环节驱动板损坏或 GTO（晶闸管）损坏。当逆变环节驱动板损坏会导致无法关断脉冲或关断脉冲达不到规定指标值，使某一 GTO 元件导通后无法可靠地关断，造成连接线路短路。二是负载系统有短路现象，在这种情况下排除故障比较复杂一些，特别是该故障发生在 A 车辅助逆变器上，就需要对 6 节编组车逐车检查排除。

3. 故障处理

针对上述故障现象和原因，对车辆该逆变器做如下检查与处理：

（1）判断故障是出自辅助逆变器本身还是车辆负载部分，切除负载看该故障是否还存在，存在的话故障就出自辅助逆变器，有可能是驱动板损坏或 GTO 损坏。

（2）切除负载故障消失那该故障出自车辆负载，检查车辆负载绝缘值可以判断故障点。

4. 注意事项

辅助逆变器驱动板或 GTO 应在工艺标准条件下进行更换，更换不了送厂修理。

三、辅助逆变器（ACM）图标显示灰色、红色或黄色

1. 故障现象

辅助逆变器（ACM）图标显示灰色、红色或黄色。

2. 故障原因

（1）辅助逆变器断路器跳闸。

（2）辅助逆变器外部短路引发显示故障信息。

（3）辅助逆变器内部相关模块烧损。

3. 故障处理

（1）到站后对 DDU 进行主复位，若故障消除则继续运营。

（2）否则运行到终点站分合对应车的辅助逆变器断路器（ACMCB），若 BCM 显红色则主复位，若故障消失则继续运营，否则退出服务。

（3）3 个及以上辅助逆变器图标显示灰色、红色或黄色，到站后对 DDU 进行主复位，若故障消除，继续运营，否则本站或下一站退出服务。

（4）及时检查和处理外部短路引发的故障。

（5）如经过复位处理仍不能恢复正常，则退出运营回段重点检查辅助逆变器各功能模块看是否存在烧损或短路现象，查出问题及时处理。

4. 注意事项

一般处理电器故障主复位不要超过三次，若三次主复位设备还没有恢复正常说明设备点故障真实存在，继续复位会导致更大的电器设备通电烧损。在进入电器柜作业时要注意带电作业的安全须知和自身的安全防范措施，保证人身安全。

四、辅助逆变器三相电压输出不平衡

1. 故障现象

辅助逆变器输出电压不平衡导致车辆空调机故障。

2. 故障原因

车辆空气压缩机启动困难等故障一般是辅助逆变器输出三相电压不平衡造成。

3. 故障处理

针对上述故障现象和原因，对车辆该逆变器做如下检查与处理：

将空调机组切除，查看故障是否消失，不消失故障就是辅助逆变器本身隔离变压器出

现了问题，检查隔离变压器输出与整流部分，发现问题及时处理。如果切除空调故障消失该故障就是空调机组本身的故障，检查其连接线路、机组绝缘值等，发现故障点及时处理。

如果是空调机组故障大致有以下几种情况：
（1）空调机通风机故障。
（2）空调机冷凝风机故障。
（3）压缩机电机故障。
（4）空调机组与车体连接插件接触不良。
（5）辅助设备柜中与空调控制相关的接触器，空气开关接线松动，触点接触不良或损坏等。

4. 注意事项

辅助逆变器输出三相不平衡检查时应在断电的情况下进行。

五、辅助逆变器故障

1. 故障现象

车辆运行中驾驶室显示屏显示辅助逆变器故障，逆变器有关停现象发生。

2. 故障原因

（1）逆变器控制传输信息丢失。
（2）逆变器控制模块出现故障。
（3）逆变器模块 CPU 烧损。

3. 故障处理

针对上述故障现象和原因，对车辆该逆变器做如下检查与处理：

（1）对发生故障的车辆辅助逆变器逐个测试控制模块，发现其中一个控制模块 CPU 烧损，更换 CPU 后辅助逆变器恢复正常。

（2）重启计算机让网络管理员重新核实 IP 地址，再反复测试恢复正常。有时车辆被计算机和车载总线（WTB）和车辆总线（WMB）传输的指令由于传输信息丢失或 IP 地址误判会导致出现错误的故障信息。在网络传输管理层中有一个网络管理员专门管理和核实、更正各控制电器和设备的专有 IP 地址，发现错了，只要重启就会重新赋予正确的 IP 地址使指令畅通。

4. 注意事项

这类故障首先应在不影响行车安全的情况下，征得行车调度同意可以继续运营或下一站回段检查处理。测试过程中可以互换模块进行对比试验，尽快找到故障模块。

六、全列辅助逆变器无法启动

1. 故障现象

司机准备出库，例行检查发现全列车辅助逆变器无法启动，相关电气无法运行。

2. 故障原因

（1）列车未激活，无法进行其他相关操作。

（2）单个辅助逆变器控制器失电。

（3）中间继电器损坏或接头松动。

（4）中间母线存在过流现象。

（5）蓄电池开关未合闸。蓄电池严重亏电达不到列车启动电压和电流需求。

3. 故障处理

（1）检查司机室是否激活，未激活按照相关程序进行激活，再看故障是否消除。

（2）检查PH箱内相关保护继电器是否跳闸，确认无其他短路导致跳闸进行合闸，看故障是否消失。

（3）检查测试中间继母线是否有过流现象，进行相关故障检查与处理。

（4）检查蓄电池开关是否在合闸位置，有无电源输入。亏电严重进行充电处理。如果检查发现蓄电池损坏予以更换。

4. 注意事项

在库内带电检查一定要注意人身安全。打开PH箱或AP箱、低压箱、蓄电池箱进行操作时需要技术人员在现场进行指导和确认。

七、雷击过电压引起的辅助逆变器故障

1. 故障现象

造成雷击引发的辅助逆变器故障的主要原因有以下几种：

（1）雷击中接触网或接触轨（第三轨），然后传递到受电弓或受电靴上，这种情况在正线上比较常见。

（2）雷电直接击中受电弓。

2. 故障原因

（1）雷击电压过高、电流过大会造成逆变器部分元件损坏。

（2）高速断路器故障或响应时间过长。

3. 故障处理

针对上述故障现象和原因，对车辆该辅助逆变器做如下检查与处理：

（1）对于遭受雷击而出现逆变器故障的地铁车辆，通常应立即退出运营，等待一段时间后重新启动列车，辅助逆变器能重新恢复正常。

（2）如果辅助逆变器仍不能启动，则可进行应急启动。如果上述启动仍然失败，则故障有可能是辅助逆变器或车间电源内部相关元件损坏。这时需要仔细检查发生故障的辅助逆变器与车间电源各电气部件，必要时用兆欧表对辅助逆变器进行绝缘等级检测，判断是否有其他元件被击穿。

（3）检查高速断路器过电流脱扣响应时间和脱扣指标是否符合技术要求，不符合的进行检测处理。

（4）检查浪涌保护器查看是否有损坏现象，如果有须全面对逆变器各功能模块进行测试，看有没有被高电压、高电流冲击损坏。如有，则进行更换并重新测试，达到技术要求后方可放行。

4．注意事项

对于雷电直接击中受电弓的故障应注意检查受电弓及碳滑条等有没有机械损坏，检查碳滑条时一定要仔细。雷击导致碳滑条的裂伤有可能是看得见的，也有可能是整个或局部（内部）碳滑条已经脆化但肉眼看不见。如条件允许最好用不损伤碳滑条的木棍轻轻敲打一下碳滑条查看有没有迅即破损的现象，没有说明雷击后影响不大。发现碳滑板或碳滑条有缺损要及时处理。

八、牵引逆变器故障

1．故障现象

牵引逆变器（MCM）图标显示灰色、红色或黄色，主断路器断开。

2．故障原因

（1）可能是牵引逆变器内部电路有短路现象。

（2）牵引逆变器网络控制传输数据丢失。

（3）牵引逆变器断路器断开（MCNCB）。

3．故障处理

针对上述故障现象和原因，对车辆该逆变器做如下检查与处理：

（1）一节车牵引逆变器图标显示灰色、红色或黄色，若列车能正常牵引则继续运营，如在 AM 模式下出现对标不准，使用 SM 模式对标。

（2）两节车及以上牵引逆变器图标显示灰色、红色或黄色：到站后在 DDU 进行主复位，重新闭合高断，若故障消除，继续运营。

（3）故障未消除，则分合高断，若故障消除，继续运营；若故障未消除，则本站或下一站退出服务。

（4）若无法动车，报行调，启动紧急牵引模式，本站或下一站退出运营。

4．注意事项

牵引逆变器故障时应及时判别几节车辆牵引逆变器故障，超过两辆牵引逆变器故障列车应限速运行；处理故障应尽量在车站进行，进入车底电气柜处理时应注意断电等安全防范，确保人身安全。

九、牵引逆变器（VVVF）电压过高故障

1．故障现象

车辆运行时 VVVF 故障并显示故障信息网压过高，跳主断。

2. 故障原因

（1）供电网因车辆再生制动过多反馈电网造成电压超过限定 1 800 V。

（2）模拟输入 A 插件故障或损坏。

（3）网压传感器故障，传输电压值不正确导致跳主断。

3. 故障处理

针对上述故障现象和原因，对车辆该逆变器做如下检查与处理。

（1）如能手动复位恢复正常的，下载故障数据供技术人员分析借鉴；故障无法复位的做如下检查处理：① 通过测量模拟输入 A 插件 3 A 测试孔，检测测量值与实际值是否对应。② 如果检测正常，更换电机信号插件；如果两项检测不正常，先更换模拟输入 A 插件。

（2）如果更换 A 插件后仍然不正常可以确认故障是网压传感器故障，更换网压传感器应恢复正常。

4. 注意事项

网压过高引发牵引逆变器故障并跳主断应及时与行车调度员汇报，由电力调度进行处理。本车如果再实施再生制动应立即转换为电阻制动。在手动复位应准确判断是网压高引发的跳主断而不是车辆其他电器短路设备引发的跳主断，不能任意进行复位操作，否则会导致更大的故障或事故发生。

十、牵引逆变器（VVVF）欠压故障

1. 故障现象

车辆运行时 VVVF 故障并显示网压低，低压保护继电器动作。

2. 故障原因

（1）供电网压过低。

（2）车辆 MCC 故障。

（3）车辆网压检测器故障或损坏。

3. 故障处理

针对上述故障现象和原因，对车辆该逆变器做如下检查与处理：

（1）接触网压过低应及时与行车调度员汇报。

（2）通过测量模拟输入 A 插件 3 A 测试孔，检测测量值与实际值是否对应，如果检测正常，更换 MCC；如果两项检测不正常，先更换模拟输入 A 插件。

（3）如果更换 A 插件后仍然不正常可以确认是网压传感器故障，更换网压传感器应恢复正常。

4. 注意事项

牵引接触网低于容许低压电机启动条件，应停止牵引操作，及时与行车调度员汇报，由电力调度处理。如强迫启动牵引电机会引发更大的事故发生。

十一、车辆再生制动电压反馈异常

1. 故障现象

地铁车辆再生制动时司机发现反馈电网的电压异常。

2. 故障原因

造成车辆再生制动反馈电网的电压异常故障的主要原因有以下几种：

（1）列车再生制动时，若与牵引变电站配合存在问题，接触网（接触轨）电压将升高，造成辅助逆变器过压保护。

（2）高压自动断路保护继电器故障，不能及时按照设计在达到 1 800 V 附近及时断开再生制动送电，转为电阻制动。

3. 故障处理

针对上述故障现象和原因，对车辆该逆变器做如下检查与处理：

（1）通常在 10 s 左右辅助逆变器可以恢复正常工作，其间列车将进入紧急照明、通风等工况，列车控制系统将记录类似辅助逆变器负载等相关信息。

（2）若网压继续上升迅速，列车辅助逆变器瞬间电流很大，辅助电路熔断器将熔断，甚至高压隔离二极管被击穿，造成列车辅助电路失电，辅助逆变器无法正常工作，进而造成设备通风丧失，引发车辆救援事故。

（3）在列车车辆实施再生制动时，司机一定要严密监视网压情况，一旦发现异常升高，应立即切除再生制动，采用电阻制动，避免故障进一步扩大，造成事故。

（4）检查车载 1 800 V 自动保护继电器是否正常，如不正常更换继电器后试验查看是否达到设计技术要求。

4. 注意事项

处理这类故障应及时与电力调度进行沟通，由电力调度进行电网调配，可以避免类似故障发生。

十二、车载显示器显示 DCU 主板故障

1. 故障现象

列车某车辆 DCU 严重故障，高速断路器合闭灯不亮并不能合上，重启列车故障不能排除。

2. 故障原因

该车辆 DCU 主板故障导致将电源模块电压拉低，牵引逆变器超时，同时也导致该车辆通信故障，该车高速断路器合不上。这种故障多由 GDU 故障造成。

3. 故障处理

针对上述故障现象和原因，对车辆该 DCU 系统做如下检查与处理：

（1）进行计算机重启系统复位处理，重启后仍不能排除故障，检查高速断路器（HSCB），如果一个高速断路器无法闭合，可以按照列车调度员指示运行。

（2）如果发现超过一个高速断路器不能闭合，建议立即通知列车调度员退出运营。

4. 注意事项

处理这类故障应检查相邻车辆是否受到该故障通信造成保护继电器跳闸或造成其他车辆故障。更换模块后应进行测试，符合标准后方可投入运营。

十三、IGBT被击穿导致逆变器无法正常工作

1. 故障现象

列车运行中显示一车牵引逆变器故障，不能正常工作。回段检查发现IGBT被击穿导致牵引逆变器不能工作。

2. 故障原因

（1）IGBT本身生产质量问题，芯片生产过程中清洗不彻底留下隐患。IGBT前面驱动电路和整流稳压电路出现了故障或短路导致电源、电流瞬间超过IGBT最高承受电压使IGBT被击穿。

（2）IGBT因质量问题使用一段时间后导致本身耐压值下降（可能低到2 000 V左右），突发电路高压时被击穿。

（3）车辆高速断路器断开值过大导致因雷雨天气高电压、大电流泄漏导致逆变器驱动电路被击穿同时导致IGBT被击穿。

3. 故障处理

（1）检查并测试同排其他IGBT耐压情况及数据，对损坏的IGBT进行更换。

（2）检查驱动电路和稳压电路情况，发现损坏进行模块更换。

（3）检查和测试高速断路器断开值，不符合要求进行调整。

（4）积极向IGBT生产商进行反馈，要求产品质量认证。

4. 注意事项

（1）IGBT是一个非常精密的器件，理论上在地铁车辆在运用中电压最高不能超过DC 1 800 V，车辆使用的IGBT是耐压DC 3 300 V，1 500 A产品，一般情况下不会被击穿导致故障发生。但日常的保养和进货质量把关尤为重要。

（2）在更换被击穿的IGBT后，一定要及时检查测试驱动电路和稳压电路或模块是否损坏，更换后进行必要的运用测试，达到技术要求后方可投入运营。

（3）检修、测试、更换IGBT必须在恒温、恒湿房间内进行。

第二部分项目四数字资源

项目五

地铁车辆主接触器及其故障处理

> 学习要求
> （1）了解车辆主接触器基本结构。
> （2）掌握车辆接触器的作用原理。
> （3）掌握车辆接触器常见故障检查与处理方法、处理过程。

任务一　地铁车辆主接触器结构及相关知识

接触器是一种用来频繁接通和断开交、直流主电路及大容量的控制电路的自动切换电器，按电流种类不同分为交流接触器和直流接触器两类。直流接触器如图 2-5-1 所示；交流接触器如图 2-5-2 所示。

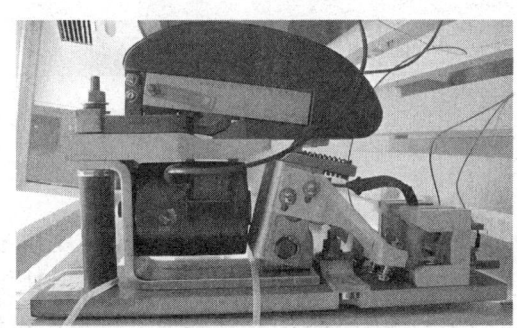

图 2-5-1　直流接触器

图 2-5-2　交流接触器

接触器主要由灭弧装置、主触头、辅助触头、接触器线圈等组成。

一、触头的接触形式

（一）电接触的形式

按在电路中的作用，触头可分为主触头和辅助触头。主触头用于主电路；辅助触头用于辅助电路或控制电路。由于辅助触头常起到电气联锁作用，所以又称为联锁触头。

（1）固定电接触：两个导体，其连接处用铆钉、螺栓等紧固件连接起来，工作过程中接触面不发生相互分离和相对移动的连接方式，称为固定电接触。其特点是接触面之间无相对运动，如各类电器的引出线端与母线的连接，母线与母线的连接等。

（2）滑动与滚动电接触：在工作过程中，接触面间可以相互滑动或滚动。但不能分断电路的接触，称为滑动或滚动接触。直流电机的电刷与换向器之间的连接，车辆接地装置属于滑动接触。

（3）可分合接触：在工作过程中，可以开或闭合的电接触称为可分合接触。触头总是成对地出现，一个为动触头，一个为静触头。动静触头分开，电路分离；动静触头闭合，电路接通。此类电接触器广泛用于各类断路器，接触器和继电器中。

（二）触头的接触形式

触头的接触形式分为点接触、线接触和面接触三种。

（1）点接触：点接触是一个很小的面积内若干个点接触的触头（如球面对球面或球面对平面）。点接触一般用于20 A以下的小电流电器，如继电器的触头，接触器和自动开关的联锁触头等。一般控制电路的触头都采用点接触形式。由于接触面积小，保证其可靠工作所需的接触压力也较小。

（2）线接触：线接触是指两个导体沿着线或较窄面积接触的触头（如圆柱对圆柱，圆柱对平面）。线接触的接触面积和接触压力适中，常用于几十安至几百安的中等容量电器，如接触器、自动开关机及高压开关电器的触头。

（3）面接触：面接触是指两个导体沿着较广的表面接触的触头（如平面对平面）。其接触面积和触头压力较大，多用于固定母线接触及大电流的电器，如大容量的接触器和断路器的主触头。

二、触头的工作情况

触头的工作状态有以下四种。

1. 触头处于闭合状态

触头处于闭合状态时主要任务是保证通过规定的电流，且触头并不超过容许值。（1）闭合状态下的触头长时间接触会产生热和电动稳定性问题，触头发热是由触头接触电阻引起的，解决办法为减小触头接触产生的电阻。一般采取触头加工时表面精加工；触头表面镀银或其他导电性能好的金属材料；触头压力设计合理，满足该电流值和电压值需求。（2）经常检查触头表面，发现温升高、经常有拉弧现象及电腐蚀加快时，应对触头及时清理和研磨。

2. 触头处于闭合过程

触头在闭合过程中因碰撞而产生机械振动。动、静触头不是一次接触就能闭合，而是一个过程，称为触头闭合过程。这个过程中主要危害是机械振动使触头闭合产生磨损，严重时会导致触头熔焊。因此在触头设计过程中应尽量减少触头的机械振动，改变触头接触模式，尽量达到一次性接触成功。

3. 触头处于断开状态

触头处于断开状态时，必须有足够的开距，以保证可靠地熄灭电弧和必要的安全绝缘间隔，可靠断开电路。

4. 触头的开断过程

触头开断是触头最繁重的工作，可分为以下三个过程：

（1）触头完全闭合时起到触头即将开始分开为止。

（2）触头开始分开一段时间。

（3）电路完全切除。

当触头开断电路时，一般会在触头间产生电弧。这个过程的主要问题是熄灭电弧，减小由电弧而产生的触头电磨损。

三、触头的磨损

触头在多次接通和断开有载电路后，它的接触表面将逐渐产生磨耗和损坏，这种现象称为触头的磨损。磨损直接影响电器的使用寿命。

触头磨损包括机械磨损、化学磨损和电磨损。

（1）机械磨损是在触头闭合和打开时研磨机械碰撞造成的。它使触头接触面产生压皱、裂纹或塑形变形。

（2）化学磨损是由于周围介质中的腐蚀气体或水蒸气对触头侵蚀所造成的，它使触头表面形成非导电性薄膜，致使接触电阻增大，且不稳定，甚至完全破坏了触头的导电性能。这种非导电性薄膜在触头相互碰撞及触头压力作用下，逐渐剥落，形成金属材料的损耗。机械磨损和化学磨损在触头磨损中占10%左右。

（3）触头的磨损主要取决于电磨损。电磨损主要是触头被电弧反复高温冲击，造成触头表面出现凹凸不平，增大触头表面的电阻，电阻增大导致触头发热概率增大，从而导致触头磨损加快甚至烧损。

四、接触器日常检查与保养

对接触器触头的检查必须仔细，不能单凭肉眼去看触头表面磨损情况，应借助于放大镜仔细观察。特别是频繁出现温升过高的接触器更应该仔细检查，发现触头磨损严重进行更换或研磨，但研磨的接触面应符合技术标准方可以继续使用；凡是发现触头磨损过快、有温度过高的记录，对灭弧器也要进行拆装仔细检查，查看灭弧片有没有松动和变形，有则成组更换。

任务二　车辆主接触器故障处理

一、接触器通电后不能完全闭合

1. 故障现象

司机接通接触器通电后，接触器不能完全闭合。

2. 故障原因

造成接触器通电后不能完全闭合的主要原因有以下几种：
（1）电源电压低于接触器线圈额定电压。
（2）触头恢复弹簧弹力过大。
（3）触头行程过大。
（4）接触器电源接头松动或脱落。
（5）电压值过低不能使接触器触头吸合。

3. 故障处理

针对上述故障现象和原因，对该主接触器做如下检查与处理：
（1）主接触器通电后不能完全闭合会造成车辆无法运行，原则上应及时与列车调度员取得联系，如果反复几次试验接触器仍然不能闭合一般应退出运营。
（2）现场处理一般检查接触器输入电压值，如果低于额定电压进行调整；有时是电网短时间电压低，电网恢复正常后再试应该正常。
（3）如果电压值正常触头仍不能完全闭合，应检查恢复弹簧和触头行程是否过大，过大则进行调整。

4. 注意事项

处理该类故障一定要准确判别是否是触头没有完全闭合，或者是虚闭合。属于电压问题可以应急处理，属于电磁问题应该及时退出运营后处理。要注意是否是由于电压过低造成接触器不能动作，车载司机室电压表是否显示电压过低，回段后应及时反馈意见，导致原因可能是设备本身设计缺陷，可改进线路设计防止类似故障发生。

触头装配工艺及行程间距调节技术要求较高，凡检修后都需技术人员进行质量确认。

二、接触器断电后不释放

1. 故障现象

司机断开接触器电源后接触器仍然导通，触头不释放。

2. 故障原因

造成接触器断电后不能释放的主要原因有以下几种：
（1）电磁动触头恢复弹簧弹力弱或断裂。
（2）触头熔焊粘接。
（3）交流接触器剩磁过大。

3. 故障处理

针对上述故障现象和原因，对车辆该接触器做如下检查与处理：
（1）调节或更换电磁动触头恢复弹簧。
（2）检查交流接触器电磁部分硅钢片是否错位，去磁气隙是否符合标准，发现问题及时处理。

（3）属于触头熔焊应对触头进行加工处理，达到标准可以继续使用，研磨仍然达不到触头工艺标准的更换（保证接触面不低于60%）。

4. 注意事项

如果检查故障发现是触头熔焊应及时检查接触器灭弧罩和输入电源系统有没有其他故障或原因，只有排除后才能保证接触器不会再次发生类似故障。

触头研磨是一项技术要求非常高的工艺，如果研磨达不到触头的接触面积和安全使用技术标准，建议成对更换动、静触头，保证行车安全。

三、接触器开断不灵敏

1. 故障现象

接触器开断不灵敏，有滞后现象。

2. 故障原因

造成接触器断开不灵敏的主要原因有以下几种：
（1）电空接触器漏风或风压不足。
（2）机械可动部分铁心有杂质进入造成卡滞。
（3）磁气隙过小或有异物阻塞。
（4）恢复弹簧弹力过大或过小，不符合技术要求。

3. 故障处理

针对上述故障现象和原因，对车辆该接触器做如下检查与处理：
（1）检查电空接触器是否有泄漏现象，如有进行处理恢复正常。
（2）检查动铁心及动铁心槽看有没有杂质卡滞，清除后安装查看是否恢复正常。
（3）检查恢复弹簧压力值，如不符合技术要求进行更换。
（4）如果是动铁心磁间隙过小进行调整并测试合格组装后进行检测查看故障是否消失。

4. 注意事项

处理接触器故障一定要严格按照工艺标准进行，清洁度要求非常高，装配时一定要防止异物进入空隙。卸下来的各配件严格控制不要被污染或混入其他杂质。

四、接触器不闭合或正常情况下突然断开

1. 故障现象

接触器通电后不闭合或突然断开，造成列车停运。

2. 故障原因

造成接触器不闭合或正常情况下突然断开的主要原因有以下几种：
（1）输入电源电压过低。
（2）线圈内部突然断裂。
（3）线圈引出线断裂。

3. 故障处理

针对上述故障现象和原因，对车辆该接触器做如下检查与处理：

（1）检查接触器输入电压，过低进行调整恢复正常。

（2）属于线圈断裂进行更换。

（3）更换和焊牢断裂的线圈引出线。

4. 注意事项

更换线圈应在专业技术人员指导下进行，线圈匝数和工艺一定要符合标准，达不到要求建议更换新设备。

五、接触器触头严重烧灼或焊接

1. 故障现象

接触器发生严重烧灼或焊接在一起。

2. 故障原因

造成接触器触头严重烧灼或焊接的主要原因有以下几种：

（1）接触器表面被电化氧化造成高低不平，电阻增大导致烧灼和焊接。

（2）接触器触头压力不足。

（3）接触器触头分断能力不足。

（4）电源电压过低或机械卡滞导致触头停滞或反复跳动，导致触头间电火花产生烧灼或焊接。

（5）操作频率过高或负载电流过大。

3. 故障处理

针对上述故障现象和原因，对车辆该接触器做如下检查与处理：

（1）清理触头接触面，如果能处理好达到标准可以继续使用，如达不到要求，建议成对更换触头。

（2）压力不足调整恢复弹簧及触头行程。

（3）如电压低则调整输入电压值，如触头机械卡滞清洗或调整。

（4）检查电流输入记录有无超流现象，进行检修和调整。

4. 注意事项

出现触头焊接现象，维修后如果符合标准可以继续使用，如果不达标建议成组更换触头。且一定要分析故障原因，找到源头进行处理，不能仅更换触头。

第二部分项目五数字资源

项目六

车辆牵引电机及其故障处理

学习要求

（1）了解车辆牵引电动机的基本结构。
（2）掌握车辆牵引电动机的作用原理。
（3）掌握直线牵引电动机的结构及作用原理。
（4）掌握车辆牵引电动机常见故障检查与处理方法、处理过程。

任务一　车辆牵引电机结构及相关知识

按照牵引系统中不同的功能块划分，其由下列单元组成：受流部分、高速断路器、牵引逆变器、牵引电机、制动电阻，如图 2-6-1 所示。

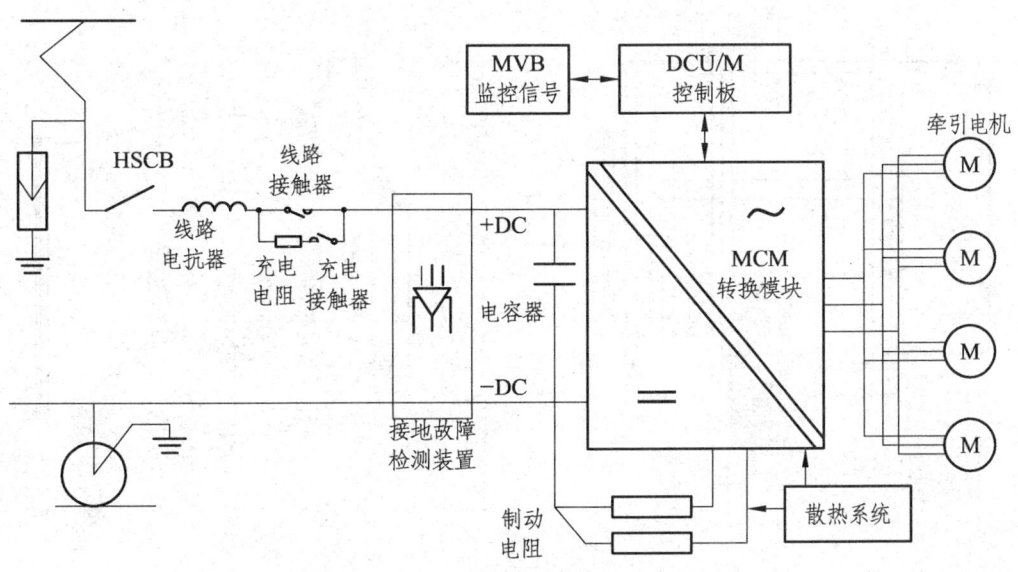

图 2-6-1　地铁车辆牵引系统单元结构

一、牵引电机的构造及结构

牵引电机的构造及结构分别如图 2-6-2 所示。牵引电机车辆实际安装如图 2-6-3 所示。

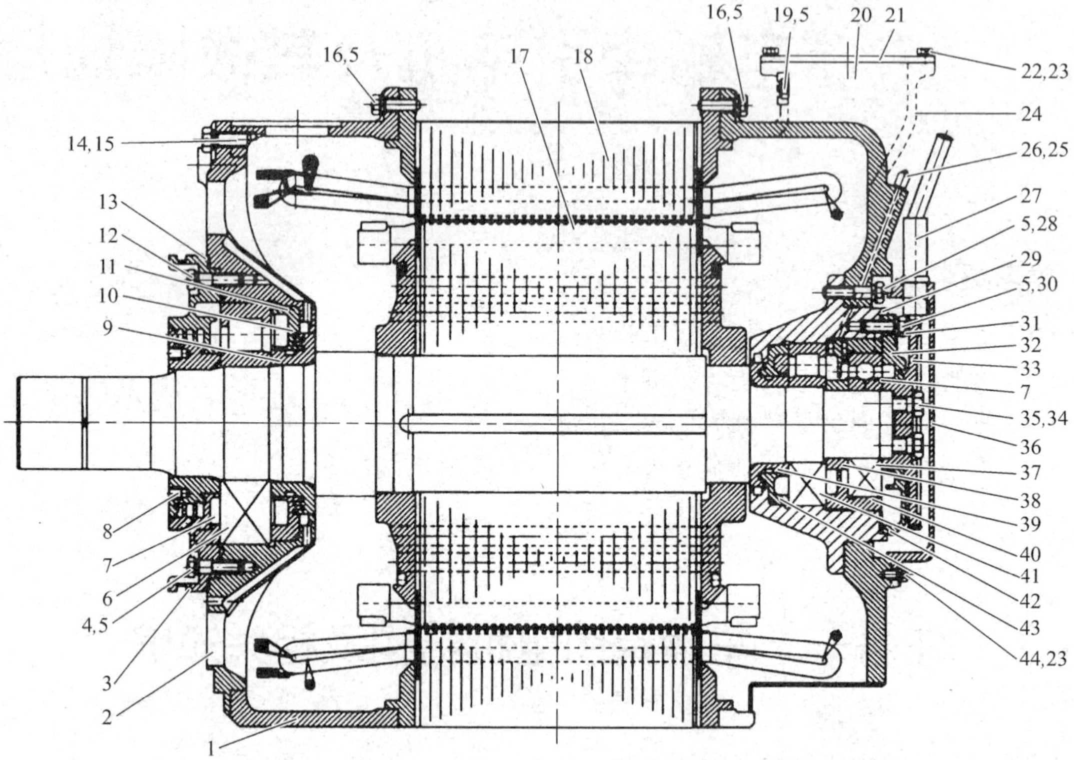

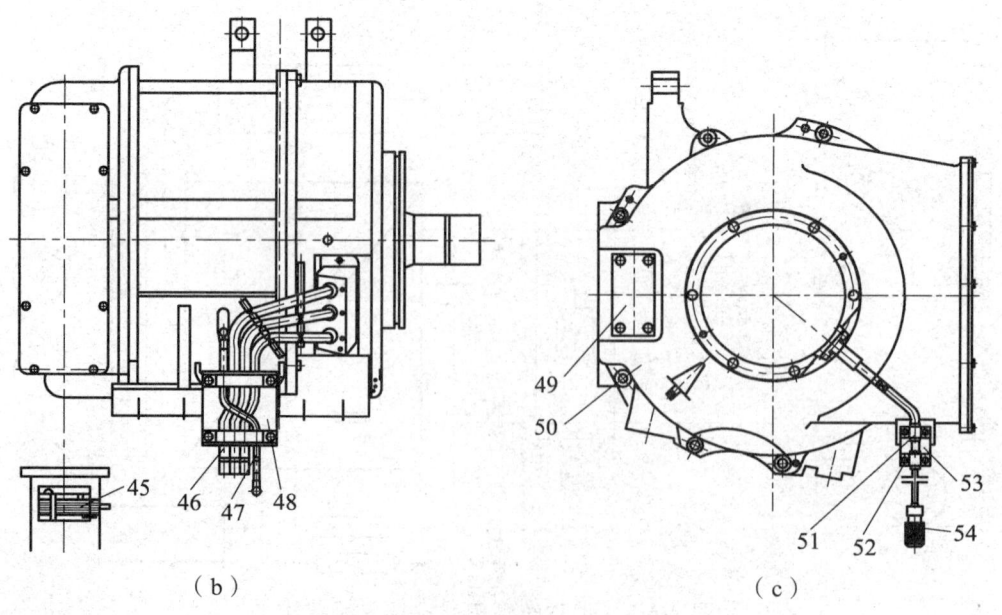

(a)

(b)

(c)

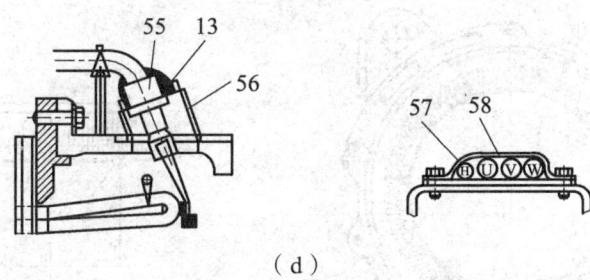

(d)

1—过渡盘装配；2—传动端端盖；3—传动端轴承外盖；4，16，19，28，30—螺栓 M16；5—垫圈；6—NU 轴承；7—润滑脂；8—传动端外封环；9—传动端轴套；10—传动端内封环；11—销；12—密封圈；13—密封胶；14—螺栓 M20；15—垫圈 20；17—转子；18—定子；20—进风口盖板；21—进风口防护罩；22，35，44—螺栓 M12；23—垫圈 12；24—非传动端端盖；25—加油嘴盖；26—加油嘴；27—测速传感器；29—非传动端轴承座；31—键；32—非传动端外封环；33—测速齿盘；34—轴头扣片；36—非传动端轴承外盖；37，41—NU 轴承；38—轴承内圈隔套；39—非传动端内轴套；40—轴承外圈隔套；42—密封垫；43—非传动端内封环；45—铭牌；46—三相引出线；47—接地线；48—引出线引导板；49—观察孔盖板；50—小件件焊；51—油管卡子；52—橡胶护垫；53—传感器引导板；54—传感器接头；55—引出线护套；56—接线盒；57—大线卡子；58—橡胶护垫

图 2-6-2　牵引电机结构

图 2-6-3　牵引电机

（一）定子结构

定子无传统的框架式机座，直接用硅钢片叠压而成，如图 2-6-4 所示。定子采用开口式槽型，定子槽内垫有槽绝缘，绕组为双层硬绕组，根据接线需要，绕组的引出线做成 5 种长度形式，因此无须过渡连线。定子的槽楔用绝缘材料制成且很薄。定子的三相引出线采用机转用电缆接成 Y 形，绕组与三相引出电缆线间有一过渡连线，此过渡连线可以减少连线间截面积的过大变化和电流密度的过大变化。电机设有接地线，接地线也采用机车专用电缆。针对变频电机需在较高频率下运行的特点，绕组采用聚酰亚胺薄膜带熔敷的导线 2 根并绕而成。为了得到足够的机械强度、良好的电气性能与优良的热稳定性，定子绕组用端箍固定。定子整体经过真空压力浸漆（VPI），电机的绝缘耐热等级为 200 级。

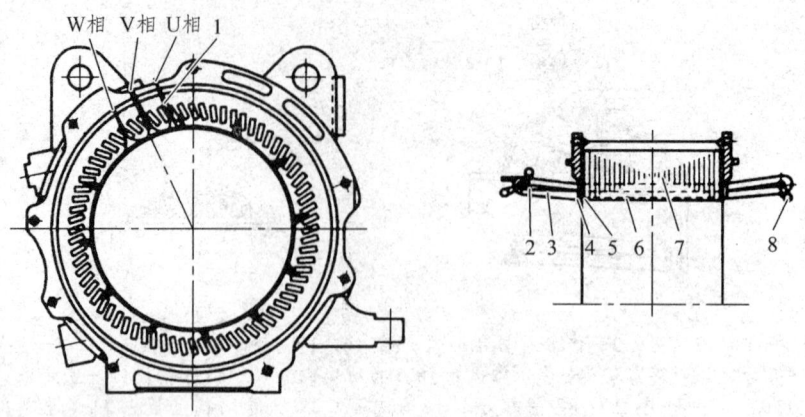

1—定子引线头;2—定子护环;3—定子线圈;4—槽楔;5—槽口绝缘;
6—槽绝缘;7—定子铁心;8—定子护环。

图 2-6-4 定子结构

(二) 转子结构

转子为鼠笼式结构,如图 2-6-5 所示。鼠笼由专用铜合金导条与锻纯铜的端环用感应焊焊接而成。端环一侧车一较浅的环槽,导条与端环进行对接焊接,称为对接式结构。为防止导条在铁心槽内出现窜动,导条打入槽后,用专用滚压机将导条滚压胀紧。为提高端环抵抗高速旋转时产生的离心力,鼠笼焊成后,端环的外圆经过加工再套一个用高强度的护环。转子经过动平衡检验,避免高速旋转时对整机带来的振动。转子结构如图 2-6-5 所示。

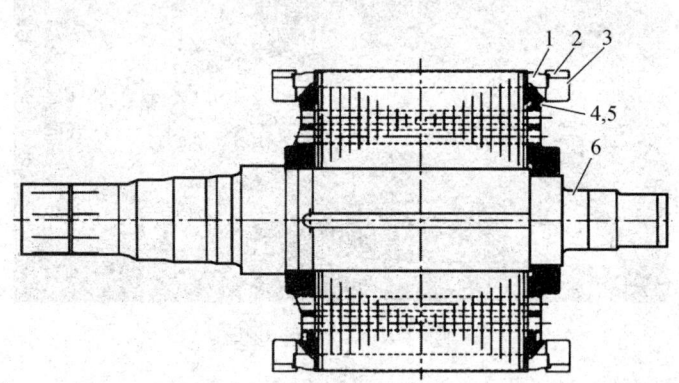

1—导条;2—护环;3—端环;4—平衡块;5—平衡块螺钉;6—转子铁心。

图 2-6-5 转子结构

(三) 交流异步电机

交流异步电机是交流旋转电机的一种,另一种为交流同步电机。按电机转子结构形式的不同,交流异步电机可分为鼠笼式、绕线式和整流子式。交流同步电机分为凸极式和隐极式。牵引电机是通过电传动控制系统改变牵引电动机的转矩和转速以达到调节牵引力和速度的目的。

交流异步电机既可作为电动机使用,也可作为发电机和电磁制动器使用。当牵引电动机作为发电机使用时，可以将列车运转的机械能转变为电能实现电制动。与同步电机不同，交流异步电机的定子磁场旋转速度与转子旋转的速度不同。

当电动机运行时，电机转子旋转速度小于定子旋转磁场的速度，即转差率为正。电动机运行状态，旋转磁场方向与定子的旋转方向相同，且定子旋转磁场的转速 n_1 快于转子的转速 n_2，即 $n_1>n_2$。此时，转子上产生一个转矩 M，如图 2-6-6 所示。

$$S=1-\frac{n_2}{n_1}>0$$

当发电机运行时则相反，转子旋转速度大于定子磁场旋转速度，旋转磁场方向与定子的旋转方向相同，即转差率为负。在这个状态下，定子旋转磁场的转速 n_1 慢于转子的转速 n_2，即 $n_1<n_2$。在这时转子转速受惯性的影响，不会立即减速。因此，对于旋转磁场来说，相对于转子做相反方向运动。因此在转子上要产生一个反向的转矩 M，这个反向转矩会使电动机转速下降，如图 2-6-7 所示。

$$S=1-\frac{n_2}{n_1}<0$$

当制动机运行时，转子旋转方向与定子磁场旋转方向相反，即转差率大于 1。

在这个状态下，定子旋转磁场相对于转子的速度为 n_1+n_2。由于这时转子转速受惯性的影响，不会立即减速，因此在转子上要产生一个反向的转矩 M，这个反向转矩会使电动机转速快速下降，如图 2-6-8 所示。

$$S=1+\frac{n_2}{n_1}>0$$

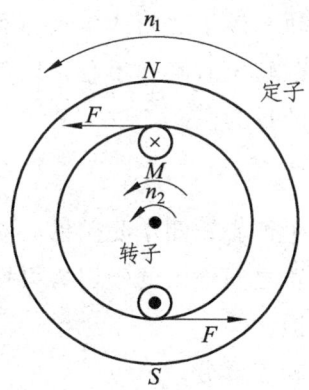
图 2-6-6 电动机时扭力

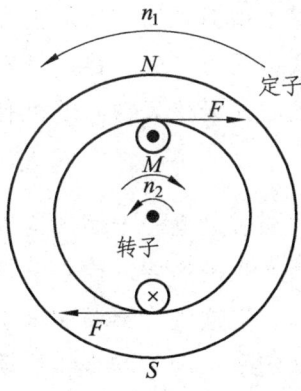
图 2-6-7 发电机扭力

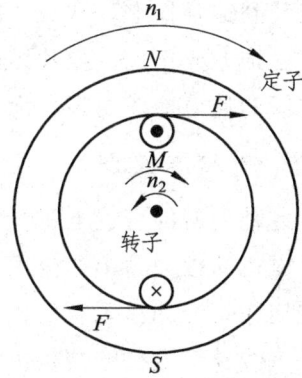
图 2-6-8 制动时扭力图

由于反向转矩的作用，n_2 不断下降，S 正差转率由大变小，电机始终处于发电机状态，直到速度下降到 5 km/h 时，由车辆网控系统将电制动转入空气制动过程，列车停车。

当异步电机定子旋转磁场的速度与转子旋转速度相等，即转差率为 0 时，由于转子感应不出电势将不产生力矩，也就不产生功率。

正因为这种电机在有功率产生时定子旋转磁场速度与转子旋转速度始终不一，故称其为异步电机。

二、直线牵引电机

直线电机将传统电机旋转运动方式改为直线运动方式，工作原理与一般的旋转式感应电动机类似，可看成是将旋转电机沿半径方向剖开展平，定子部分沿纵向固定安装于车辆底架下部或转向架构架下部，转子部分展平变为一条感应轨，铺设在两走行轨之间，定子与转子感应轨之间保持 8~10 mm 间隙，如图 2-6-9 所示。当通过交流电流时，由于磁场的相互作用产生推力，轨道车辆就是利用该力驱动车辆运行或使车辆制动，从而突破了长期以来依靠轮轨黏着作用传递牵引力的传统技术。

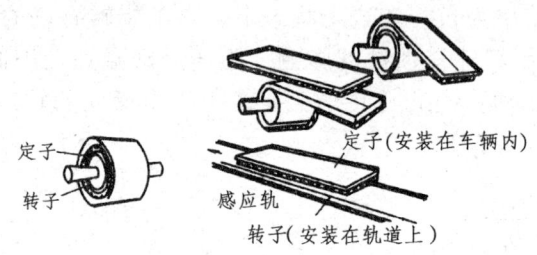

图 2-6-9　直线电机结构

（一）直线电机的种类

直线电机有无槽有铁心、有槽有铁心和无槽无铁心三种。三种平板式直线电机均无刷。

1. 无槽有铁心

无槽有铁心平板电机在结构上与无槽无铁心电机相似。其铁心安装在钢叠片结构然后再安装到铝背板上，铁叠片结构用于指引磁场和增加推力，磁轨和动子之间产生吸力和电机产生推力成正比，叠片结构导致接头力产生。将动子安装到磁轨上时必须小心，以免它们之间的吸力造成伤害。无槽有铁心比无槽无铁心电机有更大的推力。

2. 有槽有铁心

这种类型的直线电机，铁心线圈被放进一个钢结构里以产生铁心线圈单元。铁心有效增强电机的推力输出通过聚焦线圈产生的磁场。铁心电枢和磁轨之间增大的吸引力可以被预先用作气浮轴承系统的预加载荷，但这些力会增加轴承的磨损。

直线异步电机的结构主要包括定子、动子和直线运动支撑轮三部分。

（二）直线异步电动机的动子

动子导磁材料表面覆盖一层导电材料，导磁材料只作为磁路导磁作用，覆盖导电材料作鼠笼形电机绕组。直线牵引城市轨道列车如图 2-6-10 所示。

1. 磁性动子

动子是由导磁材料制成（钢板），既起磁路作用，又作为鼠笼型动子起导电作用。

图 2-6-10　广州地铁直线牵引列车

2. 非磁性动子

动子由非磁性材料做成（铜、铝板等），主要起导电作用，这种形式的电动机的气隙较大，励磁电流损耗较大。

（三）直线电动机

直流电机、感应电机、同步电机都可以做成直线电机，但是直流电机在结构上无法做成无整流子型，所以，直线电机一般为感应电动机和同步电动机。这些交流电动机的一次侧有作为定子侧的，也有作为转子侧即移动体侧的。例如，超导磁悬浮中，同步电动机的定子（地上）是一次侧，旋转磁场在地上移动。而地铁的直线电机，感应电动机的旋转磁场安装在车上，二次侧固定在地上，前者的空隙靠左右导向线圈保持，而后者靠轮对保持。

直线电机产生推力的原理与旋转电动机产生力矩的原理一样。在采用直线电机的地铁中，安装在转向架上的直线电动机沿前进方向产生移动磁场，让地面对应该磁场；安装在地面的反作用板（相当于二次线圈）中通过二次电流（涡流电流），由于这个二次电流切割磁场产生的力作为反作用力，安装在转向架上的直线电动机得到推进力。

城市轨道车辆直线牵引电机主要结构如图 2-6-11 所示。

图 2-6-11　直线电机主要结构示意

（1）直线电机三相线圈（初级）安装在车辆转向架上面用悬挂装置固定。

（2）导磁感应板（现在考虑成本和耐自然条件下氧化成的一般选用铝板加叠钢片组成）固定在地面并由支架支撑。由于初级线圈和导磁铝板间隙只有 9 mm 左右，为防止车辆走行部部件脱落，直线牵引车辆底部所有部件均采用防松螺栓固定。

（3）在三相线圈前部安装有排障器，运行中可以排除 6 mm 以上的所有障碍物，避免坚硬物体损伤三相线圈导致设备重大故障。

1. 城市轨道交通采用直线牵引电机的车辆的优点

（1）车身降低导致隧道断面面积减小，降低了地铁投资成本。

（2）非黏着驱动形式使加减速可靠、磨耗少，爬坡能力大大增强。常规铁路线路坡度一般不超过 30‰~35‰，直线电机牵引地铁坡度可达 60‰~80‰。

（3）取消了齿轮传动机构，曲线通过能力增加，并降低了噪声。

（4）磨损部件少，车辆维护量降低，车轮寿命长。

2. 直线牵引电机的缺点

（1）很难将定子与转子空隙做成像旋转电动机那么小。

（2）旋转电动机磁场是无限循环的，而直线电动机是有端头的，因此泄漏磁通量大，电气、机械能量转换效率低，约为旋转电机 70%。如果要得到相同的动能输出，逆变器的容量需求比旋转电动机大很多。

3. 直线电机的特点

（1）结构简单。由于直线电机不需要把旋转运动变成直线运动的附加装置（如齿轮箱和联轴节等），因而使系统本身的结构大为简化，重量和体积大大地下降。

（2）定位精度高。在需要直线运动的地方，直线电机可以实现直接传动，因而可以消除中间环节所带来的各种定位误差，如采用微机控制，则可以大大提高整个系统的定位精度。

（3）反应速度快，灵敏度高，随动性好。直线电机容易做到其动子用磁悬浮支撑，因而使动子和定子之间始终保持一定的空气间隙而不接触，这就消除了定子、动子之间的接触摩擦阻力，因而大大提高了系统的灵敏度，快速性和随动性。

（4）工作安全可靠、寿命长。直线电机可以实现无接触传递力，机械摩擦损耗几乎为零，所以故障率少，免维修，因而工作安全可靠，寿命长。

直线牵引电机如图 2-6-12 所示。

图 2-6-12　直线牵引电机

(四)直线电机的控制方法

(1)直线牵引电机大部分采用直接转矩控制。

(2)气隙变化补偿控制。直线牵引电机的列车在运行中由于轨道线路质量不稳定和车辆本身的一系弹簧的振动,使运行中的列车初级(线圈)和次级(地面感应板)之间的距离随时都在发生变化,因此需要及时检测和调节输入电流的大小来保证调速的稳定性。车辆运行中励磁电感随空气隙的变化而波动,结果磁通也引起波动,激励电感的波动随励磁电流的波动而决定,因而磁通的波动可由电磁电流变化的补偿来控制。

(3)在线 PID 闭环控制方法是指直线电机在运动过程中,根据实际情况不断反馈运动状态。采用 PID 控制方法来校正误差,并控制直线电机的速度、加速度、位置等参数。这种控制方法具有控制精度高、反应迅速、性能稳定等优点,能够满足很多高精度要求控制应用。

PID 控制即指比例积分微分控制。通过比例、积分和微分三个环节的相互配合,PID 控制算法可以实现对输入输出之间的误差进行控制,以达到控制要求。

任务二 地铁车辆牵引系统故障处理

一、单个牵引电机无力

1. 故障现象

车辆加速不达要求,爬坡无力。

2. 故障原因

一是电机本身的问题:

(1)电动机绕组局部短路、断路。

(2)电动机机械部分润滑不良。

(3)电动机轴承同心度不良。

(4)电动机硅钢片性能变坏(如曾经遇到过高温)。

(5)转子鼠笼条部分断裂。

二是电源的问题:

(1)输入电压过低。

(2)三相电源缺相。

(3)三相电压不平衡。

(4)三相电源频率不对。

3. 故障处理

处理这类故障一般采用排除方法可以节约排查时间。第一先检查电压和频率是否正常,不正常则进行处理;其次检查电机是否绝缘值破坏或润滑不良导致,再看看转子鼠笼条是否完整。

4. 注意事项

检修电机一定要符合电机检修条件。电机故障处理后都应进行运行测试,达到标准后方可投入运营。

二、列车牵引力不足

1. 故障现象

列车发车后 ATO 启动较慢,速度上不去,换人工操作再推手柄速度也上不去,车载监控器显示个别车辆无牵引力,但车辆制动正常。

2. 故障原因

(1) 车辆受电弓与接触网接触状态和压力值不稳定。
(2) 高速断路器触头接触不良。
(3) 个别车辆气动制动未缓解。

3. 故障处理

针对上述故障现象和原因,对车辆该牵引电机系统做如下检查与处理:
(1) 检查车辆受电弓是否在升起位,司机室显示升弓灯。
(2) 检查高速断路器是否均闭合,或重新断开闭合一次看指示灯是否亮。
(3) 检查车辆气动缓解灯是否亮。应急处理可以利用车载计算机进行大复位重新激活列车,如故障消除,可以继续运行。如不能消除应与调度及时联系退出运营,回段检查处理。如果发现高速断路器或车辆气动制动不能缓解,建议退出运营回段检查处理。

4. 注意事项

回段仔细检查受电弓接触压力,如偏差及时调整。调整完毕后应进行测试,符合标准后方可投入运用。

三、电动机启动困难

1. 故障现象

司机推动牵引手柄后列车启动困难。

2. 故障原因

造成车辆电动机启动困难的主要原因有以下几种:
(1) 牵引电动机某一相熔断丝断路,电动机缺相运行(此时牵引电机有嗡嗡声)。如果牵引电机缺两相,电动机不动且无声。
(2) 电源电压过低或降压启动时降压太多。
(3) 定子绕组或转子绕组短路。
(4) 定子绕组相间短路或接地。

3．故障处理

针对上述故障现象和原因，对车辆该牵引电机做如下检查与处理：

（1）如果是发现电机缺相有声音发出及时断开，检查电机保护熔断器或其他短路开关是否断路或跳开，及时更换或处理电机可以恢复正常。

（2）属于定子或转子绕组短路用万用表或兆欧表进行测量，发现问题如能维修及时维修；维修不了送厂修理。

（3）属于电压问题及时调整。

4．注意事项

车辆运营中出现这类故障一般只能应急处理如电压不正常，熔断器、保护开关等；如发现是电机短路应及时断电，与行车调度员联系退出运营回段处理。

四、电动机不能启动

1．故障现象

司机推动牵引手柄后列车不能启动。

2．故障原因

造成车辆电动机不能启动的主要原因有以下几种：

（1）主接触器故障。

（2）牵引电动机接线错误，如错误将三角形连接成星形，或将首末接反。

（3）定子与转子铁心相擦。

（4）轴承损坏或被卡住。

（5）车载牵引控制系统故障。

3．故障处理

针对上述故障现象和原因，对车辆该牵引电机做如下检查与处理：

（1）检查电源电压是否正常，主接触器是否通电和输出电压、电流；如没有电压、电流从主接触器副端输出说明主接触器出现故障。主接触器故障如不能吸合，反复试验仍不能吸合，立即通知列车调度员，原则上列车退出运行，回段检查处理。

（2）属于电动机接线问题重新接线处理。

（3）属于定子或轴承问题，应进一步检查判定，发现问题拆卸检查处理。

（4）一般重启计算机后故障应消失，如果不消失，回段后应仔细检查、测试网络控制传输牵引控制部分，如脉冲信号发生与传输，检测部分、IP地址重新核实等。属于程序维护部分由专业技术人员处理。如果经常出现类似故障应该是源代码出现了问题，应该由生产厂进行处理。

4．注意事项

处理过程中如果试验三次主接触器还不能吸合，建议立即与列车调度员联系，请求退出运行处理。在故障处理提手柄过程中要密切关注牵引电机升温情况，发现温升过快或报警，立即停止类似操作，否则将引发牵引电机烧损导致更大事故发生。

五、电动机运行时有异音

1. 故障现象

车辆在运行时发现走行部牵引电动机有异音出现。

2. 故障原因

造成车辆电动机运行有异音的主要原因有以下几种：
（1）相压差较大。
（2）电动机绕组线圈局部短路，电动机发热超过规定上限值。
（3）轴承磨损或已经坏了。
（4）电动机内部机件固定不牢，有松动现象。
（5）冷却风扇变形或堵塞。
（6）电源其中一相缺相或接触不良。
（7）轴承座安装偏差。
（8）轴承润滑不良，缺少润滑油脂。

3. 故障处理

针对上述故障现象和原因，对车辆该牵引电机做如下检查与处理：
（1）检查提供给牵引电动机各相电压值是否正常，查看能否通过重起牵引逆变器消除相压差问题，单车问题可以进行切换处理，维持回段进行检查处理。
（2）其他故障建议退出运营回段仔细判断检查，找到故障点再进行拆卸处理。

4. 注意事项

判断电动机出现异音故障一定要先排除是电源问题造成的；其次要准确判断是电动机发出的异音，不是其他地方发出的异音，可缩小查找故障的范围。在拆卸过程中应做到边拆边检查，不要放过任何可疑故障点。

六、牵引电动机运行时温度过热

1. 故障现象

故障预报运行中牵引电动机温升超过预定值。

2. 故障原因

造成车辆电动机运行时温度过高的主要原因有以下几种：
（1）牵引电机冷却风扇故障，没有送风冷却牵引电机。
（2）是牵引电动机缺相运行，导致一相或两相绕组烧坏或过热。
（3）牵引电机线圈局部绝缘破坏，短路导致。
（4）牵引控制传输系统误报故障信息。

3. 故障处理

针对上述故障现象和原因，对车辆该牵引电机做如下检查与处理：

（1）检查牵引电机冷却风扇是否转动，连接线是否松动或脱落，发现问题及时处理。

（2）检查牵引电动机接线是否有一相脱落或检查牵引逆变器是否输出三相正常电压值。

（3）检测牵引电动机各绕组绝缘值，查看是否有烧损或绝缘值被过热破坏。发现故障处所及时处理。

（4）现场如果重启计算机复位故障现象消失，则说明故障是车载网络控制传输系统误报。

（5）牵引电机运行过热操作者应严格执行操作规则，严密监控电机温升情况和升温速率，一旦超过牵引电机温升最高值应立即停止牵引操作，待甩切除该牵引电机后才能继续牵引操作，否则将引发重大事故发生。如果现场需下车检查应确认安全后方可以进行。

4. 注意事项

出现这类故障应确定是具体车辆电机，可以先切除该牵引电动机运行，与调度联系尽快使列车退出运行，回段进行检查处理。如果是逆变器输出缺相，应对逆变器相关部件或模块进行检测，如有损坏及时更换，更换后跟踪列车运行一段时间，监测效果。

七、牵引电机过流造成主断路器跳闸

1. 故障现象

车辆运行时，MMI 显示主断路器因牵引电机故障跳闸。

2. 故障原因

（1）因牵引电机可能绝缘破坏造成短路引发跳主断路器。

（2）输入电流过大造成牵引电机过流保护装置动作造成跳主断路器。

3. 故障处理

针对上述故障现象和原因，对车辆该牵引电机做如下检查与处理：

（1）重新闭合主断路器，如过流现象消除，确定为瞬间过流，可以继续运行。

（2）如果是因为某一牵引电机绝缘破坏短路或烧损造成的，又不能消除，可以切断该牵引电机运行回段处理。

（3）确定是某车转向架牵引系统导致的，建议切断该车该转向架牵引，继续运行回段处理。

（4）如果现场需要下到车底电器柜检查处理一定要确认列车制动状态下和车底安全条件下进行（可以降弓让车辆断电条件下，但需行车调度同意情况下进行）。

4. 注意事项

在判定是否是因什么原因导致的牵引电机故障时，不能盲目处理和运行。及时与调度和段指挥中心技术人员联系，避免因处理故障不当导致事故扩大。

八、直线牵引列车牵引速度不稳定，列车有冲动感

1. 故障现象

列车运行加速时速度值有波动，列车有轻微冲动感觉。

2. 故障原因

（1）直线电机牵引气隙补偿装置故障。

（2）直线电机在线实时监控和在线参数校正控制系统故障。

（3）气隙和在线参数补偿装置继电器跳闸。

（4）上述装置因列车振动接线头松动或脱落。

（5）车辆缓冲装置故障。

3. 故障处理

针对上述故障现象和原因，对车辆该牵引电机做如下检查与处理：

（1）如果列车牵引加速波动值不是很大，继续运行回段检查处理。

（2）检查确认看是哪个动车发生速度波动过大，切除该车牵引回段处理。

（3）如果列车加速过程中列车冲动越来越大，建议与行车调度联系退出运营回段检查处理。

（4）现场可以重新关闭和开启一次控制装置计算机处理一次，如果故障消失运行回段再做详细检查。

（5）检查车辆缓冲器是否有部件松动或损坏；检查压溃管变形情况，是否符合技术要求；缓冲器橡胶块是否变形或失效予以更换。

（6）检查各控制补偿或监控器是否正常，并进行调试或更换。

4. 注意事项

回段检查重点应该对在线控制和气隙补偿装置进行测试，并对车辆缓冲装置进行检查查看有没有出现问题。有的冲动可能属于车辆缓冲装置出现了问题。

九、ATO 自动驾驶停车错位

1. 故障现象

列车在 ATO 自动驾驶运行时出现多次冲击停车点和错位停车现象。

2. 故障原因

（1）车辆制动 DCU 故障。

（2）无绝缘音频轨道电路（FTGS）干扰严重。

（3）车载 ATO 命令传输部件出现故障。

（4）车辆车轮轮径变化后未合理重新设置。

3. 故障处理

针对上述故障现象和原因，对车辆该牵引电机做如下检查与处理：

（1）检查车辆制动系统 DCU 是否故障，有则进行更换，换后试验检查是否恢复正常。

（2）检查、测试轨道旁轨无绝缘音频电路干扰情况，如有进行处理。

（3）检查测试 ATO 相关制动命令与屏显图标对应情况，如果出现不对称查找相关部件进行更换处理。

（4）查询车辆车轮镟轮记录和调整记录，如果没有及时调整进行重新设置，跟踪运行查看是否恢复正常。

4. 注意事项

出现这类故障在排除车辆本身无故障后，应及时通知电务人员到相关冲击车站旁轨电路进行现场测量或安装专用设备到驾驶室进行电磁、振动、噪声干扰测量，如果超标进行改进。

任务三　地铁车辆牵引电机典型故障案例

某地铁公司一列车辆在运行中，其中一节动车第一转向架一牵引电机温升过高，触发报警和短路保护继电器动作。司机在征得行车调度同意后，切除该转向架牵引电机，列车在下一站清客回段检修。

回段经检修人员和技术人员对该车冷却风扇和热敏传感器进行了检查，没有发现问题。然后对该牵引电机测试时发现电阻值超标严重，拆检发现牵引电机其中一相绕组有绝缘层破坏后两线短接现象，并伴随有烧焦处所。

拆下该牵引电机送专业厂维修，更换备用电机进行测试车辆恢复正常。

处理这类故障司机操作时一定要仔细观察牵引电机温升速率，如果过快应立即切断该牵引电机防止烧损事故发生；如果温度上升到规定上限值以下不再上升，列车可以正常运行，回段再做仔细检查。对轴温传感器及相关设备进行一次测定看是否正常，如不正常应及时处理或更换。

第二部分项目六数字资源

项目七

车辆接地装置及其故障处理

> 学习要求
> （1）了解车辆接地装置的基本结构。
> （2）掌握车辆接地装置的作用原理。
> （3）掌握车辆接地装置常见故障检查与处理方法、处理过程。

任务一　车辆接地装置主要结构及相关知识

车辆接地装置如图 2-7-1 所示，安装位置如图 2-7-2 所示。车辆接地装置主要由接触圆盘、碳刷架、弹簧及安装座等组成。

图 2-7-1　车辆接地装置

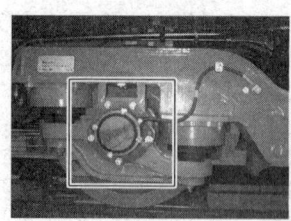 

图 2-7-2　车辆接地装置安装位置

一、接地装置的作用

（1）为主电路提供回流通路，使电流经轮对到达钢轨，构成完整的回路。
（2）防止电流通过轴承内润滑油层的电腐蚀。
（3）提高轴承的使用寿命。

二、接地装置的安装

接地装置安装于转向架轴端，分别在 A 车转向架的第 2 轴的右侧和第 3 轴左侧轴端各安装一个；在 B 车和 C 车的转向架第 1、3 轴的左侧轴端各安装一个；在第 2、4 轴的右侧各安装一个。

地铁车辆接地装置对安装工艺要求比较高，特别是恒压簧的安装，如果存在力的不平衡会导致接地装置的碳刷架散落引发接地装置脱落。

任务二　车辆接地装置故障处理

一、列车运行中突然显示某车接地故障，接地继电器断开

1. 故障现象

列车运行中网压正常，但接地继电器突然断开。

2. 故障原因

造成车辆接地装置继电器断开的主要原因有以下几种：
（1）接地装置电缆断裂。
（2）恒压卷簧及碳刷断裂。
（3）接地装置碳刷等脱落。

3. 故障处理

针对上述故障现象和原因，对车辆该接地装置做如下检查与处理：
（1）发现接地装置电缆断裂，如断股率超过标准应及时更换。
（2）发现恒压卷簧及碳刷或接地装置碳刷脱落应更换或重新组装。

4. 注意事项

（1）处理完毕后应对接地电源回路进行测量，符合标准后方可投入运营。同时检查轴箱轴承有没有擦伤和换环损伤，如有应进行打磨处理。检查电缆断股率不能超过 10%，超过应及时更换。

（2）接地装置脱落安装最重要的是要将恒压簧安装平衡，如果不平衡车轮转动速度过快或振动频率过快都会导致接地装置重新脱落引发接地故障。

二、列车运行中，网压正常但个别车突发阻力过大，车辆无制动显示

1. 故障现象

故障显示车辆接地继电器断开，个别车辆车轮卡死。

2. 故障原因

在排除车轮轴箱齿轮卡死故障后，最大可能应该是安装在轴箱的接地装置脱落导致车轮卡死。

3. 故障处理

针对上述故障现象和原因，对车辆该接地装置做如下检查与处理：

（1）检查该车轴箱接地装置情况，发现接地装置脱落并局部滑片等卡入车轮导致卡死，进行清除更换新接地装置。

（2）检查脱落的弹簧和其他安装部件查看断裂情况，有没有比较尖的部件进入轴承间隙内引发车辆车轮卡死，并初步检查拉伤情况。

（3）做好记录回段及时报告专业技术人员。

4. 注意事项

发生接地装置脱落导致车轮卡死故障在清除金属片后，应仔细检查车轮轴承有没有擦损，如有必要应对车轮轴承进行超声波探伤检查。如果超声波检查车轮被卡死后拉伤超过车轮规定损伤尺寸，建议报废处理。

三、车辆对地短路

1. 故障现象

车辆运行中发现有车辆对地短路现象。

2. 故障原因

造成车辆对地短路的主要原因有以下几种：

（1）牵引电机局部温升过高导致线圈绝缘层破坏造成短路。

（2）某一车辆接地装置脱落导致车辆对地短路。

3. 故障处理

针对上述故障现象和原因，对车辆该接地装置做如下检查与处理：

（1）判断是第几车牵引电机绝缘短路可切除该牵引电机动力，回段再处理。

（2）属于车辆接地装置脱落应及时处理，重新安装好接地装置。

4. 注意事项

在处理车辆接地装置脱落，重新安装时应该仔细检查脱落后的接地装置滑动盘，电源引出线、弹簧等有没有损伤，如有应更换后再安装。重新安装接地装置应保持碳刷与轴滑盘接触面积不少于 40%。

四、车辆电器短路

1. 故障现象

列车运行中在短时间内连续出现三次对地短路将逆变器隔离。

2. 故障原因

（1）接地装置脱落造成短路。

（2）牵引电动机接地；牵引电机接线电缆接地。

（3）制动电阻或制动电阻的连接电缆接地。

（4）逆变器接地。

3. 故障处理

针对上述故障现象和原因，对车辆该接地装置做如下检查与处理：

（1）采用排除法快速找到故障电器或故障点。

（2）检查接地装置是否脱落。

（3）切除牵引电动机，如果故障消失，那么故障就是牵引电机造成的，用兆欧表检测牵引电机电阻如果超过规定值很多，说明牵引电动机内部线圈绝缘层已经破损，导致对地短路故障发生；如果牵引电机正常，再切除牵引电动机连接电缆，如果故障消失那么故障来源于牵引电机连接电缆对地短接。

（4）如果牵引电动机、电缆切除后故障仍然存在，再分别切除制动电阻及其连接电缆、逆变器测试。更换损坏的电器或电缆，并仔细查找电缆为什么短路的原因，是否是由于连接电缆与车体在弯道碰撞引发的，如果是予以隔离处理。

4. 注意事项

出现这类故障在运行中要果断切除故障电器部分或车辆，避免因小故障不及时处理引发大的事故发生。加强观察车辆电器温度、电压、电流变化值，如出现较大的波动及时与行车调度联系请示是否退出运营，回段检修。

第二部分项目七数字资源

项目八

速度传感器及其故障处理

学习要求

（1）了解车辆速度传感器的基本结构。
（2）掌握车辆速度传感器的构造。
（3）掌握车辆速度传感器的作用原理。
（4）掌握车辆速度传感器各常见故障检查与处理方法、处理过程。

任务一　速度传感器

车辆速度传感器是车辆运行和提供给防滑装置重要部件，速度传感器精度要求很高，特别是地铁车辆装备有自动驾驶系统对速度传感器要求更高，同时车辆车轮防滑也需要高精度的速度值来提供基本保证。

如图 2-8-1 所示，速度传感器由测速齿轮和速度传感器探头以及电缆线所组成。测速齿轮与速度传感器探头之间有一个间隙，永磁式的传感器会在间隙中感应磁力线。当齿轮转动时，齿顶、齿谷交替切割磁力线，从而在永磁式的传感器中产生一个频率正比于运行速度的电脉冲信号。这个电脉冲信号就是送入微处理器的速度信号。

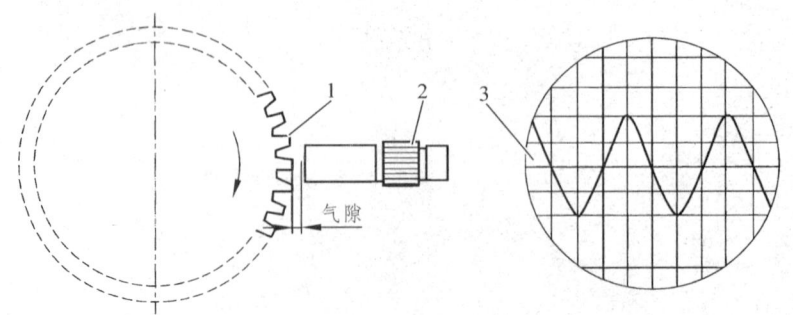

1—轴凹凸轮；2—传感器；3—传感波形。
图 2-8-1　速度传感器原理

（1）作用：用于城市轨道交通列车的速度检测。

（2）结构：由脉冲发射器、磁轮、密封件、外盖组成。

（3）工作原理：其是磁电式传感器，利用电磁感应原理，不需要外加电源，可将输入机械位移转换成线圈中的感应电势输出。当齿轮随车轴旋转时，齿轮与软磁铁轭之间的气隙随之发生变化，从而导致气隙磁阻和穿过气隙的主磁通的变化，在线圈感应出电动势，设每转一圈传感器发出10个脉冲，其频率为

$$f = Nn/60 \text{ Hz}$$

式中　N——齿数（110）；

　　　n——转数（r/min）。

在轨道交通车辆中，所用的速度传感器，多数为磁电式传感器。其主要由感应线圈、磁心等组成，结构如图2-8-2所示。

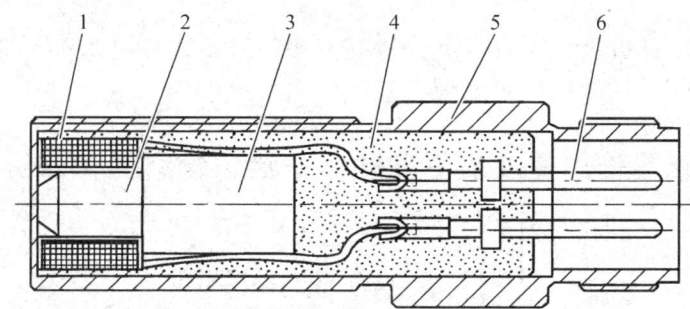

1—线圈；2—铁心；3—磁钢；4—电器密封胶；5—壳体；6—对外接口。

图2-8-2　磁电式速度传感器结构

速度传感器安装位置如图2-8-3所示。

图2-8-3　速度传感器安装位置

任务二　速度传感器常见故障处理

一、速度传感器损坏

1. 故障现象

列车在出站加速过程中个别车辆有冲动现象，切除该车辆故障现象消失。

2. 故障原因

（1）速度传感器位移过大。

（2）速度传感器损坏。

（3）速度传感器控制传输文件丢失。

3. 故障处理

根据车辆故障现象，对车辆故障做如下检查处理：

（1）停车后重启计算机控制系统进行复位处理，开车后查看故障是否消除，消除属于网络控制信息传输信息丢失。

（2）重启复位不能消除建议切除该车回段检查处理。回段检查发现速度传感器已经损坏，更换新速度传感器故障消失。

（3）速度传感器因安装螺栓松动导致位移，紧固后查看是否恢复正常。

4. 注意事项

一般车辆关闭计算机进行重启大复位最好不要超过三次，三次都不能恢复正常说明故障真实存在，建议回段做认真检查处理。

二、速度传感器输出速度值不准确，车辆车轮磨损和擦伤次数过多

1. 故障现象

车辆月检查发现个别车轮磨损严重，检查防滑装置正常。

2. 故障原因

根据车辆故障现象，对车辆做如下检查处理：

（1）速度传感器输出转换器出现故障。

（2）车轮轮径超过了规定值没有及时校正。

（3）速度传感器损坏。

3. 故障处理

（1）检查测试速度传感器转换输出电平值是否符合技术要求，不符合进行调整。

（2）检查车轮璇轮记录，与同轴轮径差距是否在规定值内，不再进行处理。

（3）检查如果发现速度传感器已经损坏，更换后跟踪检查一周查看是否恢复正常。

4. 注意事项

车轮轮径差距应严格控制好，哪怕只相差 0.1 mm，长距离误差就会很大，特别是在高速启动防滑装置时，速度是重要的数据。

三、司机室速度显示车辆速度值波动较大、不稳定，但列车牵引和制动只出现轻度牵引故障

1. 故障现象

司机室显示列车牵引和制动均出现轻度故障，保护断路器均没有动作，速度显示波动较大。

2. 故障原因

（1）车辆中至少有一个以上速度传感器转换装置故障导致速度值波动较大。

（2）网络传输控制数据丢失或数据完整性丢失。

3. 故障处理

根据车辆故障现象，对车辆做如下检查处理：

（1）现场应急处理重启控制计算机让网络控制管理员对 IP 地址进行核查，赋予正确的 IP 地址传输数据和命令。经重启后故障消失车辆可以正常运行。

（2）如果故障仍然存在，请示列车调度员是否在下一站清客退出运营，回段做详细检查处理。

（3）对车辆每一个速度传感器及转换设备测量输出值，发现故障设备进行更换。

4. 注意事项

处理这类故障如果重启计算机不能超过三次，因为如果是计算机网络控制出现的数据丢失或缺失，重启一次都应该恢复正常。如果不能恢复正常，应该及时与行车调度员取得联系请示是否尽快退出运行，回段检查处理。

第二部分项目八数字资源

项目九

车辆驾驶控制器及其故障处理

学习要求

（1）了解车辆驾驶室的基本结构。
（2）掌握车辆驾驶室及电气柜的构造。
（3）掌握车辆驾驶室各常见故障检查与处理方法、处理过程。

任务一　车辆驾驶控制器相关知识

一、地铁车辆驾驶室

地铁车辆控制电气主要由驾驶控制器装置、牵引控制系统电器和列车自动控制系统电气等组成。

驾驶室里的设备主要有：列车驾驶模式选择器，车速控制操作手柄，列车换向运行手柄，制动装置，车载信号复制显示器，各监视电流、电压、压力指示表，紧急停车按钮，高速断路器开合按钮，升、降弓按钮，无线调度电话，警惕装置按钮及各种开关等。

地铁列车驾驶室的核心部分包括人机界面（HMI）和主控界面（MMI）。HMI 显示列车运行的信息和参数，如速度、位置、故障代码等，并具备数据记录功能。MMI 是控制列车的核心工具，驾驶员通过 MMI 发出指令，如起动、加速、减速、停车等，确保列车正常运行。HMI 和 MMI 协同工作是确保地铁列车安全、高效、可靠运行的关键。

地铁车辆分为自动驾驶（ATO）和人工驾驶（SM）两种模式。在自动驾驶模式下，驾驶员只辅助监督驾驶室台上各种仪器、仪表和监控屏出现的信息，没有特别故障信息一般不予干涉。在人工驾驶模式下，驾驶员操作各控制手柄和开关、按钮负责列车的加速、停车和换向运行。

地铁车辆驾驶室的主要功能：列车驾驶模式的切换、列车速度控制、制动控制、信号复制显示、列车停车与换向运行、车辆故障诊断与显示等。

地铁车辆驾驶室操作台各操作手柄、按钮、开关如图 2-9-1 所示，驾驶室左边控制台如图 2-9-2 所示，驾驶室右边控制台如图 2-9-3 所示。

图 2-9-1　地铁车辆驾驶室操作台各操作手柄、按钮、开关

图 2-9-2　车辆驾驶室控制面板（左边）各操作开关、按钮

图 2-9-3　车辆驾驶室右边操作手柄、监控显示

二、车辆驾驶控制器

车辆驾驶控制器结构如图 2-9-4 所示，主要由主控手柄、方式/方向手柄、主控器钥匙、警惕开关（DSD）、电位器、转换开关组、凸轮组组成。

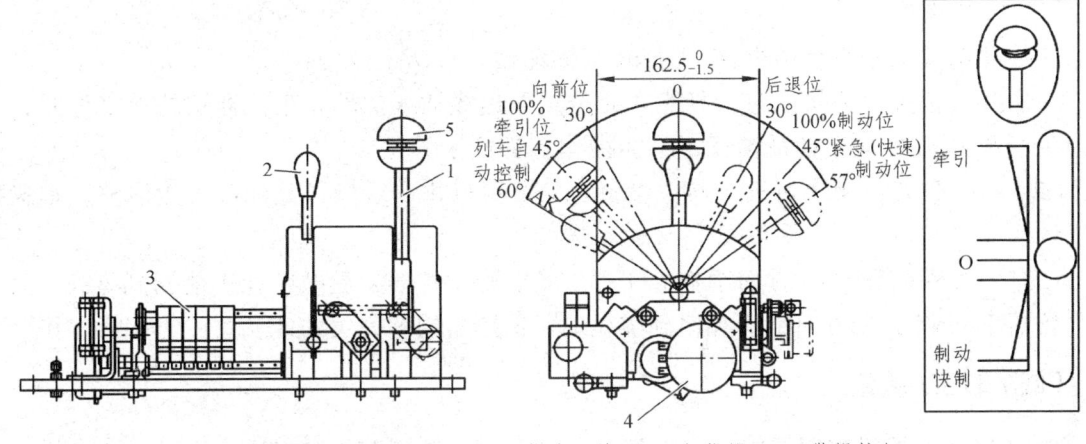

1—控制手柄；2—换向手柄；3—微动开关；4—电位器；5—警惕按钮。

图 2-9-4　车辆驾驶控制器结构

位于主控手柄的上端的两个半圆头开关，正常工作时，司机必须用大拇指将两个半圆合拢，只有停车时才放开。人工驾驶时只有按下警惕开关，操作主控手柄，列车才能启动。若松开警惕开关（DSD）3 s（在弹簧作用下，两个半圆头分开），列车立即进入紧急制动状态。

在主控手柄底部连接一电位器，当主控手柄由零位移向牵引位或制动位时，输出 0~20 mA 电流的司机指令给控制电路。

（一）主控手柄

主控手柄有零位、牵引、制动、快速制动四个位置。

（1）"0"位——机械零位。

（2）"牵引"位——向前推动手柄，牵引给定值可无级输入，当手柄推到最前位为 100%牵引位。

（3）制动位——向内拉动手柄，制动给定值可无级输入，在到达 100%制动位有一阻滞，当手柄推至最里端位置为"紧急（快速）制动位"，快速制动带有限位凹槽。

（二）方式/方向手柄

（1）方式/方向手柄用于选择列车（车辆）驾驶方向，有"向前""0""后退"三个位置。运行方向必须在车辆运行前选择，并且在车辆到达下一车站前保持有效（除特殊车辆故障或事故停车后需要重新选择运行方向外）。

（2）"ATC"列车自动驾驶控制位：通过系统操作或手动控制向前运行。在制动位上通过操作主控手柄，可摆脱"ATC"的指令进行制动。

（3）"0"位置：没有驾驶模式被激活。

（4）"后退"位置：人工倒车模式。

只有当主控手柄在"0"位，方式/方向手柄才能进行向前或向后位置转换。只有选择好方向，即方式/方向手柄在非零位，主控器手柄才可以进行牵引或制动操作。一旦方式/方向手柄在非允许情况下改变了方向手柄的位置，则系统将自动启动紧急制动。

（三）主控器钥匙

主控器钥匙用于激活司机台，（打开机械连锁）有两个位置：

（1）"0"位置：关闭位置，只能在此位置取出或插入钥匙。主控器钥匙在零位时，主控器手柄和方式/方向手柄被锁死，不能操作且都处于零位。

（2）"1"位置：激活司机台操作设备。司机可以进一步操作其他开关激活整个车辆操作系统。

一旦主控手柄和方式/方向手柄处于非零位，则主控器钥匙被锁死不能回到零位。只有当主控器手柄和方式/方向手柄都回到零位时，主控器钥匙开关才能从"1"位移到"0"位。

（四）DSD 装置

DSD 装置是司机控制器的警报按钮，主要用于地铁列车行驶过程中，对于螺栓松动或者卡死等故障的报警和提示功能。

三、车辆控制继电器

继电器是一种根据外界输入信号（电量或非电量）的变化，接通或断开小电流电路，以实现自动控制和保护功能的电器。

地铁车辆电气控制柜主要设置了如供电、ATP、ATO、车门、制动、故障断路器及各种保护继电器等相关电器。车载电气控制柜控制继电器如图2-9-5所示。

图 2-9-5　电气控制柜继电器

地铁车辆电气控制柜各控制开关如图2-9-6所示。

图 2-9-6　电气控制柜各控制开关

继电器主要用来反映各种控制信号。其触点通常接在控制电路中，不直接控制主电路。与接触器不同，继电器负载较小，一般不需要灭弧装置，其特点是种类和数量较多、体积较小。

继电器主要由测量机构和执行机构两部分组成。测量机构接收输入量，并将其转变为继电器工作所必需的物理量，如电压、电流、压力、温度等；执行机构用以改变继电器原来所处状态，并给被控电器一个输入量。

继电器的分类有很多种，按照工作原理可分为电磁继电器、感应继电器、热继电器等；按照输入信号性质可分为电流继电器、电压继电器、压力继电器；按照输出方式可分为有触点式继电器和无触点继电器。城市交通车辆运用较多的电流继电器、中间继电器和电压继电器均属于电磁式继电器。

电磁式继电器的电磁机构就是测量机构,当输入量达到其动作参数要求时,就将转变为衔铁的吸合动作。它的触点是执行机构,当输入量达到动作参数要求时,它由原来的开断状态转变成闭合状态,并接通其控制的电路,从而得到一个输出电压,如图2-9-7所示。

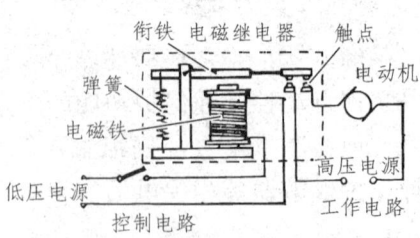

图2-9-7 继电器结构原理

继电器的输入量与输出量的关系称为继电器输入-输出特性。当输入量由零增加到一定值(动作参数)时,衔铁被吸合,使触点闭合,接通被控电路,在输出端有电压输出,即输出量由零越变到最大值。衔铁吸合后,如果将输入量减小到一定值(释放参数)时,反作用力大于电磁吸力,衔铁释放,触头断开,被控电路也断开,输出量由最大值下降为零。

继电器的触点接在控制电路中,通过电流较小(一般在20 A以下),其结构多采用板式和桥式的点接触的镀银或其他导电性能较好的触头。触点是继电器的执行机构,其工作必须可靠。对继电器触点的主要要求是:耐振动和冲击,不产生误动作,触点接触电阻要小,以便接触可靠;耐机械磨损和电磨损,抗熔焊;使用寿命长等。

继电器的主要参数有:额定电压、吸合电压、释放电压、吸合时间、释放时间、线圈消耗功率、触点接触电阻、绝缘电阻、触点负荷和寿命等。

四、车辆低压箱

地铁车辆低压箱结构组成包括多个关键部件,这些部件包括空气压缩机、制动风缸、空气弹簧风缸、空气干燥器、电气控制箱、辅助逆变器。

地铁车辆低压箱涉及多个系统和组件,低压箱是地铁车辆电气系统的重要组成部分,它承担着阻燃、隔热、降噪的作用。此外,在低压箱内安装了电气柜,其中包含了许多电子元器件和部件,如断路器、继电器等,这些部件共同作用保证地铁车辆安全运行。低压电气控制箱如图2-9-8所示。

图2-9-8 车辆低压箱

五、车辆 PH 箱

PH 箱主要由 PH 箱体、PA 箱、充电机箱外围滤波电抗器、制动电阻等组成。其中,PH 箱体为核心部分,其内部结构复杂且功能强大,可分为 MCM 箱、高压箱和中间箱三个部分。

MCM 箱:包含主变流器功率单元、主接触器、充电回路、辅助控制回路及其他辅助设备。这是 PH 箱的核心,负责电能的转换和分配。

高压箱:包含隔离开关、主断路器、车间电源接触器、熔断器单元和其他负责设备。这一区域负责高压电的安全接入和分配。

中箱:为平衡柜体重心,减少车底箱体个数,将辅助变流器进线电抗器安装在中箱内。此外,中箱还包含变流器散热风机及其他辅助设备,确保设备在运行中能保持适当的温度。车辆 PH 箱如图 2-9-9 所示。

图 2-9-9 车辆 PH 箱

PH 箱的工作原理:在地铁车辆运行过程中,PH 箱通过接收来自电网(接触轨)的高压 DC 1 500 V 或接触轨 DC 750 V,经过内部的高压设备处理后,为牵引逆变器提供稳定的电力输入。牵引逆变器再将直流电转变为三相交流电,驱动牵引电机工作,从而带动车辆前进。

同时,PH 箱还具备过载和短路保护功能,防止故障进一步扩大,保护车辆运行安全。

任务二　车辆驾驶控制器故障处理

一、司机驾驶台机械激活失败

1. 故障现象

司机将钥匙插入司机台锁控后,司机台无法激活。

2. 故障原因

造成车辆司机室钥匙不能激活的主要原因有以下几种:

(1)钥匙错位。

（2）车辆机械连锁连杆因长期受冲击力弯曲变形。

（3）司机室另一端驾驶端处在激活状态。

3．故障处理

针对上述故障现象和原因，对车辆司机台钥匙不能启动做如下检查与处理：

（1）检查司机室另一端是否处于激活状态，如激活则关闭。

（2）检查用于司机台激活的钥匙是否符合要求。

（3）检查用于司机台机械激活的机械系统有没有错位的情况，如有及时进行修复或更换。

（4）检查司机台激活的机械连锁连杆有没有弯曲现象发生，如有进行处理或更换。

4．注意事项

司机台不能激活会影响列车运行，处理后一定要经过技术人员验证符合列车运营标准，反复试验后才能投入运营。

二、司机台激活时无反应

1．故障现象

司机台激活后显示屏 DDU 没有显示。

2．故障原因

（1）供电断路器未合闸或跳闸或插头松动脱落。

（2）司控器微动开关故障，主要是微动开关动作频繁，有时拉弧导致烧结，使控制手柄无法启动相关功能。

3．故障处理

（1）确认非激活端司机室未激活。

（2）检查激活端 DDU 供电断路器（DDUCB）、CS8 供电断路器（CS8CB）VCU 供电断路器（VCUCB）是否跳闸，若跳闸则复位。

（3）分、合主控钥匙。

（4）打开司控器逐个检查微动开关，发现变形或烧结及时更换。

4．注意事项

如车辆供电断路在车辆下部电气柜，运行现场作业有难度，建议回段处理。如果现场下到车底作业一定要确认在停电状态下进行，并注意自身安全。司控器微动开关有多个，因涉及运输安全，检查发现有烧结现象的，建议成组更换。

三、司机室台无法激活

1．故障现象

司机台无法激活（司机台面板指示灯无显示），DDU/HMI 屏未保持常亮。

2. 故障原因

（1）司机室激活断路器（CORCB）跳闸。

（2）供电插头松动或脱落。

3. 故障处理

（1）确认另一单元司机室未激活。

（2）检查本端的司机室激活断路器（CORCB），若跳闸则复位；如果无跳闸或者复位不成功，方向手柄归零，报行调再操作紧急牵引模式开关（EMTS）至"紧急牵引"位，激活司机台本站或下一站退出服务。

（3）检查如果发现供电接头松动或脱落及时处理查看是否恢复正常。

4. 注意事项

处理这类故障如需下到车底电气柜作业，需停电进行处理，并注意自身安全。

四、主控钥匙无法转动

1. 故障现象

主控钥匙无法转动。

2. 故障原因

主控机械连锁部件变形影响钥匙转动；机械连锁润滑不良导致卡滞。

3. 故障处理

（1）检查确认主控钥匙外观正常，方向手柄归零位，若主控钥匙在断开位多次尝试无法转动，换端操作本站或下一站退出服务。

（2）若主控钥匙在闭合位多次尝试无法转动，运行至终点站退出服务。

（3）发现机械连锁润滑不良进行润滑处理。

4. 注意事项

主控钥匙无法转动时不能强制转动，特别是不能用力过大将钥匙扭断。

五、DSD装置故障

1. 故障现象

车辆在运行过程中DSD装置报警。

2. 故障原因

造成车辆司机室DSD报警的主要原因有以下几种：

（1）司机控制器螺栓松动。

（2）司机控制器机械卡死。

3. 故障处理

针对上述故障现象和原因,对车辆运行中 DSD 报警做如下检查与处理:

(1)检查司机主控制器螺栓是否松动,如发现松动及时紧固。

(2)检查司机控制器是否机械卡死,如发现机械卡死应查明具体原因,如不能修复建议更换。

4. 注意事项

列车运行中 DSD 报警说明司机控制器出现了问题,司机应及时向列车调度员报告,一般情况下应及时退出运营,回段后进行检查处理。

第二部分项目九数字资源

项目十

车辆制动供气系统及其故障处理

> **学习要求**
>
> （1）了解车辆制动供气系统基本结构。
> （2）掌握车辆供气系统压缩机的构造。
> （3）掌握车辆供气系统空气过滤器的构造。
> （4）掌握车辆制动供气系统各常见故障检查与处理方法、处理过程。

任务一　车辆制动供气系统主要结构及相关知识

城市轨道交通车辆制动系统采用了电制动和空气（摩擦）制动相结合的制动方式。国产地铁车辆空气制动系统由供气部分、控制部分和执行部分三个主要部分组成。供风系统由空气压缩机组、双塔干燥器、安全阀、压力开关、测试接口、软管及除制动以外的用风单元组成，如图 2-10-1 所示。

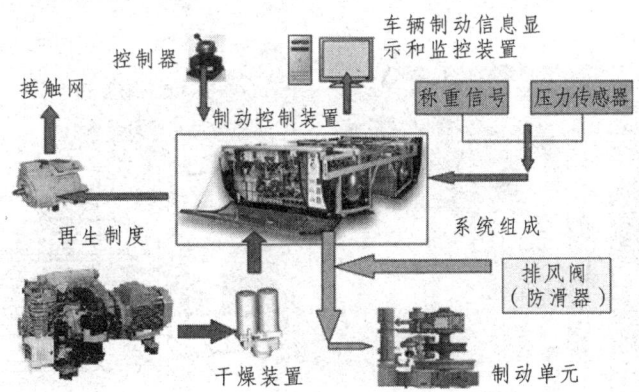

图 2-10-1　车辆制动系统结构

每辆车设有三个风缸，其中一个 100 L 的总风缸、一个 80 L 的空气弹簧风缸、一个 100 L 的制动风缸。

目前，城市轨道交通一般采用模拟式指令式电-空制动系统，用一条列车控制线贯通整列车，形成连续回路。采用模拟电指令控制压力空气的控制方式。制动的电指令是采用脉冲宽度调制信号，能进行无级制动控制。

目前，国内地铁车辆主要使用 EP2002 电-空制动机系统，及 KBWB、KBGM、HRDA 电-空一体化制动机系统。

空气压缩机是制造和提供压缩空气的设备，是列车所用压缩空气的唯一来源。

一、空气压缩机的结构及原理

城轨车辆中主要使用活塞式空气压缩机和螺杆式空气压缩机两种。

（一）活塞式空气压缩机

1. 活塞式空气压缩机的结构

活塞式空气压缩机由固定机构、运动机构、进、排气机构、中间冷却装置和润滑装置等几部分组成。其中，固定机构包括机体、气缸、气缸盖，运动机构包括曲轴、连杆、活塞，进、排气机构包括空气滤清器、气阀；中间冷却装置包括中间冷却器（简称中冷器）、冷却风扇，润滑装置包括润滑油泵、润滑油路等。活塞式空气压缩机实物如图 2-10-2 所示，工作原理如图 2-10-3 所示。

图 2-10-2　活塞式空气压缩机

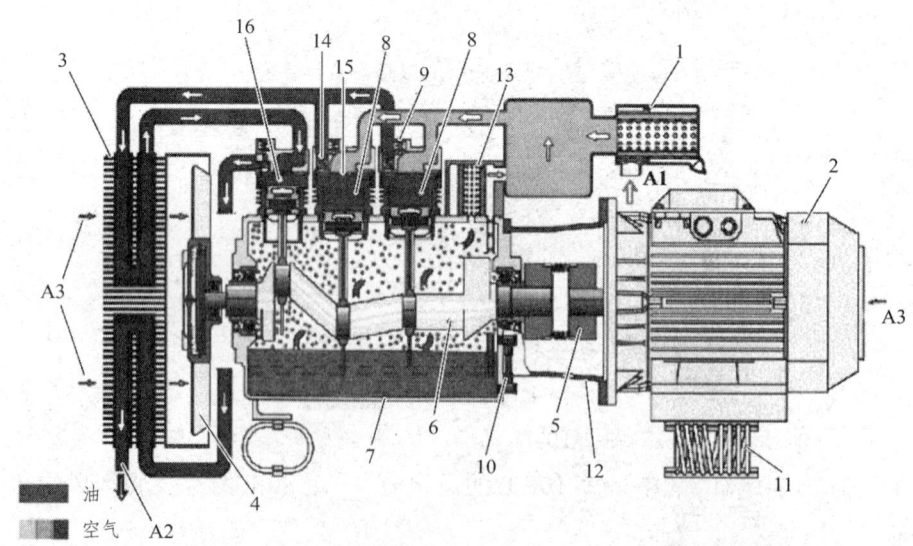

1—空气过滤器；2—电机；3—冷却器；4—风轮+联轴节；5—联轴节；6—曲轴；7—曲轴箱；8—低压气缸；9—安全阀；10—油表管；11—弹簧；12—中间法兰；13—油杯；14—供给阀；15—吸气阀；16—高压气缸；A1—空气入口；A2—空气出口；A3—冷却空气。

图 2-10-3　活塞式空气压缩机工作原理

2. 活塞式空气压缩机工作原理

该压缩机的工作过程分为吸气、压缩、排气三个阶段。

电机通过联轴节驱动空压机机轴转动,曲柄连杆机构带动高、低压缸活塞同时在气缸内做上下往复运动。当低压活塞下行时,活塞顶面与缸盖之间形成真空,经空气滤清器的大气推开吸气阀片(吸气阀片弹簧被压缩)进入低压缸。此时,供给阀在弹簧和中冷器内空气压力的作用下关闭。当低压活塞上行时,气缸内的空气被压缩,其压力大于供给阀片上方压力与供给阀弹簧的弹力之和时,压缩供给阀弹簧而推开供给阀片,具有一定压力的空气被排出缸外,而吸气阀片在气缸内压力及其弹簧的作用下关闭。两个低压缸送出的压缩空气都经气缸盖的同一通道进入中冷器。经中冷器冷却后,再进入高压缸,进行第二次压缩,压缩后的空气由后冷却器冷却后进入空气干燥器。

曲轴带动连杆转动时,连杆下端的铁片把机轴箱内的油打得四处飞溅,从而对被润滑的部位进行润滑。

(二)螺杆式空气压缩机

螺杆式空气压缩机工作流程如图 2-10-4 所示。

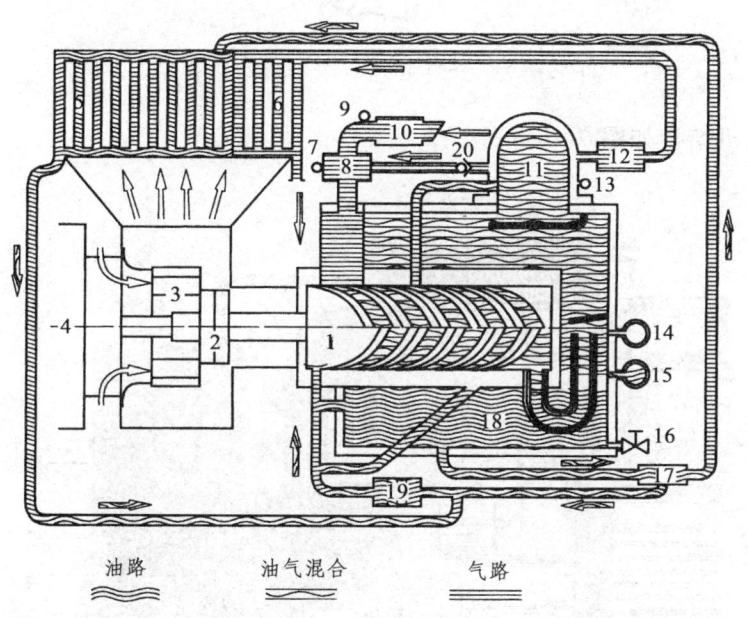

1—螺杆式空气压缩机;2—联轴器;3—冷却风机;4—电动机;5—空、油冷却器(机油冷却单元);
6—冷却器(压缩空气后冷单元);7—压力开关;8—进气阀;9—真空指示器;10—空气滤清器;
11—油细分离器;12—最小压力维持阀;13—安全阀;14—温度开关;15—视油镜;
16—泄油阀;17—温度控制阀;18—油气筒组成;
19—机油过滤器;20—逆止阀。

图 2-10-4 螺杆式空气压缩机工作流程

1. 螺杆式空气压缩机结构

螺杆式空气压缩机主机是双回转轴容积式压缩机,转子为一对互相啮合的螺杆,螺杆具有非对称啮合型面。主动转子为阳螺杆，从动转子为阴螺杆。常用的主副螺杆齿数比根据压缩机容量而有所不同，为 4:5，4:6 或 5:6。

螺杆副如图 2-10-5 所示，是一对齿数比为 4:6 以特定螺旋角互相啮合的螺杆。其中阳螺杆（通常用作驱动螺杆）为凸型不对称齿；而阴螺杆（常用作从动螺杆）为瘦齿型弯曲齿。两螺杆的齿断面型线是专门设计并经过精密磨削加工的，在啮合过程中两齿间始终保持"零"间隙密贴，形成空气的挤压空腔。

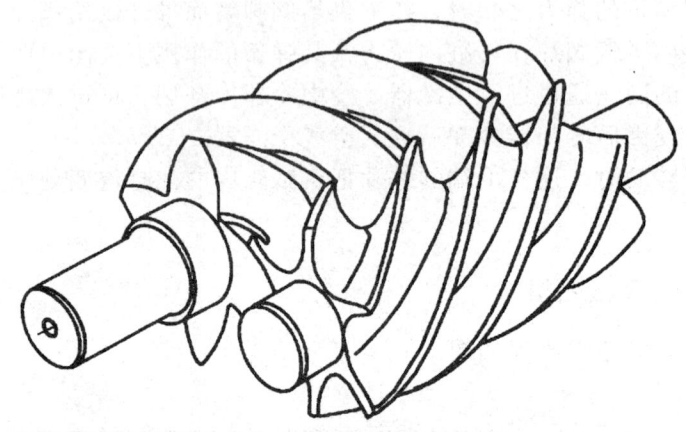

图 2-10-5　螺杆式空气压缩机阴阳转子

螺杆式压缩机结构如图 2-10-6 所示。

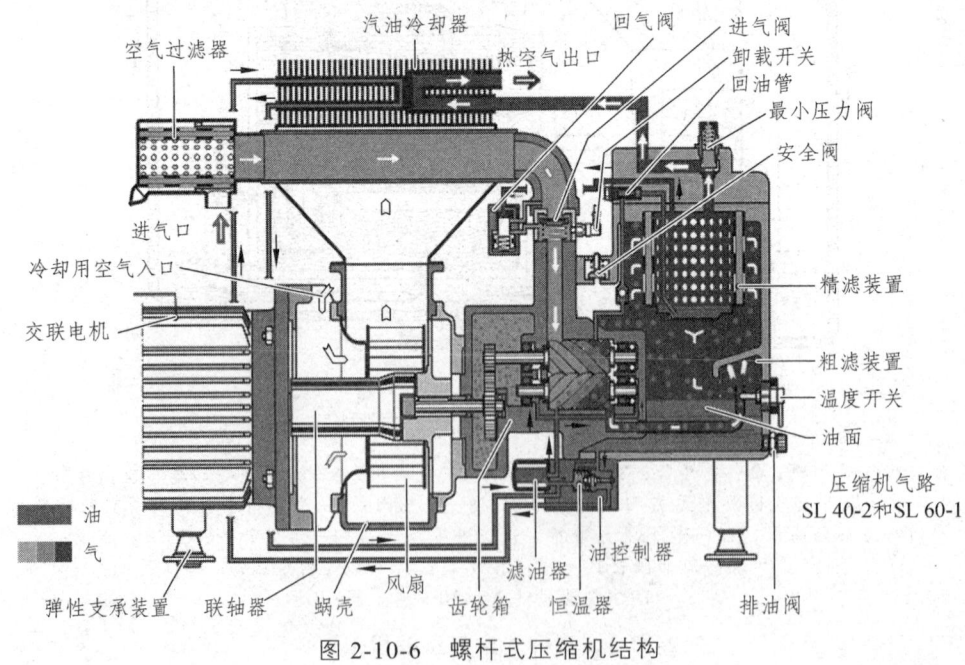

图 2-10-6　螺杆式压缩机结构

2. 螺杆式空气压缩机的工作原理

该压缩机的工作过程分为吸气、压缩、排气三个阶段。

1）吸气过程

螺杆安装在壳体内，在自然状态下就有一部分螺杆的沟槽与壳体上的进气口相通。也就是说，在任何时候，无论螺杆式空气压缩机的螺杆旋转到什么位置，总有空气通过进气口充满与进气口相通的沟槽。这是压缩机的吸气过程。主副两转子在吸气终了时，已经充盈空气的螺杆沟槽的齿顶与机壳腔壁贴合。此时，在齿沟内的空气即被隔离，不再与外界相通并失去相对流动的自由，即被"封闭"。

2）压缩过程

随着压缩机两转子继续转动，封闭有空气的螺杆沟槽与相对的螺杆的齿的啮合从吸气端不断地向排气端发展，啮合的齿占据了原来已经充气的沟槽的空间，将在这个沟槽里的空气挤压，体积渐渐变小，而压力则随着体积变小而逐渐升高。空气是被裹挟着一边转动，一边被继续压缩的，从吸气结束开始，一直延续到排气口打开之前。当前一个螺杆齿端面转过被它遮挡的机壳端面上的排气口时，在齿沟内的空气即与排气腔的空气相连通，受挤压的空气开始进入排气腔，至此在压缩机内的压缩过程即结束了。这个体积减小压力渐升的过程是压缩机的压缩过程。

3）排气过程

压缩过程结束，封闭有压缩空气的螺杆沟槽的端部边缘与螺杆壳体端壁上的排气口边缘相通时，受到挤压压缩的空气被迅速从排气口推出，进入螺杆压缩机的排气腔。随着螺杆副的继续转动，螺杆啮合继续向排气端的方向推移，逐渐将在这个沟槽里的压缩空气全部挤出。这是压缩机的排气过程。在排气过程中，由于排气腔并不直接连着压缩空气用户，在它的排气腔出口设置的最小压力维持阀，限制自由空气外流，会使压缩空气的压力继续上升或者受到制约。

在压缩过程中，压缩机不断地向压缩室和轴承喷射润滑油，其主要作用如下：

（1）润滑作用：喷入的机油在螺杆的齿面形成油膜，使啮合齿的齿面与齿面，齿顶与机壳间不直接接触，不产生干摩擦及由此引起的磨损。

（2）密封作用：润滑油油膜填充了螺杆啮合齿与齿间及齿顶与机壳间的间隙，阻止压缩空气的泄漏，起密封作用，提高压缩机的容积效率。

（3）降噪作用：喷入的机油与压缩空气混合，在油气混合物压力变化时，不可压缩的液态油可以部分吸收缓和压缩空气膨胀产生的气动高频噪声。

（4）冷却作用：喷入的润滑油接触到螺杆、机壳壁和压缩空气，吸收压缩热并将其带出。通过机外冷却系统将机油带出来的热，转由冷却空气散掉，从而保证压缩机在理想的工作温度下工作，保证机器的可靠性和使用寿命。

二、空气干燥器

地铁车辆空气系统分别安装有单塔和双塔式干燥器。

（一）单塔式空气干燥器

单塔式空气干燥器结构如图 2-10-7 所示。

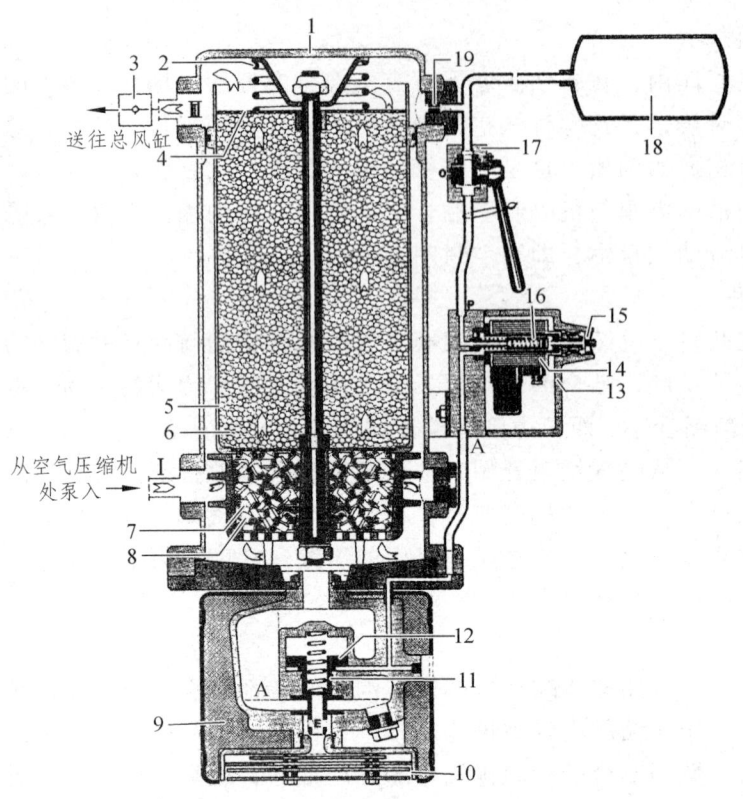

1—空气干燥器；2—弹簧；3—单向阀；4—带孔挡板；5—干燥筒筒体；6—吸附剂；7—油水分离器；8—"拉希格"圈；9—排泄阀；10—消音器；11—弹簧；12—活塞；13—电空阀；14—线圈；15—排气阀；16—衔铁；17—带排气的截断门；18—再生风缸；19—节流孔。

图 2-10-7 单塔式空气干燥器

1. 空气干燥器工作过程

空气压缩机工作时，电空阀 13 失电，活塞下方通过排气阀 15 排向大气。活塞 12 在弹簧力作用下关闭排泄阀 9，而空压机输出的压力空气从干燥塔中部的进口管 Ⅰ 进入干燥塔，首先到达油水分离器。当含有油分和机械杂质的压缩空气经过"拉希格"圈时，油滴吸附在"拉希格"圈的缝隙中，机械杂质则不能通过，这样就将压缩空气中的油分和机械杂质滤去，然后再进入干燥筒内与吸附剂相遇，吸附剂大量地吸收水分，使从干燥筒上方输出的压缩空气的相对湿度降低，达到车辆用风系统的要求。图 2-10-7 所示为干燥筒下方 1/4 高度处为装有"拉希格"圈 8 的油水分离器，而上方 3/4 高度处为装有吸附剂 6 的空气干燥器 1。

2. 干燥器再生原理

经过干燥的压力空气，一路经过接口 Ⅱ 及单向阀 3 送往主风缸，单向阀的作用是防止压力空气从主风缸逆流；另一路经节流孔 19 充入再生风缸 18。当空气压缩机停止工作的同时电空阀 13 得电，再生风缸 18 内的压力空气经过打开的电空阀向活塞 12 下部充气，活塞上移，打开排泄阀 9，干燥塔内的压力空气迅速排出。这时，再生风缸内的压力空气经节流孔回冲至干燥塔内，从而沿干燥筒、油水分离器一直冲至干燥塔下部的积水积油腔内。

在下冲过程中，干燥空气吸收了干燥剂中水分同时还冲下了"拉希格"圈上的油滴和机械杂质，这样干燥剂再生的同时"拉希格"圈也得以清洗。

（二）双塔式干燥器

双塔式干燥器作用原理如图 2-10-8 所示。

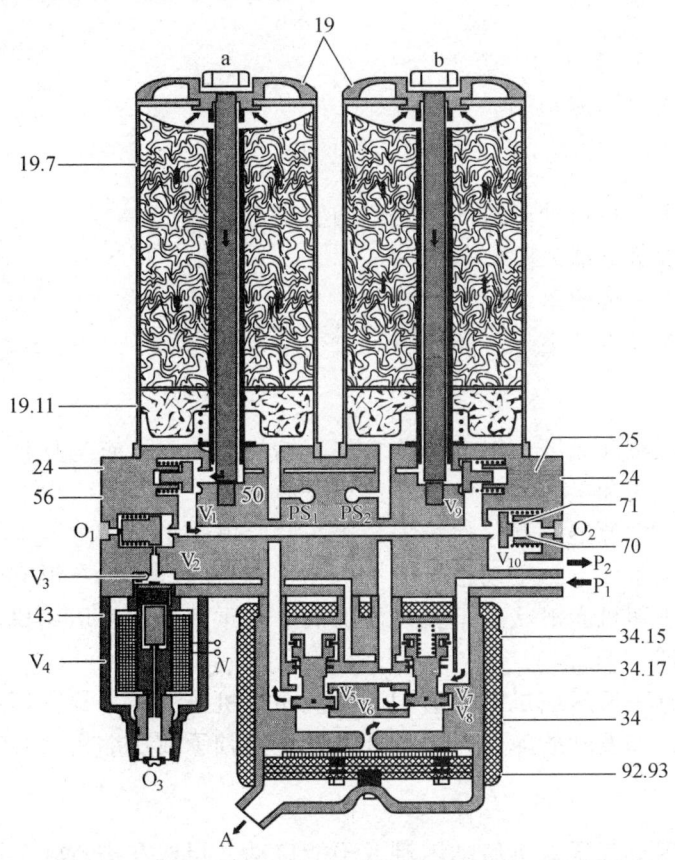

19—干燥筒；19.7—吸附剂；19.11—油水分离器；24—止回阀；25—干燥器座；34—双活塞阀；34.15，34.17，56，70—克诺尔 K 形环；43—电磁阀；50—再生节流孔；55—预控制阀；71—旁通阀；92，93—隔热材；A—排泄口；$O_1 \sim O_3$—排气口；P_1—进气口；P_2—出气口；$V_1 \sim V_{10}$—阀座；PS_1—干燥塔工作压力；PS_2—再生塔工作压力。

图 2-10-8　双筒式空气干燥器作用原理
（干燥筒 19a 为吸附工况，干燥筒 19b 为干燥工况）

双筒干燥器的干燥与再生两个工况同时进行，压缩空气在一个筒中流过并干燥时，另外一个筒中的吸附剂即再生。从空气压缩机输出的压缩空气首先经过装有"拉希格"圈的油水分离器，除去空气中的液态油、水、尘埃等。然后，压力空气再流过干燥筒中的吸附剂，吸附剂吸附压力空气中的水分。

一部分干燥过的压力空气（13%～18%）被分流出来，经过再生节流膨胀后，进入另一个干燥塔对已吸水饱和的吸附剂进行脱水再生，再生工作后的压力空气经过油水分离器时，再把积聚在"拉希格"圈上的油、水及机械杂质等带走。

任务二　车辆制动供气系统故障处理

一、空气压缩机部分故障处理

（一）空气压缩机启动困难

1. 故障现象

压缩机不启动或启动困难。

2. 故障原因

造成车辆空气压缩机启动困难的主要原因有以下几种：
（1）压缩机电源继电器故障。
（2）电源接头松动或脱落、电源缺相。
（3）电机轴承损坏卡死电机。

3. 故障处理

针对上述故障现象和原因，对车辆该空气压缩机做如下检查与处理：
（1）检查电源接头和电源是否缺相，三相电源是否一致。
（2）检查压缩机电源继电器、保护器是否正常，电气柜保护继电器是否跳闸。
（3）在停电安全条件下，手动检查电动机是否能转动。感觉有没有卡滞现象，有没有异音出现，有说明压缩机润滑状态不良，添加润滑脂重新试验看压缩机启动情况和运行情况再做后续检查处理。
（4）上述问题解决后压缩机仍然启动困难说明是机械故障，检查压缩机轴承是否弯曲或轴承座是否损坏，如发现故障及时进行处理，更换轴承或压缩机。

4. 注意事项

列车运行中出现空气压缩机启动困难或不能启动，司机在进行强制泵风后，总风缸压力指针上升，如果能听到压缩机工作声音，判断空压机已经启动。当总风缸压力低于 450 kPa 时，列车将逐渐产生停放制动，这时必须向列车调度员汇报请求救援，严禁强行运行，防止故障进一步扩大。

（二）压缩机启动后转动有异音

1. 故障现象

空气压缩机启动后发现有异音。

2. 故障原因

造成车辆压缩机启动后有异音的主要原因有以下几种：
（1）空气压缩机安装螺栓松动。
（2）空调压缩机本身故障，轴承变形或润滑齿轮裂损。
（3）空压机压缩机润滑不良，缺少润滑油脂。

（4）空调压缩机润滑油脂变质、失效。

3．故障处理

针对上述故障现象和原因，对车辆该空气压缩机做如下检查与处理：

（1）最大可能是安装螺栓松动造成的，检查压缩机各安装螺栓紧固情况，如观察和检查安装螺栓里面螺栓比较困难，在保证人身安全的条件下，可以用手触摸压缩机感觉振动频率过大或有颤音出现，基本上可以断定是压缩机安装螺栓松动造成的异音。

（2）如果是空调压缩机轴承或齿轮变形或裂损应更换；缺少润滑油脂应该补加；如变质则进行更换。

4．注意事项

更换压缩机轴承或润滑齿轮能解决故障，经测试后可以投入运营，故障解决不了，建议更换压缩机。更换油脂应彻底清洗压缩机润滑部分，再更换新油脂。

（三）空气压缩机机油乳化

1．故障现象

空气压缩机机油颜色变浅或出现乳白色，说明压缩机油已经变质。

2．故障原因

造成车辆（电动机启动困难）空气压缩机的主要原因有以下几种：

（1）压缩机运行时间较短，油温不高导致水分无法排出。

（2）压缩机在检修过程中或添加机油过程中混入了水分。

（3）干燥器排放口开度过小。

3．故障处理

针对上述故障现象和原因，对车辆该空气压缩机油做如下检查与处理：

（1）如果从压缩机油箱观察孔检查，发现压缩机油颜色变浅或已经呈乳白色应立即取样送质检部门进行理化指标检测，发现压缩机油内水分超标或油已经变质，应更换新的压缩机油。

（2）如果压缩机油检查指标还在可控范围内，但水分含量有点超标，可以增大干燥器排风孔加大，有利于减少水分进入压缩机油内风险。

4．注意事项

凡是发现润滑油脂乳化应对乳化原因进行分析，查找出乳化源进行处理。一定要查明是压缩机油本身质量问题还是检修和管理出现了问题，以便进行针对性处理。更换新的压缩机油应对油箱用少量的新油清洗两次，避免继续发生油乳化。

（四）空气管路泄漏

总风缸压力较低可能造成列车紧急制动，严重压力不足还可能造成车辆停放制动，会对行车造成重大影响，必须尽快处理。

1. 故障现象

车辆两台空气压缩机工作正常，显示也正常，但列车总风缸压力不上升。

2. 故障原因

造成车辆空气管路泄漏的主要原因有以下几种：

（1）如果确认列车总风缸压力不能上升而且还有下降趋势，那么可以判断是空气管路系统出现了较大的泄漏。

（2）空气管路断裂。

（3）总风缸接头泄漏。

（4）制动机中继阀接头泄漏。

3. 故障处理

针对上述故障现象和原因，对车辆该空气管路做如下检查与处理：

（1）如果两台空气压缩机工作正常，司机应立即报告列车调度员，使列车尽快退出运营，回段检修。

（2）如果是总风缸泄漏严重导致列车产生紧急制动，司机应闭合紧急制动短路开关，按照地铁故障模式规定速度运行回段检修。如果发生停放制动，应将故障车两端相邻车总风缸塞门关闭，并将故障车停放制动缓解，限速回段检修。

（3）若故障不能排除，司机应立即请求列车调度员申请列车救援。

（4）回段检查一定要严格按照要求进行。查明造成泄漏的具体原因和源头，有针对性地进行处理，不能仅简单地更换密封垫。更换密封垫要严格按照工艺要求进行。

4. 注意事项

车辆空气制动管路泄漏是常见和多发问题，在处理这类故障一定要准确判断是否危及行车安全，检查清楚泄漏部位和严重程度，一旦涉及行车安全应立即请求列车调度员及时将列车退出运营。更换密封垫后的管路及接头应进行耐压气密试验，合格后方可放行。

（五）运行中空压机突然停机

1. 故障现象

列车运行中空气压缩机突然停机，无法再启动。自动启动另一台压缩机维持回段。

2. 故障原因

（1）压缩机连接电缆短路造成跳断路保护器。

（2）压缩机油污染严重或变质导致通过精滤器困难，因而导致断路保护器动作。

（3）压缩机冷却风扇损坏使压缩机温升过高导致断路器跳闸。

（4）压缩机输入电压过高或过低，电流过大造成保护继电器动作。

3. 故障处理

针对上述故障现象和原因，对车辆该空气管路做如下检查与处理：

（1）检查是否是因连接电缆短路造成的，不是继续检查判断。

（2）检查润滑油脂是否被污染，检查精密过滤器过滤纸或棉是否有杂质导致堵塞，引发保护继电器动作。

（3）检查压缩机冷却风扇是否旋转灵活，有没有异物堵塞情况。

（4）检查行车记录仪输入空气压缩机的电压、电流是否正常，如不正常应扩大检修范围对辅助逆变器输出部分进行检查，发现问题进行处理。

4. 注意事项

运营中遇到压缩机停机应立即报告行车调度员，按照调度员指令进行列车运行，如发现另一台压缩机有异常应立即停止运营；如能在故障模式下维持回段就在故障模式下维持回段检修；不能则维持请求救援回段检查处理。

（六）列车运行中主风缸压力低于 680 kPa

1. 故障现象

DDU 屏显示主风缸压力低于 680 kPa，停放制动、气制动施加缓解灯亮。

2. 故障原因

（1）CREC 柜压缩机启动断路器跳闸。

（2）压缩机精密过滤器堵塞导致压缩机停机。

（3）空气管道或总风缸接头泄漏严重。

3. 故障处理

针对上述车辆空气压缩机故障现象，对空气压缩机做如下检查与处理：

（1）如果判定是电气 CREC 柜压缩机启动断路器跳闸，停车后在确保人身安全的前提下进入车下电气柜进行恢复，如果正常恢复运营；如属于其他故障应及时与行车调度员联系，下一站退出运营回段检查处理。

（2）确认 DDU 显示空压机状态图标颜色为绿色，则检查主风缸压力值，等待主风压力回升到 700 kPa 以上，重新尝试动车，若故障消失且可以动车则继续运营。

（3）若空压机状态图标灰色，检查对应压缩机启动断路器（CMCCB）是否跳闸，若跳闸则复位，确认气压正常 后继续运行；若未跳闸，确认主风缸压力大于 700 kPa，将主风缸欠压 旁路开关（LMRGBS）打至旁路位，本站或下一站退出服务。

（4）仍无法动车，请求救援。

（5）回段检查发现如果是精密过滤器堵塞找出原因进行处理恢复正常。

（6）属于管道或总风缸接头松动造成泄漏进行更换密封垫处理，车辆恢复正常。

4. 注意事项

（1）如果发现、判断是由于压缩机断路器跳闸引发的处理完毕后在运行中应严密监视列车总风缸压力变化值，如果再次出现建议与调度联系，退出运营。

（2）列车运行时突然出现总风缸风压低于 680 kPa 应及时与列车调度员联系，判断列车是否还可以运行或在故障模式下维持回段检修，如不能请求救援。

二、地铁车辆空气干燥器部分故障处理

（一）空气干燥器管路、接头漏气

1. 故障现象

地铁车辆空气制动系统管路众多，接头也多，常见的故障是管路断裂或接头处有漏气现象。

2. 故障原因

造成车辆空气管路泄漏的主要原因有以下几种：
（1）车辆在运行中振动或管路安装松动与车辆其他部件摩擦、碰撞造成管路断裂。
（2）接头内橡胶密封圈老化或安装不到位造成密封不严而使管路接头漏气。

3. 故障处理

针对上述故障现象和原因，对车辆该空气干燥器做如下检查与处理：
（1）仔细检查干燥器各管路情况，如管路断裂更换新管路，并做好气压和密封试验。
（2）如果是接头漏气更换已经老化橡胶密封元件，并进行气压和密封试验。

4. 注意事项

更换密封橡胶元件前应仔细检查管路接头部件是否正常，有无变形或油污染情况，如有要进行处理，恢复正常后才能更换新的密封元件。

（二）空气干燥器电磁阀故障

1. 故障现象

空气干燥器故障多发生在干燥剂和电磁阀。若在消声器的排泄口发现白色沉淀物黏附，或从空气干燥器观测孔发现干燥剂已经变色，证明干燥剂已经过饱和期。电磁阀阀芯底部泄漏或电源接头松动。

2. 故障原因

造成车辆空气干燥器电磁阀故障的主要原因有以下几种：
（1）干燥剂失效主要是使用周期过长，过了再生周期；说明电脑时间控制出现问题，没有正常交替启动干燥器再生。
（2）电磁阀阀芯底部密封橡胶圈老化和由于车辆运行振动导致接线头松动。目视接头周围有没有电腐蚀严重现象，如果严重说明接头已经松动导致电火花腐蚀接头及垫圈。
（3）电磁阀故障没有实现交替使用和再生的控制要求。

3. 故障处理

针对上述故障现象和原因，对车辆该空气干燥器做如下检查与处理：
（1）检查确认干燥器内的干燥剂变色失效，应更换干燥剂。
（2）发现电磁阀阀芯底部橡胶密封圈泄漏应更换橡胶密封垫。
（3）发现电源接头松动应及时紧固电源接头。

（4）检查发现电磁阀不动作，如确认烧损更换新的电磁阀。

（5）检查如果发现干燥剂破碎过多，除了清除更换外，应考虑是否是设置再生周期过短，导致干燥剂不停在高速、高压气流中碰撞导致破碎率过高。调整双筒干燥器再生时间是一个技术问题，如果调整间隔时间延长，只要跟踪检查总风缸和其他风缸排水量有没有增加，如果没有增加，风源质量满足要求即可。

4. 注意事项

更换干燥剂和阀芯密封圈后都要进行气压和密封试验，合格后方能投入使用。

（三）空气干燥器再生效果差

1. 故障现象

经检查发现空气干燥器再生效果差，油水分离器水分过多。

2. 故障原因

（1）空气干燥器中的拉希格圈破裂影响了油水分离。

（2）双塔空气干燥器再生时间设置不符合技术要求。

（3）再生剂失效。

（4）再生时间过短，频繁再生使再生硅胶在高压下碰撞次数过多破损率过高影响了再生效果。

3. 故障处理

针对上述故障现象和原因，对车辆该空气干燥器做如下检查与处理：

（1）检查和测试双塔空气干燥器再生设置时间，如发现不符合技术要求及时进行调整。

（2）检查空气干燥器中拉希格油水分离圈是否有破裂现象，如果有进行更换；油水分离器是否破裂，如是则检修或更换。

（3）检查再生剂是否失效，破损率是否过高，如果失效进行再生处理；如果破损率过高建议更换一部分干燥剂。

4. 注意事项

经过调整再生时间后一定要进行反复测试，达到技术要求后方可投入运营。再生剂破损率应控制在小于10%。

任务三　地铁车辆供风系统维修案例

某运营单位进了一批新车，使用一段时间后，普遍发现压缩机因精密过滤器故障导致停机保护动作。现场处理分析润滑油正常，压缩机各电器设备正常，提请总公司派专家处理。

专家根据压缩机因润滑欠缺保护继电器动作自动停机故障现象，对压缩机拆检精密过滤器检查无损坏，对底部油品进行检查没有发现金属和其他污染颗粒，但发现油中有絮状物，仔细辨认是纸或棉的残留物。询问材料部门，发现是由于一时买不到标准的精密过滤器滤纸，就擅自采购其他滤纸，结果在使用一段时间后开始掉绒，积累在润滑油中，导致精密过滤器一次性堵塞，引发保护继电器动作使压缩机停机。更换了符合标准的过滤纸后，压缩机均恢复正常。

第二部分项目十数字资源

项目十一

车辆制动系统及其故障处理

> **学习要求**
> （1）了解车辆制动机的基本结构。
> （2）掌握车辆制动机的构造。
> （3）掌握车辆防滑系统的构造。
> （4）掌握车辆制动系统各常见故障检查与处理方法、处理过程。

任务一　车辆制动机系统基础知识

一、制动及制动方式

制动是指人为地使列车减速或阻止其加速的过程。使列车减速或阻止其加速的力称为制动力，而产生并控制这个制动力的装置叫作制动机，也称为制动装置。

（一）制动的含义及特点

1. 制动的含义

（1）人为地使列车减速或停止。
（2）防止在长大下坡道运行时自动加速。
（3）为防止自动溜放而实行的停放制动。

2. 车辆制动的特点

（1）城轨交通的站距很短，一般都为 1~1.5 km，要求其制动装置具有操纵灵活、动作迅速、停车平稳准确、制动率及制动功率相对较大等特点。

（2）城轨交通的客流量波动大，空载时列车重量仅为自重，而满载时列车重量却很大。要求制动装置应具备在各种载荷工况下车辆制动力自动调整的性能，使车辆制动率基本不变，从而实现制动的准确性和停车的平稳性。

（3）城轨车辆在部分车辆或甚至全部车辆上具有独立的牵引电动机，具有电制动性能，需要与空气制动协调配合。

（4）城轨车辆一般运行在人口稠密地区，并用于承载旅客，行车安全非常重要，要求列车具有紧急制动性能。

（二）制动的方式

1. 按列车动能转移方式分

（1）摩擦制动：闸瓦制动、轮盘制动和磁轨制动。

① 闸瓦制动。

如图 2-11-1 所示，由气缸带动闸缸勾臂杆运动，经传动部分带动闸瓦向车轮踏面压迫，利用车轮与钢轨之间的黏着使车辆减速并停止下来。

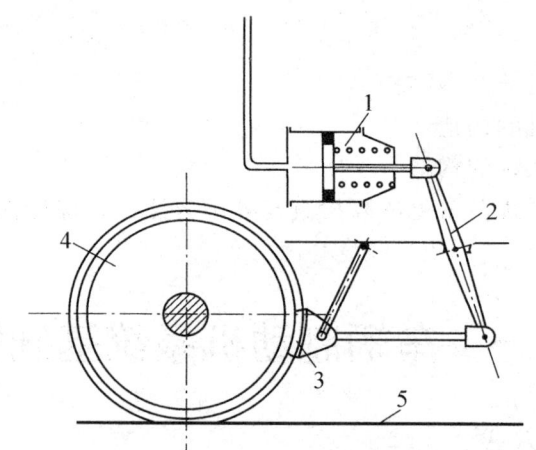

1—制动缸；2—勾臂杆；3—闸瓦；4—车轮；5—钢轨。

图 2-11-1　车辆闸瓦制动结构原理

② 轮盘制动。

轮盘制动分为轴盘式和轮盘式两种。制动轮盘固定在车辆车轴上，利用气动原理推动闸瓦夹两边向车辆制动轮盘贴紧使车辆减速的一种装置，如图 2-11-2 所示。车辆盘型制动器实物如图 2-11-4 所示。

制动轮盘固定在车辆车轮内侧的属于轮盘式制动器，如图 2-11-3 所示。

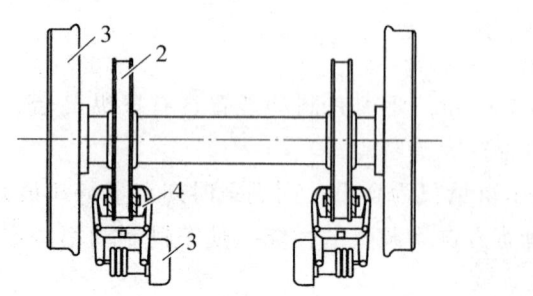

1—车轮；2—制动轮盘；3—制动缸；4—制动夹及闸瓦；5—电机。

图 2-11-2　轴盘式制动结构　　　　图 2-11-3　轮盘式制动结构

图 2-11-4　车辆盘型制动器

③ 磁轨制动。

磁轨制动也叫作轨道电磁制动,是将安装在转向架两轮之间轨面上方的电磁铁放下至轨面励磁,使装有磨耗板的电磁铁以一定的吸力吸附在钢轨上并滑行,靠磨耗板与轨面之间的摩擦转换能量以达到制动的目的,如图 2-11-5 所示。

磁轨制动称为非黏着制动,是一种提高制动力很有效的方式,能明显地缩短制动距离(20%~25%)。目前,它主要作为一种辅助制动方式,用于高速列车紧急制动。

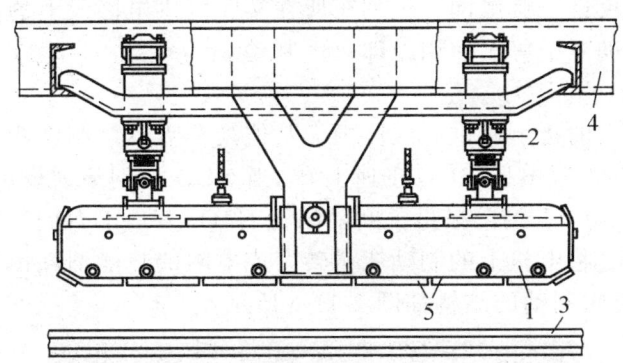

1—电磁铁;2—连接杆;3—轨道;4—转向架;5—磨耗板。

图 2-11-5　磁轨制动器结构

(2)动力制动:动力制动再生制动、电阻制动。

2. 按制动力形成方式分

可分为黏着制动与非黏着制动。

1)黏着制动

黏着状态下车轮与钢轨间的最大水平作用力称为黏着力。

黏着力与轮轨间垂直载荷的比值,称为黏着系数。

地铁车辆黏着制动时车轮与钢轨之间有三种状态:

(1)纯滚动状态:车轮与钢轨的接触点无相对滑动,车轮在钢轨上做纯滚动。这时车轮与钢轨之间为静摩擦,车轮与钢轨之间可能实现的最大制动力是轮轨之间的最大静摩擦力。这是一种难以实现的理想状态。

(2)滑行状态:车轮在钢轨上滑行,这时车轮与钢轨之间的制动力为二者的动摩擦力。由于动摩擦系数远小于静摩擦系数,因此一旦发生这种工况,制动力将大大减小,制动距离就会延长；同时，车轮在钢轨上长距离滑行，将导致车轮踏面的擦伤，危及行车安全。这是一种必须避免的事故状态。

（3）黏着状态：列车制动时车轮在钢轨上滚动，由于车辆重力的作用，车辆与钢轨的接触处为一椭圆形的小面积，此时轮轨接触处既不是静止状态也不是滑动状态，在铁路术语中称这种状态为黏着状态。由于正压力而保持动轮与钢轨接触处相对静止的现象称为"黏着"。黏着状态下的静摩擦力又称为黏着力。依靠黏着滚动的车轮与钢轨黏着点之间的黏着力来实现车辆的制动，称为黏着制动。列车采用黏着制动时，能够获得的最大制动力不会大于黏着力。

2）非黏着制动

列车制动时，制动力的提供不再依靠轮轨之间的黏着力，而由其他方式提供，制动力的大小不受黏着力限制，这种制动方式称为非黏着制动。

3. 按制动原动力分

按制动原动力分为电制动和空气制动。

1）电制动

（1）再生制动。

当发生常用制动时，电动机变成发电机状态运行，将车辆的动能变成电能，经 VVVF 逆变器整流成直流电反馈于接触网，供列车所在接触网供电区段上的其他车辆牵引用和本车的其他系统（如辅助系统等）使用，即再生制动。

（2）电阻制动。

如果制动列车所在的接触网供电区段内无其他列车吸收该制动能量，VVVF 则将能量反馈在线路电容上，使电容电压 XUD 迅速上升。当 XUD 达到最大设定值 1 800 V 时，DCU 启动能耗斩波器模块 A14 上的门极可关断晶闸管 GTO：V1，GTO 打开制动电阻 RB，制动电阻 RB 与电容并联，将电机上的制动能量转变成电阻的热能消耗掉，即电阻制动（也称为能耗制动）。车辆电阻制动的结构如图 2-11-6 所示。

图 2-11-6　车辆电阻制动结构

2）空气制动

空气（摩擦）制动是用来补充制动指令所要求的与电制动已达到最大的制动力之间的差额，以及没有电制动时完全由气制动来承担的列车制动要求。电制动和空气制动之间的混合制动是平滑的，并满足正常运行的冲击极限。

（1）执行部件。

制动执行部件采用单元制动缸，有 PC7Y 型和带停放制动器（也称弹簧制动器）的 PC7YF 型两种。

不带停放制动的 PC7Y 型单元制动机如图 2-11-7 所示。

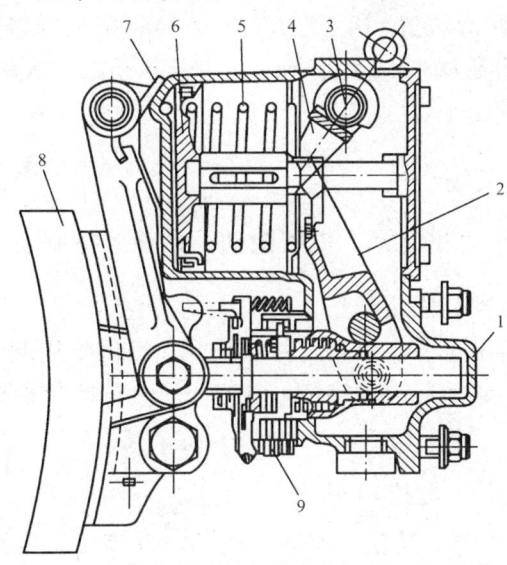

1—制动缸；2—传动杠杆；3—安装在制动缸缸体上的枢轴；4—手制动杠杆；5—缓解弹簧；
6—制动缸活塞；7—扭簧；8—闸瓦；9—闸瓦间隙自动调整器。

图 2-11-7　PC7Y 型单元制动机

带停放制动的 PC7YF 型单元制动机如图 2-11-8 所示。

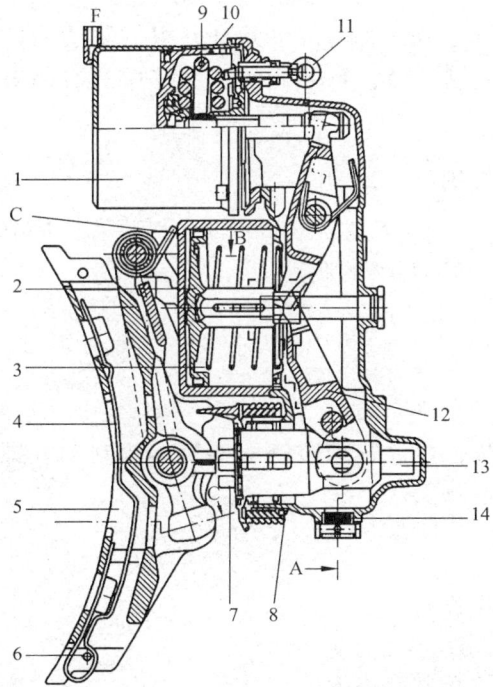

1—闸瓦托；2—吊销；3—缓解风缸；4—缓解活塞；5—停放制动弹簧；6—螺纹套筒；7—缓解拉簧；
8—活塞杆；9—停放制动杠杆；10—活塞杆；11—制动杠杆；12—闸瓦间隙调整器；
13—闸瓦托吊；F—压力空气向弹簧制动器充气时的接口；
C—压力空气向制动缸充气时的接口。

图 2-11-8　PC7YF 型单元制动机

（2）空气制动滑行保护。每节车设计有独自的气制动控制及其部件。

每根轴设计有独立的防滑装置，由 ECU 实时监控每根轴的转速，一旦任一轮对发生滑行，能迅速向该轴的防滑电磁阀 G01 发出指令，沟通制动缸与大气的通路，使制动缸排气，从而解除该轮对的滑行现象。

（三）常用制动优先原则

常用制动的优先级别为再生制动、电阻制动、踏面摩擦制动（空气制动）。

1. （常用）制动混合原则

在 DCU 无故障状态情况下，电制动始终起作用，提供常用制动所需的制动力（AW0~AW2）。制动指令值同时送至所有的 DCU 和 ECU，并由它们分别根据车辆的载荷情况计算所需的制动力。

2. 电制动与气制动混合的控制原则

电制动和气制动之间融合（混合）应是平滑的，并满足正常运行的冲击极限。气制动用来填补所要求的制动需求和已达到的电制动力之间的差额。

（四）常用制动力的分配原则

1. 电制动力的分配原则

由于车辆编组每单元为三节，假设每单元自己提供制动力，总共需要 300% 的制动力，而电制动时只有动车能提供制动力，每单元的三节车中只有两节动车，因此每节动车承担 150% 的制动力。

2. 气制动力的分配原则

由 A、B 和 C 车组成的单元车则需 300% 的气制动力，每节车的（气制动控制单元）根据本车的载荷重量负责本车 100% 的制动力。

（五）制动模式

1. 弹簧停放制动

弹簧停放制动缸充气时，停放制动缓解；弹簧停放制动缸排气时，停放制动施加；还附加有手动缓解的功能。

2. 紧急制动

（1）失电制动，得电缓解。

（2）电制动不起作用，仅空气制动。

（3）高速断路器断开，受电弓降下。

（4）不受冲击率极限的限制，在 1.7 s 内即可达到最大制动力的 90%。

（5）紧急制动实施后是不能撤除的，列车必须减速，直到完全停下来（零速封锁）。

（6）具有防滑保护和载荷修正功能。

3. 快速制动

（1）电制动不起作用，仅空气制动。
（2）受冲击率极限的限制。
（3）主控制器手柄回"0"位，可缓解。
（4）具有防滑保护和载荷修正功能。

4. 常用制动

在常用制动模式下，电制动和空气（摩擦）制动一般都处于激活状态。一般情况下[车载 AW2 以下，速度 8 km/h（可调）以上]，电制动能满足车辆制动要求，当电制动不能满足制动要求时，气制动能够迅速、平滑地补充，实现混合制动作用。

5. 保压制动

保压制动是为防止列车在停车前的冲动，使列车平稳停车，通过 ECU 内部设定的执行程序来控制。

（六）车辆防滑控制系统

高速导致单轴功率和制动功率不断提高，采用动力制动和紧急制动会带来因制动力过大而导致滑行的趋势，使制动距离延长，产生轮轨发热、擦伤现象，严重时还会使线路失稳，产生所谓的胀轨跑道事故。因此，无论铁路客车还是城市轨道交通车辆，有效防止制动滑行都极为重要。

1. 蠕滑理论

20 世纪 60 年代以来，众多学者的研究指出，滑动实际上包含了有益效应和有害效应。一般来说，滑动反映的是传力条件，而黏着反映的是滚动条件。在力的方向上，接触面前沿的黏着区消失，这时的滑动是有害的；反之，则是有利的。这就是著名的蠕滑理论。从物理上说，由于黏着区的消失意味着力的传递过程被中断。

然而黏着系数不代表传统的摩擦系数，它实际上是静摩擦系数、法向压力、接触面积轴长比以及材料弹性系数四者的函数。

从宏观上看，轮轨相对滚动时，法向力是切向力存在的必要条件。除了接触面状态之外，轮轨切向力的大小还决定于称为蠕滑的一种轮轨相对运动状态。简单说来，蠕滑是宏观上轮子非纯滚动的状态，由于轮轨的三维弹性形变，轮轨接触面上存在着微观的黏着区和滑动区，因而轮子在钢轨上滚动时存在着一定的相对滑动，即车轮轮心前进的速度 v 总是低于车轮的圆周速度 ωR_i。这是由于在力矩 M 的作用下，轮轨接触面产生的弹性变形所致。这个现象称为蠕滑。蠕滑大小的程度可用蠕滑率 σ 表示，即

$$\sigma = \frac{\omega R_i - v}{v}$$

但是在实际应用蠕滑理论控制黏着的过程中，一般都把轮对的轮周速度与轮心位移速度之差相对于轮心位移速度的比值定义为滑移率。

此外，在一些滚动接触理论中，滑移率定义为有切向力作用时车轮滚过距离与无切向

力作用时车轮滚过距离之差的变化率。也就是说,如果轮轨之间不存在切向力,那么车轮将在钢轨上做纯滚动,滚过的距离等于车轮所转圈数乘以车轮圆周长所得的距离($n \times 2\pi R$)。然而,由于切向力的存在,车轮的滚动已不再是纯滚动,而是伴随有车轮相对于钢轨的滑动发生。这也反映了接触面上的切向力所引起能量的消耗,车轮实际滚过的距离与纯滚动距离之差的变化率用滑移率来描述,即

$$滑移率 = \frac{车轮实际滚过的距离 - 纯滚动距离}{纯滚动距离}$$

蠕滑现象是一种轮轨设备素质可以接受或"容忍"的微量滑行现象,但在理论上它是一个可以划分为若干个阶段的发育过程。利用滑移率的量值变化可以将轮轨作用情况作出新的分层分类,如下所示:

1)正常运行区

正常运行区可划分为以下两个阶段:

(1)微量滑移阶段(弹性形变阶段):$\sigma \leq 0.2$。

(2)轻度滑移阶段(弹塑性形变阶段):$\sigma \leq 1\%$。

2)稳态运行区

稳态运行区可划分为以下两个阶段:

(1)稳定滑移阶段:$\sigma = 10\% \sim 25\%$。

(2)振荡滑移阶段:$\sigma = 26\% \sim 35\%$。

3)非稳态运行区

非稳态运行区有一个阶段,即打滑阶段:$\sigma > 35\%$。

4)锁轴滑行区

在锁轴滑行区,轮对速度下降,直至趋于零,产生轮对与钢轨的滑行。防滑控制一般在 $\sigma = 35\%$ 以内,也就是在稳态运行区中进行。

目前在防滑实际研究中,从金属材料结构和热力学、金相学理论推导出车轮损伤机理,从而得出了与现在防滑在相应时间上的优化推荐,但防滑理论至今没有实质性进展。

2. 轮轨擦伤的基本原理

"犁沟效应"是指硬金属的粗糙峰嵌入软金属中,然后在滑动过程中推动软金属,使其产生塑性流动,并在其上形成一道沟槽的现象。"犁沟效应"出现的基本条件:① 车轮与轨面相对滑动;② 硬金属表面有粗糙尖峰;③ 相对滑动的两个金属表面达到了使金属软化的温度(800 ℃ 左右)。当车轮(铸铁)在快速滑动摩擦过程中,车轮踏面表面温度接近 800 ℃ 时,根据金相学原理,金属材料内部组织的分子结构开始松动,随着温度升高金属分子开始流动起来。

车辆车轮在与钢轨相对摩擦运动过程中,除了滚动产生的动摩擦对轮轨损伤很小外,其他如牵引力过大引起的车轮空转,制动力过大引起的车轮滑行等,都可能造成车轮和钢轨的擦伤、拉伤、剥离。

不是所有车辆制动力过大抱死车轮导致滑行都会导致车轮踏面擦伤、拉伤或剥离。车轮在钢轨上的运动轨迹很复杂,有些摩擦使车轮虽然具备了拉伤、擦伤或剥离的条件,但如果轨面出现的磨粒或毛刺不与车轮行程对立,而是相向而行那么拉伤、擦伤或剥离的概

率就比较小。这就是在同一条线路，同一种车型，有的车经常擦伤、拉伤，而大多数车辆车轮不擦伤、拉伤。

3. 防滑控制的机理分析

1）黏着机理

研究列车的防滑控制，必须深入了解黏着机理。黏着是表示轮轨间关系的铁路专用术语，黏着力是指轮轨接触面切线方向传递的力。轮轨之间的黏着是轨道交通车辆形成制动力和牵引力的根本依据。

黏着系数表示黏着的利用程度，它是具有一定分散性的随机因数，服从统计学规律。黏着系数的大小与滑移率的大小直接相关，两者的相关规律只有通过大量试验才能得出。据各种试验确认，在滑移率大于35%时，应视为黏着破坏，出现宏观滑行的界限。

改善黏着条件，提高黏着利用率，可以充分发挥列车的制动和牵引性能，同时还能有效防止滑行和空转，减少列车和线路设备损伤。无论是摩擦制动还是动力制动，都是利用轮轨间的黏着作用产生制动力。摩擦制动力过大，会把车轮抱死而滑行。动力制动的制动力如果超过轮轨黏着力，此时车轮的反力矩过大，会导致车轮的逆转。

2）改善黏着的措施

（1）最常见的方法是撒沙。

（2）先进撒沙器或把沙子制成悬浮体喷撒在轨面。

（3）采用化学溶剂清洗轨面。

（4）电火花处理轨面，清除油污，轨面活化。

（5）在制造车轮和轨道的钢材中加入其他金属或改进黏着条件的材料。

4. 防滑控制系统

车辆的防滑系统直接关系车辆车轮的使用寿命和车辆运行安全。可以明确，黏着失去的根本原因是制动力大于所能实现的黏着力。恢复黏着的有效手段是使制动力减小，以满足"制动力小于所能实现的黏着力"这个平衡条件。

防滑控制系统结构如图2-11-9所示。防滑控制在制动力即将超过黏着力时，降低制动力，尽快黏着恢复，充分提高黏着利用，使车轮恢复处于滚动或滑、滚混合状态，避免车轮滑行。

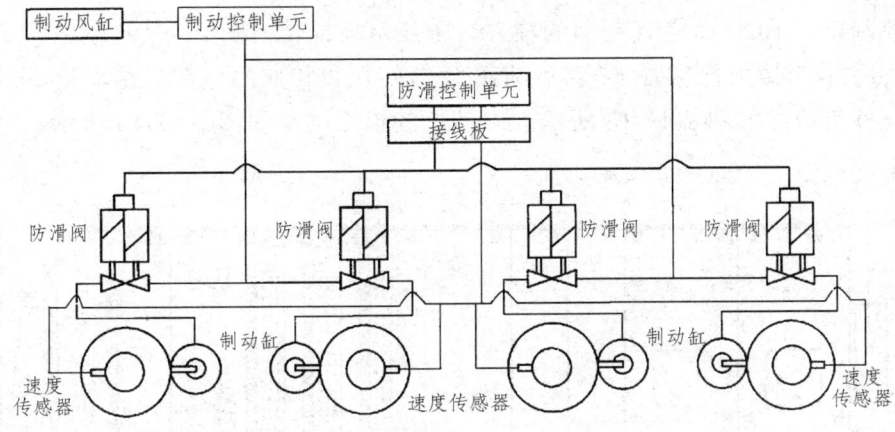

图2-11-9　车辆防滑控制系统结构

然而防滑控制的关键是要正确判断什么时候为"滑行"。判断早了，会使制动力损失过大，无法充分利用轮轨间的黏着，使制动距离延长；判断晚了，就会产生滑行，造成踏面擦伤，起不到防滑作用。

目前，各种防滑控制系统在判断滑行时，使用了许多判据。这些判据主要有速度差、减速度、减速度微分和滑移率等。其中速度差和减速度使用最为普遍。但无论采用哪一种判据，都把防滑和充分利用黏着作为主要目的。

二、KBGM 电-空制动机系统

KBGM 电空制动系统主要由风源及管路系统、控制部分和执行部分三个主要部分组成。控制部分是制动装置的核心，由带有防滑控制的制动微机控制单元 ECU（B05/G02）、制动控制单元 BC（B06）、空气控制屏（Z01，部分阀类的集中安装屏）等组成。

（一）电子制动控制单元（EBCU）

制动控制系统有一个用于控制电空制动和防止车轮滑行的微处理机，常称为电子制动控制单元 EBCU，它是空气制动管理控制的核心，如图 2-11-10 所示。其控制原理如图 2-11-11 所示。制动实施时，它通过 MVB（多功能列车总线）接收各种与制动有关的信号（如制动指令值 PWM 信号、电制动实际值信号、载荷信号等），计算出一个当时所需气制动力的制动指令，并将其输出给 BCU，BCU 进行气制动的补充。同时，EBCU 还实时监控每根轴的转速，一旦任一轮对发生滑行，能迅速向该轮轴的防滑阀（G01）发出指令，沟通制动缸与大气的通路，使制动缸迅速排气，从而解除该轮对的滑行现象，实现 EBCU 对各轮对滑行的单独保护控制。此外，制动微处理机控制系统还具有本车的控制系统故障自诊断功能和故障贮存功能。

（二）制动控制单元 BCU

1. 制动控制单元的组成

制动控制单元 BCU 是空气制动的核心，主要由模拟转换阀 a、紧急电磁阀 e、称重阀 c、中继阀 d、载荷压力传感器 f（将载荷压力 T 转换成相应的电信号传输给 ECU）、压力开关 h 等元件组成，如图 2-11-12 所示。制动控制单元气路如图 2-11-13 所示。

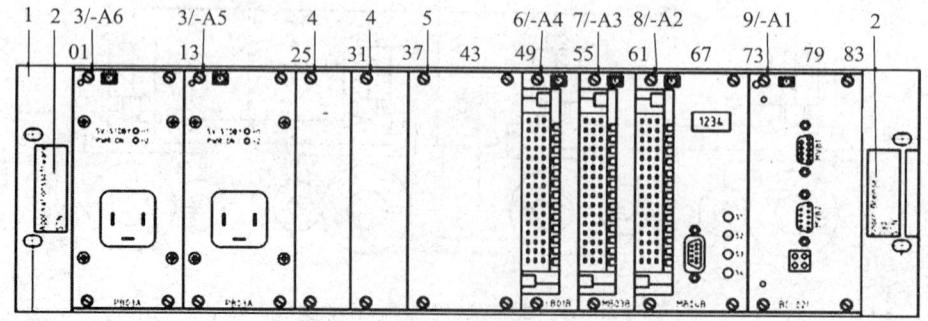

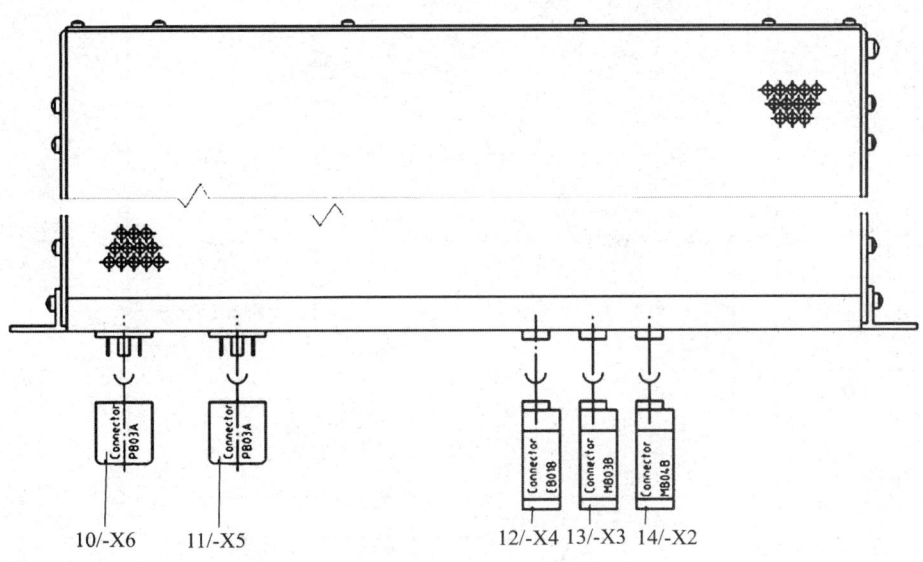

图 2-11-10　EBCU 的结构示意

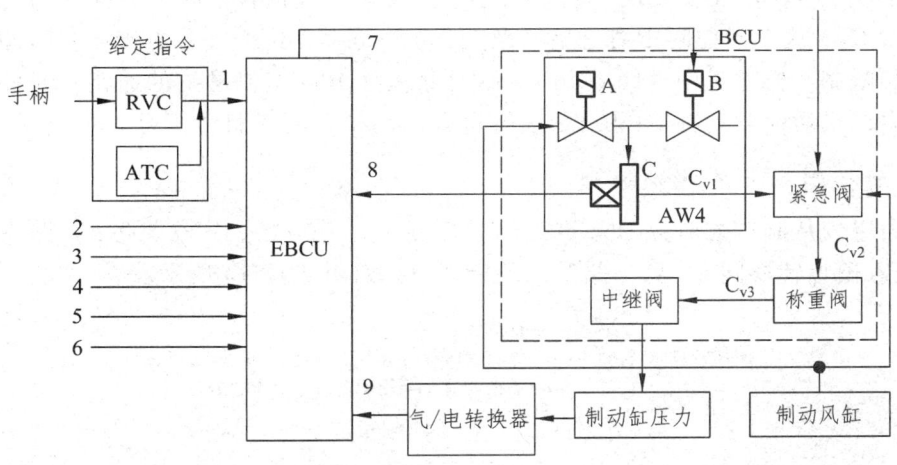

图 2-11-11　EBCU 控制原理

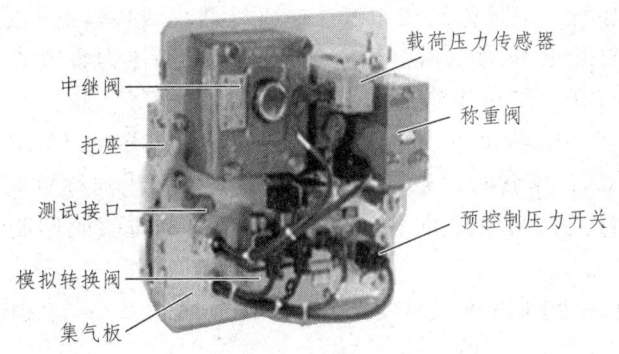

图 2-11-12　制动单元实物

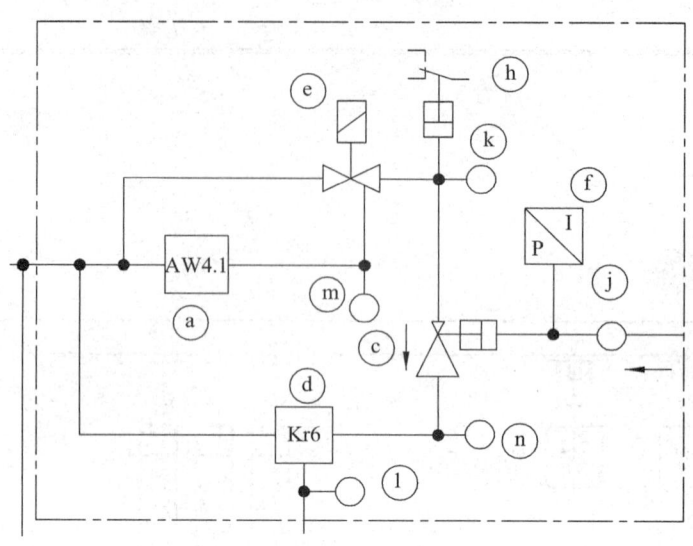

图 2-11-13　制动控制单元内部气路示意

2. BCU 组成之间的控制关系

BCU 的作用是将 ECU 发出的制动指令电信号通过模拟转换阀 a 转换成与之成比例的预控制压力 Cv，这个预控制压力是呈线性变化的。同时，也受到称重阀 c 和防冲动检测装置的检测和限制，再通过中继阀 d，沟通制动储风缸 B04 与制动缸的通路，并控制进入制动缸的压力，最后使制动缸 C1 和 C3 获得符合制动指令的气制动压力。

3. 制动控制单元的控制原理

当压力空气从制动贮风缸 B04 进入制动控制单元 B06 后，分成三路，一路进入紧急阀 e，一路进入模拟转换阀 a，另一路进入均衡阀 d，如图 2-11-14 所示。

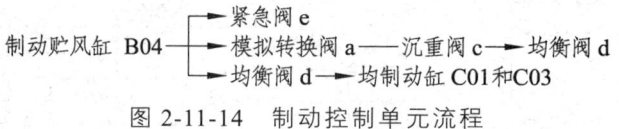

图 2-11-14　制动控制单元流程

4. 制动控制单元 BCU 的作用原理

BCU 的工作原理主要涉及紧急制动和常用制动两种模式。

紧急制动的工作原理：在紧急制动工况下，通过列车线传输的紧急制动控制回路断开，紧急电磁阀失电，并打开 R 压力端口。从制动风缸传来的压力空气直接流向称重阀和中继阀，使中继阀进气阀打开，经由中继阀进气阀向制动缸充气，从而实现紧急制动。

常用制动工作原理：电-空模拟转换阀将电子制动控制单元（EBCU）载荷制动指令信号转换成预控制压力 Cv，并流向紧急阀，然后通过紧急阀流向称重阀，再经称重阀流向中继阀使中继阀进气阀打开，制动缸的压力空气经由中继阀进气阀向制动缸充气，从而形成常用制动。

模拟转换阀是由一个电磁进气阀、一个电磁排气阀及一个气电转换器组成，如图 2-11-15 所示。

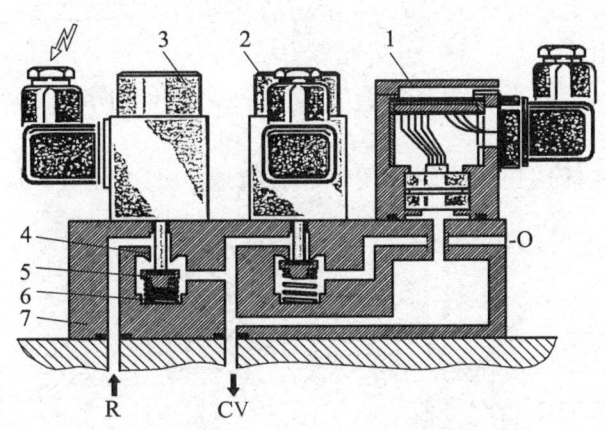

1—阀体；2—充气电磁阀；3—排气电磁阀；4—压力传感器；
Cv—预控制压力；R—贮风缸；O—大气。

图 2-11-15 模拟转换阀结构

（三）紧急阀

紧急阀是一个电磁阀控制的二位三通阀，主要由空心阀、阀座、弹簧、活塞、活塞杆和电磁阀组成，如图 2-11-16 所示。它的三个阀口分别通制动贮风缸（A1）、模拟转换阀输出口（A2）及称重阀输入口（A3）。空心阀还起到阀口的作用，而活塞杆顶部做成阀口结构。

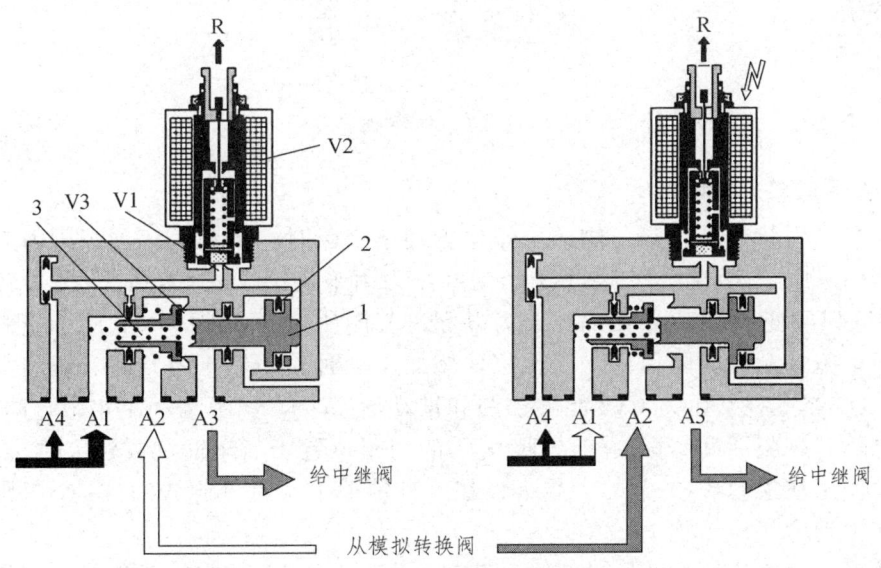

A1—贮风缸；A2—预控制压力 Cv1；A3—预控制压力 Cv2；A4—控制气路；R—排气口。

图 2-11-16 紧急电磁阀结构示意

（四）称重阀

1. 称重阀的结构

称重阀主要由负载指令部、力调整部和杠杆部组成，如图 2-11-17 所示。

（1）负载指令部由主动活塞（活塞）、主动活塞膜板、从动活塞、K形密封圈及调整弹簧、调整螺钉等部分组成。

（2）力调整部：由橡胶夹心阀、均衡活塞、空心阀杆、阀座、调整弹簧和调整螺钉等组成。

（3）杠杆部：由杠杆、支点滚轮和调整螺钉组成。

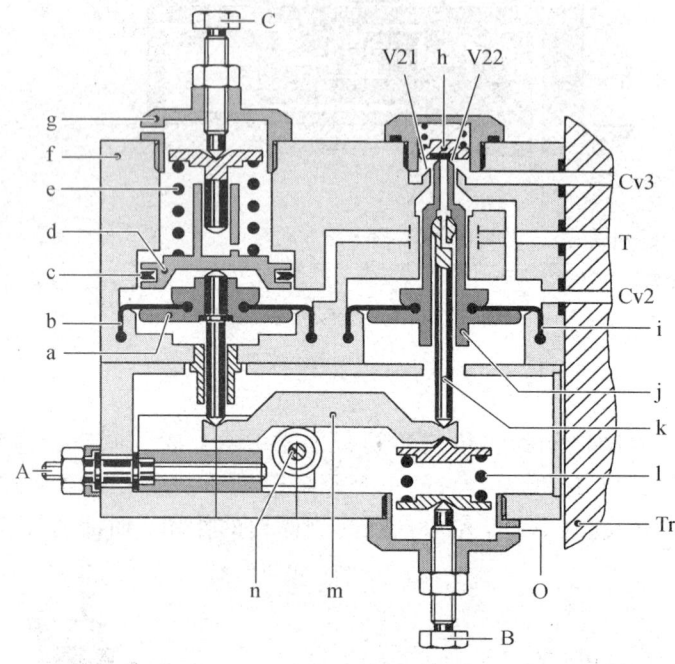

图 2-11-17　称重阀结构

2. 称重阀的作用原理

（1）列车牵引状态下，限压阀的工作位置列车牵引时，制动缓解预控压力 Cv1 为零。压缩弹簧（1）的力作用在活塞（a）上。活塞压力由平衡梁（m）和推杆（k）转换到鼓膜活塞（j），通风阀座 V22 克服压缩弹簧力升起进气阀座 V21 的阀头（h），打开阀门 V21。

（2）列车施加制动时限压阀的工作位置施加制动时，Cv1 压力升高。压缩空气流过开阀 V21 进入 Cv2 室直到压力 Cv2 能够控制和推动活塞（j）向下运动至水平，阀头（h）由弹簧力支撑随着鼓膜活塞（j）运动到阀 V21 的切断位置。当车辆负载较重时，压力越高，通过平衡梁作用在活塞（j）上的力越大，在这种情况下，进气阀 V21 在 Cv2 压力更高时切断，风缸制动力相应增加。

（3）没有气动负载信号的制动施加。此时鼓膜活塞（j）没有气动负荷信号和控制负荷元件，Cv2 室增压会预先结束，导致 Cv2 管路压力不足，这种情况下车辆不能制动。为了避免任何失败情况的发生，气动负荷信号由作用在鼓膜活塞（b）推杆上的压缩弹簧（e）力激发。因此限压阀确保没有压力信号进行紧急制动时，空载车辆正确制动。

（4）列车缓解制动时限压阀的工作位置制动缓解时，Cv2 压力减小。如果压力 Cv2 降到 3 以下，双阀座（V21，V22）将打开，允许 Cv2 与 Cv3 同样降压直到 Cv2 室和 Cv3 管路完全排空。

（五）中继阀

中继阀的结构如图 2-11-18 所示。

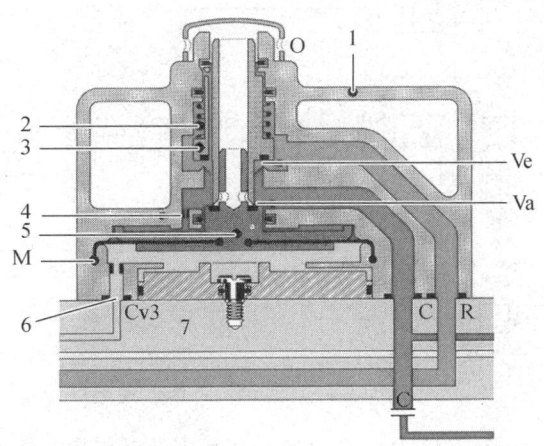

1—外壳；2—压缩弹簧；3—阀导；4—喷嘴；5—隔膜活塞；6—集气板；
M—隔膜；Ve—进气阀座；Va—排气阀座。

图 2-11-18　中继阀 KR-6So 结构示意

在 KBGM 制动过程中，中继阀的原理为：① 当制动指令发出时，压缩空气通过供气系统进入中继阀，中继阀根据制动指令和车辆实际状态（如载荷、速度等）调节进入制动缸的压缩空气量，从而控制制动力的大小。② 中继阀内部设有活塞、模板等部件，这些部件在压缩空气的作用下发生位移，进而改变气路的通断和大小，通过精确地控制这些部件的位移，中继阀就能够实现对制动缸压力的精确调节。

（六）KBGM 电空制动机控制原理

制动控制系统有一个用于控制电空制动和防止车轮滑行控制的微处理机，常称为制动微机控制单元（ECU）。它是空气制动管理控制的核心，也是与电制动协调作用的重要组成部分。

电空制动控制系统如图 2-11-19 所示。

图 2-11-19 中输入信号的功能如下：

1. 制动指令

此指令是微机根据变速制动要求，即司机施行制动的百分比（全常用制动为 100%）所下达的指令。

2. 制动信号

这是制动指令的一个辅助信号，它表示运行的列车即将要制动。

3. 负载信号

这个信号来自于空气弹簧。

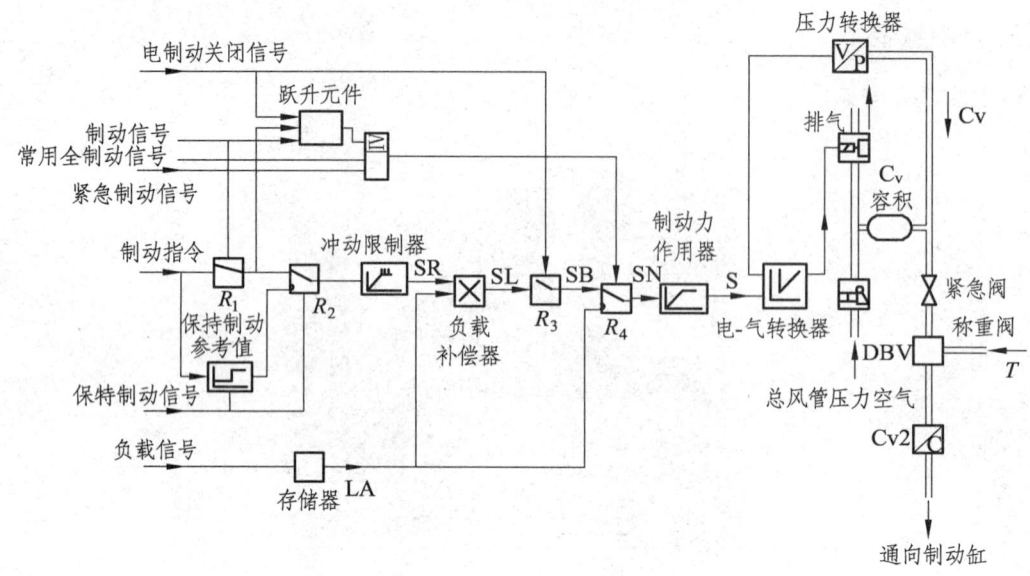

图 2-11-19　电空制动控制系统方框图

4. 电制动关闭信号

此信号为信息信号，它的出现就意味着空气制动要立即替补即将消失的电制动。

5. 紧急制动信号

这是一个安全保护信号，它可以跳过电子制动控制系统，直接驱动制动控制单元（BCU）中的紧急阀动作，从而实施紧急制动。

6. 保持制动（停车制动）

这个信号能防止车辆在停车前的冲动，能使车辆平稳地停止。

（七）防滑控制系统

1. 防滑控制系统的作用

（1）防滑系统用于车轮与钢轨黏着不良时，对制动力进行控制。

（2）防止车轮即将抱死。

（3）避免滑动。

（4）最佳地利用黏着，以获得最短的制动距离。

2. 防滑系统的组成

（1）制动微机控制单元（ECU）。

（2）防滑电磁阀（排风阀 G01）。

（3）测速传感器。

3. 空转/滑行的判断

（1）空转：牵引力大于黏着力，发生空转的轮对转速大于列车速度。

（2）滑行：制动力大于黏着力，发生滑行的轮对转速小于列车速度。

（3）列车的实际速度由 A 车轮轴上速度传感器提供，与动车上的电机速度信号分别比较，判断轮对是否发生空转/滑行。即使在无 A 车轮轴的速度信号时，ECU 仍可采用对 3 个电机速度信号的计算值（平均值），作为列车的实际速度。

4. 摩擦制动滑行控制

ECU 实时监控每根轴的转速，一旦任一轮对发生滑行，能迅速向该轮轴的防阀（G01）发出指令，沟通制动缸与大气的通路，使制动缸迅速排气，从而解除该轮对的滑行现象，实现 ECU 对各轮对滑行的单独保护控制。

5. 电制动滑行控制

（1）由于一车辆动车的一台 VVVF 逆变器并联向 4 台牵引电机供电，当 ECU 监测到任一轮对出现电制动滑行时，会向 VVVF 发出降低电制动力的指令，使本车的 4 个轮对的制动力矩同时下降，待滑行消除后再恢复。

（2）电制动滑行时，如果黏着力小于 50%超过 3 s，ECU 将切除电制动，由 BCU 补充气制动。

6. 制动微处理机控制系统综合作用原理

（1）制动实施时，它接收各种与制动有关的信号（如制动指令值 PWM 信号、电制动实际值信号、载荷信号等），计算出一个当时所需气制动力的制动指令，并将其输出给 BCU。同时，ECU 还实时监控每根轴的转速，一旦任一轮对发生滑行，能迅速向该轮轴的防滑阀（G01）发出指令，沟通制动缸与大气的通路，使制动缸迅速排气，从而解除该轮对的滑行现象，实现 ECU 对各轮对滑行的单独保护控制。

（2）制动微处理机控制系统还具有本车的控制系统故障自诊断功能和故障贮存功能。

三、SD 型电空制动机

（一）SD 型电空制动机的组成

SD 型电空制动机由制动控制器、空重车调整阀、控导阀、空电转换器、紧急电磁阀、备用电磁阀、双向阀、故障缓解电磁阀以及各种控制线路等组成。

（二）SD 型电空制动机的优点

（1）该制动系统装有空重车调整装置，可根据车辆负载调节制动力，因此能实现列车恒定减速度，减少列车纵向冲动，使停车平稳。

（2）常用制动控制有七级，各级空气压力值变化均衡、上升时间基本一致，调速稳定、准确，操纵灵活、方便。

（3）与列车自动控制系统的连接十分容易，与电制动配合简单。在保证电制动优先作用下，空气制动能自动进行补偿，从而使列车制动力基本保持不变。这样既减少了闸瓦磨耗，又提高了乘客的舒适度。

（4）对制动和缓解指令反应快，作用迅速，空走时间短，因此制动距离短。

（5）设有紧急电磁阀，当列车紧急制动时，列车能迅速调用全部空气制动能力实行紧急制动。

（6）设有备用制动系统，当常用制动系统发生故障时，可启用备用制动系统，保证列车不中断运行。

（7）系统结构简单，集成度高，重量较轻，维修简单。

（三）各组成部分的作用

1. 空重车调整阀

空重车调整阀相当于一个称重装置，它根据空气弹簧压力的大小（空气弹簧的压力是随客车载重而变化的）而输出具有相应压力的压力空气，再通过七级中继阀的作用来调整进入制动缸的压力空气，使车辆保持恒定的制动率。

2. 七级中继阀

七级中继阀相当于一个空气加减法运算器。它根据制动控制器指令，直接控制制动缸的充气和排气，以实现制动和缓解作用。它根据空重车调整阀所输出的压力，自动地控制制动缸具有七种不同的压力值。

1）七级中继阀的构造

七级中继阀的上部是三个常用电磁阀（CZF_1、CZF_2、CZF_3）和压力给排部分，中部是混合器，下部是膜板组，如图2-11-20所示。

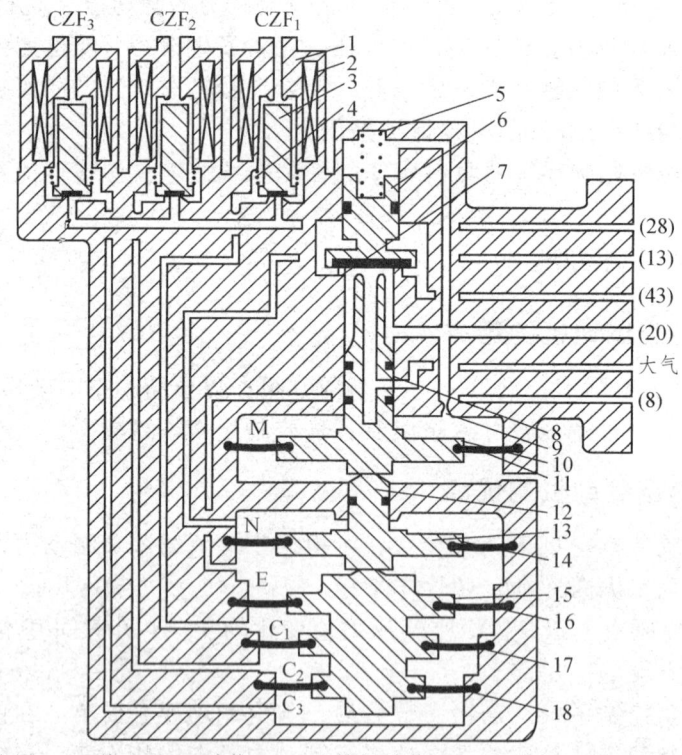

1—阀体；2—线圈；3—铁心；4—弹簧；5—给排阀弹簧；6—给排阀；7—大阀口；8—作用杆；9—节流孔；10—均衡活塞；11—均衡膜板；12—活塞杆；13—活塞；14—混合器膜板；15—常用制动膜板组活塞；16—常用上膜板；17—活塞；18—常用中膜板；19—活塞；20—常用下膜板；(8),(13),(20),(28),(43)—通路；M—均衡控制室；E,N—混合室；C_1—上膜板；C_2—中膜板；C_3—下膜板。

图2-11-20 七级中继阀结构原理

2）七级中继阀的作用原理。常用制动时由司机操纵控制器，使三个常用电磁阀、交替励磁和消磁，三个膜板室分别充气和排气。根据其组合的不同，制动缸有七个压力值。当发出一级制动指令信号时，仅常用电磁阀励磁，此时空重车调整阀的输出压力空气经电磁阀的下阀口进入混合室，空气压力作用在常用上膜板和常用中膜板上。常用上膜板受向上作用力，而常用中膜板受向下作用力。由于两个膜板面积比不同，所以常用上膜板的作用力大于常用中膜板的作用力，使膜板组受到向上的作用力。该作用力为一个逐级增量值，它通过活塞杆传递给作用杆，使作用杆向上移动，打开给排阀，使总风缸内的空气压力通过大阀口进入制动缸和给排阀的上端，并经节流孔进入均衡活塞上方 M 室，以实现平衡作用。

当进入制动缸的压力空气，即作用在均衡膜板上的压力空气与作用在膜板组上的压力空气的作用力平衡时，作用杆向下移动，在给排阀弹簧的作用下关闭大阀口，使七级中继阀处于保压状态，制动缸压力保持不变。当制动缸压力需要增高或降低时，给排阀均能自动排除增高的压力空气或自动补偿降低的压力空气，以保持制动缸压力不变。

缓解时，CZF_1 电磁阀消磁，室内的压力空气经 CZF_1 电磁阀的上方排气孔排向大气。由于均衡膜板受到向下的空气压力作用。此时，推动均衡活塞及作用杆向下移动，作用杆与给排阀离开，打开制动缸通大气的通路，制动缸的空气经通路（20），再经作用杆内的空心通路排向大气，同时给排阀上端和均衡活塞室的空气经节流孔排向大气，使制动缸呈缓解状态。

空气制动和电制动（再生制动和电阻制动）配合使用时：

（1）在一定级别的制动指令情况下要求电制动力增加时，制动缸压力应减小。

（2）当电制动力随车辆速度下降而逐渐减小时，制动缸的压力能由七级中继阀调节自动上升，以补偿电制动力不足，使车辆总制动力保持制动指令的要求。

常用制动及缓解作用 1~7 级的动作过程完全一样，通过常用电磁阀的交替励磁和消磁，使制动缸得到 1~7 个逐级增量值的压力值。

常用制动 1~7 级电磁阀励磁和消磁及膜板室排列组合见表 2-11-1。

表 2-11-1　常用制动 1~7 级电磁阀及膜板室动作

司机控制器手柄位置		电磁阀消、励磁			充气模板室	输出压力等级	
		CZF_1	CZF_2	CZF_3			
运转位		—	—	—	无	无	无
制动区	1	O	—	—	C_1	7－6	1
	2	—	O	—	C_2	6－4	2
	3	O	O	—	C_1+C_2	（7－6）+（6－4）	3
	4	—	—	O	C_3	4	4
	5	O	—	O	C_1+C_3	（7－6）+4	5
	6	—	O	O	C_2+C_3	（6－4）+4	6
	7	O	O	O	$C_1+C_2+C_3$	（7－6）+（6－4）+4	7
紧急制动区		—	—	—	E	8	8

注：O 表示电磁阀得电；—表示电磁阀未得电。

3. 控导阀

控导阀用来将电制动力的信号变为空气压力信号输入七级中继阀的混合器里，通过该混合器的减法运算，使电制动力不足的部分由空气制动来补充。

4. 空电转换器

空电转换器是把车辆载重变化的信号转变为电信号输送到电制动和牵引系统，使电制动和牵引电流能与车辆载重相适应。

5. 紧急电磁阀

紧急电磁阀是为保证安全而设置的。当施行紧急制动，或当制动装置发生故障，以及发生列车意外分离时，此电磁阀便因失磁而动作，并通过七级中继阀发生紧急制动作用。

6. 备用电磁阀

备用电磁阀（包括备用制动电磁阀和备用保压电磁阀）用于当正常制动装置发生故障时，仍能操纵列车制动、缓解作用，保证列车能继续运行。

7. 双向阀

双向阀是为正常制动装置与备用制动装置转换使用而设置的一个切换阀。

8. 故障缓解电磁阀

故障缓解电磁阀是在正常制动装置发生故障而施行紧急制动后，为改用备用制动装置，对列车制动机施行缓解的装置。

（四）SD型电空制动机作用原理

如图 2-11-21 所示，根据运行的需要，司机操纵制动控制器发出制动指令或缓解指令，控制七级中继阀上的三个电磁阀交替励磁和失磁，将空重车调整阀的输出压力输入到七级中继阀膜板室内进行加减运算，从而输出七个等增量压力供给制动缸以发生制动作用，或者使制动缸压力空气经七级中继阀排向大气发生缓解作用。当空气制动和电制动配合使用时，控导阀将电制动时检测出的电流信号按一定比例变换成空气压力信号输入到七级中级阀的混合器里，与指令压力进行减法运算，使电制动力不足指令压力的部分由空气制动补充。

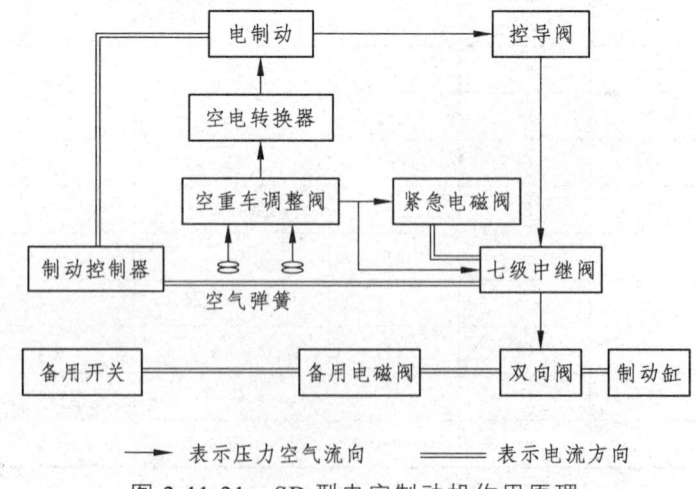

图 2-11-21　SD型电空制动机作用原理

（五）SD 型电空制动机的特点

（1）制动和缓解作用快，空走时间短，从而可以缩短制动距离。

（2）制动缸压力具有七级变化，各级制动缸压力上升时间基本一致，而且稳定准确，操纵灵活，有利于调速。

（3）设有空重车调整装置，可根据乘客多少自动调节制动力。因此，制动时能得到恒定的减速度，减少列车冲动，使停车平稳。

（4）空气制动能与电制动互相配合。当电制动力不足时，空气制动能自动进行补偿，使整个制动过程中的制动率基本保持不变，从而提高了旅客乘坐的舒适度。

（5）能与列车自动控制装置配合，实现定位停车。

（6）设有紧急电磁阀，当列车发生分离和断电故障时，能自动施行紧急制动以保证行车安全。

（7）除装有正常制动装置外，还设有备用制动装置。当正常制动装置发生故障时，仍能保证车辆正常运行。

（8）整个装置结构简单，除制动控制器、备用制动开关等以外，其他装置均装在一块集成板上，简化了管路，减轻了重量。制动装置中广泛采用了 O 形密封圈、橡胶膜板，使结构简单，作用可靠，维修简便，并可延长检修期。

四、NABTESCO 型制动控制系统

NABTESCO 型制动系统采用日本 NABTESCO 公司生产的模拟式电空制动装置，该系统采用车控方式，按照一动一拖为一个单元进行系统设计；采用网络总线控制列车的制动及列车主要设备的状态、故障监视和诊断。

为便于大修时整个系统的快速拆卸和更换，该系统采用模块化的设计理念。空压机及相关冷却和干燥设备组装为"风源模块"，安装在每个 Mp 车（带受电弓的动）上；根据制动的特点，将制动控制装置及相关设备组装为"制动控制集成"，安装在每辆车上。

每辆车配备一套制动控制装置（其中，Tc 车制动控制单元内部配备有总风低压压力开关，此信号将串联至紧急回路），用于进行带有空重车调整的常用制动和紧急制动以及滑行保护等的控制，此外具有自诊断等诸多功能。

该系统主要分为电子制动控制单元和制动控制单元，其内部部件布局如图 2-11-22 所示。

（一）电子控制单元

电子制动控制单元具有以下功能：

（1）检测 2 个空气簧的压力并通过压力传感器进行空电转换，从而保证无论空车还是超员均可以得到稳定的牵引力和制动力。

（2）进行电空演算，从而进行常用制动控制，并保证优先使用电制动。

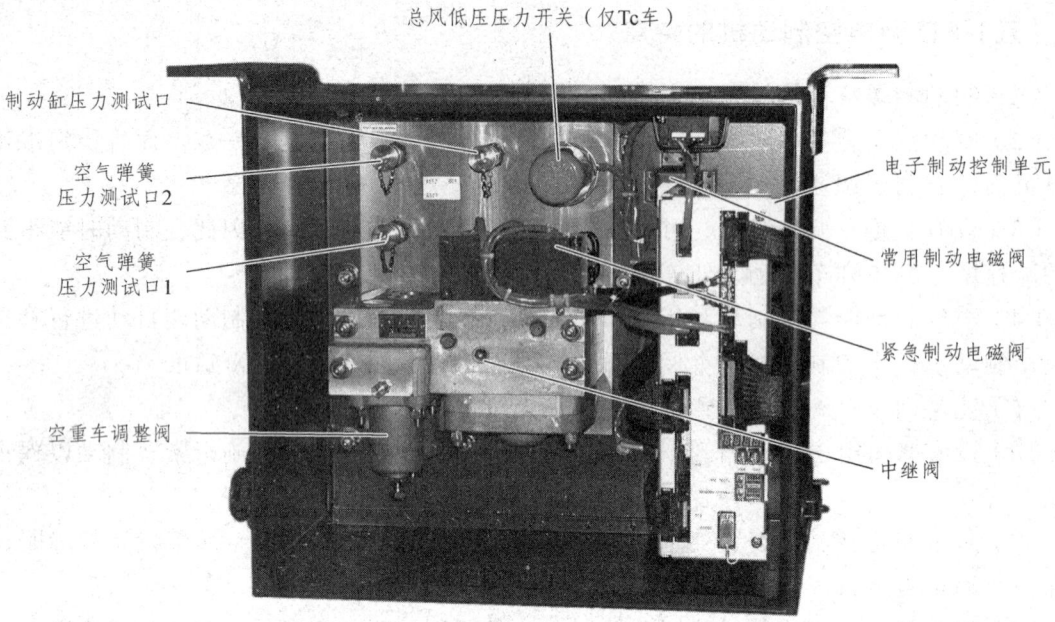

图 2-11-22　NABTESCO 型制动控制装置内部部件布局

（3）具有滑行检测和校正功能，即测定各个车轴的速度，一旦检测出车轮滑行，则通过控制防滑阀来降低制动缸内部压力，从而尽快恢复黏着，使车轮最大限度地利用现有黏着条件。

（4）提供状态监测和诊断功能。

（二）制动控制单元

制动控制单元包括常用制动和紧急摩擦制动所需的所有电空阀和压力传感器，其内部气路如图 2-11-23 所示。

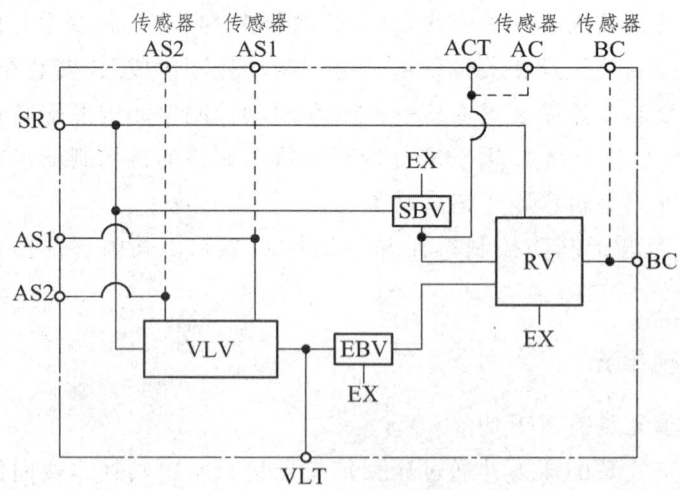

AS1—预控制压力；AS2—空气弹簧压力；BC—制动缸；EBV—紧急电磁阀；EX—排气；
RV—中继阀；SBV—常用制动电磁阀；SR—供给储气器；VLV—空重车调整阀。

图 2-11-23　制动控制单元内部气路

1. 中继阀（RV）

中继阀为气动操作阀，可将大量压缩空气由制动风缸提供给制动缸。供风压力等同于中继阀通过变载截断阀从制动/缓解和紧急阀获得的压力信号。如果压力信号保持一定，中继阀将保持恒定的闸缸压力以防泄漏，并自动补充发生的任何泄漏。

2. 空重车调整阀（VLV）

空重车调整阀为机械变压限制装置，它可将中继阀信号阀口的供风压力限制在称重紧急制动所需的压力以下。空重车调整阀只影响紧急制动的压力并正比于空气弹簧压力。此外，通过两个连接管路上的节流孔（B05）来减小空气弹簧的压力产生波动。当没有空气簧压力信号时（如空气簧爆裂），空重车调整阀将默认空载紧急制动值为缺省值。

3. 紧急制动电磁阀（EBV）

紧急制动电磁阀采用得电缓解、失电制动的形式。因此车辆在正常运行期间，紧急制动电磁阀必须得电，无论何种原因导致失电，列车将立即施加紧急制动。

在紧急制动施加期间，通过空重车调整阀进行空重车调节。

4. 常用制动施加与缓解

电子制动控制单元通过压力传感器来感应空气簧的压力，通过总线接收常用制动指令，从而计算出制动缸的压力，并通过控制常用电磁阀中的供给阀和排气阀得电和失电，使实际的制动缸的压力与计算出的制动缸压力相符。

（三）列车防滑系统

列车防滑系统如图 2-11-24 所示，车轮滑动保护系统采用基于单轴的滑动检测和校正功能，即每个轴配备一套速度传感器和防滑阀。

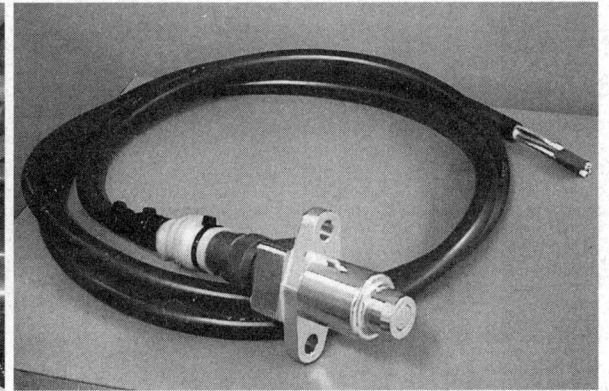

（a）防滑阀　　　　　　　　（b）速度传感器

图 2-11-24　防滑阀及速度传感器

列车在常用制动、紧急制动模式下均具有滑动保护功能，防滑控制如图 2-11-25 所示。

制动过程中，如果轮轨间黏着力不足以满足制动要求时，车轮会产生滑动，损坏车轮，并延长制动距离。车轮滑动保护就是要防止擦轮现象的发生，使列车充分利用黏着进行制动。

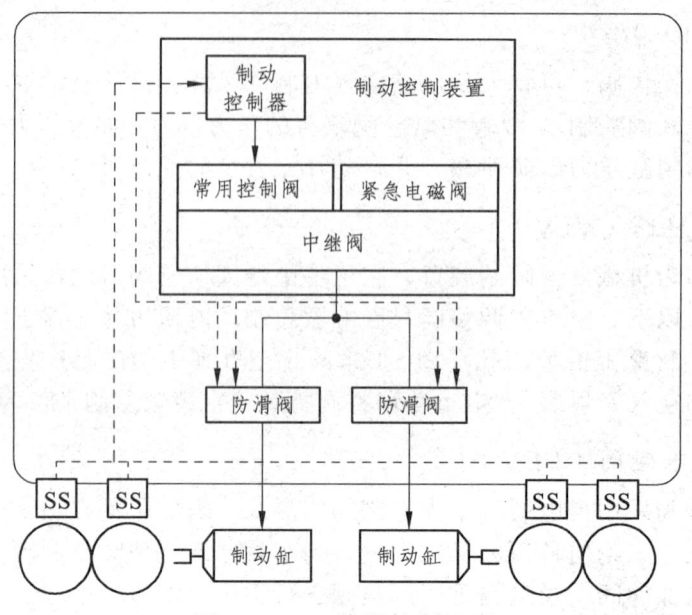

图 2-11-25　防滑控制示意

车体安装的防滑阀基于每根轴进行制动缸压力控制。每个单阀包括两个电磁阀，用以控制相应制动缸的空气压力。一个电磁阀控制制动缸的进风，另一个控制制动缸的排风。这两个阀的动作组合可形成三种不同的状态：

（1）"充风"：两阀均失电，空气进入制动缸。

（2）"保压"：进风阀得电，排风阀失电，制动缸被隔离，空气压力恒定。

（3）"排风"：两阀均得电，空气从制动缸排出。

每根轴的轴端均有速度传感器，产生车轴转速的信号，车轮滑动保护处理器监测这些信号。防滑系统确定相对轴速，并使用它们来检测是否有滑动发生。通过检测一根轴的减速度是否超过设定值，此设定值高于所有正常制动状态下预计的最大值减速度，或检测车轮滑动保护系统监测的四根轴中的任一根轴的相对转速的改变，来判断车轮是否打滑。

当检测出车轮滑动时，车轮滑动保护系统通过本车的排放阀来降低相应车轴上制动缸的压力，从而控制滑行的深度。此系统可控制达到最理想的车轮滑行状态以充分利用黏着，确保尽可能减少制动距离和避免车轮的擦伤。

（四）基础制动装置

基础制动装置采用单侧踏面单元制动缸的制动方式，如图 2-11-26 所示。

（1）每台转向架有四个踏面单元制动缸，分为两个具有停放功能的踏面单元制动缸和两个不具有停放功能的踏面单元制动缸；使用高耐磨合成闸瓦。

踏面单元制动缸能对车轮和闸瓦的磨耗间隙进行自动补偿，同时还设有手动复原装置，通过手动复原装置也可以调整车轮及闸瓦间的间隙，使制动闸瓦和车轮踏面之间的距离保持在 5～10 mm。

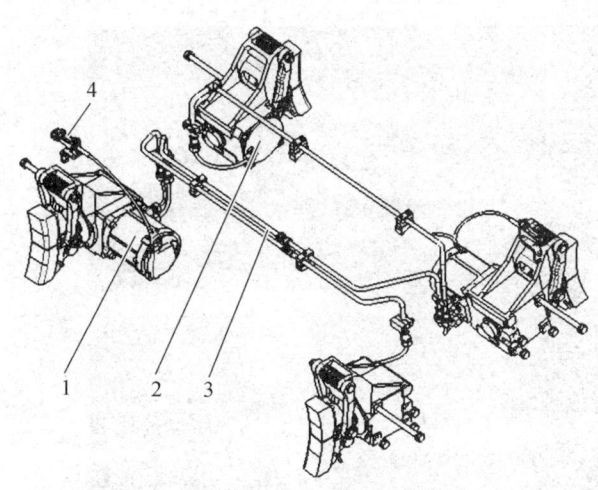

1—带停放制动的单元制动缸；2—单元制动缸；3—制动配管；4—手动缓解拉链。

图 2-11-26　基础制动装置

（2）具有停放功能的踏面单元制动缸还配有手动缓解闸线，手动缓解闸线的把手安装在侧梁上部，可以在必要时很方便地手动缓解停放制动，制动配管采用立体折弯钢管，钢管与钢管、钢管与软管之间采用螺纹连接形式，密封性能较好，方便安装和拆卸。

（3）所有的踏面制动装置都配有闸瓦间隙自动调整器，用以保持闸瓦与车轮间的正确间隙，补偿闸瓦与车轮的磨耗。踏面间隙调整装置能保证在新车轮和新闸瓦的情况下能够顺利安装闸瓦，在磨耗到限的车轮以及磨耗到限的闸瓦能够正常施加常用和紧急制动。

（4）每个车轮上配有一套 NC3443 型合成闸瓦，闸瓦材料为无石棉材料。闸瓦的使用情况与施加制动的频率、级别、载荷情况以及电制动的使用情况均密切相关，因此闸瓦的更换周期需要根据实际情况而定。

（五）停放制动控制装置

停放制动控制装置如图 2-11-27 所示。停放制动电磁阀在车辆正常运行状态下为失电状态，此时停放制动缓解，并通过停放制动压力开关进行反馈，压力设定为 500～700 kPa，即高于 700 kPa 列车停放制动缓解，低于 500 kPa 列车制动将随着压缩空气压力的降低而逐渐施加。

列车通过给电磁阀供电才能施加停放制动，但是在施加停放制动之前，需要先施加空气制动即常用制动或者紧急制动。

安装在制动模块上的停放制动隔离塞门（K1）由主风进行供风。更换闸瓦时，可操纵此塞门将停放制动装置隔离并排风以实现手动缓解。

列车每根轴上均配备一套带停放制动和不带停放制动的踏面制动单元，用于执行停放制动、常用制动和紧急制动。

停车制动采用弹簧施加，充气缓解的形式。在空气制动有效情况下（常用制动和紧急制动），可以通过司机台上的停放制动的施加按钮（通过控制停放电磁阀 K3 得电）来实现施加停放制动。停放制动与空气制动使用同一套闸瓦将制动力施加在轮对上。

停放制动具有使超员列车在最大坡道上保持静止的能力。

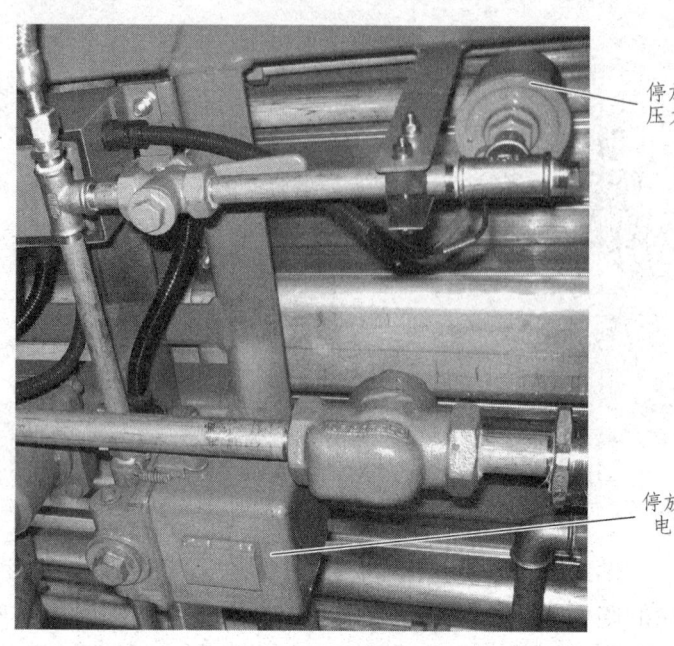

图 2-11-27 停放制动控制装置

此外，停放制动系统还配备手动缓解装置，用于在无风或者空气压力低的情况下缓解停放制动。当空气压力恢复时，进行一次空气制动循环（制动-缓解），缓解机构自动复位，并为下一次手动缓解做好准备。

（六）主风低压开关

每辆 Tc 车上设有一个压力开关（制动控制单元内），用以监控主风压力。当主风压力降至设定值 6 kPa 以下时，列车紧急回路将断开，列车将立即实施紧急制动。当压力升到 7 kPa 以上，紧急制动才可能进行缓解。

（七）司机台仪表

司机台上设置一双针压力表它在驾驶车上显示主风压力和制动缸压力。红针用于显示主风缸的压力，黑针用于显示 Tc 车第一根轴的制动缸压力。

（八）冲动限制

制动指令同时传递到所有车辆上。作用时间不属于时间延迟，常用制动在所有车上均以冲击极限（0.75 m/s^3）同时实施。制动时间采用电子制动控制单元进行控制。

紧急制动同时在所有车上以机械的方式进行实施，由于安全的原因，将超过常用制动的"冲击极限"。

（九）负载补偿（空重车调节）

每辆车的制动控制单元将检测两个空气簧的压力（对角检测）作为计算牵引力和制动力的依据。

常用制动称重为电子称重，通过压力传感器测量两个空气簧压力（对角）。电子称重信号从制动系统的电子控制单元传到牵引控制系统。

紧急制动作用通过空重量车调整阀实施载荷补偿。

如果一个空气簧压力信号出现过低或过高，系统将使用正常车的空气簧压力进行牵引和制动控制，如果两个均发生故障，车辆将按照空车进行控制。

五、EP2002 空气制动机

（一）EP2002 型制动控制系统

EP2002 型制动控制系统是由德国克诺尔公司研制生产的，为电气模拟指令式制动控制系统。其主要由 EP2002 阀、制动控制模块及其他辅助部件组成。核心部件是 EP2002 阀，负责空气制动系统的控制、监控及与车辆控制系统的通信。其采用架控式，即一个 EP2002 阀控制 1 台转向架，将 KBGM 及 KBWB 制动系统中的制动电子控制单元（BECU）、气制动控制单元（BCU）、防滑阀集成在一起，是一个高度集成化的控制部件。

EP2002 型制动控制系统与常规的制动控制系统最大的区别在于设计思想不同。常规的制动控制系统采用车控式，即一个制动电子控制单元控制同一节车的两个转向架。而 EP2002 制动控制系统采用架控式，即一个 EP2002 阀控制一个转向架。当一个 EP2002 阀出现故障时，只有一台转向架上的空气制动失效，减小了对车辆的影响，同时可以针对每根轴对车辆产生轮滑保护。

（二）EP2002 型制动系统制动力的分配原则

制动管理器对制动力的分配必须考虑两个原则，即空气制动的磨耗最优化和黏着系数的利用最优化。制动管理器根据制动指令及车辆载荷大小连续循环计算车辆所需制动力大小，再根据网压、电制动/空气制动分配特性将总制动力合理地分配给电制动控制单元和空气制动控制单元。如果电制动故障，所损失的电制动力优先由其他动车的电制动补充，如果电制动不足再考虑空气制动的补充。但无论是补充电制动还是空气制动，应注意黏着系数的利用不能超过最大值要求（$\mu = 0.16$）。为了使空气制动系统的磨耗均匀，制动分配器应将空气制动力等值地分配给各个车辆。如果车辆滑行，制动管理器将减少黏着系数的利用，并重新进行电制动和空气制动的分配。制动力重新分配后，如果滑行不再发生，则车辆将保持这种制动力的分配，直至制动命令撤除。

（三）EP2002 阀的组成

EP2002 阀根据功能不同可分为智能阀、RIO 阀、网关阀三种。

1. 先导阀（网关阀）

先导阀如图 2-11-28 所示。

图 2-11-28　先导阀/RIO 阀

EP2002 先导阀执行 EP2002 智能阀的所有功能，并将常用制动压力要求分配至所有装在本地 CAN 网络中的 EP2002 阀门，其结构原理如图 2-11-29 所示。先导阀也可以提供 EP2002 型控制系统与列车控制系统的连接。EP2002 先导阀可以按要求定制，以连接 MVB、LON、FIP 和 RS485 通信网络以及/或者传统列车线缆和模拟信号系统。

在 EP2002 系统中，一个 EP2002 先导阀中的制动要求分配功能可以将 SB 制动力要求分配至列车装有的所有制动系统，以达到司机/ATO 要求的制动力。

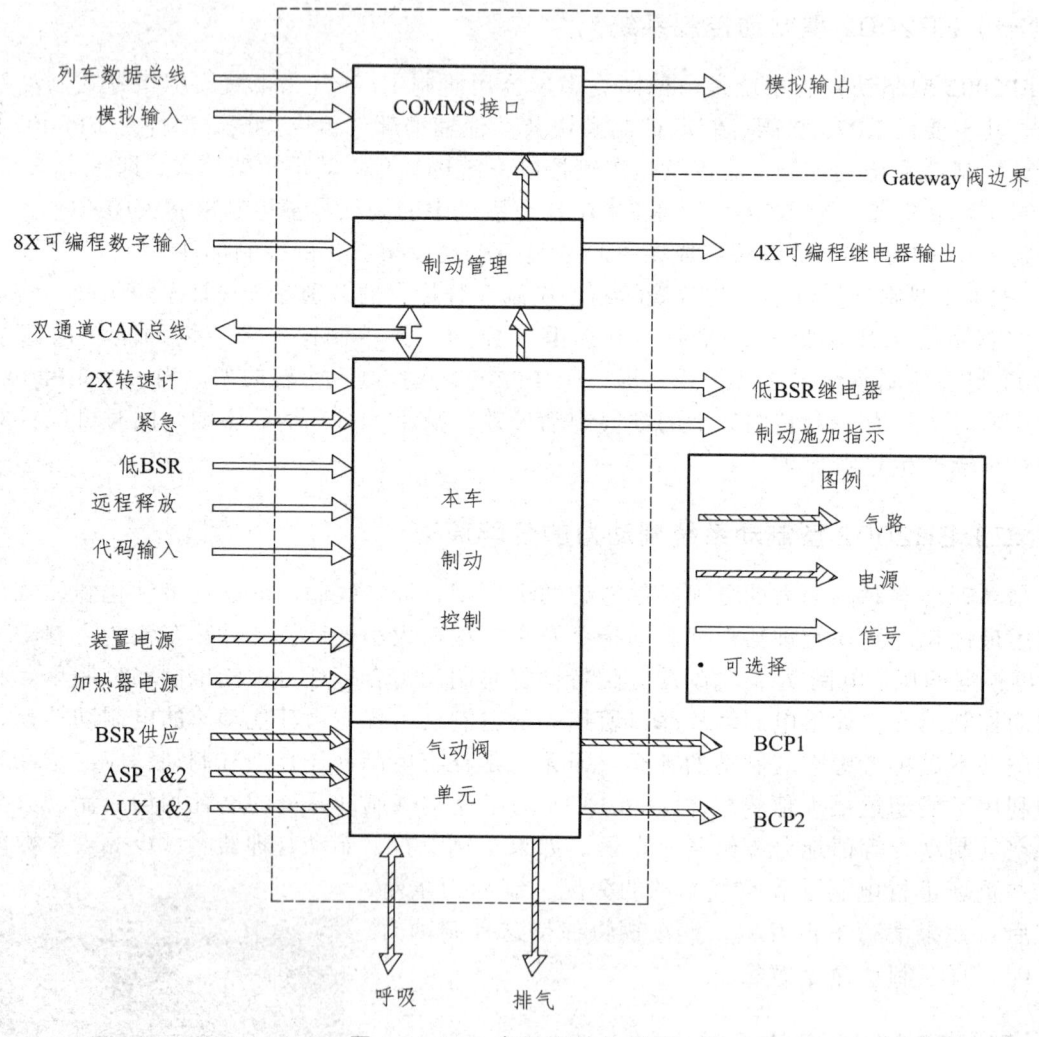

图 2-11-29　先导阀结构原理

2. EP2002 智能阀

EP2002 智能阀的结构如图 2-11-30 所示，结构原理如图 2-11-31 所示。

EP2002 智能阀是一个"机电"装置，其中包括一个电子控制段，该电子控制段直接装在一个称为气动阀单元（PVU）的气动伺服阀上。起控制作用的 EP2002 先导阀通过 CAN

制动总线传达制动要求,每个阀门据此控制着各自转向架上制动调节器内的制动缸压力（BCP）。

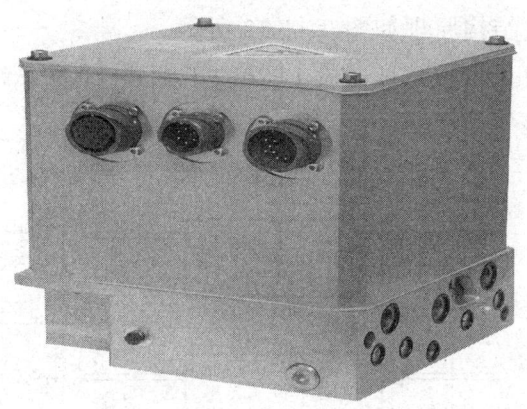

图 2-11-30　EP2002 智能阀

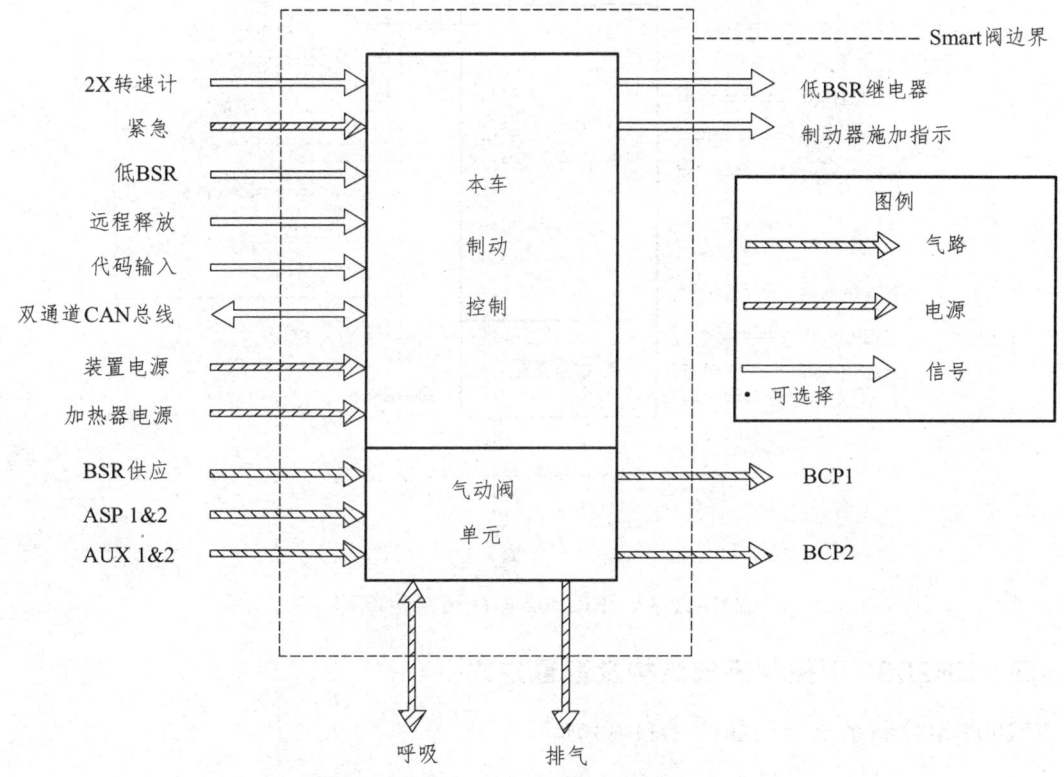

图 2-11-31　EP2002 智能阀结构原理

本设备通过转向架进行常用制动和紧急制动,同时通过车轴进行车轮防滑保护控制。阀门受软件和硬件的联合控制和监控,并可以检测潜在的危险故障。

结合使用各车轴产生的车轴速度数据和其他阀门通过专用 CAN 制动总线传来的速度数据即可进行车轮防滑保护。

3. EP2002 RIO 阀

RIO（远程输入/输出）阀与先导阀有着相同的 I/O 口，但并不进行制动控制运算而且没有安装网络接口卡，其结构原理如图 2-11-32 所示。

可编程的输入被 RIO 阀读取然后通过 EP2002 双通道 CAN 总线传至主先导阀。RIO 阀的可编程输出状态由主先导阀控制。

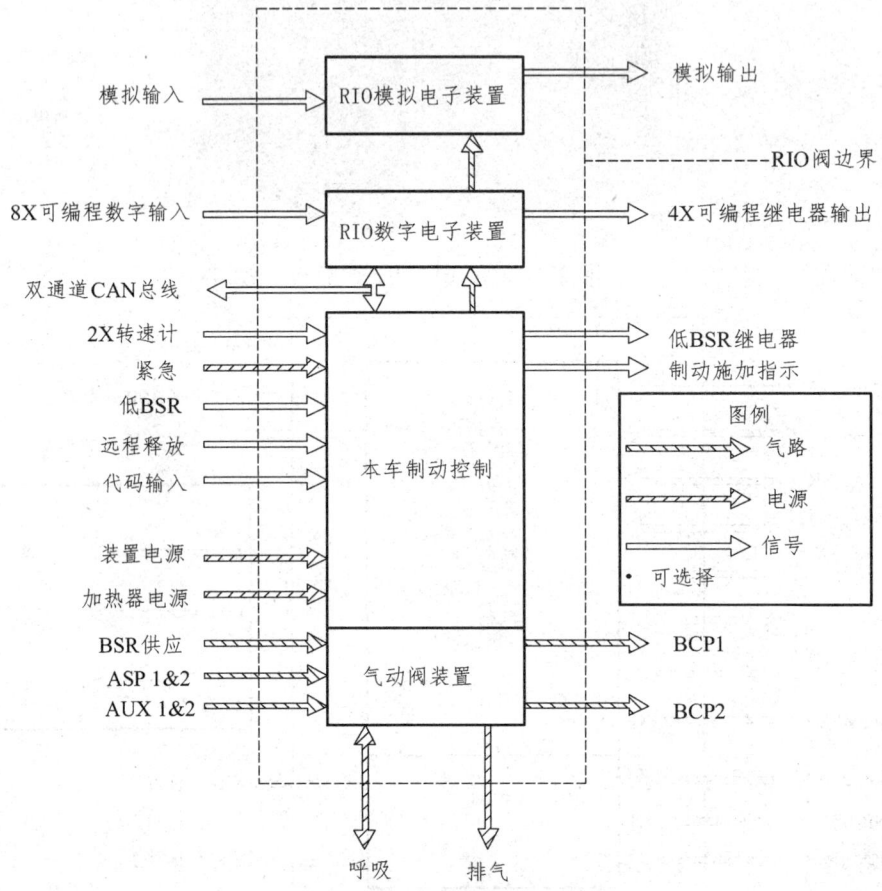

图 2-11-32　EP2002 RIO 阀结构原理

（四）EP2002 型控制系统结构及配置方式

EP2002 型控制系统结构如图 2-11-33 所示。

图 2-11-33　EP2002 型制动控制系统

EP2002 系统在列车制动系统内的配置方式，如图 2-11-34 所示。

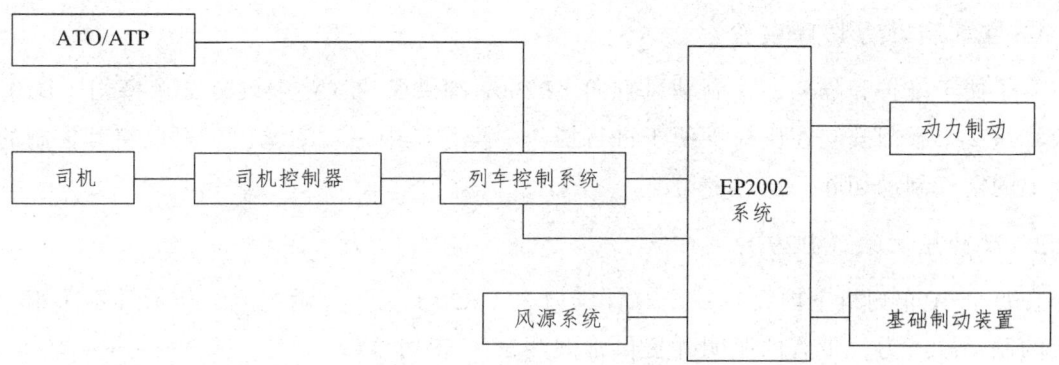

图 2-11-34　EP2002 系统配置方式

（五）制动控制模块

如图 2-11-35 所示，制动控制模块主要由风缸及其他一些辅助部件组成，上述装置也被集成到一个构架上，采用模块化结构，节省了安装空间，同时也便于安装、使用和维护。制动控制模块的主要作用是储存风源、施加和缓解停放制动以及向 EP2002 阀和空气悬挂装置供风。车辆制动系统气路原理如图 2-11-35 所示。

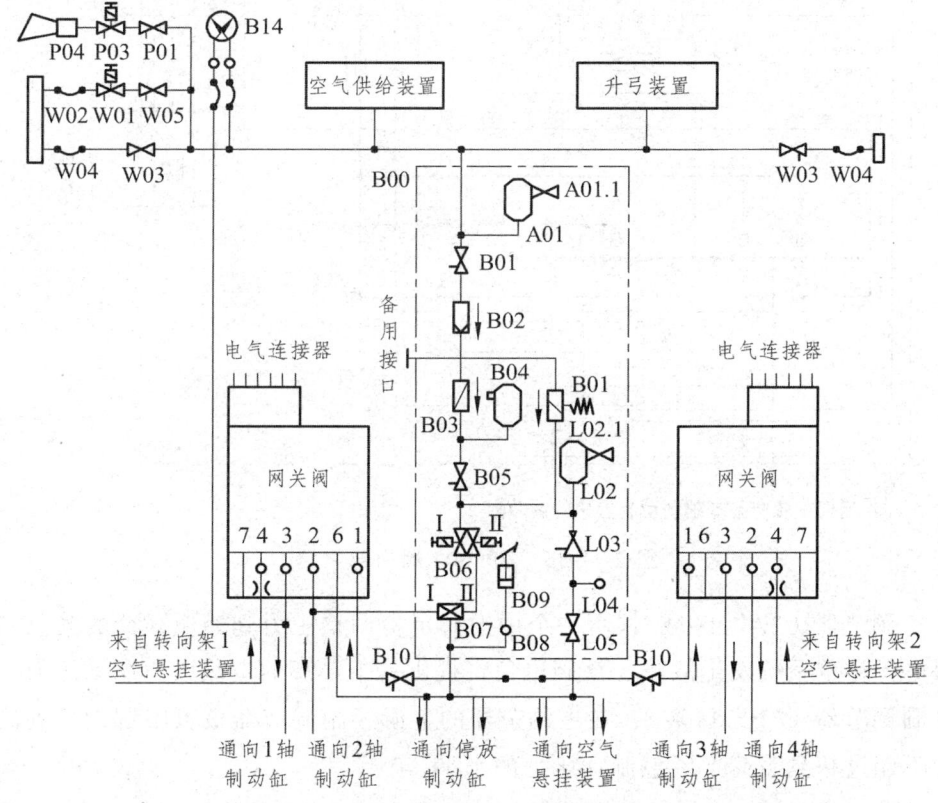

B00—制动控制模块；B10—转向架空气制动切除塞门；P04—气笛；
W01—解钩电磁阀；W03—截断塞门。

图 2-11-35　车辆制动系统气路原理（动车）

1. 空气制动力切除装置

为了便于维护和隔离，在制动风缸向 EP2002 阀供风的气路中设有 2 个塞门（B10），一般将这 2 个塞门安装在座椅下便于进行操作。操作其中一个的塞门，可以将其控制的转向架上的空气制动切除。

2. 双针压力表（B29）

在每个 A 车司机室内设有一个双针压力表（B29）用于显示主风缸压力和本车第一根轴上的制动缸压力，带有内照明并提供常规测试/校正用接口。

（六）EP2002 阀内部气路结构

所有 EP2002 阀的内部气路是相同的（见图 2-11-36），为了便于理解，将它的功能区域可分为几个区域来进行说明。

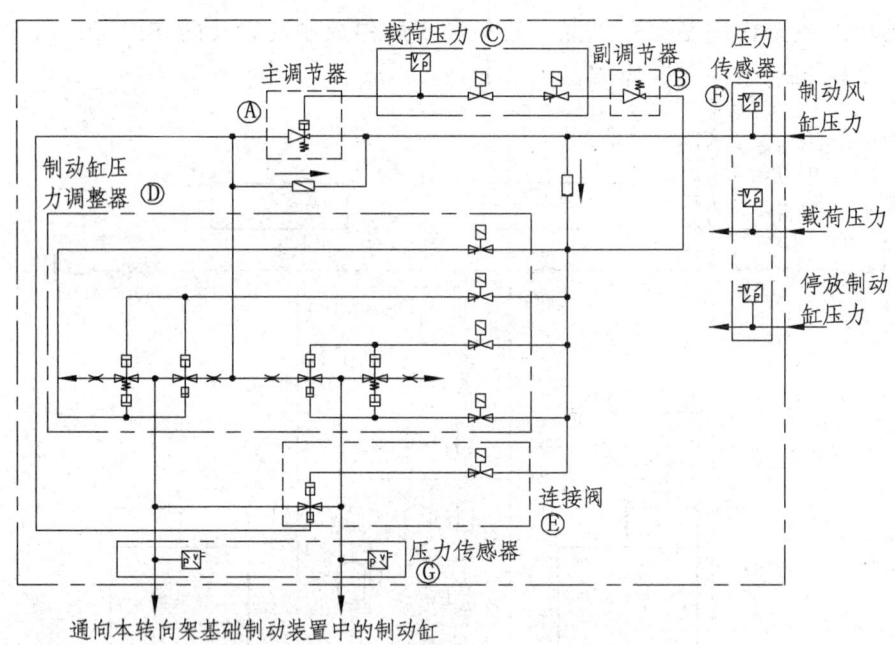

图 2-11-36　EP2002 阀内部气路

（1）主调节器（"A"区域）：由一个中继阀负责调整压力到相应载荷的紧急制动压力值。如果电子称重系统发生故障，该阀也负责提供一个最小的空载紧急制动压力。

（2）副调节器（"B"区域）：在主调节器的上游，副调节器负责限制供给到制动缸的最大压力不超过超员载荷下紧急制动压力的水平。

（3）载荷压力（"C"区域）：负责提供控制压力到主调节器中继阀。这个控制压力在常用制动和紧急制动时有效，并且与空气悬挂压力（ASP1.ASP2）成正比。

（4）制动缸压力调整（"D"区域）：负责将主调节器的输出压力调整成要求的制动缸

压力大小。制动缸压力调整区域也负责防滑保护功能激活时的制动缸压力调节。为了安全起见,紧急制动电路和常用制动控制电路是分开的。

(5)连接阀("E"区域):连接阀可以使制动缸压力连接到一起或分开。在常用制动和紧急制动时,将两根轴上的制动缸输出气路连接到一起,以转向架为单位施加制动;在车轮防滑保护功能激活时,两个轴的制动缸压力被分离开来,每个轴上的制动缸压力是由制动缸压力调整阶段单独控制的。

(6)压力传感器("F"和"G"区域):压力传感器用于内部调节或外部显示(制动风缸压力、载荷重量、制动缸压力、停放制动)。

按照如上功能区域进行划分仅为了方便理解该阀内部气路特性。EP2002阀是一种精密的机械电子阀,由上百个零件组成,供货时将以整体的形式提供给车辆制造商。

(七)EP2002型制动控制系统网络结构

EP2002型制动控制系统的网络结构关系到列车制动控制以及制动力分配等关键问题。EP2002型制动控制系统具有很高的可用性和灵活性,可以与多种总线结构兼容,如MVB总线、RS485总线、LONBUS总线和FIP总线等。制动控制系统网络结构的设置主要应从安全性、可靠性、经济性等方面考虑,下面以6节编组的地铁车辆为例,对目前应用较多的两种EP2002型制动控制系统网络结构进行说明。

1. 半列车CAN总线网络结构

半列车CAN总线网络结构是将半列车所有的EP2002阀用CAN总线相连,并由B车和C车上的两个网关阀通过MVB总线(或其他总线)与列车控制系统进行通信,如图2-11-37所示。每半列车上B车和C车中的一个网关阀将被定义为主网关阀;而另一个被定义为从网关阀。当主网关阀出现故障时,从网关阀能够自动接替主网关阀的工作,保证了系统的冗余性。如果MVB总线(或其他总线)出现故障,则网关阀将按照默认状态工作。另外,CAN总线由两对双绞线组成,具有较好的冗余性。

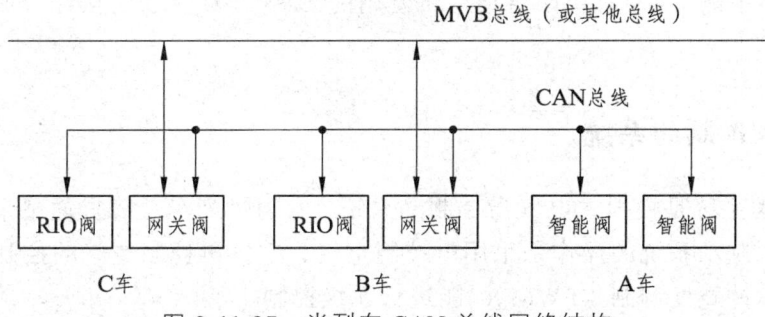

图2-11-37 半列车CAN总线网络结构

在B车和C车上各设置一个RIO阀的目的是其可以通过硬连线与其控制的转向架上的牵引控制单元进行通信,使电制动和空气制动协调工作。根据每个项目的实际情况,在充分研究网关阀与车辆总线信息传输量的情况下,可以考虑用网关阀与MVB总线(或其他总线）之间的通信来代替 RIO 阀与其控制的转向架牵引控制单元的通信工作，这样 B 车和 C 车上的 RIO 阀就可以用智能阀来代替，增强了部件的互换性，同时也减少了备品备件的种类，经济性更好。

2. 单节车 CAN 总线网络结构

单节车 CAN 总线网络结构是将每节车上的两个 EP2002 阀用 CAN 总线相连，并由每节车上的网关阀通过 MVB 总线（或其他总线）与列车控制系统进行通信。如果 MVB 总线出现故障，则网关阀将按照默认状态工作。单节车 CAN 总线网络结构如图 2-11-38 所示。

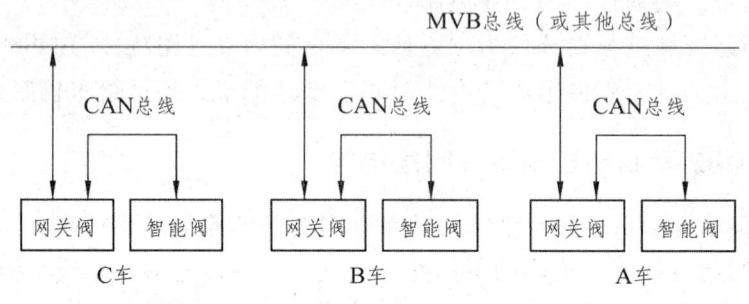

图 2-11-38 单节车 CAN 总线网络结构

从安全性和可靠性角度进行分析，半列车 CAN 总线网络结构中的从网关阀作为主网关阀的备份，具有较好的冗余性。如果 CAN 总线在 A、B 车之间断开，将导致 A 车的空气制动失效，但发生这种故障的概率是比较低的。而在单节车 CAN 总线网络结构中如果某节车上的网关阀出现故障则本节车空气制动失效，如果某节车上的 CAN 总线断开则一个转向架上的空气制动失效。经过上述对比可见半列车 CAN 总线网络结构的安全性和可靠性略高于单节车 CAN 总线网络结构。

从经济性角度进行分析，半列车 CAN 总线网络结构比单节车 CAN 总线网络结构少使用一个网关阀，多使用了一个 RIO 阀或智能阀。如单纯从 EP2002 阀的总价格来考虑，半列车 CAN 总线网络结构的价格低于单节车 CAN 总线网络结构；但是由于半列车 CAN 总线网络结构比单节车 CAN 总线网络结构所使用的 CAN 总线更长，从综合成本考虑，两者基本相同。

六、KBWB 制动系统

KBWB 制动系统是模拟式电气指令制动系统，它通过列车总线贯通整个列车，形成连续回路。该模拟制动系统的操作是采用电控制空气、空气再控制空气的控制方式。制动的电指令是利用脉冲宽度调制（PWM），能进行无级控制。

KBWB 模拟式电气指令制动系统具有反应迅速、制动力大、制动距离短、停车精度高、安全可靠的特点。该制动系统由电制动（动力制动）系统和空气制动系统组成，采用 PWM 信号传递制动指令，是模拟式电气指令制动系统。其制动控制单元的 EP 转换采用四个电磁阀对控制室充放气的闭环控制的方法。

(一)KBWB 制动系统制动控制策略

拖车空气制动滞后补足控制,优先采用电制动,如果电制动不够,则先补动车(B车、C车)的气制动,制动力还不够,再补拖车(A车)的气制动。

KBWB 风源系统和制动控制模块如图 2-11-39 所示。

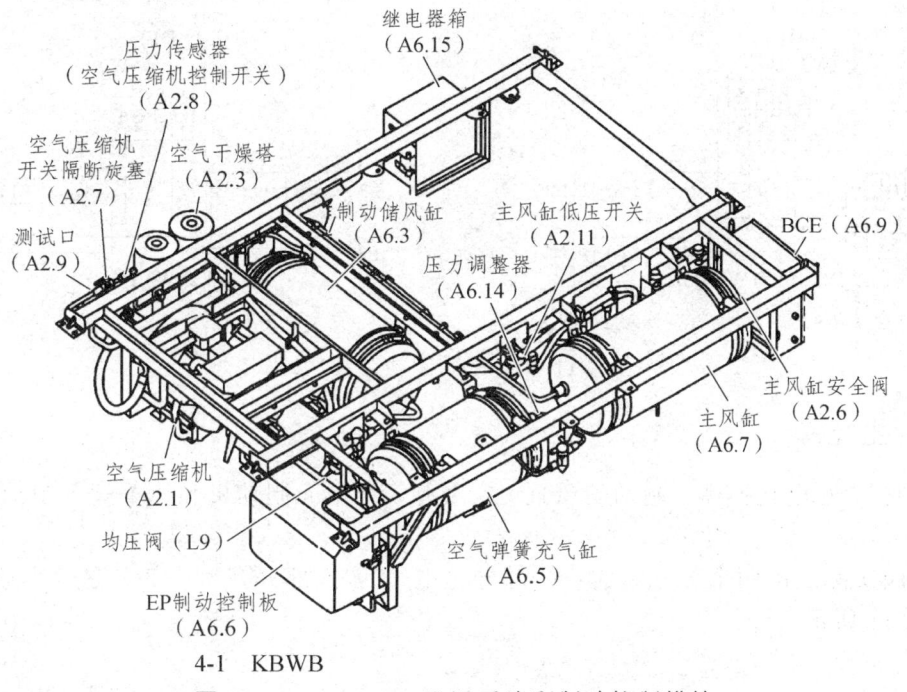

图 2-11-39 KBWB 风源系统和制动控制模块

A车空气压缩机(A2.1)产生的压缩空气经过双塔式空气干燥器(A2.3)过滤,再经主风管储存到主风缸(A6.7)中。压缩机(A2.1)的控制是通过制动控制电子单元(BCE)(A6.9)来实现的。一台压缩机作为主压缩机,另一台压缩机作为辅助压缩机。A车上的 BCE 接收来自 FIP 的主压缩机的信号,信号以天为基础进行更换。如果一台压缩机能够满足整列车压缩空气的需求,另一台压缩机就不工作,如果一台压缩机不能满足列车的需求,并且空气压力下降到 750 kPa 以下,另一台压缩机启动每个组合模块配有一个压力传感器(A2.8),压力传感器连接在主风管上。压力传感器(A2.8)检测主风管的压力并且传送信号给 BCE,BCE 根据压力传感器(A2.8)的在不同压力下的信号来启动和关闭压缩机,使总风缸的压力维持在 840~950 kPa。安全阀防止控制失败的情况下主风缸压力过高。

制动控制模块包括制动控制面板(A6.6)、主风缸(A6.7)、制动储风缸(A6.3)和空气弹簧风缸(A6.12)。模块还装有继电器箱(A6.15),这个继电器箱内有压缩机接触器和电机继电器(A6.15.4),低压风缸继电器(A6.15.3),牵引和制动互锁保护继电器(A6.15.2)和停放制动保护继电器(A6.15.1)。在 B 和 C 车的继电器箱内仅安装了牵引和制动互锁保护继电器以及停放制动保护继电器。

基础制动装置气路如图 2-11-40 所示。

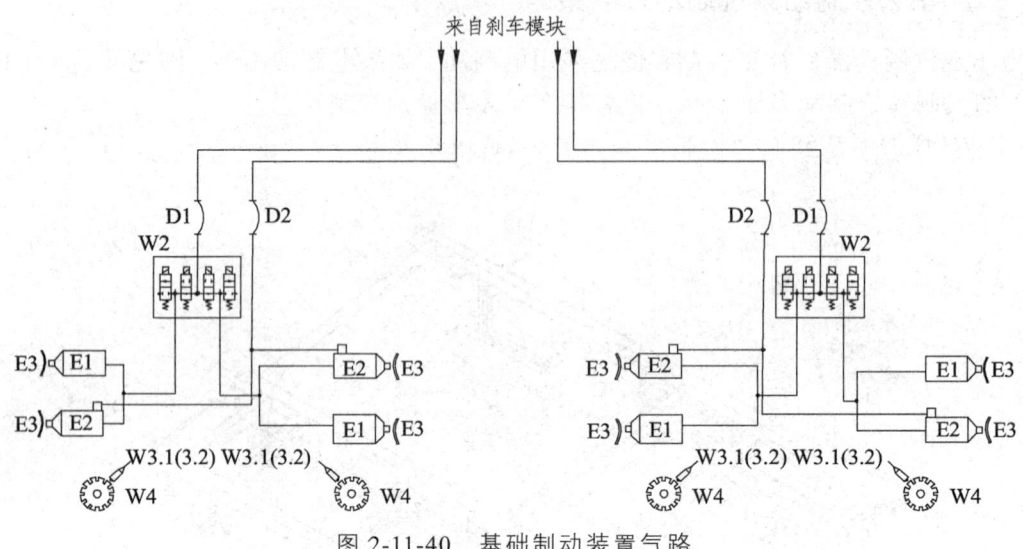

图 2-11-40　基础制动装置气路

（二）主控阀

主控阀与气-电转换器、制动储风缸、空气弹簧、单元制动机和称重阀等制动设备气路连接。

主控阀实际上由两个部分组成：一部分是电-气转换部分，另一部分是输出放大部分，如图 2-11-41 所示。

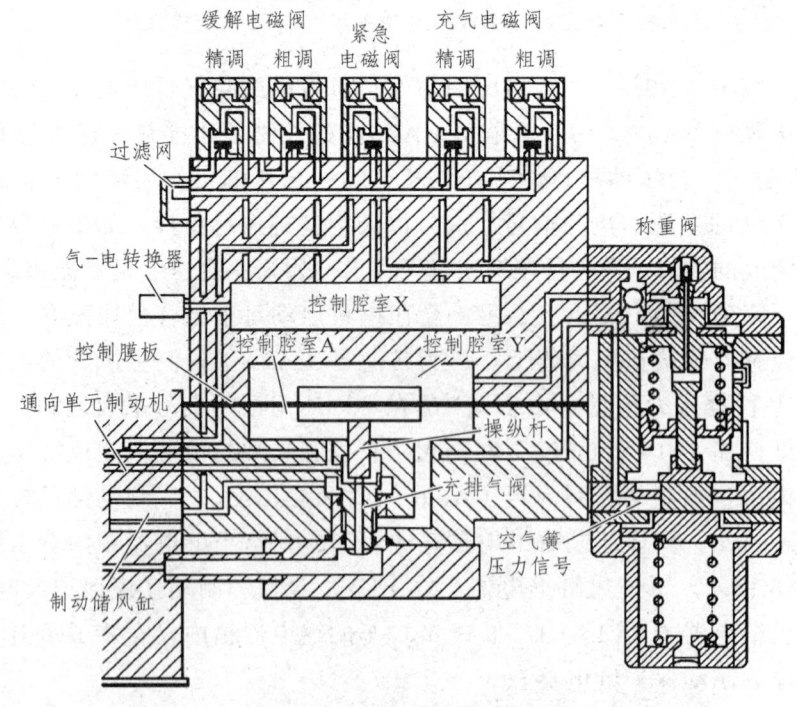

图 2-11-41　主控阀结构原理

1. 电-气转换部分

电-气转换部分主要包括五个电磁阀、控制腔室 X 和气-电转换器。五个电磁阀分别是两个缓解电磁阀、两个充气电磁阀和一个紧急电磁阀。缓解电磁阀和充气电磁阀分成粗调和精调。五个电磁阀的一端都与控制腔室 X 连接，两个缓解电磁阀的另一端通大气；两个充气电磁阀的另一端与制动储风缸连接；紧急电磁阀的另一端则与称重阀连接。

控制腔室 X 除了与电磁阀连通外，还接有一个气-电转换器，将腔室内的气压转换成电信号，反馈给 BCE。

2. 输出放大部分

输出放大部分主要包括控制膜板、控制腔室 Y、控制腔室 A、操纵杆和充排气阀。控制膜板将主控阀下部隔成两个控制腔室，即控制腔室 Y 和控制腔室 A 控制腔室 Y 通过称重阀与控制腔室 X 连接。

控制腔室 A 内上部有一个操纵杆固定在控制膜板下面，下部有一个充排气阀。操纵杆在控制膜板的动作下，向下可顶开充排气阀的上口并堵住充排气阀的排气通道；向上则关闭充排气阀并打开排气通道。当充排气阀上口被顶开时，制动储风缸和控制腔室 A 与单元制动机连接，根据控制腔室 Y 的压力向单元制动机输出给定的制动压力空气，施加制动；当充排气阀上口关闭时，制动储风缸和控制腔室 A 与单元制动机的连接被切断，排气通道被打开，单元制动机的制动压力空气从排气通道排出，制动缓解。

（三）BCU 的工作原理

常用制动时，BCE 发出充气指令，两个充气电磁阀得电，开始对控制腔室 X 充气。在充气过程中，气-电转换器不断地把控制腔室 X 内的压力转换成电信号并反馈给 BCE。BCE 也不断发出调整指令，直到控制腔室 X 内的压力与指令值精确一致。这时紧急电磁阀处于得电状态，控制腔室 X 与称重阀的进排气阀相通。如果有来自空气簧的压力信号，上膜板和下膜板都与中间滑动块分离，它们之间充满压力空气。排气杆将顶开进排气阀进气阀座口，使控制腔室 X 的压力空气经输出口进入控制腔室 Y。控制腔室 A 的操纵杆在控制膜板的动作下，向下顶开充排气阀的上口并堵住充排气阀的排气通道，制动储风缸和控制腔室 A 与单元制动机连接，根据控制腔室 Y 的压力向单元制动机输出给定的制动压力空气，直到控制腔室 A 和控制腔室 Y 平衡，充排气阀的上口关闭并仍堵住充排气阀的排气通道。

称重阀主要用来限制过大的制动力。由于控制腔室 X 内的压力受 BCE 的控制，而 BCE 的制动指令本身又是根据车辆的负载、车速和制动要求给出的，因此，在常用制动中称重阀几乎不起作用，仅起预防作用，以防主控阀的五个电磁阀控制失灵。

（四）称重阀的主要作用

在紧急制动时，紧急电磁阀失电，压力空气从制动储风缸直接经紧急电磁阀到达称重阀，中间未受主控阀的控制，而紧急电磁阀也仅仅作为通路的选择，不起压力大小的控制作用。这时，如果有来自空气的压力信号，上膜板和下膜板都与中间滑动块分离，它们之间充满压力空气。称重阀的排气杆顶开进排气阀进气阀座口，压力空气从制动储风缸进入输出控制室和控制腔室 Y。输出控制室里的压力克服主弹簧和上膜板与中间滑动块间的压力，将排气杆向下压，直到上膜板与中间滑动块间的压力消失，进排气阀进气阀座口关闭。控制腔室 Y 的压力比常用制动时要高，并且空气簧的压力信号越大，控制腔室 Y 的压力也越高。控制腔室 A 的操纵杆在控制膜板的动作下，向下顶开充排气阀的上口并堵住充排气阀的排气通道，制动储风缸和控制腔室 A 与单元制动机连接，根据控制腔室 Y 的压力向单元制动机输出给定的制动压力空气，直到控制腔室 A 和控制腔室 Y 平衡，充排气阀的上口关闭并仍堵住充排气阀的排气通道，施加的制动力即为受称重阀限制的紧急制动压力。

（五）防滑控制单元

防滑控制单元（WSP）是 BCE 中的一部分。列车每根车轴的一侧轴箱内都装有一个速度传感器，列车制动时，速度传感器将检测到的速度信号送入 BCE。BCE 中的 WSP 收到速度信号后进行以下两项计算和比较：

（1）一根车轴的减速度是否超过了先前设定的参数。

（2）所有车轴相对速度水平与预设值比较。

一旦 WSP 监测到某根车轴减速度过快或是某根车轴转速与最大转速的车轴转速之差超出某个值，即判断该轴滑行，应进行防滑控制。在进行防滑控制时，防滑控制单元通过减小该车轴的制动缸压力来控制车轮滑行的深度。WSP 通过对制动压力的修正能自动将车轮转速调整到最佳水平，以便最大限度地利用黏着系数。

列车的微机牵引控制（PCE）和 BCE 各有一套车轮滑行监测和防护系统。当实施电制动时，PCE 会通过减小电制动力来防止车轮滑行，同时向 BCE 提供一个 EDB 低电位信号，防止 BCE 用增加空气制动力来补偿。但如果滑行信号持续时间超过 2 s，将取消电制动，只采用空气制动。

（六）基础制动装置

基础制动采用单侧双闸瓦踏面单元制动机，每个轮对设有两个，每台转向架设有四个，其中一半带有停放制动功能，在转向架上对角安装。

停放制动由单元制动机上的储能弹簧提供制动力。在车辆无电、无压缩空气的情况下，可使列车安全可靠地停放在35‰的坡道上。停放制动可由司机在司机室进行整列车的施加操作，或进行充气缓解。检修作业或更换闸瓦时，也可通过拔出停放制动缸上的弹簧卸载销进行手动缓解。

七、HRDA 制动系统

HRDA 制动系统是反应迅速、性能良好的数字式电气指令制动系统，并可与 ATP 配合，是充分考虑安全性而设计的系统。HRDA 制动系统制动力的分配原则是拖车空气制动优先补足控制。

HRDA 制动系统的空气制动控制系统的主要设备有制动电子控制单元（BECU）、电空转换中继阀和空重车调整阀。制动电子控制单元（BECU）负责电制动与气制动的协调配合。

（1）本装置有预控压力反馈控制，控制制动电磁阀电流，控制制动力。（控制系统微机）

（2）本装置接收4个轴的速度信号，控制各转向架的防滑电磁阀，进行滑行检测和再黏着控制。（控制系统微机）

（3）本装置监视制动缸压力，检测不缓解和制动力不足，不足时自动产生紧急制动。不缓解时，此车辆的制动可以强制地被缓解。（监视系统微机）

（4）本装置由串行传输，在向监控装置传送各种信息的同时，还可以用7段 LED 表示各种状态信息。（控制系统微机）

制动控制单元是制动系统的神经中枢，也是与外界联系的纽带，它控制着整套系统的正常有序地工作。制动控制单元是由动车（KBCD3）或拖车（KBCD4）电子控制装置、EPR2B 电空转换中继阀（带压力传感器）、F 负载阀（仅紧急制动时起作用）、UM 空气过滤器、压力传感器单元、总风欠压开关（仅 Mc 车安装）、箱体、消音器等组成。

该系统由常用制动系统和紧急制动系统两部分组成。不管是哪一种，施加制动的基本原理都是制动控制单元控制制动缸充气和排气，进而实现常用制动、紧急制动的动作或解除，但在紧急制动情况下，全部采用空气制动。根据司机或 ATP、ATC 制动指令，制动控制装置控制制动缸的充、排风使其产生常用制动、紧急制动或缓解作用。从接受指令到电空制动力协调计算为止的所有功能都由这个装置内制动电子控制单元来完成。制动控制单元内部空气系统如图 2-11-42 所示；内部如图 2-11-43 和图 2-11-44 所示。

空重车自动调整阀可按车辆的载荷调整一定的制动率，其调整是根据车辆相应载荷控制的。具有确保一旦由于空气簧穿孔造成空气簧内气压丧失的情形下，也有一定的制动缸压力（可调整）的安全功能。另外，对于空车状况下空气弹簧压力也可以从外部调整，如图 2-11-45 所示。

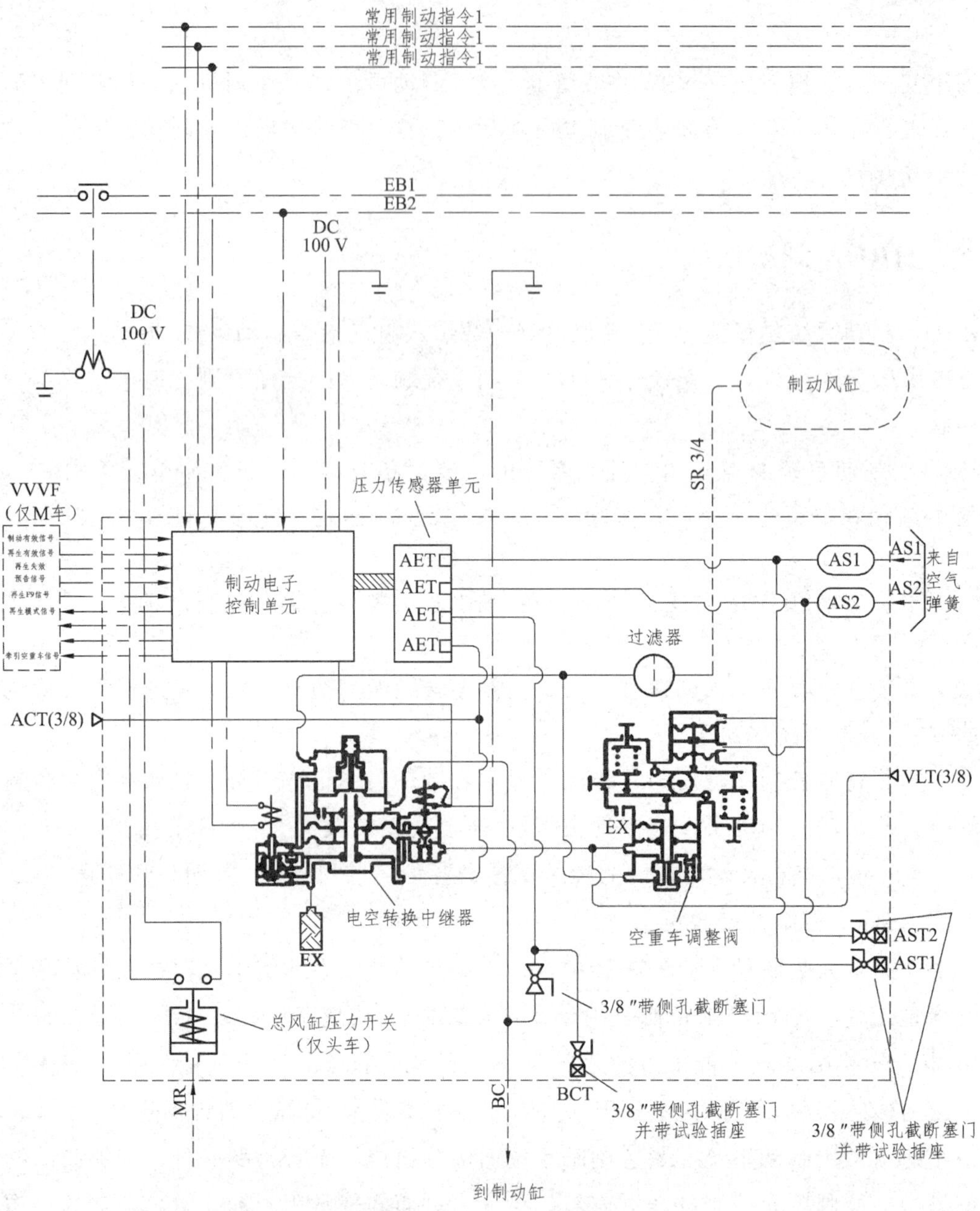

图 2-11-42　制动控制单元内部空气系统

图 2-11-43　控制单元内部

图 2-11-44　控制单元内部

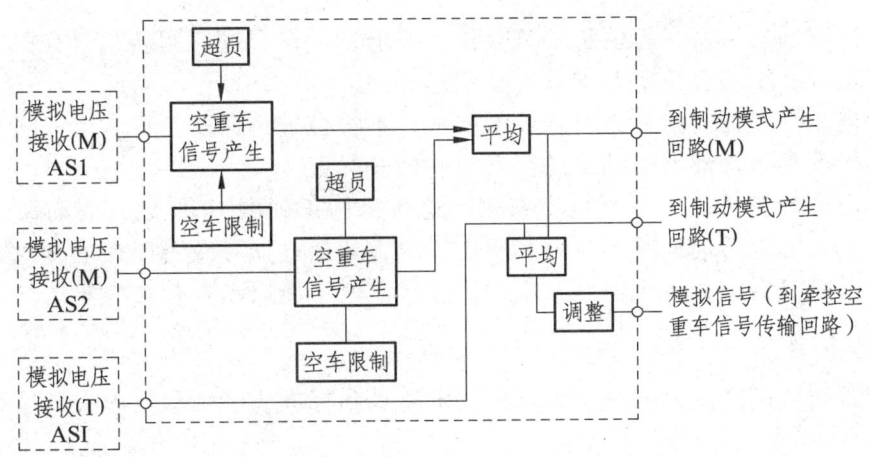

图 2-11-45　车辆的载荷调整方框图

电空转换中继阀是利用薄片膜板驱动的自动遮断式阀门。这个阀的功能是向制动缸成比例地供/排压缩空气，压缩空气的压力大小由一个电磁流量阀和一个电磁阀控制。该双膜板式中继阀对于两个输入信号，采用大者优先输出的方式。在该中继阀前面采用插入法安装着控制常用制动的 MFC1A 电磁控制阀（该三位置电磁阀通过制动接收器对输出压力进行反馈控制和调整）和控制紧急制动的 VM28A 电磁阀。这个电空转换中继阀具有流量放大作用。它是一种多功能积成式，具有防水结构的小型、轻量阀门。

任务二　车辆制动系统故障处理

一、车辆运行中空气制动时制动力弱

1. 故障现象

运行中空气制动力弱。

2. 故障原因

造成车辆运行中空气制动力弱的主要原因有以下几种：
（1）主要是踏面制动单元电磁阀开启度不够。
（2）风缸压力值不够。
（3）制动缸活塞行程调整不够。
（4）制动闸瓦间隙调整过宽（闸瓦自动调节器调节螺丝松动）。
（5）制动命令在个别车因网络传输数据丢失没有执行或电压式继电器电压值低没有启动接通制动电磁阀导致个别车辆不能制动。

3. 故障处理

针对上述故障现象和原因，对车辆该制动系统做如下检查与处理：
（1）调节电磁阀开启度和检查风缸压力值并进行调整。

（2）检测制动缸活塞行程值符不符合技术要求，不符合进行调整；装有压力传感器回馈传输进行检查，不符合技术要求进行校正。

（3）检查制动闸瓦间隙是否符合技术要求，不符合进行调整。重点检查闸瓦间隙自动调整器紧固螺丝是否松动，松动了进行紧固并做好标记。

（4）重启计算机可以让计算机重新赋予执行机构正确的 IP 地址，制动命令会正常执行；对于电压式继电器应检查当时列车网压情况，如果过低导致可以在电压式继电器前加装增加电压电阻等措施，防止电网电压过低导致电气不能启动执行命令。

4．注意事项

调整电磁阀或风缸压力值一定要符合技术要求和标准，经工程技术人员检验后方可投入使用。

二、车辆运行紧急制动时压力值偏差

1．故障现象

车辆在常用制动和快速制动都符合标准，但在实施紧急制动时，经常出现压力值偏差现象。

2．故障原因

（1）通常车辆紧急制动压力值偏高主要是车辆在长期运行后，控制单元 BCU 中的称重阀的调整螺钉松动造成的。

（2）制动缸或制动监测压力传感器故障；未装压力传感器制动缸或制动管接头有泄漏。

（3）中继阀接头有泄漏；中继阀内部模板或恢复弹簧老化造成制动时压力值偏差。

3．故障处理

（1）通过反复调整称重阀的调整螺钉，重新确定其特性曲线大小，从而实现校正后经称重阀调整的输出压力值符合紧急制动压力值。

（2）检查所有制动相关的传感器确认没有故障；检查所有相关制动系统接头无泄漏，如有更换密封垫并分析泄漏原因。

（3）检查如发现中继阀接头泄漏重新更换密封垫并进行密封压力试验；如是中继阀内部出现模板或弹簧失效，更换模板或弹簧，更换后须进行严格的技术标准试验，合格后方可装配使用。

4．注意事项

处理这类故障如果是某一车辆输出值出现问题就针对该车处理，调整螺钉校正后，应做好标记，如检查出现松动及时调整。中继阀模板和弹簧更换是一项工艺要求很高的工作，如技术和工艺不能满足更换要求，建议返厂进行维修。

三、SD 制动机制动力弱

1．故障现象

进站使用空气制动时感觉制动力弱。

2. 故障原因

（1）制动调节电磁阀故障。

（2）七级中继阀机械卡滞。

（3）电磁阀接头松动。

3. 故障处理

针对上述故障现象和原因，对车辆该制动系统做如下检查与处理：

（1）检查、测试 SD 制动机三个调控电磁阀是否正常开启，如没有进行更换。

（2）检查各电磁阀接线端，看有没有松动或脱落现象，如有重新紧固，再测试查看是否恢复正常。

（3）如果测试属于七级中继阀卡滞问题，拆检时一定要严格按照工艺要求进行。

4. 注意事项

拆装七级中继阀组装后一定要对制动机做好制动试验，符合技术和运营要求后方可放行。七级中继阀是一个非常精密的机械装置，拆检各部件必须严格控制二次污染，存放部件的垫布应采用无纺布。SD 制动机出现制动力弱重点检查三个电磁阀是否能灵活配合开启，通过交替开启三个电磁阀开启测试制动力输出值就可以判断出故障电磁阀。

四、列车单车制动不缓解

1. 故障现象

列车运行中司机将主控手柄置于牵引位后列车无牵引力，制动不缓解指示灯亮。

2. 故障原因

造成列车单车制动不缓解的主要原因有以下几种：

（1）列车制动控制单元或控制继电器故障或不动作。

（2）制动控制阀出现问题。

（3）网络传输命令数据或文本丢失造成制动缓解命令未执行。

3. 故障处理

司机可以通过应急操作车上"强迫缓解"按钮使不缓解的车辆缓解，维持回段检查处理。对于带停放装置的制动器，在实施强迫缓解无效的情况下，可以再次施加一次制动再缓解，如不成功可以施以手动拉环缓解。但下车作业一定要注意人身安全。

对于网络传输数据丢失导致制动缓解命令不执行，一般情况处理是关闭计算机控制系统，重启一次让程序管理员赋予正确的命令执行部 IP 地址，制动缓解命令会正常执行。重启计算机不应超过 3 次，否则回段检查处理。

4. 注意事项

上述处理是基于运行列车 TMS HMI 报告车不缓解故障，列车在没有发生紧急制动，常用制动和 ATP 也没有制动作用条件下采取的处理措施，一旦发生上述制动，只能在解除制动后进行上述处理。同时，如果单车制动缓解不能解除，应及时与行车调度联系，按照指示进行处理。如果再次启动强迫缓解该车制动系统仍然不能缓解，建议请求列车救援。

五、列车紧急制动不缓解（EP2002制动系统）

1. 故障现象

牵引状态下，气制动缓解灯（绿灯）不亮，无法动车或列车动车后停车。

2. 故障原因

（1）总风缸欠压。

（2）紧急制动控制断路器（EBCB）跳闸。

（3）紧急制动列车线断路器（EBTLCB）跳闸。

（4）ATP故障隔离断路器（ATPFCB）跳闸如跳闸。

3. 故障处理

针对上述故障现象和原因，对车辆该做如下检查与处理：

（1）检查主风缸压力是否低于500 kPa，待打风至700 kPa以上尝试缓解紧急制动。

（2）检查DDU互锁屏"紧急制动按钮"项是否红点，若红点则检查并恢复司机台上的紧急停车按钮（蘑菇按钮）。

（3）检查激活端司机室紧急制动控制断路器（EBCB）、紧急制动列车线断路器（EBTLCB）、ATP故障隔离断路器（ATPFCB）是否跳闸，如跳闸请复位，并重新尝试缓解紧制。若经以上操作故障消除，则继续运营；否则执行以下操作。

（4）确认主风缸压力在700 kPa以上，报行调将主风缸欠压旁路开关（LMRGBS）打至旁路位，尝试缓解，若故障消除，则运营至终点站退出服务。

（5）若仍然不能缓解，重新分合主控钥匙；若故障仍然存在，报行调启动紧急牵引模式，尝试缓解紧制，本站或下一站退出服务。

紧急制动缓解方法：列车停稳，方向手柄置于向前或向后位，牵引手柄拉至制动位或快速制动位，按下紧急制动复位按钮。

4. 注意事项

（1）车辆运行中突发紧急停车，司机应判明引发原因后方可缓解操作。

（2）凡处理这类故障需要下到车底电气柜操作的一定要注意人身安全，特别是在第三轨供电的列车进入车底作业必须申请供电调度停电后方可进行，停电结束前必须返回地面，不论故障处理完毕否，以保证人员安全。

六、列车常用制动不缓解

1. 故障现象

监控器显示列车制动压力不缓解，司机无法进行牵引操作，压力表显示列车常用制动压力。

2. 故障原因

造成列车常用制动不缓解的主要原因有以下几种：

（1）车载 ATP 设备故障。
（2）总风缸压力低。
（3）制动缸压力不正常。
（4）列车缓解不良。
（5）列车风源系统故障。
（6）制动控制断路器断开。
（7）牵引电流未输出。
（8）司机控制手柄位置不正确或故障。

3. 故障处理

针对上述故障现象和原因，对车辆该制动系统做如下检查与处理：
（1）检查控制手柄及开关位置是否正确，不正确则恢复。
（2）观察风表、电流表、压缩机工况是否正常，强制启动压缩机查看风压是否恢复正常。
（3）切除 ATP 查看是否是 ATP 引发的；按压强迫缓解查看常用制动能否缓解，若能缓解维持回段检修。

4. 注意事项

使用"强迫缓解"按钮后，该功能只对故障车作用，此时列车无常用制动，无防滑保护，只有紧急制动。运行中一定要降低车速，严格控制制动距离，防止车轮擦伤。同时，列车紧急环线一旦失电将不能重新建立，司机一定要谨慎使用紧急制动。

七、列车停放制动不缓解

1. 故障现象

司机在准备列车出库牵引前发现列车停放制动不缓解，列车监控显示停放制动仍在"施加"状态。

2. 故障原因

造成列车停放制动不缓解的主要原因有以下几种：
（1）车辆总风缸压力不足。
（2）停放制动机械单元故障。
（3）停放制动控制装置作用不良。

3. 故障处理

针对上述故障现象和原因，对车辆该制动系统做如下检查与处理：
（1）启动车辆空气压缩机使总风缸压力恢复正常，停放制动可以恢复正常；如果总风缸压力值不能达到规定压力，强行启动两台空压机工作，使总风缸压力恢复正常值。
（2）属于停放制动机械单元故障拆卸检查处理。
（3）停放制动不缓解一般可以先按停放制动施加按钮，再按停放制动缓解按钮，这样能恢复因列车停放制动缓解。

（4）拉开停放手动拉环，能恢复风管路引起的停放制动。

4．注意事项

停放制动如果发生在运行区间，如果是由于总风缸管路泄漏严重的应及时报告列车调度员请求救援处理。

八、列车车站停车后列车停放制动施加/缓解按钮在缓解位灯不亮/显红

1．故障现象

列车发生停放制动施加，缓解灯不亮，列车无法启动。

2．故障原因

（1）停放制动断路器跳闸。

（2）停放控制继电器故障。

3．故障处理

针对上述故障现象和原因，对车辆该制动系统做如下检查与处理：

（1）试灯正常，确认停放制动指令回路断路器（PBDCB）未跳闸，重新施加、缓解停放制动，故障消失，继续运营。

（2）无效则检查 DDU 上所有停放制动状态图标，若为缓解状态将停放制动缓解旁路开关（PBRBS）打至旁路位，运行至终点站确认非激活端停放制动状态断路器（APBRCB）未跳闸则退出服务，若跳闸则复位，故障消失继续运营。

（3）若 DDU "制动/空气"界面显示有停放制动图标为施加状态，确认车辆号并按下一步操作：① 若列车在站台，报行调后本站清客，将停放制动缓解旁路开关（PBRBS）打至旁路位，如本站有存车线就近存车线退出服务；如本站无存车线将列车整车牵引出站台，降弓后下车截断对应车 B04 并手动拉对应车停 放制缓解拉绳，就近存车线退出服务。② 若列车在区间，报行调降弓后下车截断故障车 B04 并手动拉对应车停放制缓解拉绳，将停放制动缓解旁路开关（PBRBS）打至旁路位，下一站退出服务。

（4）若手动缓解停放自动恢复正常，车辆可以正常运营。

4．注意事项

（1）需要手动解锁停放制动到车底作业时应与行车调度同意方可进行。如果是在第三轨作业，必须申请电力调度同意，在停电的条件进行，送电前必须停止作业撤回安全地方。

（2）停放制动未缓解彻底，司机室缓解显示灯未亮，禁止操作列车牵引。如有车辆停车必要也需调度员同意在保证安全前提移动一定距离。回段后应加强车轮踏面检查，查看有没有拉伤、擦伤。

九、车辆防滑功能差

1．故障现象

车辆车轮出现非正常磨耗或擦伤，损伤轨面等；车辆车轮报废周期缩短。

2. 故障原因

造成列车防滑功能差的主要原因有以下几种：

（1）列车制动控制单元出现问题。

（2）防滑速度传感器出现问题。

（3）列车新进联调联试区间制动距离设置不合理，导致列车在较短的距离内高强度制动导致车轮抱死滑行，拉伤、擦伤车轮。

（4）防滑器设计上存在问题（理论缺陷造成）。

（5）人工操作存在严重失误现象。

3. 故障处理

针对上述故障现象和原因，对车辆该制动系统做如下检查与处理：

（1）检查列车制动控制单元是否正常。

（2）检查速度传感器检测系统是否正常，安装有无松动现象，有没有位移现象。

（3）检查列车操作记录，查看司机是否违规操作，造成列车防滑功能差。

（4）如果城市轨道交通车辆在某条线总是造成车辆踏面磨损过快或拉伤、擦伤次数较多，那一定是车辆进来时联调联试出现了技术问题。

这种情况说明列车设置制动距离过短，相当于车辆制动系统必须计算出较大的制动力才能满足制动距离需求。然而，车辆牵引与制动必须满足在不破坏轮轨黏着系数的条件下进行。如果制动力过大会抱死车轮，使其滑行，特别是在车辆运行速度高产生的滑行距离越长，导致车轮踏面产生温度越高，越容易对车轮踏面造成损伤。相反在低速运行时滑行距离短即便有抱死车轮现象发生，车轮踏面温度上升有限，不能满足"犁沟效应"的条件导致车轮损伤概率较小。也就是说车轮防滑重点在车轮高速运行制动阶段，特别是实施了紧急制动全部在空气踏面制动条件下进行，回段后应仔细检查所有车轮踏面查看有没有拉伤或其他损伤情况。

4. 注意事项

（1）防滑系统的相应时间设置和采用哪种判断车轮滑行的方式都非常关键，处理这类故障除了正确检测防滑控制系统外，司机在正确和适当使用制动机和制动时机也很重要，如果是司机操作不当应加强培训。

（2）防滑系统效果差是设备问题还是人为设置不合理问题，都需要在车轮反复出现同一类问题时加以研讨，找出问题关键所在进行改进或处理。

十、车辆制动压力开关失效

1. 故障现象

列车制动压力开关不闭合，接触不良或不能正常断开。

2. 故障原因

造成列车制动压力开关失效的主要原因有以下几种：

（1）压力开关内部微动开关长时间使用，受电气氧化和电流过大影响，造成烧灼或烧结导致开关不能正常闭合和断开。

（2）压力开关接触不良。

（3）压力开关恢复弹簧断裂或失效。

3. 故障处理

针对上述故障现象和原因，对车辆该制动系统做如下检查与处理：

（1）一般情况下应及时向列车调度员汇报，退出运营，或请求救援处理。

（2）回段后仔细检查制动压力开关各个部件，查看是什么原因造成的上述故障，发现烧结或烧灼现象一定要找出问题原因，检查是否是压力开关质量问题还是本身受到长时间大电流冲击造成的。

（3）属于接触不良进行压力开关行程调整可以恢复正常。调整完毕后要进行反复测试合格后方能投入运营。

4. 注意事项

发生这类故障原则上不能臆测继续行车，故障现象经重启计算机处理不能消失，立即清客，退出运行。

十一、EBCU（电子制动控制单元）故障

1. 故障现象

HMI 显示 EBCU 故障。

2. 故障原因

造成车辆 EBCU 故障的主要原因有以下几种：

（1）制动系统导致 EBCU 故障。

（2）列车供电系统、计算机软件系统故障。

（3）称重阀等故障都可能导致 EBCU 发生故障。

3. 故障处理

针对上述故障现象和原因，对车辆该 EDCU 做如下检查与处理：

（1）如果是单车 EBCU 故障，使用车载计算机恢复功能不能清除，采用切除该车处理。按照故障模式在列车调度员指示下回段做进一步检测、判断处理。

（2）如果是 EBCU 故障建议更换 EBCU。

4. 注意事项

处理这类故障原则上应该在不影响行车安全情况下进行处理，如果属于制动系统故障导致，应及时与列车调度员汇报，请求下一步列车运行方案。

任务三　地铁制动系统典型故障处理

　　地铁车辆制动系统的故障原因各有不同，在判断故障信息时要有针对性地对车辆安装的制动系统结构和原理进行了解。电子或机械出现故障都有一定的共性，可以根据车辆安装的制动系统设备出现的故障现象和结构、原理并充分利用制动系统电子和空气控制集中安装的优势和电气测试点，就可以初步判断故障的原因和故障点进行处理。

　　处理地铁车辆制动系统故障应多结合车载自动故障诊断系统提供的故障信息进行初步判断。现在地铁车辆大多数安装的制动系统都带有故障自动诊断系统，除去系统本身的误报故障外，利用检测设备和检测点可以更准确地找到故障处所。

　　在查找电气设备的故障过程中，如何判断故障真实存在非常重要。因为地铁车辆采用了车辆总线和列车总线控制技术，由于网络传输和控制本身存在的丢失文件和数据的缺陷，开始查找时最好重启计算机再次确认车辆出现的故障信息是否还存在，如存在则继续进行查找处理，不存在说明是网络传输出现的误报。

第二部分项目十一数字资源

项目十二

车辆辅助电源系统及其故障处理

> **学习要求**
>
> （1）了解车辆辅助电源系统的基本结构。
> （2）掌握车辆蓄电池的构造。
> （3）掌握车辆蓄电池的工作原理。
> （4）掌握车辆辅助电源系统各常见故障检查与处理方法、处理过程。

任务一　车辆辅助电源系统结构及相关知识

在高压设备中，辅助电源是列车运行的重要设备，本任务重点学习三相交流电的形成、整流电路、蓄电池等知识。

一、地铁车辆蓄电池

地铁车辆辅助电源系统主要由蓄电池、控制电源和照明电源组成。其主要作用是保证在没有外部电压供电的情况下能够激活列车，并为直流负载设备提供稳定的 110 V 直流电压。

一个蓄电池箱内由多个蓄电池单节组成，单节为 DC 1.2 V 左右，根据控制和照明电路需要的电压进行多个串联或并联。

目前，车辆蓄电池充电器的实现方式主要有两种：一种是独立的 DC/DC 变换器，与辅助逆变器无关，优点是不受辅助逆变器工作状态影响，缺点是成本相对较高；另一种是直接从辅助逆变器交流输出端进行转换的 AC/DC 变换器，优点是方法简单，成本相对较低，缺点是易受到辅助逆变器故障的影响。

车辆蓄电池充电机主要由电气保护开关、熔断器、紧急启动装置、充电机、控制部分和散热部分组成，如图 2-12-1 所示。

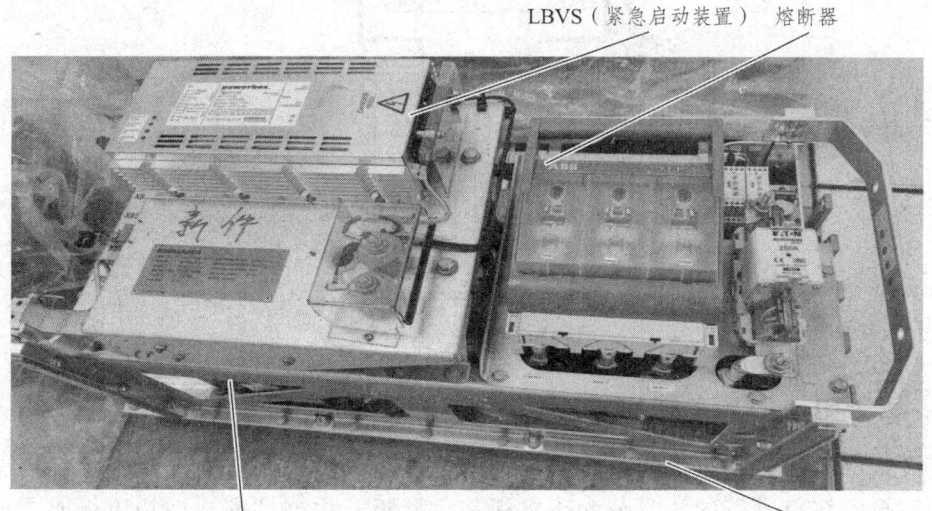

图 2-12-1　蓄电池充电机

充电机的工作原理如下：
（1）充电模块：负责将交流电转化为直流电，这是充电过程核心。
（2）散热模块：有效降低电池温度，确保充电过程的稳定性。
（3）控制模块：实时监测电池的充电状态，保证充电的安全性和稳定性。
（4）提供电源，确保整个系统的正常运作。

在蓄电池充电机不工作时，蓄电池投入工作，为下列设备或维护工作提供 110 V 直流电源：列车上的紧急照明、整个通信系统（有线广播和无线电）、列车两端的头尾灯、紧急通风系统、车厂内维修/维护工作等。

蓄电池有如下工作模式：
（1）主供电系统接通前，为蓄电池预备模式，给列车激活供电。
（2）直流电源正常工作时，蓄电池组被 A 车电源浮充电，作电路滤波装置，提高直流电源供电质量。
（3）直流电源故障时，蓄电池转入紧急工作模式，为紧急负载供电（紧急负载包括紧急照明，头灯、尾灯、状态灯及位置灯，通信设备，空调50%的紧急通风，以及相应的接触器和继电器）。

一般规定蓄电池在隧道中运行车辆要保证供电 45 min，在地面或高架运行车辆要保证供电 30 min。

二、G 型铅蓄电池（酸性）

铅蓄电池是实现化学能与电能相互转换的一种装置，其结构如图 2-12-2 所示。

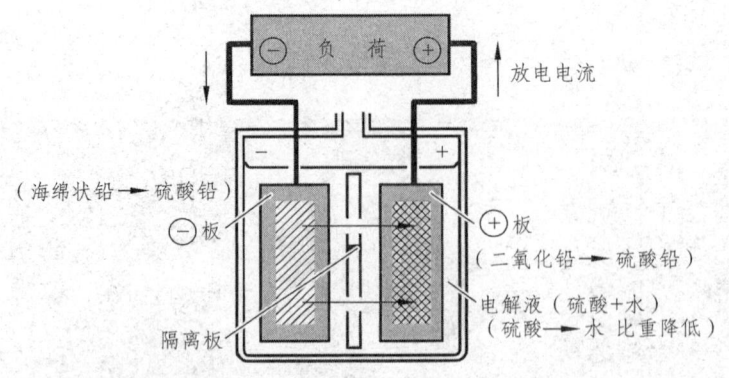

图 2-12-2　铅蓄电池的结构

（一）铅蓄电池的基本结构

（1）极板。极板是蓄电池的核心部分，蓄电池充、放电的化学反应主要是依靠极板上的活性物质与电解液进行的，它分为正极板和负极板，由栅架和活性物质组成。正极板上的活性物质是二氧化铅（PbO_2），呈黑色；负极板上活性物质为海绵状纯铅（Pb），呈青灰色。将正、负极板各一片浸入电解液中，可获得 2 V 左右的电动势。

为增大蓄电池的容量，常将多片正、负极板分别并联，组成正、负极板组，在每个单格电池中，正极板的片数要比负极板少一片。

（2）栅架。栅架的作用是固结活性物质，一般由铅锑合金铸成，具有良好的导电性、耐蚀性和一定机械强度。

（3）电解液。电解液是由纯硫酸（H_2SO_4）与蒸馏水按一定比例配制而成的，其密度一般为 1.24～1.31 g/cm^3。在蓄电池的化学反应中，电解液起导电作用，并参与蓄电池的化学反应，其纯度对蓄电池的电气性能和使用寿命有着重要的影响。

（二）车辆 TG 蓄电池的结构

（1）正极板群：为增大蓄电池的容量，获得较大的放电电流，蓄电池的极板由 10 片组成。每片正极板又包含板栅铅芯、套管和作用物质 3 部分。

（2）负极板群：负极板群由 11 片涂膏式负极板组成，每片负极板包含栅格状基板和铅膏两部分。

（3）隔板：隔板用来隔离正负两极，防止它们互相短接。

（三）电池容量单位

电池容量单位为 A·h（安时）或者 mA·h。TG2450 型电池为 450 A·h，表示电池充满电后，如果用电负荷电流为 45 A，最多可使用 10 h。

（四）铅蓄电池的特性

（1）蓄电池的电动势在充电后略有降低，在放电后略有升高。

（2）蓄电池的端电压随电池充放电的状态而变化。

(3)蓄电池由充电充足状态,放电至规定终止电压时所放出的总电量为蓄电池的容量。

(4)蓄电池放电至终了电压的快慢称为放电率。

(5)电解液温度高时,蓄电池容量增大;反之,容量下降。

(6)蓄电池的内阻包括极板的电阻、电解液的电阻以及作用物质细孔内所含电解液的电阻等。

(7)蓄电池在外电路开路时其容量的无益消耗称为自放电。

(8)表示蓄电池电量或能量利用程度的百分数称为蓄电池的效率。其表示方法有两种,即安时效率和瓦时效率。

(9)新造电池使用前的第一次充电称为初充电。

(10)运用电池因放电或经过检修后为恢复容量而进行的充电称为普通充电。

(11)通过放电试验检查电池充电后的容量。

三、GN 型碱性蓄电池

镉镍蓄电池是碱性蓄电池,其优点是腐蚀性小、环境污染小、自放电小、低温性能好、寿命长。

(一)镉镍蓄电池的构造

镉镍蓄电池由正极板、负极板、隔膜、壳体和电解液 5 大部分构成,如图 2-12-3 所示。

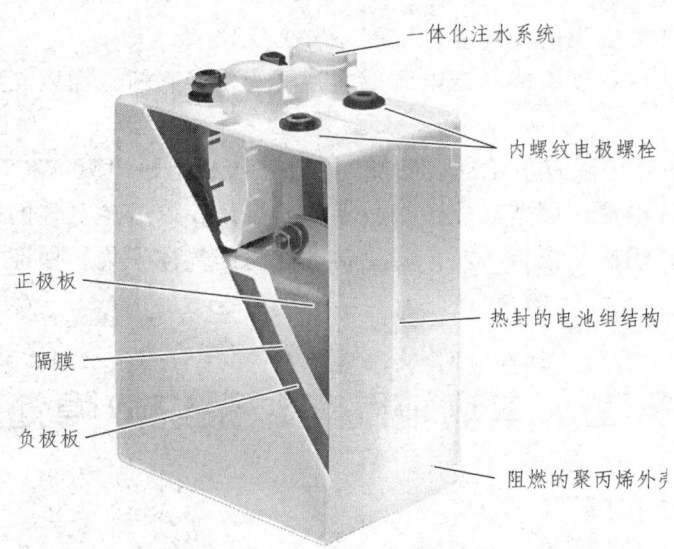

图 2-12-3 镍镉蓄电池的基本结构

(1)氢氧化镍板(正极板),它是由氢氧化镍附着在金属材料组成的基板上形成的。

(2)镉板(负极板):镉是一种有毒的金属,银白色、能延展,用于原子能工业,也可用于电镀、合金制造等。

（3）氢氧化钾溶液（电解液）：氢氧化钾为白色粉末或片状固体，具强碱性及腐蚀性，极易吸收空气中水分而潮解，吸收二氧化碳而生成碳酸钾。通常镉镍蓄电池使用的氧化钾溶液的密度为 1.19~1.21 g/cm³（15 ℃ 时）。

（二）镍镉电池充放电过程中电池的电化学反应

镍镉电池充电时，正极发生氧化反应、负极发生还原反应。放电时，负极发生氧化反应，正极发生还原反应。

负极：$Cd + 2OH^- \underset{充电}{\overset{放电}{\rightleftharpoons}} Cd(OH)_2 + 2e$

正极：$2NiOOH + 2H_2O + 2e \underset{充电}{\overset{放电}{\rightleftharpoons}} 2Ni(OH)_2 + 2OH^-$

总反应：$Cd + 2NiOOH + 2H_2O \underset{充电}{\overset{放电}{\rightleftharpoons}} 2Ni(OH)_2 + Cd(OH)_2$

（三）镍镉蓄电池的主要性能参数及技术要求

（1）充电电压、放电电压、额定电压。

（2）容量的定义与铅蓄电池相同。

（3）自放电率的定义与铅蓄电池相同。

（4）蓄电池每充放电一次称为一次循环，一般为 1 000 次以上。

（5）保存期为 4 年。

（四）镉镍电池的主要特点

（1）电解液只作为电流的传导体，浓度不发生变化。

（2）电池的充放电程度不能根据电解液的密度变化来判断，而以充电时电压的变化来判断。

（3）在充放电过程中随着电化反应的加剧，在正极板上析出氧气，负极板上析出氢气。

（4）密封式镉镍电池在制造时使负极板上物质过量，以避免氢气的析出，而在正极上产生的氧气因电化作用被负极板吸收，防止蓄电池内部气体聚集，保证了蓄电池在密封条件下能正常工作。

任务二 车辆辅助电源系统故障处理

一、蓄电池"爬碱"

1. 故障现象

检查蓄电池容器口发现有电解液析出。

2. 故障原因

造成车辆蓄电池"爬碱"的主要原因有以下几种：

（1）蓄电池内加电解液过多，导致析出。

（2）极柱、气塞密封不严，外溢电解液过多。

（3）极柱、螺母、垫圈凡士林涂抹不均匀。

3. 故障处理

针对上述故障现象和原因，对车辆该蓄电池做如下检查与处理：

（1）发现蓄电池内电解液过多及时吸出一部分。

（2）密封不好更换密封垫，并检查各螺母和紧固。

4. 注意事项

蓄电池发生"爬碱"现象会导致蓄电池正、负极及其他回路放电加大；降低正、负极间和直流系统的绝缘，电解液消耗加快。因此在处理完毕上述故障后应对蓄电池绝缘值进行检测，符合要求方可投入运用。

二、单节蓄电池烧损

1. 故障现象

故障信息显示蓄电池电压输出低，检查发现单节蓄电池烧损。

2. 故障原因

造成车辆单节蓄电池烧损的主要原因有以下几种：

（1）连接蓄电池板螺栓紧固不良。

（2）蓄电池在工作时充放电流较大。

（3）螺栓松动，端子接触不良，增大了接触电阻，使局部热量增大引发烧损。

3. 故障处理

针对上述故障现象和原因，对车辆该蓄电池做如下检查与处理：

（1）检查发现蓄电池烧损应更换新蓄电池单节。

（2）检查发现安装螺栓松动应紧固各连接螺栓。

（3）检查发现蓄电池充放电电流过大应对蓄电池充放电电流进行必要的调整。

4. 注意事项

这类故障多发生在新车调试或检修后没有按照规定工艺要求紧固螺栓。新装蓄电池后应逐一对紧固螺栓接线端子进行力矩校正，以防止类似故障发生。调整蓄电池充放电后应进行检验并做好跟踪检测，正常后按检修工艺要求检测。

三、蓄电池组电压较低

1. 故障现象

某车载蓄电池组输出电压较低。

2. 故障原因

一般是蓄电池电极接反导致蓄电池长期处于放电状态，引起蓄电池亏电严重。

3. 故障处理

逐个检查蓄电池正负极接线是否反接，恢复正确连接。如电解液消耗过多进行适当补充。

4. 注意事项

在进行蓄电池组装时一定要严格按照工艺要求进行连接，分清蓄电池正、负极颜色标识。

四、蓄电池充电机输出变压器故障

1. 故障现象

HMI 显示两个 DC/DC 为红色（无高压输入及 PGU 单元无工作电压），车辆各车厢的照明转为紧急照明。

2. 故障原因

（1）蓄电池充电机输出变压器绕组绝缘破坏，导致变压器接地过流，引发充电模块烧损。

（2）蓄电池充电机本身出现故障，如熔断器烧损导致无高压输出。

3. 故障处理

针对上述故障现象和原因，对车辆该蓄电池做如下检查与处理：

（1）检查 TMS-HMI 是否有 DC/DC 图标闪红或故障记录。

（2）检查蓄电池充电机及相关输出模块和熔断器等，经测试如损坏应及时进行更换。

4. 注意事项

处理完这类故障后应进行充放电试验和检测充电机输出是否正常，司机室 MMI 显示应该恢复正常后车辆可以投入运营。

五、蓄电池亏电

1. 故障现象

蓄电池亏电导致逆变器故障，受电弓降落，照明、通风机失电。

2. 故障原因

（1）逆变器故障导致蓄电池充电机不能工作导致蓄电池亏电。

（2）充电机故障或连接接头松动、脱落导致充电机不能正常工作导致亏电。

（3）蓄电池电解液泄漏使电池极板反应，电能降低导致蓄电池亏电。

3. 故障处理

针对上述故障现象和原因，对车辆该蓄电池做如下检查与处理：

（1）检查蓄电池是否有电解液泄漏情况，即有没有"爬碱"现象发生，如有则及时清除干净，补充电解液充电查看故障是否消失。

（2）检查逆变器输出 110 V 电源端是否输出正常，如不正常检查整流部分是否烧损，发现问题及时处理。

（3）检查蓄电池充电机接线端和接头是否松动、脱落。不能仅靠眼睛看接头在连接处，应用手轻轻拉一拉电源接头查看是否松动、虚接，发现松动或虚接进行加固处理。

4. 注意事项

出现这类故障应立即与列车调度员联系，及时退出运营回段检修处理。如是其他原因造成的故障应对电解液进行检验查看浓度是否符合技术要求；如是逆变器输出电源造成的应对逆变器相关模块做详细检查，找到导致故障的真正原因，处理完毕进行试验符合运营标准后方可投入运营。

六、蓄电池运行中快速失电导致需要中途更换蓄电池

1. 故障现象

列车运行中司机发现某车载蓄电池快速失电，电压降至报废标准，请示列车调度员同意中途停站处理。

2. 故障原因

（1）检修时电极接反导致蓄电池失电加快。

（2）充电机故障无法对蓄电池充电。

3. 故障处理

针对上述故障现象和原因，对车辆该蓄电池做如下检查与处理：

（1）检查蓄电池电极是否接反，并测试蓄电池充放电性能，如不能恢复，更换损坏的蓄电池。

（2）检查充电机是否正常，如不正常查找供电故障处所进行处理；如充电机本身故障更换充电机。

4. 注意事项

出现这类故障首先应及时判断蓄电池失电速率是否过快，如过快应及时与调度联系并报告列车段选择合适车站更换损坏的蓄电池组。检修蓄电池接线端一定不能反接串并联接头，检修完毕后技术人员应及时验收，防止故障发生。

七、某地铁公司车辆在运行过程中突发蓄电池充电电机故障

1. 故障现象

某地铁列车在运行中 HMI 突然显示第二车 DC/DC 出现严重故障,故障导致列车退出运营。

2. 故障原因

造成车辆蓄电池充电电机故障的主要原因有以下几种:

(1)充电模块(GVG1500-2)内部 15 V 电源故障导致蓄电池充电电机故障。

(2)蓄电池温度传感器反馈支路不良,导致蓄电池充电电机短时隔离。

3. 故障处理

(1)查看 TMS–HMI(车辆人机显示屏)是否有 DC/DC 图标闪红或故障记录信息。

(2)查看 A 车蓄电池充电机显示屏显示代码。

(3)一台 DC/DC 充电机严重故障可以继续运行,到达终点站后检查故障车辆蓄电池相应保护继电器是否跳闸,若跳闸进行复位处理,故障消除可以继续运营。若两台 DC/DC 充电机严重故障,维持到终点站检查保护继电器是否跳闸,同时进行断电一次,重新激活列车,若故障消失可以继续运行,否则退出运营服务。

(4)充电机故障是否涉及蓄电池相应的单节故障,在更换完充电机后,应仔细检查每一个蓄电池单节的充放电效率,发现不合格及时更换。

4. 注意事项

列车回库后应全面对该车充电系统进行全面检测并对故障记录进行分析,查找出故障原因。对充电机更换温度传感器或充电机模块(GVG1500-2)后应进行性能测试,恢复正常方可投入运营。

第二部分项目十二数字资源

项目十三

列车广播及乘客信息系统及其故障处理

学习要求

（1）了解列车广播及乘客信息系统的结构。
（2）了解乘客信息系统的功能及使用方法。
（3）掌握列车广播及乘客信息系统常见故障检查与处理方法、处理过程。

任务一 列车广播及乘客信息系统知识

一、列车广播系统的组成

列车广播及乘客信息系统主要由车载视频监视系统、列车广播系统、车载乘客显示系统三部分组成。其主要设备有车载司机室音频控制单元（DACU）、公共广播（PA）、乘客紧急通信（PC）、司机室之间对话、音量控制、手报站控制器。

该系统控制设置有司机对话优先权、车门关门音频提示及语音报警显示等。

二、乘客信息系统组成（PIS）

乘客信息系统主要由车载综合图文显示系统、乘客信息显示系统、车站地图显示、乘客语音对讲、自动报站、计算机模块控制、预制内容及故障信息显示等组成。乘客及信息屏幕如图 2-13-1 所示。

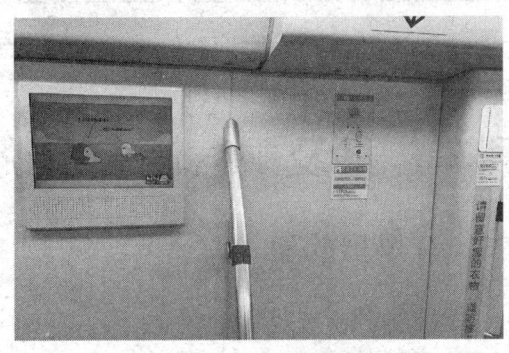

图 2-13-1 乘客及信息屏幕

PIS 的主要设备：列车车载显示与广播控制单元（ACSU）、驾驶员语音控制单元（DACU）、乘客广播通信单元（PACU）、乘客内部通信单元（PECU）、手持麦克风（MIC）、客室扬声器、驾驶室扬声器、LCD 显示器等。

三、乘客信息系统的功能

（1）广播和报站：人工广播、自动广播、无线广播、司机室对讲、乘客对讲、动态地图显示。车辆自动显示报站如图 2-13-2 所示。

图 2-13-2　车辆自动显示报站

（2）视频播放：根据无线信号传来的播放列表来播放存储的视频。

（3）CCTV 或视频监控：可实现司机监控客室、OCC 远程监控、紧急情况的联动监控，如图 2-13-3 所示。

（4）显示列车运行相关信息，如列车所有停靠站点、车门打开位置信息等。

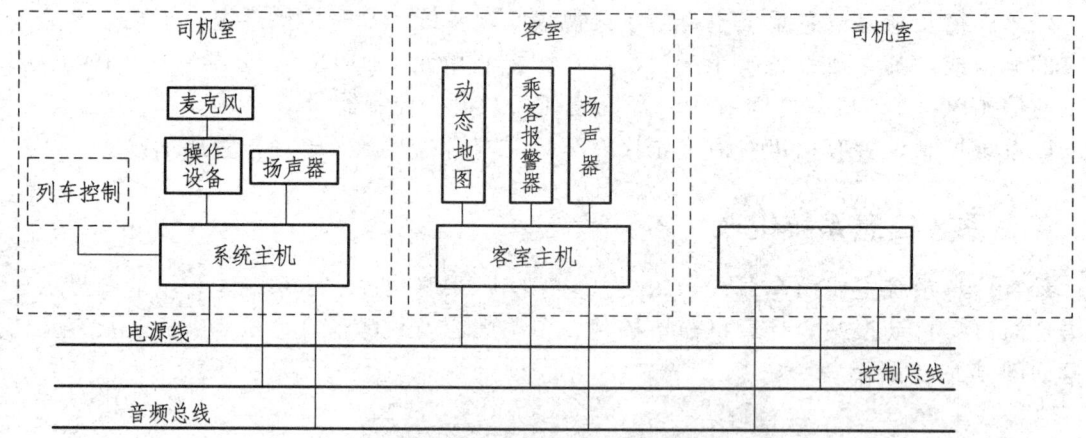

图 2-13-3　乘客信息系统结构

任务二　列车广播及乘客信息系统故障处理

一、车辆单个客室 LCD 黑屏故障

1. 故障现象

车辆运行中单个客室 LCD 黑屏故障。

2. 故障原因

由于列车运行过程中受环境电源、信号干扰或电压过高等因素导致显示黑屏。部分黑屏故障是由内部模块故障引起的。

3. 故障处理

通过重启或短时间过后黑屏可以自动恢复。如果是内部模块故障，应更换模块。

4. 注意事项

处理这类故障后，要检测可能导致 LCD 黑屏的干扰系统，做好防电磁干扰。

二、全列车 LCD 黑屏

1. 故障现象

列车运行中全列车 LCD 黑屏。

2. 故障原因

造成车辆全列车 LCD 黑屏的主要原因有以下几种：
（1）输出片源没有发出。
（2）片源分频器之间的信号连接出现故障。
（3）电源故障。

3. 故障处理

针对上述故障现象和原因，对车辆该 LCD 做如下检查与处理：
（1）检查黑屏是否是片源没有输出值，重新设置输出查看黑屏是否恢复正常。
（2）如不能恢复检查分频器及连接情况，如发现断裂或连接脱落重新连接。
（3）还不能恢复则回段检查处理。

4. 注意事项

列车运行中出现 LCD 黑屏，应及时用语言报站和提示，根据列车调度员要求是否退出运营。

三、列车广播不报站或报错站

1. 故障现象

列车运行到站广播不报站或报错站。

2. 故障原因

造成列车广播不报站或报错站的主要原因有以下几种：
（1）列车语言报站控制盒起始和终点站设置错误。
（2）列车控制系统提供的信号有误。
（3）广播系统程序出现错误。

3. 故障处理

针对上述故障现象和原因，对车辆该车广播系统做如下检查与处理：

（1）属于广播语言报站控制盒起始和终点设置问题则重新设置。

（2）属于列车控制系统出现的问题应检查速度输入值是否正常，如不正常进行调整。

（3）属于控制板出现问题应进行更换。

4. 注意事项

列车运行到站广播系统不报站或报错站应及时向列车调度员汇报和前方车站汇报，按照调度员指示运行或退出运营。

四、列车动态地图显示错误

1. 故障现象

列车运营中全列车动态地图显示错误或单车辆动态地图显示错误。

2. 故障原因

造成列车动态地图显示错误的主要原因有以下几种：

（1）全列车动态地图显示错误可能是在全自动模式下 HMI 运行区间设置错误或自动/手动模式下广播区间控制盒设置错误。

（2）单车辆动态地图显示错误可能是 LED 电源。

（3）控制电子单元出现故障。

3. 故障处理

针对上述故障现象和原因，对车辆该列车动态系统做如下检查与处理：

（1）检查 HMI 运行区间设置是否正确；自动/手动模式下广播控制盒设置是否正确。

（2）检查单车辆故障 LED 显示屏电源电压是否正常，本车辆动态电子控制单元是否正常。发现设置错误或控制单元损坏，进行更正、更换客室 LED 屏或更换客室 LED 动态地图。

4. 注意事项

在检查过程中应逐车检查核实，特别是涉及全列车动态显示错误时，对照区间和控制模式进行核对，包括各控制单元及插座等是否符合要求。

五、车载台无法与调度通话

1. 故障现象

司机用车载电台无法与调度通话，无语音输出输入。

2. 故障原因

（1）车载电台传输故障。

（2）网络控制暂短传输数据丢失。

3. 故障处理

（1）进行通话测试，若通话异常，可长按车载台操作终端复位键按钮 3~5 s 进行车载台操作终端重启复位，显示正常后进行通话测试。

（2）征得行车调度同意关闭计算机一次，然后重启，若正常继续运行。

（3）若复位后故障未消除，使用手持台与调度通话，无论故障消失与否继续运营。

4. 注意事项

车载电台出现故障一般应及时用手持电台或手机与调度或车站值班员联系，特别是在按压复位键不能清除故障时。关闭计算机需征得行车调度员同意后方可进行，这种操作可以消除车载网络控制很多误报和传输文件、数据丢失故障。

六、车辆 DDU 报"与无线电设备通信故障"

1. 故障现象

DDU 显示无线电设备故障。车载电台无法与车站调度联系。

2. 故障原因

（1）车载电台功能模块烧损。

（2）车载电台接头松动或脱落。

（3）车载电台天线断裂或丢失。

3. 故障处理

该信息为无线车载台与车辆接口状态信息，不影响车辆功能。若出现该提示信息，司机可先对无线车载设备进行通话功能测试，若车载台通话正常，说明设备运行正常，忽略本次提示信息。若车载台通话异常，使用 800 M 手持台联络，并报维调通知通信专业人员登乘处理。

4. 注意事项

遇到车载电台故障特别是天气恶劣情况下应加强用手持台与车站值班员和调度员进行沟通，按照要求进行行车或退出运营。

第二部分项目十三数字资源

03

第三部分

城市轨道交通车辆故障人工查找方法

在满足地铁车辆运行安全方面，目前城市轨道交通车辆故障判断有三种方法，即简易故障诊断方法；多传感器融合故障诊断法和便携式故障诊断系统和专家智能诊断法。

项目一
车辆常见故障检测和诊断方法

一、简易故障诊断法

简易故障诊断是利用各种诊断仪器和分析设备对电气和机械设备和器件有无故障及故障的严重程度作出判断和区分。常用的有对机械设备内部的故障实行超声波探伤方法来判断损伤程度,用检测仪器对电压、电流、电阻值、模拟信号、脉冲信号变化进行故障判断。

（1）对车辆轮对及运动部件进行超声波探伤来确定车轮或部件是否有擦伤、裂纹等。

（2）电气故障判别的"电压法"即用万用表交流 500 V 挡测量电源、主电路电压以及各接触器和继电器线圈端；各控制回路两端电压,若发现所测电压与额定电压不相符合（超过或低于 10%）则可以断定该处为可疑故障处。

（3）"电阻法"即断开电源后,用万用表欧姆挡测量有关部件和设备的电阻值,若测量电阻值与设备或电阻、电气元件的要求不一致,且相差较大时,则该部位或该设备为可疑故障点。

（4）"电流法"即用仪器或专用仪表测量电气元件或设备的电流值是否在规定的范围以内,一般测定判断电流值超过 10%,则该电路部件或相邻部件可能因电流过大出现故障或烧损。

（5）通过理化检测和光谱、铁谱分析法可以判别车轮运动部件润滑情况和损伤情况,如润滑油中光谱分析某一种合金含量突然增加异常,说明该部件润滑状态出现问题,结合铁谱仪器分析含该种合金颗粒较大,超过 10 μm 数量较多,那么可以判定该运动部件已经损伤。

二、自动精密诊断法

自动精密诊断法是一种建立在多个传感器和检测器基础上,利用计算机系统和软件,加上专家预判故障经验,通过自动化采集各个控制点的信息,进行自动识别、判断和分析得出故障信息预报的故障判别方法。这些信息可以用于报警、显示和传输等。这种方法主要用于有传感器的部件,主要是电气部件,走行部和受电弓运动部件目前实现比较困难。

三、专家智能诊断法

专家诊断系统是建立在众多对本行业或本专业从事长期工作的技术人员,通过不断经验积累形成了宝贵的故障处理经验,并进行总结后与计算机结合,形成一整套完整的推理、判断和逻辑思维过程,实现对车辆故障判断更加准确,解决车辆运营过程中各种较为复杂的故障问题。

项目二

车辆常见故障判断人工查找方法

从1863年英国伦敦建成世界上第一条地下铁道,城市轨道交通发展至今已有150多年的历史了。随着全世界各大中城市的地下铁路网不断延伸,地铁除了修建装备现代化外,车辆科技也极大进步。列车牵引由最初单一动力发展到如今动车组,运行速度由原来30 km/h左右,发展到120 km/h,甚至更高(广州地铁已经在22号线和18号线实现了运行速度160 km/h的国内最高地铁运营速度)。列车的牵引控制技术由直流小功率电机发展到交流大功率电机,由电阻控制直流电机改变速度到由晶闸管调频来控制交流电机速度,并实现了电子模块化控制。列车运行控制技术由单一信号控制发展到如今列控系统,自动驾驶系统等。

地铁车辆的检修发展也非常快,由最早的单一根据车辆走行公里和损坏情况进行修理发展到现代根据列车状态和故障进行状态修。

我国目前在北京、上海、武汉、广州建立了四大动车组检修基地(地铁车辆也在大城市建立了检修基地),检修基地的设备先进,但在相同修程所付出的人力、物力和时间与发达国家比还存在着较大差距。差距主要体现在对精密设备和部件的检查、检修和故障修存在着执行工艺标准的差距。

实际上在对车辆较为精密的部件进行维修或故障修时注意下面几点就非常重要:

(1)安装的顺序与拆卸顺序相反,安装顺序会影响每一个零件的咬合程度。

(2)安装的工差配合与工艺要求必须执行。

(3)安装的部件必须满足温度与湿度的工艺要求。

(4)安装的清洁度必须满足工艺要求。

(5)安装的紧固力度和顺序必须满足工艺要求。

(6)安装的工具必须符合工艺和技术要求。

(7)对于因故障或过度冲撞造成的部件变形,不论采用什么方式方法进行修复,必须保证在不破坏金属材料本身的特性前提下完成。

因此在检查和查找地铁车辆故障方面积极探索怎样才能满足现代化车辆的故障应急处理,下面根据现场检修和技术人员多年的工作经验概括总结了几种人工辅助查找车辆故障的方法,供读者和检修人员和技术人员参考。

一、目前车辆故障检修的缺陷

（一）智能诊断系统的缺陷

（1）由于开发智能诊断系统的设计人员本身的技术水平局限，对现场车辆运营中出现的故障不确定性估计不足，导致该系统预报故障的准确性不确定。

（2）安装在车辆各部位的传感器本身的精度、灵敏度、安装位置是否合理等都影响智能诊断系统的准确性。

（3）各传感器的灵敏度、车辆运行振动导致位移也影响诊断准确性。

（4）计算机网络控制存在如下缺陷：

① 定常性的丧失。数据到达时刻不再是定常和有规则，不能用简单的采样时间来刻画。
② 完整性的丧失。由于数据在传输中可能发生丢失和出错，数据不再是完整的。
③ 因果性的丧失。由于网络传输时间的不确定，先产生的数据不遵守因果关系。
④ 确定性的丧失。由于数据到达的随机性，整个控制系统已不再是一个确定的系统。

（二）检修和车辆工况的缺陷

（1）检修和技术人员的维护及检修工艺水平也直接影响故障诊断的准确性。
（2）各个车辆运行工况不稳定性也影响故障诊断准确性。

（三）电气故障现象的多样性

在判断地铁车辆电器设备故障时，同一类故障可能有不同的故障现象，不同类的故障可能是同种故障现象，这种故障现象的同一性和多样性，给查找故障和确定故障带来了复杂性。但是，故障现象是查找电气故障的基本依据，是查找电气故障的起点。因而在查找电气故障时，要对故障现象仔细观察、分析、判断，找出故障现象中最主要的、最典型的方面，特别是故障发生时间、地点、环境、人员操作、故障发生现象/过程及处理过程等。这些对判断电气故障，分析复杂的故障现象，找出故障原因和故障处理很有帮助。

比如，发生时间是刚出段运行，还是列车运行了一段时间，电气设备发生故障的起因应该有所区别；又如，是列车在上坡加速还是在下坡制动对电器的影响都不一样。最重要的是故障处理过程，司机或其他人员进行了故障处理，但没有成功，对一些复位开关和计算机使用次数非常关键，有些消除故障的手段使用了但故障没有消除，说明故障原因没有找到。处理不当同时还可能造成了对电气设备更大的损坏，这些都是对进一步判断复杂电气故障非常重要的信息来源。

综上目前地铁车辆安装的智能故障诊断系统存在上述缺陷，所以运用有技术和经验丰富的检修人员和技术人员在现场进行补充查找车辆故障具有积极的意义。

二、车辆故障人工补充检查、处理方法

根据长期在现场实践中总结出一套简单实用的故障判别方法：看、听、摸、闻、测、问。

(一)"看"

车辆每天运营结束回段或双周、双月检等,在检查车辆转向架时该看什么?

(1)看车辆各部件是否完整,有没有裂纹或断裂情况。主要应仔细观察转向架焊接处,因为车辆在高速运行中受振动、金属疲劳等影响,焊接处最容易出现裂纹(可能是焊接时工艺把关不严或由于焊接人员技术水平限制等造成的)。

(2)重点看看车轮的踏面和轮缘是否有变色。车轮在轨道上正常磨耗应该是均匀的光亮色,出现局部变色或发黑与车轮踏面颜色不一致就有可能是拉伤、擦伤或剥离。车轮拉伤或剥离都是车辆在运营过程中比较常见的局部破损。车辆制动力过大抱死了车轮,那么车轮就会出现滑行现象,速度越高,滑行距离越长对车轮的损伤越大。如果车轮经常发生拉伤、擦伤,那么问题应该出现在车辆进段联调联试阶段,制动距离调试过短,车辆为实现定位停车,车载计算机必须加大车辆的制动力,这样导致制动力过大抱死车轮,引发拉伤或擦伤现象。当车辆牵引力大于黏着系数后,车轮就会出现空转现象,空转对车轮的损害是最大的。

目前,国内和国际上对轨道交通轮轨技术和防滑系统的研究还没有取得根本性的突破,现有的防滑系统存在很多缺陷,导致车轮磨损和报废加快。

(3)转向架(见图3-2-1)有很多电源插头,电气、制动控制插头等,这些插头在车辆运行中长时间振动,回段后要重点做如下检查:

图 3-2-1 地铁车辆转向架

① 查看各电插头是否脱落或松动、虚接。

② 查看液压减振器接头有无泄漏现象或减振器表面有没有油渍现象,若有说明减振器密封出现问题。

③ 查看车轴润滑系统及齿轮箱等有无泄漏现象,润滑油位量(空调制冷剂)够不够等。

④ 查看车轮踏面制动闸瓦磨耗情况,闸瓦与踏面之间的距离是否符合技术要求;闸瓦自动调节螺钉有没有松动。

⑤ 查看受电弓碳滑条(受电靴)是否已经到限或有无缺损现象,若有应及时测量或更换。

⑥ 查看有没有其他部件变形、缺损等。

(4)对于供气系统,干燥器排泄口出现白色沉淀物或从干燥器塔观察孔看到干燥剂已经变成白色,说明干燥塔内干燥剂已经失效,需要更换新的干燥剂。蓄电池上面出现沉淀物，一是说明蓄电池有泄漏现象，二是可能蓄电池液加入过量造成泄漏。这时应该对蓄电池电解液浓度进行检测，查看是否符合技术要求。

（5）观察车轴润滑油箱存油量和颜色时，第一可以及时了解润滑油是否符合存量要求；第二可以知道车轴润滑油质量是否变化。如果发现润滑油颜色变得太深，发黑说明润滑油氧化稳定性已经失效，润滑油内添加剂已经消耗完了，建议取样送质量检测部门做相关项目分析，如果常规检测项目之一不合格应及时予以更换。更换时应使用干净的油将齿轮箱清洗干净，再加入新的润滑油。

新的车辆齿轮润滑油应是清晰透明淡黄棕色，运用一段时间后会变深一些，但如果变成棕黑色可能除了润滑油添加剂失效外，还有齿轮过度磨耗，铁微粒进入了润滑油造成颜色加深。如果出现乳化现象说明润滑油进了水或齿轮箱密封不严吸收了潮湿空气中的水分导致润滑油乳化变质，应及时更换。遇到润滑油乳化，更换新的润滑油时建议用少量新油对油箱及相关润滑部件进行清洗后一次放掉，再按照添加量进行添加。运营一周后建议取油样做一次润滑油常规项目检验，如正常可以进入正常运营管理，如不正常应对齿轮箱密封及运作进行检查，发现问题进行处理。

（6）检查一系人字弹簧有无断裂，可以在打开曲轴箱观察弹簧片有无错位，在车辆运动特别是横向摆动过程中，因弹簧片是叠加在一起的，断裂后经车辆振动后很容易错位。

对螺旋盘式弹簧，主要查看弹簧的簧间距有无变化。正常的弹簧簧间距应该是一致的，如发现弹簧簧间距发生了变化说明弹簧可能出现了裂纹或已经断裂（最好使用测量工具再次确认，如图 3-2-2 所示）。也可以使用工具（如铁锤）等敲一敲，听听声音判断，清脆的声音说明弹簧状态良好，如敲出的声音不清脆有混杂音则说明弹簧有裂纹或断裂了。

图 3-2-2　车辆盘型弹簧检查

（7）压力表、电流表、电压表等显示不正常时，需核对仪表检测有效期是否在规定的期限内，超过期限说明可能显示不准确，这些因素都要在车辆故障判断中加以考虑，最终做出科学的判断。

（8）看电器柜里面继电器有没有接线松动或脱落，有没有磨损、烧损，如电弧引起的局部烧灼现象等。这些都是车辆潜伏性故障，不及时排除累积后会引发重大事故发生。车辆底部现场检查如图 3-2-3 所示。

图 3-2-3　车辆底部现场检查

（9）看车辆智能诊断系统各传感器是否有脱落、位移或损坏等现象，发现问题给予及时处理或更换，以保证智能故障诊断的可靠性。

（10）地铁车辆受电弓检查完全靠人工看和检查。在机车或动车组进库时，有专门人员在楼上用望远镜对每台机车和动车组受电弓进行初步检查，发现问题及时通报检修和技术人员做一步检查（电气化区段弓网事故和故障占整个铁路机车、车辆和动车组事故很高的比例）。不仅仅看受电弓表面是否完整，而且要仔细观察各部件。特别是雷雨季节，受电弓可能受到雷电冲击，如果司机反馈有这种现象或车辆信息记载有被雷击现象，那么就应该对受电弓进行全面检查。特别是碳滑条被雷击后表面看上去是完整的，实际上内部已经在高温和强电流作业下脆化了，这时不仅要看，还应该用小木棍轻轻敲打一下，如果声音不对或脆化了应及时进行更换。可以防止弓网事故发生。

看的内容很多，关键是要用心、用知识、用智慧去看车辆应该看的地方，不放过可疑点和预判点，则能更准确地发现车辆故障。

看的重点第一要集中在车辆运营中出现故障信息的点；第二要集中观察走行部，因为走行部直接关系到运输安全；第三要重点看车辆智能诊断系统没有安装传感器或检测器的地方和部件。看的目的是补充车辆智能故障诊断系统的不足，因为上述要看、观察的地点和部件基本上没有故障传感器或无法安装故障传感器，所以只能靠有经验的检修人员和技术人员去判断和查找后及时排除。

（二）"听"

听是补偿地铁车辆走行部和其他机械运动部件和气动设备无法安装监控器或设备缺陷，判断故障唯一有效的方法。听就是听听转向架气动部分有无泄漏，因为空气制动管路内压力很高，管路或接头稍有泄漏会有很大声音。还可以利用车辆走行声音判断走行部故障。

（1）铁路在主要客技站都装备了利用车辆走行声音判别车辆走行系统故障的先进设备。如 TPDS——货车运行状态地面安全监测系统；TFDS——货车运行故障动态监测系统；TADS——货车滚动轴承早期故障轨边声学诊断系统；TCDS——客车运行安全监测系统。

（2）日常检查可以通过车辆的走行声音判断车轴故障所在部位。如果是传动部分异音说明齿轮箱或联轴节出现了问题。判别时一定要听准异音从哪个部位发出来的。

在车厢里巡视听每节车辆两端（离车辆连接处约 1.5 m）的空调机声音，如果有异音也可以判断空调机存在的故障。空调机发出的声音有四个：① 空调冷却风扇的声音；② 空调压缩机发出的声音；③ 空调机送风机发出的声音；④ 空调机膨胀阀故障发出的声音。进一步判断可以确定是空调压缩机问题，还是冷却风扇异音问题。

（3）蓄电池充电过程中，如果听到了异常声音说明提供给蓄电池的电源出现了问题，最有可能发生在整流部分，二极管被击穿，直流电流混入了交流成分。

（三）"摸"

地铁车辆有些部件看不见、听不着，但它会出现故障，怎么办？看不见、听不着的地方可以用摸来判断故障，如摸摸各电源接头查看是否有松动、虚接现象，摸摸车轮踏面有没有刮手的现象，如刮手说明有拉伤。

看见的东西不一定真实，摸能准确地判断。比如各电源接头、插座、开关等，看见是接上或合上的，实际上因车辆在不停地运动和振动，有些接头可能已经松动或虚接，所以在排除故障的检查中，建议经常去摸一摸，拉一拉，这样可以克服"眼见为实"的毛病。

要摸每天回段车辆车轴的温度，看看车轴的温度是否正常，可以防止因轴温传感器误报发生车辆重大事故。如果发现温度过高而车辆轴温报警器又没有报警，说明温度传感器出现了问题，可能是温度传感器本身失灵了；也可能是温度传感器因安装螺栓在车辆长时间运行振动导致松动离开了测试距离导致的。发现问题及时处理可以预防故障和重大事故发生。摸车辆车轴的轴温应该在车辆停车后立即进行，车辆停久了轴温会降下来，时间长了摸不出真实轴温。

摸会判断很多电器设备和机械设备"眼见不为实"的故障。比如，检测空调时压缩机有异音，但空调压缩机又没有发生温度过高报警；也没有出现压缩机短路，但异音存在，眼见安装螺栓都在。这个时候用手摸一摸电机有没有发热，如果没有再摸一摸，如果感觉振动中有颤音或振动频率过快，说明压缩机安装螺栓松动了。

摸在判断压缩机或齿轮等油是否出现了质量问题也很有意义。比如压缩机精滤器因堵塞出现停机故障，在其他检测都正常的情况下，建议用手摸一摸润滑油。从润滑油储油箱底部抓一点油上来，在手里摸一摸，看看里面有没有金属颗粒、沙子或毛绒等污染物。如果发现有金属颗粒就应该怀疑压缩机活塞环或气缸有拉伤；如果污染物中发现泥沙说明在添加润滑油的过程中没有执行工艺标准，工具不干净或进气过滤器破损，环境中的沙尘吸入了压缩机积累下来堵塞了精滤器。在润滑油中如发现有纸屑或棉絮说明用于过滤器的过滤层不符合技术标准，在高温高压下分解于润滑油中，积累多了就会堵塞精滤器导致压缩机因缺润滑油自我保护，继电器动作切断电源，使压缩机停机。

（四）"闻"

闻可以发现很多地铁车辆故障和潜伏性故障。

（1）闻闻转向架有没有油味就可以判断液压减振器是否漏油。

（2）闻闻电气柜有无电线或其他烧焦味就可以判断电气柜中部件可能烧损或局部有短路，绝缘损伤等现象。

（3）闻闻牵引电机部分就可以判断电机是否有烧损现象。

（4）打开蓄电池柜闻到碱味说明蓄电池出现了"爬碱"故障现象，就应该检查蓄电池接头，接线端或其他连接部件的腐蚀性和导电性能。

（5）闻闻逆变器箱有没有烧焦的气味也可以判别电器、电线、接头等有没有烧损故障。特别是运行中电器设备出现了过热或过电流现象，在司机现场故障处理没有打开过电气柜，回段后第一次打开电气柜闻气味就非常关键，可以预判电气柜内电气有没有烧损，如果有烧焦的味道，那么就需要逐个检测电器设备了。

（五）"测"

测就是当发现了机械、电气、电子、气压等有问题或有故障不能确定或不能确定故障处所、故障点时，借助于检测仪器或设备对车辆部件、电子开关、继电器、气动部分进行检测的过程。

（1）在对车辆走行部检查时发现车轮踏面有擦伤或拉伤现象，就必须对车轮踏面进行超声波探伤或手动磁粉探伤来确定擦伤或拉伤的车轮踏面损伤程度，是否需要镟轮处理，处理量多少才能满足车辆行车安全需要等。

（2）对继电器或电子开关等电器部分出现的故障，可采用测量电阻、电压、电流、电平、脉冲信号等方法来确定故障点或处所。

（3）对气动部分故障，可以使用压力检测仪器来判断故障处所等。

（4）对车轴及齿轮箱润滑油，可以采用化学和物理检测方法，如检测黏度、闪点、总碱值等来初步判断油品是否失效；或用光谱分析、铁谱分析等来判断润滑油脂的使用状态和磨耗状态，铁粒子含量多，颗粒比较大就说明车辆齿轮磨耗过大，甚至出现了缺损现象等。现代化检测手段很多，根据车辆走行时间合理选择检测项目，但要选择合适的设备和合适的检测方法。

（5）目测也很关键，地铁车辆日常检查基本上是目测为主，有些故障现象转化为故障原因和故障点也可以靠目测来实现的。

（六）"问"

问是帮助检修人员和技术人员判断车辆故障非常关键的步骤。问最主要是要问清楚故障现象以及车载记录仪器显示什么故障或故障代码。发生故障现象后，问司机或随车机械师怎么处理的，或询问上一次或该车辆多次发生在同一处所故障检测和处理的过程、结果以及车辆上线运行后故障现象等，包括天气、运行线路情况、司机操作情况、检测判断情况等。

车辆的电气故障现象存在多样性。同一类故障可能有不同的故障现象，不同类的故障可能是同种故障现象，这种故障现象的同一性和多样性给查找故障带来了复杂性。但是故障现象是查找电气故障的基本依据，是查找电气故障的起点，因此需要对故障现象仔细观察、分析、判断，找出故障现象中最主要的、最典型的方面，特别是对发生时间、地点、环境、操作、处理过程和处理后恢复过程进行彻底了解，才能更准确地找出故障点。

同时，车辆运用过程中有些故障现象出现频率比较低没有统计或被教科书收录，还有的故障发生原因不明确导致无法判别故障。例如，车辆受电弓常见的故障现象是升不了或降不下来，很少记载受电弓升一半不动了或降一半不动了，怎么判别呢？其实只要全面掌握受电弓的基本结构和升降弓原理，故障判断并不难。升弓到一半左右不动了，应该从两个方面去考虑，一是升弓电磁阀断电了，升弓气缸里的气压不足以克服恢复弹簧的力；第二是电磁阀针阀断裂堵塞了进气孔，使压缩气体无法再进入升弓气缸来克服受电弓自重和恢复弹簧的拉力让弓升上去。

对于电气故障一是要熟悉电路图，特别是典型电路图；二是要知道该故障反映的电气柜中继电器所在位置及电缆走向；三是要熟悉电气设备或部件结构。比如，车辆空气制动不制动和不缓解。图 3-2-4 所示为气制动经典电路（各种车型不同，电路图可能不一样，但控制原理基本一致），图中 2K53 就是专门控制车辆气制动继电器，当某节车辆不发生气制动时，可能原因是 2K53 出现了问题。图中 2K54 和 2K55 是控制本车辆气制动缓解的继电器，当车辆不能缓解时，检查这两个继电器有没有动作就基本可以进行下一步故障判断了（车辆型号不同控制电路有所不同，但控制原理大致相同）。

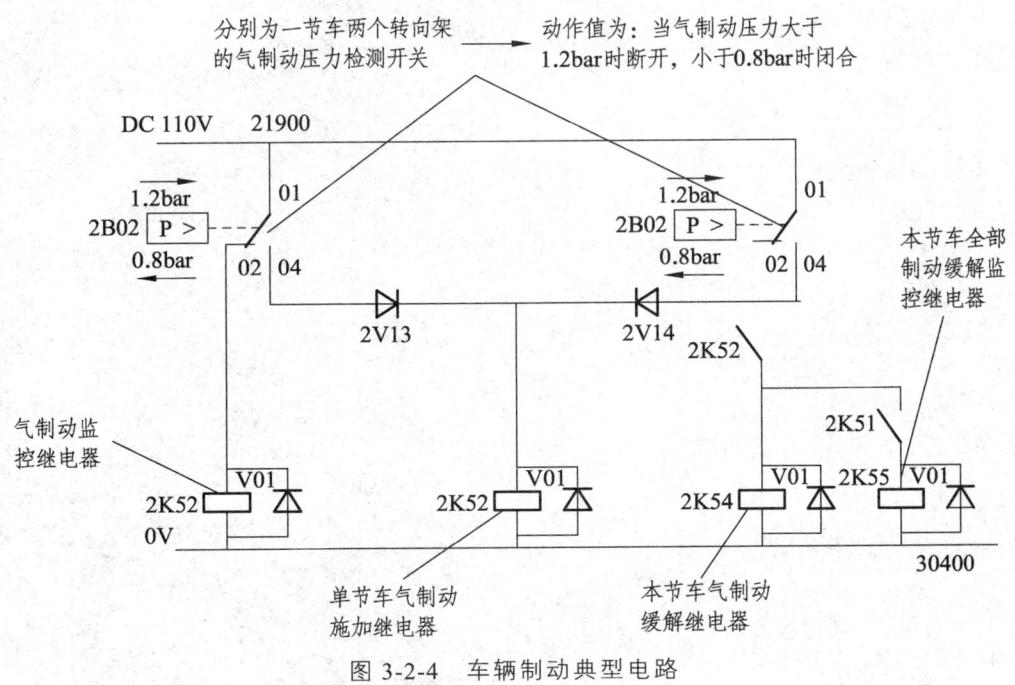

图 3-2-4　车辆制动典型电路

注：1 bar = 100 kPa。

只有熟悉一些比较经典的电路图或电路布局图,包括安装在电气柜的位置,连接方式、上下电路走向,才能快速、准确地找到故障点进行排除。

项目三

地铁车辆常见故障逆向思维查找方法

车辆故障逆向查找方法就是从车辆部件的末端检查，来发现车辆部件或处所存在的故障。车辆部件末端在不同系统有不同的检查和判断方法。

一、车辆走行部件故障逆向查找方法

（1）在日常检查和月度累计分析中，总是发现某对车轮的踏面磨耗或磨损比同车辆其他轮对快，而且比较严重，那么可以逆向思维去判断这对轮对的防滑装置出现了问题。一是传感器可能松动、防滑（WSP）检测 DCU 出现了问题、传感器出现了问题或速度传感器出现了问题。二是列车在制动系统也存在了问题，应该检查电制动和切换空气制动的速度值有没有变化，各车闸瓦制动响应时间、自动制动闸瓦调整器是否正常，调整螺钉有没有松动等。三是车辆车轮材质或轨道技术参数出现了问题。

（2）如果一节车辆车轮轮缘磨耗过快，利用逆向故障原因查找方法，可能是车辆轮缘曲线润滑处理出现了问题。如果整个车辆车轮轮缘都出现磨耗过快或线路钢轨曲线内侧磨耗过快，那么故障原因其一是在处理车轮润滑技术管理方面出现了问题；其二是采用的轮缘润滑方法、手段、设备以及轨道曲线润滑方法或措施出现了问题，应该选用或改进轮缘减磨设备。

（3）对车辆车轴油和齿轮油进行检测，发现油的物理指标变化较大，含铁、铜或其他金属突然增多，而且颗粒超过标准，说明油脂已经变质，或齿轮或车轴已经磨损过快或已经损伤，应该进行进一步拆卸检查处理。其中，铜含量超标或出现大颗粒说明车轴磨损出现异常；如果铁含量过多，超过标准，那么说明车轮齿轮箱磨损了。

二、空气风源系统故障查逆向查找方法

（1）如果在干燥器消音器排风口发现白色粉末，往回查找可以断定是干燥剂已经失效。

（2）在日常检查中很难看见和发现空气压缩机或干燥器内部的故障，车载智能故障诊断系统除了对压缩机电压、电流和以及干燥器电磁阀进行检测外，其他如再生剂失效、压缩机磨损、损坏等都无法实现及时监测和故障判断。

在长期的实践中总结了一套比较实用的逆向判断空气压缩机和干燥器内部故障的方法。在日常检查车辆主风缸和制动风缸等，打开排水阀排出风缸内部少量水分时，在地面放一张白纸或白布，如果发现不全部为水，还夹带着油泥等，那就说明压缩机或干燥器出现了故障。① 如果在主风缸排水阀排出的水分中夹带较多的油泥，可以判断干燥器过滤圈或空气压缩机密封出现了问题或故障，需要拆卸干燥器或压缩机进行进一步检查，看看过滤部分有没有断裂或损坏；压缩机缸套密封圈是否有裂纹或密封圈损坏导致润滑油泄漏。② 如果在主风缸排水阀排出的水分中不仅夹带油泥还夹带金属颗粒等，分析金属颗粒颜色，可以判断压缩机缸套已经严重磨损或拉伤严重了。建议对压缩机拆卸做进一步全面检查处理。

（3）如果打开压缩机润滑油储油箱，从底部用手抓取油来观察其质量，看看污染情况，摸一摸有没有金属杂质在里面，对着光看有没有金属反光，有就说明压缩机缸套或压缩机腔壁有拉伤可能了。如果出现压缩机精滤器堵塞，从油中看见细（纸或棉）毛之类物品说明过滤器垫不是正规产品。

对压缩机油进行日常化验包括光谱、铁谱检测逆向判别也可以发现压缩机内部出现的故障。如果润滑油物理性能变化较大，超过了质量指标或光谱、铁谱检测发现了铁或铜等金属颗粒超过标准也间接反映了压缩机缸或套出现了损伤等。

三、空调系统故障逆向查找方法

（1）如果巡视在运行中列车，从一个车厢进入到另一个车厢，车厢两端的温度差别较大（除了人为设定车厢温度差距），可以判定该车厢有一端空调机出现了故障，制冷效果差。进一步检查会发现该空调系统具体故障处所或故障点。

（2）如果巡视车辆中，没有空调风的感觉说明空调送风系统出现了问题。

四、车辆牵引系统故障逆向查找方法

（1）如果检查和更换受电弓碳条总是发现一端磨耗较快，而且出现过多次断裂现象正常磨耗的碳滑条应该呈马鞍形，说明受电弓安装和碳滑板水平调整出现了问题，或者是电气化区间接触网有可能出现了精度偏差等。还有可能是列车出站加速过程中升双弓，速度过快冲击转换过大导致磨耗加快。

（2）在列车运行中司机推动加速手柄但列车加速较平常慢，但司机室 MMI 又无故障显示。这种情况可判断是牵引电机接头处设有故障传感器，输入电压、电流均显示正常，但故障原因可能是某台牵引电机接头松动使输入的电压和电流达不到牵引电动机要求，所以列车加速度不够。同时，也有可能是牵引逆变器输出给某一牵引电机缺相导致牵引电机无力。

在地铁车辆高度电子集成化和高度自动化设备上，要彻底解决各种机械、电器设备出现的各类故障还需要不断地更新监控手段和技术检查手段及管理办法，提高工作人员和技术管理人员的业务水平，使我们在查找地铁车辆故障方面更加准确。

五、地铁车辆制动系统故障逆向思维查找办法

根据地铁车辆配备不同型号和制动原理的制动系统，可以从制动效果和与联调联试设定值进行制动距离、定点停车精度等进行逆向故障源点查找。

如一对车轮总是出现踏面擦伤、拉伤，正方向思维是制动力过大导致车轮抱死滑行擦伤和拉伤了车轮踏面；逆向思维是导致抱死车轮是再生制动导致的还是空气制动导致的，是联调联试设置过高还是制动系统本身故障导致的。不同的制动系统有不同的故障源点，但基本原理是控制系统或防滑系统出现了问题，其一是速度检测出现偏差导致防滑效果不灵敏，其二是再生制动防滑切除灵敏度差，其三是防滑系统设计本身存在缺陷导致整体效果差。

六、逆向思维查找法小结

在查找车辆故障处所时，应该注意以下六个方面的问题，对帮助我们更好地找到故障点很有意义。

（1）一定要理解故障现象与故障原因之间的逻辑关系。也就是要学会利用逻辑推理的思维方式去判断车辆出现的故障现象与故障原因之间的内在联系。

（2）一定要理解故障原因与故障点之间的逻辑关系。只要对车辆设备和部件以及电气、电路比较熟悉，知道了故障原因就可以很快地确定故障点。

（3）一定要理解故障点与虚拟故障和隐含故障之间的假设关系。真正的故障点只有一个，因为智能诊断系统有缺陷经常会出现一些误报现象，排除法可以排除虚拟故障。车辆隐含故障是由于电气故障现象的多样性造成的，在电气故障现象多样性的掩盖下，一些真实的故障原因被隐含了，所以要求我们在实践中要多问、多观察、多动手。

（4）一定要理解故障点与相邻故障和串联或并联故障点之间的连带关系。这层意义就是要求我们在实践中要具备全局意识。当处理完一个故障后，应该全局思考，这个故障点有牵连的设备或部件可能也被击穿或损坏了。建议多扩大周边或相牵连的部件、设备查找，这对完善车辆事故修有积极意义。

（5）一定要找出故障的真正原因和造成故障的源头。在车辆电器和机械设备出现故障后找到故障损坏点或部件只是故障处理的第一步，找到引发这个电器或机械设备损坏的原因才是终点。处理破损部件只是初步完成了简单的维修，找到造成部件破损的源头进行处理才真正完成了故障维修。

（6）一定要思考为什么这个电器或机械设备会出现故障。找到故障点修复后故障并没有彻底维修好。这个部件或电器设备为什么会出现故障，真正的原因是材质？电流、电压不稳定？上次维修工艺不到位？材料进货没有严格把关？还是车辆设计本身的问题，只有找到造成这个电器部件或机械设备损坏的源头进行修复，才有可能将故障维修彻底。

本书将故障处理划分为四个部分：① 故障现象；② 故障原因；③ 故障处理；④ 处理注意事项。

（1）在车辆故障处理过程中查明故障原因对帮助查找故障点非常重要。在判断故障原因的过程中一定要注意电器故障现象的多样性特点，注意区分不同和相同故障现象的故障。

有些故障原因的出现是相互关联的，如逆变器出现工作不稳定，当发现电容器出现问题时，更换了电容器，但是可能整流的二极管也被击穿。以此类推二极管被击穿了，后面的晶闸管会不会也被击穿了？所以在检查故障时应该扩展地检查相邻有关联的部件比较好。

（2）地铁车辆的故障处理应根据故障现象和原因去查找，在查找的过程中一定要掌握造成故障原因的内在联系，按照先后顺序进行排查。处理故障一定要在保证人身安全的情况下进行，严格掌握工艺标准和技术要求，排除后一定要技术人员或验收人员进行确认签字。

（3）地铁车辆的电器故障查找最有效的方法是排除法：即发现故障现象后，如车辆牵引逆变器短路导致保护装置动作，故障到底是牵引逆变器本身短路还是牵引电机绝缘值破坏导致的短路？利用排除法很快就可以确定故障是因哪个电气部件引发的。第一切除牵引电机看故障是否存在，存在说明是牵引逆变器本身短路造成的；如果切除牵引电机后故障消失，说明短路是牵引电机绝缘值破坏造成的。

（4）故障处理中要注意处理工艺、前后顺序、处理后的零部件及电路、开关恢复、功能和性能试验等。

随着人类社会科技不断进步，城市轨道车辆及其电气化系统会越来越先进，科技含量更高，因此需要我们不断学习、不断探索、不断进步来适应新的车辆、新的科技、新的检测手段和方法。

04

第四部分

城市轨道交通车辆日检、月检、半年检、年检

城市轨道交通车辆日、月、半年、年检查的项目和内容见表 4-1-1～表 4-1-4。本车辆检查项目安排各内容仅供参考，各单位可以根据自配车辆型号和牵引方式、自动解配备型号做出相应检查项目和内容。

表 4-1-1　城市轨道交通车辆日检项目及内容

序号	检查处所	检查项目	备注
1	车底及车体两侧及车底中间检查与维护	1. 车体、门页、窗户、贯通道折蓬、排水软管、纸质标识、丝印、乘务员钥匙开关、车门外观正常；车体外表无污渍，漆膜无鼓包，油漆损坏面积不超过 900 mm² 或长度不超过 35 mm；贯通道折蓬无破损、开裂，排水软管无老化。 2. 钩头、钩身、缓冲装置、压溃管、风管连接、气路软管、电气车钩、跨接电缆、接地线等车钩部件外观正常；气路软管无干涉、无漏气；各螺栓防松线无错位；线缆、线槽外观正常。 3. 转向架所有部件螺栓紧固，各防松线无错位；转向架中心销、牵引体、防过充止挡及调整垫片外观正常；中心销与牵引体之间无撞击痕迹。 4. 转向架所有部件螺栓紧固，各防松线无错位；转向架中心销、牵引体、防过充止挡及调整垫片外观正常；中心销与牵引体之间无撞击痕迹。 5. 主风缸、制动风缸、悬挂风缸、附加气室等悬挂装置，外观正常，无漏气声和泄漏现象。 6. 空压机、油液、空气过滤器、真空指示器、管路连接，外观正常，油位液面应在 1/2～2/3 油柱液位处；润滑油无变色现象（浅黄色透明液体，稍变为深黄色属于正常现象），无乳化现象和黑色现象出现。 7. 基础制动装置、闸片、制动盘（制动闸瓦及自动调整器）、EP2002阀（其他制动机主控阀或 EP 阀等），外观正常，闸片磨耗正常，EP2002阀无漏气声，各阀门处于正常工作位；闸瓦自动调整器工作正常，调整螺钉无松动现象。 8. 车底各管路及紧固情况，外观正常，防松线无错位现象。 9. 双塔干燥器，外观正常，呼吸塞无破损，干燥器排泄口无异物或其他排泄物。 10. 车底所有箱体及盖板锁闭状态，盖板锁到位标记对齐，用手推拉盖板无晃动，二次防护锁闭到位，扎带无丢失。 11. 车底所有制动缸铅封无丢失断裂，制动连接软管无泄漏现象。 12. 轮对、轴身、牵引电机、联轴节、齿轮箱、牵引拉杆、横向液压减振器、横向止挡、踏面清扫及控制箱、构架内侧，外观正常；紧固件防松线无错位；各铭牌无丢失；齿轮箱油位正常；减振器无漏油；车轮踏面磨耗颜色均匀，无特别变色现象。 13. 应答器、天线、雷达等支架，登车梯、轮缘润滑装置、防爬器、汽笛等车底两侧、中间设备外观正常；紧固件防松线无错位，线缆无干涉	

续表

序号	检查处所	检查项目	备注
2	客室检查与维护	1. 紧急广播、客室广播、扬声器、动态地图、CC对讲等PIS功能检查，广播声音清晰，大小适中、无中断、无杂音；动态地图显示屏显示正常；乘客紧急对讲装置外观正常。 2. 检查空调制冷、送风功能正常。 3. 检查各车紧急照明及正常照明正常。 4. 门柱罩板、中顶板、侧顶板、灯罩、立柱、客室座椅、安全带、扶手拉环、车窗、屏风、内装墙板、密封胶条、地板、出风口格栅广告框、LCD显示屏、摄像头、贯通道等部件检查，外观正常，安装牢固；各部件表面无不明物体；纸质标识、丝印外观正常。 5. 客室柜门、盖板锁闭状态检查，锁到位标记对齐，用手推拉盖板无晃动。 6. 客室车门、门槛条、紧急解锁装置、门切除装置外观正常，紧急解锁装置手柄处于正常位。 7. B05盖板、灭火器等客室设备检查，灭火器处于有效期内，卡扣无松脱。	
3	司机室检查与维护	1. 列车激活前蓄电池电压大于91 V。 2. 司机室面罩、挡风玻璃、三角窗、裙板、地板、顶板、格栅、内装墙板、司机台、各标识、丝印等内装检查，外观正常无损坏，安装牢固。 3. 司机室照明、灯罩、头灯、尾灯、运行灯检查，前照灯、尾灯、运行灯外罩无丢失、无裂纹，橡胶保护塞无丢失。 4. 司机室侧门、门槛条、门密封胶条、直线滑道、锁盒、锁扣板和锁舌等部件，外观正常，脱漆损坏面积不超过 900 mm² 或长度不超过 35 mm；锁盒、锁扣板和锁舌安装螺栓紧固，防松线无错位；直线滑道前端 L 形止档外观良好，侧门开关门顺畅，锁闭功能正常。 5. 操作方向手柄检查本端头、尾灯按逻辑正常亮起；操作头灯明暗调节开关，头灯亮度变化正常。 6. 刮雨器摆臂、灭火器、通道门检查，刮雨器摆臂及外观正常；灭火器处于有效期内，卡扣无松脱；通道门关闭时锁扣板与锁舌搭接量在 4 mm 以上。 7. 司机室电气柜旁路开关铅封完好，旋钮开关位置正确，列车联挂回路断路器（CTCB）"禁止闭合"封条无破损、无丢失。 8. 司控器、手柄、毛刷及主控锁动作状态检查，外观无损坏，标识清晰无磨损、检查主控锁转动顺畅无卡滞，互锁功能正常。 9. DDU外观、界面功能及故障信息检查，屏幕显示清晰，无花屏、卡屏，显示内容完整，触摸灵敏，无异常信息。 10. 开关、按钮、仪表等司机室设备动作顺畅无卡滞、功能正常；仪表等设备外观无裂纹、污垢，数据显示正常；仪器、仪表在检查有效期内。 11. 司机室阅读灯、座椅、脚蹬、储物柜、速度表、压力表、电压表背景灯、遮阳帘、刮雨器、风笛、车门开关门、司机室空调、客室空调送风制冷功能正常；制动系统、受电弓系统、高速断路器、PIS系统等功能正常。	
4	其他检查	可根据本区段牵引列车车型、制动机型号、牵引方式做出相应安排	

表 4-1-2　城市轨道交通车辆月检项目及内容

序号	检查处所	检查项目	备注
1	车体、车底及两侧检查与维护	1. 车体外观、门页、窗户、贯通道折蓬、纸质标识、丝印外表无污渍，漆膜无鼓包，油漆损坏面积不超过 900 mm^2 或长度不超过 35 mm 折蓬无破损、开裂。 2. 转向架所有部件螺栓紧固划线外观正常，防松线清晰无错位；转向架中心销、牵引体、防过充止挡及调整垫片外观正常；中心销与牵引体之间无撞击痕迹。 3. 转向架轴端、减振器、一系螺旋弹簧、抗侧滚扭杆、空气弹簧、高度阀、构架、车轴、联轴节、齿轮箱及吊杆、牵引电机及进排气口、接线盒、温度传感器及线缆、牵引拉杆、横向止挡、轮对提吊、接地装置、速度传感器电缆、踏面清扫及控制箱、空调排水管、制动电阻风扇等部件，外观正常；轴箱温度纸显示不超 49 ℃ 刻度线；抗侧滚扭杆两端密封圈无破损；空气弹簧表面裂损长度不大于 30 mm 且深度不大于 1 mm，车轮注油螺堵无丢失。 4. 主风缸、制动风缸、悬挂风缸、附加气室等悬挂装置外观正常，紧固件防松线清晰无错位，无积水情况，扎带与风缸间减振胶条安装位置正确，无破损缺失。 5. 空压机外观、油液、空气过滤器、真空指示器、管路连接外观正常，紧固件防松线清晰无错位；油位液面应在 1/2～2/3，无变色现象；各管路接头无漏气。 6. 基础制动单元、闸片、制动盘、停放缓解装置、制动夹钳、EP2002 阀（其他制动机如主控阀、中继阀等）、安全阀外观正常；闸片磨耗正常，制动盘无裂纹和缺陷；锁铁锁闭到位，各阀门处于正常工作位；车下制动缸铅封检查，无丢失断裂（闸瓦制动基础单元、闸片、闸瓦制动调节装置完整，闸瓦磨耗正常）。 7. 车底各管路及紧固情况检查，外观正常无裂纹，防松线清晰无错位，各管路接头无漏气。 8. 车底所有箱体及盖板锁闭状态检查，盖板锁到位标记对齐，二次防护锁闭到位，扎带无丢失。 9. 应答器、天线、雷达等支架检查，登车梯、轮缘润滑装置、汽笛、防爬器状态等设备检查，外观正常无裂纹，紧固件防松线清晰无错位，将轮缘润滑油加至最大刻度线处	
2	车钩检查与维护	1. 钩头、钩身、缓冲装置、压溃管、风管连接、气路软管、电气车钩及触头、钩头操作装置导向杆、跨接电缆、接地线、变形指示器、卡环、支撑弹簧等车钩部件外观正常；主风管管口"8"字形弹簧安装紧固；支架磨耗板、对中装置外观良好，紧固件防松线无错位；张力弹簧张力适中，功能正常；机械钩头下部排水孔无堵塞。 2. 车钩各紧固件、安装状态检查，紧固件无松动防松线清晰无错位，悬挂装置外观良好。 3. 润滑及钩锁装置检查，钩锁转动灵活，至少 3 次操作手动全自动车钩解钩装置检查功能，均匀涂抹 AUTOL TOP 2000 润滑脂；橡胶密封架外观无损伤看，涂抹滑石粉；全自动车钩注油孔防尘堵完好无丢失；半自动车钩连挂到位，解钩盒关闭，解钩拉绳绑扎牢固	

续表

序号	检查处所	检查项目	备注
3	司机室检查与维护	1. 司机室面罩、裙板、顶板、地板、挡风玻璃、三角窗、格栅、内墙板、各标识、丝印、司机台等内装外观正常,安装牢固,紧固件防松标记清晰无错位。 2. 司机室侧门、门槛条、携门架安装座、上滑道滚轮支架、门框、平衡压轮、下导轨及摆臂滚轮、上导轨及滚轮、开门止挡、直线滑道扭簧、行程开关、驱动机构、锁盒、锁扣板和锁舌等部件外观正常;侧门关闭后无漏光现象,关闭后锁舌超出锁扣板底沿 1 mm;开关门、门锁锁闭功能正常。 3. 检查刮雨器摆臂及刮片外观正常、螺栓紧固;检查灭火器完好并在有效期内;检查司机座椅外观及功能正常。 4. 检查司机控制器外观正常,标识清晰无磨损;主控锁转动顺畅无卡滞;警惕按钮球头转动灵活;行程开关动作正常;毛刷状态良好;互锁功能正常。 5. 通道门检查,外观正常,门锁功能正常,关闭时锁扣板与锁舌搭接量在 4 mm 以上。 6. 司机室电气柜旁路开关铅封完好,旋钮开关位置正确。 7. 前照灯、尾灯运行灯检查无异常,外观正常。 8. 开关、按钮、仪表、脚蹬、司机室座椅、遮阳帘、储物柜等设备检查,开关、按钮动作顺畅无卡滞;仪表外观正常,功能正常。仪器、仪表在使用有效期内	
4	客室检查与维护	1. 客室常用、紧急照明功能正常;灯板无暗影,照明正常。 2. 中顶板、侧顶板、立柱客室座椅、门柱罩板、扶手拉环、车窗、屏风、内装墙板、地板、出风口格栅、灯罩、密封胶条、安全带、广告框、LCD 显示屏、摄像头等内装部件外观正常,无污渍;紧固螺栓防松线清晰无错位;各部件表面及座椅骨架下方无不明物体。 3. 客室柜门、盖板锁闭状态检查,方孔锁闭到位,推拉盖板无晃动。 4. 贯通道侧护板外观正常、安装牢固无变形;渡板踏板紧固件无松动,裙边无破损现象。 5. LCD 显示屏、LED 动态地图显示屏、广告框安装牢固、无松脱。 6. 制动隔离阀箱、灭火器等设备检查,隔离阀箱内设备外观正常,箱内杂物;灭火器安装紧固,在有效期内,指针不在红色区域;残疾人安全带拉动功能正常;各箱体表面无不明物体。 7. 电气柜内干燥剂状态检查,外观正常,扎带无丢失	
5	客室车门检查与维护	1. 车门外观、门槛条、摆臂滚轮、坦克链、上导轨及滚轮、平衡轮、携门架、门驱机构及开门止挡外观正常;各紧固件安装紧固,防松线清晰无错位。 2. 行程开关外观正常无损坏,接线无松脱;安装螺栓齐全,防松线清晰无错位;限位开关滚轮转动无卡滞,剩余行程至少 1 mm;丝杆螺母组件外观正常,动作良好无异响。 3. 紧急解锁装置外观正常、手柄处于正常位;门切除装置、乘务员钥匙开关外观正常;门柱罩板安装牢固、无松脱,手动检查开关门功能正常。 4. 检查下导轨无变形、下摆臂紧固件紧固、锁定销与锁定槽侧面间隙为 1~2 mm,锁定销端部与锁定槽表面间隙为 2~3 mm。 5. 测量门页 V 形尺寸为 2~5 mm;安装紧固防松线清晰无错位;门页密封性能良好,无漏光	

续表

序号	检查处所	检查项目	备注
6	空调（无电）检查与维护	1. 更换混合空气过滤网；检查新风过滤网蝶形螺栓安装紧固，防松线清晰无错位；检查温度传感器接线良好，紧固无松动。 2. 冷凝风机外观无破损、无异物、无变形、无裂纹；手动拨动扇叶检查转动灵活、无晃动、无异响。 3. 蒸发风机检查，蒸发器、温度传感器外观正常；风机轴承和扇叶转动灵活、无异响；蒸发腔内部电源线和控制线外观无破损，排水孔干净无堵塞；蒸发器管路及高低压阀连接处无泄漏制冷剂痕迹。 4. 空调机组外观正常，紧固件防松线清晰无错位；视液镜显示正常；车顶废排装置外观无裂纹、无异物	
7	受电弓（无电）检查与维护	1. 受电弓清洁及检查各部件外观正常、表面无污垢、无裂纹；紧固件安装牢固、防松线清晰无松动。 2. 弓头、碳滑板检查，弓头各轴承铜轴套无缺裂，弓角应转动灵活、无卡滞；碳滑板安装牢固无脱胶、电烧伤，无纵向裂纹、缺块，厚度大于 7 mm，裂纹距离滑板侧边大于 10 mm、长度小于 100 mm。 3. 升弓气囊、阻尼器、气阀箱、管路外观无破损、污垢；无漏气，电气连接检查无干涉、无破损；安装紧固，用凡士林润滑钢丝绳槽，确认钢丝绳在槽内。 4. 避雷器、绝缘子外观无裂损、无放电及灼伤痕迹，接线紧固防松线清晰无错位；清洁各氧化层或污染区域。 5. 降弓位置指示器及其他部件表面无污垢，测量指示器与铝板间隙为 5～8 mm。 6. 各转动销套润滑良好，受电弓升降自如；缺油进行补充。	
8	车载功能检查	1. DDU 外观无裂纹、污垢；各系统图标显示正常，触摸灵敏，检查故障信息。 2. 紧急及正常照明功能正常、刮雨器各挡位功能正常、风笛功能正常，司机室各按钮试灯功能正常，受电弓功能正常。 3. 车门功能检查，开关门同步、顺畅；开关门指示、防夹功能、关门报警、紧急解锁、重关门、门隔离功能正常。 4. 测试全自动车钩电子钩头伸缩功能正常。 5. 空调送风制冷、紧急通风功能正常；PIS 系统功能检查，人工广播、动态地图、PC 对讲、CC 对讲、扬声器、数字化报站、探头指示灯、烟温探测器功能正常；清除火灾系统数据。 6. 空压机工作状态、双塔干燥器、空气管路排泄、双针压力表正常；空压机工作时，测量两个干燥塔交换工作时间间隔为（120±10）s，制动系统功能检查正常；确认 DDU 总风压力与双针压力表度数误差不大于 ±20 kPa。 7. 主风缸压力 5 min 泄漏量测试，漏量不大于 15 kPa/5 min（保留 1 位小数）。 8. 按压轮缘润滑装置电控箱测试按钮，测试润滑油喷油功能正常。 9. 司机室列车激活正常。 10. 制动系统检查正常	
9	其他检查	可根据本区段牵引列车车型、制动机型号、牵引方式做出相应安排	

表 4-1-3　城市轨道交通车辆半年检项目及内容

序号	检查处所	检查项目	备注
1	车底转向架及支架检查与维护	1. 转向架所有部件螺栓紧固划线外观正常，清晰无错位。 2. 转向架轴端、减振器、一系螺旋弹簧、抗侧滚扭杆、空气弹簧、高度阀、构架内外侧、横向止挡、接地装置、速度传感器等部件外观正常；轴箱温度试纸显示不超过 49 ℃ 刻度线；抗侧滚扭杆两端密封圈无破损；空气弹簧表面裂损长度不大于 30 mm 且深度不大于 1 mm；高度阀阀体排气口无异物，无堵塞；中心销与牵引体之间无撞击痕迹。 3. 轮对、轴身、牵引电机、联轴节、齿轮箱及吊杆、牵引拉杆、车轮注油孔、电机接线盒线缆及接地线外观正常，各紧固件防松线清晰无错位，电机三相线缆无干涉；联轴节无润滑油渗漏，轮径大于 770 mm，轮对踏面磨耗、轮缘厚度正常；1 351 mm ≤ 轮对内侧距 ≤ 1 357 mm；电机温度传感器安装稳固，线缆外观无破损、断裂现象。 4. 应答器、天线、雷达等支架，风笛外观正常，紧固件防松线清晰无错位。 5. 登车梯、防爬器、排水管等其他设备外观正常，紧固防松线清晰无错位。 6. 牵引电机滤网清洁：用吹尘器清洁出气滤网和联轴节；拆卸进风滤网，用中性清洁剂浸泡 0.5 h 后，使用高压清洗机清洁表面附着物、灰尘，滤网干燥后安装	
2	轮缘润滑装置与维护	1. 紧固件外观正常，无漏气漏油，紧固件防松线清晰无错位。 2. 喷嘴、管路、风源阀门、油位、电控箱检查，清洁喷嘴，测量喷嘴到轮缘距离为（30±2）mm，风源阀门位于水平位置，将轮缘润滑油加至最大刻度线处。 3. 电控箱内部紧固件、电源 Q1 位置检查，紧固件防松线清晰无错位，电源 Q1 在合位	
3	供风制动检查与维护	1. 微孔油过滤器排气及外观检查：排放其中的油水混合物，至无混合物流出为止，检查紧固件防松线清晰无错位；供风单元各阀门处于正常工作位，弹性支座橡胶件无裂纹，空压机油位正常；安全阀无漏气，阀帽紧固到位；检查空气进口无堵塞，真空指示器红色柱塞不可见。 2. 风源模块、基础制动装置、制动夹钳、闸片、制动盘、单元制动缸、呼吸塞、EP 阀外观正常，闸片磨耗正常，锁铁锁闭到位。 3. 车下所有截断塞门、铅封外观正常，铅封无丢失断裂。 4. 车下各风缸、管路、管夹及其他部件外观正常，各管路接头无漏气；排光主风缸内的积水、沉积等。 5. 车下各管路检查，紧固件防松线清晰无错位。 6. 手动缓解停放制动及闸片间隙功能正常，目测闸片与制动盘间隙为 1~2 mm，缓解装置外观正常	
4	车钩检查与维护	1. 车钩，所有紧固件外观正常，紧固件防松线清晰无错位。 2. 车钩管路、接地线、线缆外观无破损，跨接电缆最低点高于齿轮箱底部最低点。 3. 钩身、对中装置、压溃管、卡环、支撑弹簧、缓冲装置、变形指示器、悬挂装置、磨耗板外观正常，对中装置中心轴底部螺栓无缺失断裂；气路软管连接牢固无泄漏；全、半自动车钩机械钩头下部排水孔无堵塞	

续表

序号	检查处所	检查项目	备注
4	车钩检查与维护	4. 全自动车钩电子钩头检查，橡胶条表面干燥洁净，可动触头检查动作顺畅，无卡滞。 5. 全自动车钩钩头表面，内外锥体，钩头内部检查，外观正常，主风管管口"8"字形弹簧安装紧固；内外锥体无明显灰尘；对机械钩头的表面涂锌粉防护；全自动车钩轴向水平度正常，张力弹簧张力适中，电子钩头操作装置导向杆及橡胶密封架无明显灰尘。 6. 车钩其他部件检查，外观正常，钩锁转动灵活，至少 3 次操作全自动车钩手动解钩装置检查功能，均匀涂抹 AUTOL TOP 2000 润滑脂；半自动车钩手动解钩装置控制盒外观正常无损坏，联挂到位	
5	车底电器箱与维护	1. 车下箱体除尘作业及 AB 箱、PH 箱、PA 箱滤网更换，作业后设备恢复正常。 2. 蓄电池壳体无变形、无裂纹、无漏液、无爬碱现象；蓄电池间连线及绝缘护套等无异常；测量单体电压应在 2.1 V 以上。 3. 低压箱、AB 箱、PH 箱、PA 箱、蓄电池箱内部检查各电气设备及连接插连接紧固，紧固件防松线清晰无错位，铭牌、标识字迹清晰无损坏；各电气元件不受污染，电路板和元件无破损，电容、电阻不肿胀；透明 PC 板安装紧固、无裂纹；各线缆、铜排及连接插座安装紧固、接触正常，线缆线无破裂或磨损；对进风过滤网进行更换；隔离接地开关 Q1、Q2 防松线清晰无错位，无放电痕迹；车间电源插座外观及锁闭功能正常；高速断路器外观及安装正常。 4. 制动电阻箱箱体外观、进出风口、控制盒及线缆、制动电阻风扇等部件检查无异常。 5. 电抗器箱、熔断器箱外观正常；绝缘漆无破损，无异常放电、烧黑痕迹；接线盒螺栓防松线清晰无错位，外观无变形、无损伤，线缆无异常扭曲、无毛刺、无放电烧黑痕迹。 6. 辅助升弓箱检查各阀件及管路无漏气声，防松线清晰无错位；在主风管压力达到 600 kPa 以上时，检查脚踏泵软管外层无脆裂、无鼓包、断层现象；软管无扭曲打结，用毛刷对进气口进行清洁、除尘；U02.03、U02.04 阀手柄处于正确位置；在切断总风的情况下，B1 车辅助空压机能正常打风。 7. 各箱体、连接插外观检查，连接插插接紧固无损坏，紧固件防松线清晰无错位	
6	贯通道检查与维护	1. 贯通道渡板、踏板、顶板、侧护板外观正常，渡板磨耗条安装铆钉齐全、无缺块。 2. 贯通道内部检查及涂油，侧护板转轴处润滑脂涂抹均匀，连杆机构动作灵活，橡胶条无大面积脱落、破损。 3. 贯通道侧护板拆装，安装后锁闭良好，橡胶裙边无破损	
7	司机室检查与维护（无电）	1. 司控台开盖检查，盖板橡胶垫安装到位、无脱落，清洁内部各部件灰尘（Ⅳ级清洁度）。 2. 司控器手柄及胶帽、警惕按钮、毛刷、内部电气连接、钢丝绳及电位计、触头内部及滚轮架、主控锁及其行程开关等各部件外观正常、安装牢固，活动件动作灵活，防松线清晰无错位；清洁并使用克鲁伯润滑换向齿轮结合面、滚轮弹片组件、定位板；主控锁及控制手柄转动灵活，互锁功能正常；标识齐全。	

续表

序号	检查处所	检查项目	备注
7	司机室检查与维护（无电）	3. 司机台开关、按钮、仪表外观正常、安装紧固，按钮保护盖无缺少；开关、按钮动作顺畅无卡滞；麦克风固定紧固；仪器、仪表有效期是否在规定期内，不再进行检测校正。 4. DDU 外观检查安装牢固，标识齐全；连接插头插座正常无松动。 5. 刮雨器、外部照明外罩检查，刮雨器摆臂及刮片外观正常，紧固螺栓螺帽无丢失；外部照明外罩外观正常、密封良好、安装牢固，挡风玻璃、三角窗、玻璃钢面罩、裙板外观正常。 6. 灭火器固定牢靠无积灰、无过期、无缺损，指针不在红色区域内；储物柜封条完整；司机座椅安装牢固、调节功能正常，锂基酯润滑调节机构，皮革部分喷保养剂 4 h 后擦拭干净。 7. 司机室内装检查，各标识、丝印、内墙板、顶板、出风口格栅、灯罩、遮阳帘等部件外观正常，安装紧固、无松脱，顶板无异响或晃动；司机室门槛条、脚蹬外观正常，安装牢靠。 8. 司机室侧门检查，门页、侧门锁盒、锁扣板和锁舌、携门架安装座、上滑道滚轮支架、门框、平衡压轮、开门止挡、直线滑道扭簧、侧门驱动机构、上下导轨及摆臂滚轮各部件外观正常，安装紧固无缺失、动作无干涉，功能正常，侧门关闭后无漏光现象，关闭后锁舌超出锁扣板底沿 1 m；司机室侧门门页密封状态良好；开关门及锁闭功能良好；行程开关支架剩余间隙 1~1.5 mm。 9. 通道门检查，外观正常，紧固螺栓无松动，开关门、锁闭功能正常，锁舌与锁扣板搭接量不小于 4 mm。 10. 司机室电气柜旁路开关铅封检查，铅封完好，旋钮开关位置正确	
8	电气柜内检查与维护	1. 电气柜内无明显积灰及杂物；无异味（注意有没有焦糊味）。 2. 电气柜门锁、内部设备检查，锁舌无变形、动作灵活；内部设备各电器件、模块及控制器外观正常，安装牢固电缆插头插接牢固；照明行程开关触头灵活，安装紧固；各电气模块无烧焦痕迹、无烧焦味；确认 PCU、SCU、探头、FCU 模块及插头紧固良好，烟温探头指示灯状态及烟温复合探测器功能正常，清除火灾系统数据。 3. 空调挡位检查，S1 "集控"位，温度 "23 ℃"。 4. 电气柜内干燥剂状态检查，外观正常，扎带无丢失	
9	客室检查与维护	1. 侧顶板及方孔锁检查，安装紧固锁舌无变形，推拉无异响晃动。 2. 车门紧急解锁罩板清洁及检查，外观正常，标识清晰无损坏	
10	客室车门检查与维护（无电）	1. 下滑道无变形，使用金属零部件清洁剂清洁下摆臂滚轮，使用 WD40 润滑下摆臂转轴；锁定销与槽外观正常、无干涉。 2. 门驱机构、行程开关及接线、平衡轮装置外观正常，开门止挡橡胶无裂纹，各连接器插接紧固、接线无松脱，与运动部件无干涉、动作灵活无卡滞，行程开关工作状态正常，动作后剩余行程不小于 1 mm，在凸轮平面 1~3 mm 处，上下导轨滚轮转动灵活。 3. 紧急解锁装置、门切除装置检查，外观及功能正常，滚轮转动灵活，携门架外观、偏心轮螺钉紧固。 4. 检查门页、坦克链、丝杆螺母及其他部件外观正常，门页无干涉、无漏光，检查门页对中度(<3 mm)、车门 V 形(<2 mm)、车门开度(1 400±5) mm。	

续表

序号	检查处所	检查项目	备注
10	客室车门检查与维护（无电）	5. 门控器 EDCU 状态无明显积尘及接线检查无破损、手动确认连接器、端子排插接紧固。 6. 密封胶条、护指胶条使用酒精清洁及喷橡胶保护剂 4 h 后擦拭，胶条密封良好	
11	车顶空调检查与维护	1. 更换混合风过滤网，滤网安装良好。 2. 新风过滤网用中性清洁剂浸泡 0.5 h 后清洗，安装蝶形螺栓后紧固，防松线清晰无错位。 3. 清洗空调机组及两侧导水槽及排水孔，洁净无堵塞。 4. 蒸发腔内部检查，蒸发风机、蒸发器、新风门、回风门及执行器外观正常，使用 WD40 润滑新风阀、回风阀风页转轴，完成后统一恢复风页闭合位；盖板支撑杆无松脱；各紧固件防松线清晰无错位；各管路连接处无泄漏制冷剂痕迹。 5. 冷凝腔内部检查，冷凝风机、冷凝器、液路电磁阀、压缩机、管路及高低压阀各连接处外观正常；冷凝风机扇叶观察转动灵活、无异响、无变形，与格栅、侧壁无干涉；各紧固件防松线清晰无错位，检查完成盖上盖板紧固后确认格栅与风机无干涉；各管路连接处无泄漏制冷剂痕迹。 6. 视液镜、温度传感器探头、车顶废排装置及其他部件检查，视液镜显示在绿色或者绿转黄过渡色，车顶废排装置及其他部件外观正常，清洁到位。 7. 空调机组外观检查，紧固件防松线清晰无错位；电气接线紧固无松动；蒸发腔和混合风腔保温材料、密封胶条状态正常。 8. 在静调电源柜送电条件下登平台检查各空调机组冷凝风机运转正常	
12	车顶受电弓检查与维护	1. 避雷器、绝缘子清洁外观及检查无裂损、无放电及灼伤痕迹，接线紧固无松动，防松线清晰无错位。 2. 清洁及检查各部件外观正常、表面无污垢、无裂纹，紧固件安装牢固、防松线清晰无松动。 3. 弓头、碳滑板检查，弓头各轴承铜轴套无缺裂，弓角转动灵活、无卡滞；碳滑板安装牢固无脱胶、电烧伤，无纵向裂纹、缺块，厚度大于 7 mm，裂纹距离滑板侧边大于 10 mm、长度小于 100 mm。 4. 升弓气囊、气阀箱、阻尼器、气阀箱、管路外观正常，管路及接头检漏无漏气，电气连接检查无干涉、无破损，安装紧固，使用凡士林润滑钢丝绳槽，确认钢丝绳在槽内。 5. 降弓位置指示器及其他部件检查，各部件表面无污垢，测量指示器与铝板间隙为 5~8 mm，紧固件防松线清晰无错位。 6. 受电弓升降弓时间测试（4~6 s），两个受电弓动作基本同步。 7. 受电弓静态接触压力测试（120±10）N	
13	客室车门（有电）检查与维护	1. 车门开、关门顺畅，开关门速度同步，无异常；关门时，扬声器发出警告音，门关好后持续响声不超过 2 s；车门打开或关闭过程中黄色指示灯闪烁，门开到位后黄色指示灯亮，门关闭后黄色指示灯灭；DDU 显示状态正常。 2. 防夹及重关门功能，测试车门碰到障碍物时将会自动开门，在预设的时间内再关门；此循环重复 3 次后，车门将完全打开，DDU 显示状态正常。	

续表

序号	检查处所	检查项目	备注
13	客室车门（有电）检查与维护	3. 门切除、紧急解锁功能检查，车门处于锁闭状态时，将门切除，车门不能够手动或根据开关门指令动作，同时红色指示灯亮；恢复门切除装置，车门开关功能恢复正常；车门内、外紧急解锁功能测试正常，DDU 显示状态正常	
14	司机室（有电）检查与维护	1. 唤醒前检查蓄电池电压表读数大于 91 V，各按钮、旋钮、风笛、试灯、司机控制器输出状态功能检查正常；DDU 各系统图标显示及触摸功能正常；查看 DDU 故障信息无异常。 2. 刮雨器功能检查，用清水润滑前窗玻璃外表面，手动检查刮雨器操作按钮各挡位功能正常。 3. 检查司机室内照明、阅读灯正常；各紧急照明功能正常及外部照明头尾灯、运行灯功能无异常。 4. 在 DDU 检查，空调送风制冷功能；检查司机室各模式下运行功能正常，机组运行无异常噪声，各送风口有新风送出，通风制冷及紧急通风功能正常。 5. 供风系统检查，确认 DDU 总风压力显示与双针压力度数误差不大于 ±20 kPa。 6. 牵引功能检查，受电弓可正常升降，受电弓旁路功能正常，高速断路器可正常分合，DDU 显示相应牵引图标正常；制动控制功能检查，常用制动双针压力表红色指针读数为（200±20）kPa，保持制动时双针压力表红色指针读数为（180±20）kPa，快速制动双针压力表红色指针读数上升为（210±20）kPa，紧急制动时双针压力表红色指针读数为（240±20）kPa，停放制动可分别实现施加和缓解停放制动。 7. PIS 系统音量测试调整作业，客室音量在 75~85 dB	
15	客室及车下（有电）检查与维护	1. 客室照明检查，紧急照明及正常照明正常，检查感光功能正常。 2. 客室内装及车体外观检查，客室座椅、残疾人区靠椅及安全带、立柱扶手拉环、车窗、屏风、门柱罩板、内装墙板、地板、中顶板、侧顶板、灯罩、出风口格栅、广告框、LCD 显示屏、摄像头等内装部件外观正常，无污渍；紧固螺栓防松线清晰无错位；各部件表面及座椅骨架下方无不明物体，客室内外各标识、丝印正常。 3. 动态地图信息及"本侧开门"指示箭头绿灯状态显示正常；扬声器播音功能正常，无沙哑破音，广播音量适中。 4. 电气柜内部设备有电功能检查，设备功能动作正常，指示灯正常。 5. 客室柜门、侧顶板盖板锁闭状态检查，方孔锁闭到位，推拉盖板无晃动。 6. 制动隔离阀箱、灭火器及其他设备检查，隔离阀箱内设备外观正常，箱内杂物；灭火器安装紧固，在有效期内，指针不在红色区域；残疾人安全带拉动功能正常；各箱体表面无不明物体。 7. 按压轮缘润滑装置电控箱测试按钮，测试润滑油喷油功能正常。 8. 全自动车钩电子钩头伸缩功能正常。 9. 烟温复合探测器功能抽查，使用烟雾发生器测试，触发后司机室听到报警声，DDU 上显示位置正确。 10. 按下 ACMCB 空开，LBVS 零压启动测试功能正常	

续表

序号	检查处所	检查项目	备注
16	供风数据测量	1. 制动缸压力功能正常；干燥器切换时间应为（120±10）s；空压机起停压力测试，低于 750 kPa 空压机自动启动打风，打气到 900 kPa 后停止；空压机工作运转过程中无异常。 2. 辅助空压机起停压力测试，低于 500 kPa 时可启动，大于 900 kPa 时自动停止（仅 B1 车）。 3. 检查停放制动压力开关 B22 的设定值，上限值为 480 kPa，下限值为 380 kPa。 4. 主风缸压力 5 min 泄漏量测试，泄漏量不大于 15 kPa/5 min（保留 1 位小数）	
17	其他检查	可根据本区段牵引列车车型、制动机型号、牵引方式做出相应安排	

表 4-1-4　城市轨道交通车辆年检项目及内容

序号	检查处所	检查项目	备注
1	转接线及支架检查与维护	1. 转向架所有部件螺栓紧固划线检查，外观正常，防松线清晰无错位。 2. 转向架轴端、减振器、一系螺旋弹簧、抗侧滚扭杆、空气弹簧、高度阀、构架内外侧、横向止挡、接地装置、速度传感器等部件外观正常；轴箱温度试纸显示不超过 49 ℃ 刻度线；抗侧滚扭杆两端密封圈无破损；空气弹簧表面裂损长度不大于 30 mm 且深度不大于 1 mm；高度阀阀体排气口无异物，无堵塞；中心销与牵引体之间无撞击痕迹。 3. 轮对、轴身、牵引拉杆、车轮注油孔等部件外观正常；各紧固件防松线清晰无错位；牵引拉杆橡胶关节表面裂纹长度不大于 1/4 周长；联轴节无润滑油渗漏；轮径大于 770 mm 刻度线，轮对踏面磨耗、轮缘厚度正常；1 351 mm 不大于轮对内侧距不大于 1 357 mm。 4. 应答器、天线、雷达支架、风笛等外观正常，紧固件防松线清晰无错位。 5. 车底线槽、线缆外观正常，紧固件防松线清晰无错位，接地线无干涉。 6. 登车梯、防爬器、排水管等外观正常，紧固件防松线清晰无错位。 7. 接地轴端内部、OPG 轴端外部检查，外观正常；打开接地轴端，将接地碳刷拆下，碳刷表面无缺块，磨耗接触面离寿命刻度线距离大于 5 mm；导线绝缘层无破损，铜线无断股、无干涉；端盖密封纸无破损，绝缘盘无裂纹；清洁接地装置内部碳粉	
2	牵引机械设备检查与维护	1. 牵引电机滤网清洁作业，使用吹尘器清洁出气滤网和联轴节；拆卸进风滤网，用中性清洁剂浸泡 0.5 h 后，使用高压清洗机清洁表面附着物、灰尘，滤网干燥后安装。 2. 牵引电机、联轴节、齿轮箱、吊杆、电机接线盒及接地线外观正常，电机三相线缆无干涉；联轴节无润滑油渗漏，清洁联轴节（Ⅳ级）；齿轮箱油堵螺栓防松铁丝无断裂；电机温度传感器安装稳固，线缆外观无破损、断裂。 3. 齿轮箱换油，如发现油品质量较差，颜色较深，可取样做专项理化检测	

续表

序号	检查处所	检查项目	备注
3	轮缘润滑装置检查与维护	1. 紧固件外观正常无破损，无漏气漏油，防松线清晰无错位。 2. 喷嘴、管路、风源阀门、油位、电控箱检查，清洁喷嘴，测量喷嘴到轮缘距离为（30±2）mm，调整风源阀门于水平位置，将轮缘润滑油加至最大刻度线处。 3. 电控箱内部紧固件、电源 Q1 检查，防松线清晰无错位，电源 Q1 在"合"位	
4	供风制动检测与维护	1. 空压机除尘作业，清洁表面积尘；供风单元各阀门处于正常工作位；清洁空压机冷却器和散热片；弹性支座橡胶件无裂纹；空压机油位正常；安全阀 A00A03、A00A11 无漏气，阀帽紧固。 2. 空气滤芯、油滤芯、油垫片、空压机油更换，检查空气进口无堵塞，真空指示器红色柱塞不可见。 3. 微孔油过滤器排气及外观检查，排放其中的油水混合物，至无混合物流出为止。 4. 风源模块、基础制动单元、制动夹钳、单元制动缸、呼吸塞及EP阀外观检查，外观正常；制动盘未达到磨耗刻度线；闸片磨耗正常，锁铁锁闭到位。 5. 车下所有截断塞门、铅封状态检查，外观正常无破损，铅封无丢失断裂。 6. 车下各风缸、管路、管夹及其他部件检查，外观正常，管路及接头处无漏气声；排光主风缸内的积水、沉积等。 7. 手动缓解停放制动及闸片间隙检查，检查功能正常，目测闸片与制动盘间隙为 1~2 mm；测量闸片厚度，如需更换，更换后同一制动夹钳的内外闸片没有偏磨（闸片厚度相差不大于 2 mm），缓解装置外观正常。 8. 检查网关阀、智能阀阀体压力测试口及排气口无杂质排出	
5	车钩检查与维护	1. 清洁车钩外观，所有紧固件外观正常，防松线清晰无错位。 2. 车钩管路、接地线、线缆检查，外观正常；跨接电缆最低点高于齿轮箱底部最低点。 3. 钩身、对中装置、压溃管、支撑弹簧、缓冲装置、变形指示器、悬挂装置、磨耗板、防尘堵等外观正常；对中装置中心轴底部螺栓无缺失断裂；气路软管连接牢固无泄漏；全、半自动车钩机械钩头下部排水孔无堵塞；半自动车钩解钩风管管口橡胶密封圈完好。 4. 全自动车钩电子钩头检查，橡胶条表面干燥洁净，可动触头动作顺畅，无卡滞，张力弹簧张力适中，电子钩头操作装置导向杆及橡胶密封架无明显灰尘。 5. 车钩卡环检查及重新涂油，检查卡环安装螺钉紧固良好，防松线清晰无错位；去除卡环表面、内部油脂，使用刮板涂抹新 AUTOL TOP 2000 润滑脂进行修补，涂抹后清洁周边设备。 6. 用油枪口向全自动车钩轴承套内加油（AUTOL TOP 2000），直到看到缝隙处有新油渗出。 7. 全自动车钩钩头表面、内外锥体、钩头内部部件外观正常；主风管管口"8"字弹簧安装紧固；内外锥体无明显灰尘；对机械钩头的表面涂锌粉防护。	

续表

序号	检查处所	检查项目	备注
5	车钩检查与维护	8. 车钩其他部件外观正常；钩锁转动灵活，至少 3 次操作全自动车钩手动解钩装置检查功能；均匀涂抹 AUTOL TOP 2000 润滑脂。 9. 地板面高度测量，标准值（1 130±10）mm。 10. 全自动车钩高度测量（填写具体数值，单位 mm），标准值 680～730 mm（直线电机牵引列车高度）。 11. 全自动车钩联挂试验	
6	车钩偶次作业与维护	1. C-C 贯通道的拆分、连挂。 2. 半自动机械钩头解钩、连挂到位。 3. 清洁半自动车钩钩头表面、防尘堵、内外锥体、钩头内部、手动解钩装置控制盒等部件，要求无明显灰尘，外观无损伤，并对机械钩头的表面涂锌粉防护（仅修补）。 4. 半自动车钩电子钩头伸缩功能正常。 5. 半自动车钩高度测量（填写具体数值，单位 mm），标准值 680～730 mm。 6. 半自动车钩游隙（填写具体数值，单位 mm），标准值不大于 1.8 mm。 7. 半自动车钩中心枢轴轴承套清洁及注油，用油枪口向半自动车钩轴承套内加油（AUTOL TOP 2000），直到看到缝隙处有新油渗出。 8. 半自动车钩电气部分拆分、连接器、紧固件、电气插头校核及检查，外观无破损。 9. 全自动车钩游隙（填写具体数值，单位 mm），标准值不大于 1.8 mm	
7	车底电气箱检查与维护	1. 对车下箱体箱内三相电抗器、三相变压器、外部风扇、内部风扇、散热片等部件进行吹尘、清洁及对 AB 箱、PH 箱、PA 箱滤网更换并对安装螺栓打上扭力和画线。 2. 蓄电池壳体无变形、无裂纹、无漏液现象；蓄电池间连线及绝缘护套等无异常；测量单体电压须在 2.10 V 以上。 3. 蓄电池单体内阻测量单节蓄电池最大阻值应小于 1.6 mΩ（1 600 μΩ）。 4. 低压箱、AB 箱、PH 箱、PA 箱、蓄电池箱内部检查各电气设备及连接插连接紧固，紧固件防松线清晰无错位，铭牌、标识字迹清晰无损坏，清洁并润滑盖板衬垫；各电气元件不受污染，电路板和元件无破损，电容、电阻不肿胀；透明 PC 板安装紧固、无裂纹；各线缆、铜排及连接插座安装紧固、接触正常，线缆外观正常；风扇接触器单元各部件正常；对进风过滤网进行更换；清洁模块散热片风道；对箱体外部风扇、内部风扇、散热片进行吹尘并清洁。 5. 直流接触器、车间电源接触器、辅助负载接触器及断路器、高速断路器灭弧罩及铜排检查外观正常，测量充电电阻阻值为（50±2.5）Ω；隔离接地开关 Q1、Q2 防松线清晰无错位，无放电痕迹；车间电源插座外观及锁闭功能正常；高速断路器灭弧罩无烧损和破损，触发装置杠杆动作灵活，灭弧罩动、静接触块厚度大于 3 mm。 6. 制动电阻箱箱体、进出风口、控制盒及线缆、制动电阻风扇等部件检查外观正常。	

续表

序号	检查处所	检查项目	备注
7	车底电气箱检查与维护	7. 电抗器箱、熔断器箱外观正常；绝缘漆、无破损，无异常放电、烧黑痕迹；接线盒螺栓防松线清晰无错位，线缆无异常扭曲、无毛刺、无放电烧黑痕迹。 8. 辅助升弓箱检查各阀件及管路无漏气声，防松线清晰无错位；在主风管压力达到 600 kPa 以上时，检查脚踏泵软管外层无脆裂，无鼓包、断层现象；对气缸活塞杆注油孔注油；软管无扭曲打结，清洁、除尘进气口。U02.03、U02.04 阀手柄处于正确位置。 9. 所有箱体、连接器检查，外观正常，锁芯安装螺母紧固，安装位置正确，锁舌无变形，各紧固件防松线清晰无错位。 10. 制动电阻开箱检查可视范围内检查铜排镀锡层均匀无损伤，无脱落缺陷、瓷件、云母板、绝缘子及卡环、电阻片表面外观正常、紧固无松动	
8	司机室检查（无电）	1. 司控台开盖检查盖板橡胶垫安装到位、无脱落，清洁内部各部件灰尘（Ⅳ级清洁度），ATO 按钮安装紧固，测量闭合 ATO 按钮触点阻值小于 0.3 Ω。 2. 司控器手柄及胶帽、警惕按钮、毛刷、内部电气连接、钢丝绳及电位计、触头内部及滚轮架、主控锁及其行程开关等各部件及电气连接外观正常、安装牢固，活动件动作灵活，螺栓紧固防松线清晰无错位；清洁并使用克虏伯润滑脂润滑换向齿轮结合面、滚轮弹片组件、定位板；在钢丝绳与外护套间添加 3~5 滴硅油；主控锁及控制手柄转动灵活，互锁功能正常。 3. 司机台开关、按钮、仪表及其他外观正常、安装紧固，按钮保护盖无缺少；对门控制面板上的按钮进行清洁；麦克风紧固。 4. 双针压力表在有效期内（三年、以标识为准），截断本 A 车一转 B05 阀，归零功能正常。 5. DDU 外观检查安装牢固，标识齐全，外观正常、无破损。 6. 刮雨器摆臂及刮片外观正常，各连接部件无裂损变形，螺母无丢失；外部照明外罩检查外观正常、密封正常、安装牢固，挡风玻璃、三角窗、玻璃钢面罩、裙板外观正常；对头灯外罩螺钉进行紧固。 7. 灭火器固定牢靠，外观、压力指示正常；储物柜封条完整；司机座椅检查外观正常、安装牢固、调节功能正常，锂基脂润滑调节机构，皮革部分喷保养剂 4 h 后擦拭干净。 8. 司机室内装检查，各标识、丝印、内墙板、顶板、出风口格栅、灯罩、遮阳帘等部件外观正常，各部件安装紧固，顶板无异响或晃动，内部安装螺栓紧固；司机室门槛条、脚蹬外观正常，安装牢靠。 9. 通道门外观正常，紧固螺栓无松动，功能正常，锁舌与锁扣板搭接量不小于 4 mm。 10. 司机室侧门检查门页、侧门锁盒、锁扣板和锁舌、携门架安装座、上滑道滚轮支架、门框、平衡压轮、开门止挡、直线滑道扭簧、侧门驱动机构、上下导轨及摆臂滚轮各部件外观正常，安装紧固无缺失、动作无干涉，功能正常；使用克鲁勃润滑位于门扇的下导轨的塞出区域、锁舌及锁扣，润滑良好；使用 WD40 润滑下摆臂转轴处，润滑良好；司机室侧门门页密封状态良好；开关门及锁闭功能良好；行程开关支架剩余间隙 1~1.5 mm。 11. 更换左侧司机室侧门直线滑道橡胶止挡	

续表

序号	检查处所	检查项目	备注
9	电气柜内检查与维护	1. 电气柜除尘作业，无明显积灰杂物；对门控制面板上的按钮进行清洁。 2. 电气柜门锁锁舌无变形、动作灵活；内部设备检查各电器件、模块及控制器外观正常、安装牢固电缆插头插接牢固；照明行程开关触头灵活，安装紧固；各电气模块无烧焦痕迹、无烧焦味；确认PCU、SCU、探头、FCU模块及插头紧固良好，烟温探头指示灯状态及烟温复合探测器功能正常，清除火灾系统数据；清洁各通信模块及检查连接器接线紧固状态良好。 3. 空调挡位在S1"集控"位，温度"23 ℃"。 4. 电气柜内干燥剂状态检查，外观正常，扎带无丢失	
10	贯通道检查与维护	1. 贯通道渡板、踏板、顶板、侧护板等外观正常、安装紧固、动作灵活；渡板组成折页打开灵活。 2. 清洁贯通道内部异物灰尘，各部件安装紧固、外观正常，紧固螺钉防松线清晰无错位，渡板磨耗条安装铆钉齐全、无缺块。 3. 贯通道侧护板拆装检查各部件外观正常、安装紧固，连杆机构动作灵活，润滑侧护板转轴、连杆机构、轴套，安装后锁闭良好，橡胶裙边无破损。 4. 风挡内部机构内部部件安装良好，螺栓紧固，折棚锁闭手柄机构部件完整。 5. 检查顶板内部机构安装紧固无松动、动作灵活，贯通道淋水试验无漏水	
11	客室检查与维护	1. 清洁客室废排活门盖板、废排口、废排风阀风页、外框及执行器及检查风门动作正常、执行器接线、插头紧固无松动。 2. 清洁侧顶板内部及内部设备、电缆无积垢；检查侧顶板锁闭功能正常，推拉无异响晃动；顶板内部安装螺栓紧固防松线清晰无错位。 3. 清洁车门紧急解锁手柄	
12	客室车门无电检查与维护	1. 检查下滑道、下摆臂、锁定销、锁定槽检查外观正常、锁定销与锁定槽侧面间隙为 1~2 mm，锁定销端部与锁定槽表面间隙为 2~3 mm；门槛条紧固螺栓紧固，手动检查开关门功能正常，润滑下摆臂转轴，下摆臂3颗滚轮防松线清晰无错位，摆臂滚轮4颗紧固螺母无松脱。 2. 清洁车门上下导轨、丝杆灰尘后涂克鲁勃 1~3 mm（厚度），滚轮转动灵活，携门架外观、偏心轮螺钉紧固；长导柱表面无划痕、锈迹，轴承移动灵活，注入克鲁勃润滑脂4~6g。 3. 车门直线轴承注克鲁勃润滑脂4~5次。 4. 检查门切除装置外观正常，安装螺钉紧固无松动，在转动方轴上均匀涂抹一层克鲁勃润滑脂。 5. 检查门驱机构、行程开关及接线、平衡轮装置、丝杆螺母及其他部件外观正常，各连接器插接紧固、接线无松脱，与运动部件无干涉、动作灵活无卡滞；行程开关工作状态正常，动作后剩余行程不小于 1 mm，在凸轮平面 1~3 mm 处锁定销与锁定槽侧面间隙为 1~2 mm，锁定销端部与锁定槽表面间隙为 2~3 mm，平衡轮油脂润滑良好。	

续表

序号	检查处所	检查项目	备注
12	客室车门无电检查与维护	6. 检查门页、坦克链及其他部件外观正常、安装紧固无干涉、无漏光，开门止挡橡胶无裂纹，测量门页对中度（<3 mm）、车门 V 形（<2 mm）、车门开度（1 400±5）mm。 7. 检查门控器 EDCU 状态及接线无明显积尘及接线无破损、手动确认连接器、端子排插接紧固。 8. 密封胶条、护指胶条清洁及润滑使用酒精清洁剂喷橡胶保护剂 4 h 后擦拭，胶条密封良好。 9. 紧急解锁手柄及乘务员钥匙开关外观良好，钢丝绳外套无破损变形，车门关闭时有轻微张紧力	
13	空调无电检查与维护	1. 更换混合风过滤网，更换后滤网安装状态良好。 2. 新风过滤网用中性清洁剂浸泡 0.5 h 后清洗，安装后蝶形螺栓紧固，防松线清晰无错位。 3. 清洗空调机组及两侧导水槽及排水孔，洁净无堵塞；用酒精清洁空气净化器外壳及光管，要求干净无损坏。 4. 蒸发腔内部检查，蒸发风机、蒸发器、新风门、回风门及执行器外观正常，使用 WD40 润滑新风阀、回风阀风页转轴，完成后恢复风页置闭合位；盖板支撑杆无松脱；各紧固件防松线清晰无错位；各管路连接处无泄漏制冷剂痕迹。 5. 检查冷凝腔内部冷凝风机（一列车抽查 4 个防尘罩）、冷凝器、液路电磁阀、压缩机、管路及高低压阀各连接处外观正常；冷凝风机扇叶观察转动灵活、无异响、无变形，与格栅、侧壁无干涉；各紧固件防松线清晰无错位，检查完成盖上盖板紧固后确认格栅与风机无干涉；1 列车抽查 4 个防尘罩拆开检查内部部件正常；各管路连接处无泄漏制冷剂痕迹。 6. 视液镜、温度传感器探头、车顶废排装置及其他部件检查，温度传感器探头Ⅲ级清洁度，视液镜显示在绿色或者绿转黄过渡色、车顶废排装置及其他部件外观正常，清洁到位。 7. 空调机组外观检查，紧固件防松线清晰无错位；电气接线紧固无松动；蒸发腔和混合风腔保温材料、密封胶条状态正常。 8. 在静调电源柜送电条件下登平台检查各空调机组冷凝风机运转正常	
14	受电弓检查与维护	1. 避雷器、绝缘子清洁外观及检查无裂损、无放电及灼伤痕迹，接线紧固无松动，防松线清晰无错位。 2. 清洁及检查各部件外观正常、表面无污垢、无裂纹，紧固件安装牢固、防松线清晰无松动。 3. 检查弓头外观正常、测量碳滑板 4 个点，分别是中心左右 100 mm 处，碳滑板中间以及最低点；最低处均应不低于 7 mm（磨耗到限更换），对最大厚度差大于 5 mm 的打磨；碳滑板与弓角间隙不超过 2 mm，弓头各轴承铜轴套无缺裂。 4. 检查升弓气囊、气阀箱、阻尼器、气阀箱、管路、电气连接外观正常，紧固件防松线清晰无错位。 5. 测量降弓位置指示器间隙 5~8 mm 并检查其他部件紧固件防松线清晰无错位，用凡士林润滑钢丝绳槽，确认钢丝绳在槽内。 6. 测试受电弓避雷器绝缘性能（填写测量值，须大于 300 MΩ）。 7. 测试及调整受电弓升降弓时间（4~6 s）、受电弓静态接触压力（120±10）N。 8. 脚踏泵气缸活塞杆注油孔加注机油一次	

续表

序号	检查处所	检查项目	备注
15	客室车门有电检查与维护	1. 车门开、关门顺畅，开关门速度同步，无异常；关门时，扬声器发出警告音，门关好后持续响声不超过 2 s，车门打开或关闭过程中黄色指示灯闪烁，门开到位后黄色指示灯亮，门关闭后黄色指示灯灭，DDU 显示状态正常。 2. 防夹及重关门功能测试车门碰到障碍物时将会自动开门，在预设的时间内再关门；重复 3 次后，车门将完全打开，DDU 显示状态正常。 3. 门切除、紧急解锁功能检查，车门处于锁闭状态时，将门切除，车门不能够手动或根据开关门指令动作，同时红色指示灯亮；恢复门切除装置，车门开关功能恢复正常；车门内、外紧急解锁功能测试正常，DDU 显示状态正常	
16	司机室有电检查与维护	1. 唤醒前检查蓄电池电压表读数大于 91 V，各按钮、旋钮、风笛、试灯、司机控制器输出状态功能检查正常，DDU 各系统图标显示及触摸功能正常；查看 DDU 故障信息无异常；紧急负载 45 min 测试正常。 2. 刮雨器功能检查，用清水润滑前窗玻璃外表面，手动检查刮雨器操作按钮各挡位功能正常。 3. 司机室内照明、阅读灯检查，功能正常；头尾灯照明及远近光灯转换功能正常。 4. 司机室 DDU 检查空调送风制冷功能；检查司机室各模式下运行功能正常，机组运行无异常噪声，各送风口有新风送出，通风制冷及紧急通风功能正常。 5. 供风系统检查，确认 DDU 总风压力显示与双针压力度数误差不大于 ±20 kPa；在切断总风的情况下，B1 车辅助空压机能正常打风。 6. 牵引功能检查，受电弓可正常升降，受电弓旁路功能正常，高速断路器可正常分合，DDU 显示相应牵引图标正常；制动控制功能检查，常用制动双针压力表红色指针读数为（200±20）kPa，保持制动时双针压力表红色指针读数为（180±20）kPa，快速制动双针压力表红色指针读数上升为（210±20）kPa，紧急制动时双针压力表红色指针读数为（240±20）kPa，停放制动可分别实现施加和缓解停放制动。 7. PIS 系统音量测试调整作，客室音量为 75~85 dB。 8. PIS 系统功能检查，人工广播、动态地图显示、PC 对讲、CC 对讲、扬声器、列车广播系统、数字化报站、烟温探测器功能正常，清除火灾系统数据	
17	客室及车下有电检查与维护	1. 客室照明检查，紧急照明及正常照明功能正常，感光功能正常。 2. 客室内装及车体外观正常，客室内装及车体外观检查；客室座椅、残疾人区靠椅及安全带、立柱扶手拉环、车窗、屏风、门柱罩板、内装墙板、地板、中顶板、侧顶板、灯罩、出风口格栅、广告框、门柱罩板、LCD 显示屏、摄像头等内装部件外观正常，无污渍；紧固螺栓防松线清晰无错位；各部件表面及座椅骨架下方无不明物体；客室内外各标识、丝印正常。 3. 动态地图信息及"本侧开门"指示箭头绿灯状态显示正常、无花屏、无闪烁；扬声器播音功能正常，无沙哑无破音，广播音量适中。 4. 电气柜内部设备有电功能检查，设备功能动作正常，指示灯正常	

续表

序号	检查处所	检查项目	备注
17	客室及车下有电检查与维护	5. 客室电气柜门、侧顶板盖板锁闭检查，方孔锁闭到位，推拉盖板无晃动。 6. 制动隔离阀箱、灭火器及其他设备检查，隔离阀箱内设备外观正常，箱内杂物；灭火器安装牢固，在有效期内，指针不在红色区域；残疾人安全带拉动功能正常，各箱体表面无不明物体。 7. 按压轮缘润滑装置电控箱测试按钮，测试润滑油喷射情况。 8. 全自动车钩电子钩头伸缩情况。 9. 烟温复合探测器功能检查，使用烟雾发生器测试，触发后司机室听到报警声，DDU 上显示位置正确。 10. 按下 ACMCB 空开，LBVS 零压启动测试功能正常	
18	数据下载	1. 制动机数据下载及清除；轮径值校对作业，结合轮对镟修及机测数据，将 A 车一转二轴轮径值修改为实际测得的数值。 2. 完成牵引数据下载。 3. 清除数据转储、事件记录仪数据及加载轮径值正常	
19	供风数据测量	1. 制动缸压力功能正常；空压机湿度，使用压力露点计（AZ8716）干燥塔底部废气排放口对空气干燥器测试，相对湿度不大于 35%干燥塔切换时间应为（120±10）s；空压机起停压力测试，低于 750 kPa 空压机自动启动打风，打气到 900 kPa 后停止；检查 A09 的动作设定值：上限值为（885~915）kPa，下限值为（685~715）kPa；A10 的动作设定值：上限值为（685~715）kPa，下限值为（485~515）kPa；空压机工作运转过程中无异常。 2. 辅助空压机起停压力测试，低于 500 kPa 时可启动，大于 900 kPa 时自动停止（仅 B1 车）。 3. 检查停放制动压力开关 B22 的设定值，上限值为 480 kPa，下限值为 380 kPa。 4. 主风缸压力 5 min 泄漏量测试，泄漏量不大于 15 kPa/5 min（保留1位小数）。 5. 安全阀设定值检查，空压机启动时，记录安全阀排气时的压力值，标准值（1 050±20）kPa（仅检查 A00A11）	
20	其他检查	可根据本区段牵引列车车型、制动机型号、牵引方式做出相应安排	

参考文献

[1] 张立常,康鹏. 城市轨道交通车辆电路分析与电气故障处理[M]. 北京:机械工业出版社,2012.

[2] 王艳荣. 城市轨道交通车辆电气检修[M]. 上海:上海科学技术出版社,2012.

[3] 张琦. 城市轨道交通车辆电气设备运行与维修[M]. 重庆:重庆大学出版社,2015.

[4] 刘柱军,佟关林. 城市轨道交通车辆制动系统[M]. 2版. 北京:人民交通出版社,2017.